表達力

吳禮權　著

臺灣商務印書館發行

作者簡介

　　吳禮權，字中庸，安徽安慶人，1964 年 7 月 25 日生。文學博士（中國修辭學第一位博士學位獲得者）。現任復旦大學中國語言文學研究所教授，復旦大學全國重點學科（漢語言文字學學科）博士生導師，湖北省政府特聘「楚天學者」講座教授。曾任日本京都外國語大學客員教授、臺灣東吳大學客座教授。現兼任中國修辭學會副會長、上海市語文學會副會長。迄今已在國內外發表學術論文一百五十餘篇。出版《中國筆記小說史》、《中國言情小說史》、《中國修辭哲學史》、《中國語言哲學史》、《中國現代修辭學通論》、《修辭心理學》、《現代漢語修辭學》、《委婉修辭研究》等學術專著十五部，《中國修辭學通史・當代卷》、《闡釋修辭論》、《中國修辭史》等合著八種。學術論著曾獲國家獎三項、省部級獎五項、專業類全國最高獎一項。曾多次赴日本等海外進行講學或學術研究、學術交流，並受邀在日本早稻田大學等校作學術演講。

引言

> 在那遙遠的地方，有位好姑娘，人們走過了她的氈房，都要回
> 頭留戀地張望。
>
> 她那粉紅的笑臉，好像紅太陽，她那活潑動人的眼睛，好像晚
> 上明媚的月亮。
>
> 我願拋棄了財產，跟她去放羊，每天看著那粉紅的笑臉，和她
> 美麗金邊的衣裳。
>
> 我願做一隻小羊，跟在她身旁，我願她每天拿著皮鞭，不斷輕
> 輕地打在我身上。
>
> ——王洛賓《在那遙遠的地方》

一提到這首民歌，大家都知道這是一首傳唱已久的經典老歌；而稍微瞭解一點音樂知識的人，則都知道這是「中國西部歌王」王洛賓的傳世之作，在中國音樂史乃至世界音樂史上都具有不可磨滅的影響。這首歌 1940 年創作出來，1947 年就被外國人公演，「由美國歌唱家保羅·羅伯遜在上海演出。1998 年，在臺北跨世紀之聲音樂會上，美國爵士天后戴安娜·羅斯、世界三大男高音之卡雷拉斯、多明戈，都以此曲壓軸。」①也因為這首歌的影響，王洛賓成為聯合國教科文組織獲頒「東西方文化交流特別貢獻獎」的第一位華人。②

對西方世界來說，大家都知道這是華人歌曲在全球範圍內傳唱最廣的一首；而對於中國人來說，這是一首膾炙人口、深情熱烈的情歌，是天下有情人傳情達意最好的媒介，道盡了天下有情人熱戀中熱烈真摯的無限深情。對於從 20 世紀 30 年代走過來的人來說，每當聽到這熟悉的旋律響起，相信很多人都會勾起青春歲月的愛情夢想，回味那飽含「甜

蜜憂愁」的愛情滋味而不勝唏噓感歎。

其實，這不是一首為天下有情人而寫的普通情歌，而是王洛賓專門寫給她的心中女神薩耶卓瑪的情感自白書。立新《在那遙遠的地方》一文中敘述這段歷史時，有云：

> 大多數中國人應該都聽過《在那遙遠的地方》這首哈薩克風格的民歌。
>
> 很難想像，這是半個多世紀以前，抗日戰爭時期創作的一首歌。它曾使無數國人癡迷，傳唱了 70 年依然動人，那美妙的旋律宛如天籟之音。
>
> 很多聽眾堅定地相信，在世界的某個角落，在那天邊的草原，一定有位好姑娘，而且一定是一位美麗、純潔、清澈、脫俗的姑娘，一位僅用回眸一笑就昇華了愛情和生命意義的姑娘。
>
> 否則另外那個人怎能吟唱出如此動人的歌？又怎能把一份情感表達得如此高貴呢？
>
> 人們不禁要問：那個用皮鞭輕輕地抽打了歌王一下的美女究竟是誰？她的家鄉又在什麼對方？
>
> 草原來了電影隊
>
> 1939 年 7 月，青海省海晏縣的金銀灘草原，突然來了一個電影隊。
>
> 電影隊由當時中國著名的導演鄭君里帶隊，他們宣稱持有國民政府青海省主席馬步芳的批文，要來這裏拍一部叫做《民族萬歲》的紀錄電影，內容是各個民族團結起來抗日。
>
> 就在這個劇組裏，有一位順便來采風的年輕音樂家，他性格開朗，喜歡背著一個吉他在各個帳篷之間轉悠，他就是後來號稱「中國西部歌王」的王洛賓。
>
> 劇組當時臨時寄住在當地一個叫同曲乎的千戶家裏。
>
> 金銀灘大草原與青海湖相鄰，北部和東部均為高山峻嶺環繞，在這方圓 1100 平方公里範圍之內，全部是大草原，一望無垠。

70 年前要拍電影，而且是在人煙稀少的西北草原上拍電影，這當然是重大事件，整個青海湖畔都轟動了。

草原上的格桑花

白天，攝製組在草原上頂著烈日拍電影。

晚上，一個盛大的歡迎宴會在同曲乎千戶家的大帳蓬裏舉行。

宴會的氣氛異常熱烈，不僅僅是歡迎貴賓，其實還暗含著一個主題：因為劇組要在當地挑選一個女演員，據說要選金銀灘草原上最美的女孩。

千戶家三個如花似玉的女兒跳起了優雅的舞蹈。

17 歲的三女兒薩耶卓瑪正值情竇初開的年齡。

……

薩耶卓瑪把長長的頭髮梳在腦後，戴一頂時尚的白禮帽，小臉好像紅太陽，兩隻大眼睛閃爍著熾烈的光芒。

那時候，金銀灘上有個說法：「青海湖最美的花兒是格桑花，最美的姑娘是薩耶卓瑪。」

眼前的情景，是人在唱歌，還是歌在唱人呢？

草原兒女的性格既淳樸又真摯，清澈得如一股清泉，這對於從戰火和黑暗中走來的王洛賓來說，既浪漫又新鮮。

電影的女演員也同時確定下來，當然是千戶最心疼的三女兒——卓瑪。

那一鞭的風情

拍電影的日子是緊張而有趣的。

卓瑪幸運地出演片中的女主角，王洛賓則自告奮勇出演一個幫著卓瑪趕羊的幫工。

據說在電影裏，原先有這麼一組鏡頭，王洛賓和姑娘一起騎馬去放牧，而要求王洛賓和卓瑪同騎一匹馬。活潑大膽的卓瑪經常打馬在草原上狂奔。

就在攝製組緊張拍攝的時候，卓瑪突然把馬頭一帶，飛馳起來，跑離了人們的視線，帶著王洛賓向草原的深處奔馳。為了不使

自己摔下去，王洛賓只好緊緊抱住卓瑪的腰……

時間仿佛凝滯了，也不知道過了多久。

直到日落，兩個人才往回走。轉過一片山坡的時候，兩匹馬放慢了腳步，兩人欲言又止。

在晚霞中，卓瑪亭亭玉立，與藍天白雲互相映襯，是那樣的美麗純淨。

王洛賓腦海中不禁一陣暈眩。

根據回憶，卓瑪姑娘穿著鑲金邊的衣服，那臉龐宛如桃花，既青春又迷人。

卓瑪察覺到了王洛賓灼熱的眼神，舉起手中的牧羊鞭，輕輕地打了他一鞭子，然後飛快地催馬跑開了。

王洛賓木然地留在原地，癡癡地望著消失在草原深處的卓瑪，輕撫被卓瑪打過的地方，仔細地品味這一鞭的滋味……

這個美麗又奔放的藏族姑娘，在歌王的心上留下了永生難忘的一鞭。

如果一輩子能陪伴在她身邊，被她的羊鞭輕輕抽打，會不會是一種另類的幸福呢？——這一個看似荒誕的想法，後來竟成了王洛賓畢生創作的一段輝煌旋律。

王洛賓後來回憶說：「這一鞭子不僅是抽在我的身上，更深深地落進了我的心裏。」

牽腸掛肚之夜

草原上照例有篝火晚會，藏族兒女手拉著手，跳起了藏族特有的鍋莊舞。

……

夜已深，人已靜，王洛賓卻怎麼捨得入睡？

他眼睜睜看著卓瑪不得不把帳篷的氈窗落下來，草原公主和情歌王子被分隔在兩個世界裏。這註定又是一個牽腸掛肚的夜晚！

傷離別

甜蜜的時光總是短暫的，只相處了三天，電影隊要走了。王洛賓騎上駱駝，也要離開金銀灘了。

離開的那天早上，卓瑪趕來送行。

駝隊已走出很遠，卓瑪仍站在那裏向他揮手，直到看不到王洛賓的身影。人們常說，分別是為了相聚，但下一次相聚是什麼時候？

……

坐在返程的駱駝背上，王洛賓又猛然記起，為他清唱過一首哈薩克族民歌《羊群裏躺著想念你的人》，那旖旎的旋律，與此時的心境是如此合拍。

王洛賓的感情世界被輕輕地推開了一扇窗戶，他持續三個晚上貓在賓館的房間裏，伏案寫作。就這樣，世界音樂史上一首不朽的作品，誕生於西北大地上一個叫金銀灘的地方！

這首專為心上人卓瑪所寫的情歌寫好後，王洛賓壓抑不住對姑娘的思念，第二年（即 1940 年）4 月又特意從西寧出發，重返金銀灘草原。「卓瑪跑了很遠的路程去接他」，「在三角城附近的一條小溪旁邊」，王洛賓把這首歌彈唱給他心中的女神卓瑪聽時，草原公主被感動得熱淚盈眶。為此，「在青海湖畔，卓瑪再一次翩翩起舞」，「她的舞姿風華絕代，與水天合成一色，仿佛是青海湖的精靈」。③

那麼，何以聽了王洛賓的這首歌，卓瑪會感動得熱淚盈眶呢？是什麼力量讓矜持的草原公主為之翩翩起舞呢？

無他。是這首歌本身特有的表達力。

這首歌全篇共四章，第一章用純粹的白描手法，直陳其事。第一句的形容詞「遙遠」，既是寫地理上的距離，也是寫心理上的距離。因為金銀灘是遠離都市西寧的草原，且被湖山重重阻隔；卓瑪是草原千戶最疼愛的掌上明珠，是常人可望而不可及的草原公主，更不是他這個陌生的匆匆過客所敢仰慕親近的。而這層意思，既讓第二句「好姑娘」的

「好」字得以體現，又為第三、四句「人們走過了她的氈房，都要回頭留戀地張望」兩句直白的敘事所強調。這種直白的語意表達，看上去毫無技巧，實則卻是「大智若愚」的最高技巧。它以間接的表達反襯出姑娘的「好」與可望不可及的地位。第二章全用比喻修辭手法，鋪寫姑娘美麗的容貌。將姑娘的笑臉比作紅太陽，將姑娘的眼睛比作月亮，雖是極尋常的比喻，甚至還有點俗氣；然而，正是這種「尋常」與「俗氣」，卻反顯得作者不假思索、不事修飾、質樸自然的真摯之情，突顯出作者對姑娘讚美的由衷之情。第三章又是直陳其事，純用白描手法。第一、二句是表達作者的態度：「我願拋棄了財產，跟她去放羊」，表達的是一種為了愛情而不顧一切的奉獻精神，也是一種真摯而熱烈的愛的誓言；第三、四句寫姑娘的笑臉與她金邊的衣裳，是以特寫鏡頭的方式聚焦姑娘的美麗動人。第四章則是一個暗喻，作者將自己幻化成一隻馴服的小羊，緊跟在姑娘身旁，心甘情願地讓姑娘用皮鞭輕輕的敲打。這個比喻，在故事之外的局外人聽來會覺得很肉麻。但是，正是這不避肉麻的心靈表白，卻是最能撼動姑娘心靈的力量。這不禁讓人想到中國古代民歌中著名的愛情誓言：「上邪！我欲與君相知，長命無絕衰。山無陵，江水為竭，冬雷震震，夏雨雪，天地合，乃敢與君絕！」（漢樂府民歌《上邪》）雖然相比之下，王洛賓的愛情誓言沒有古人如此這般感天動地，但卻讓人覺得情真意切，並為之感動深深。

　　全篇四章，第一章與第三章用白描手法，直敘其事，直抒胸臆，給人的感覺是質樸自然之美；第二章與第四章全用比喻修辭手法表意，形象地再現了姑娘的美，真切地表露了作者深切的愛。特別是最後一章將己比羊的暗喻，既表達了作者對姑娘的無限深情，又巧妙地關合了作者與卓瑪姑娘前此發生的故事（一次，在草原縱馬馳騁之後，作者癡癡凝視卓瑪，卓瑪用鞭子輕輕抽了他一下）。因此，不瞭解這首歌背後故事的人，會為作者為愛而變羊的奇想與真情而感動；瞭解背後故事的人，則更多了另一份感動。另外，這四章歌詞在語意表達上，以直陳與比喻交替，猶如聲律上的平仄交錯，給人以一種語意表達上的抑揚頓挫之感，而這正好與作者創作此曲時那種激情奔湧、心潮起伏的情懷相契合。

　　王洛賓的歌因為有表達力，所以能夠成為名曲，傳唱 70 餘年仍長盛不衰，讓一代又一代的中國男女乃至世界各國男女為之深切感動。唱歌是如此，那麼寫作又如何呢？

　　魏文帝曹丕有言：「文章，經國之大業，不朽之盛事」④。唐代大詩人杜甫有云：「文章千古事，得失寸心知。」⑤可見，寫作乃是神聖之事，非同兒戲。正因為如此，古人有「吟安一個字，撚斷數莖須」⑥，「二句三年得，一吟雙淚流」⑦的掉頭苦吟，杜甫有「為人性僻耽佳句，語不驚人死不休」⑧的寫作境界追求。那麼，古人何苦如此掙扎於文字之間呢？

　　無他。原因只有一個：努力提升作品的表達力，意欲傳之千古，垂之不朽。孔子有言：「言之無文，行而不遠。」⑨其意是說，表達得沒有文采，就不能傳播久遠。也就是說，沒有足夠的表達力，即使你的思想再好，也是不能影響他人，傳之久遠的。

　　也許有人會說，古人重視表達力，一是基於以文章立命的中國文化傳統，二是古代的文章與現代不同，特別是古詩詞，因為要在極其有限的篇幅內表達出豐富的內涵，所以他們不得不句句錘煉，字字斟酌。而今我們用語體文寫作，完全沒有這個問題了。如果這樣想，那就大錯特錯了。現今的時代，是資訊爆炸、知識爆炸的時代，特別是寫作工具、寫作媒介的進步，寫作不再是少數人的專利，自然文章的數量也就如汪洋大海一樣浩瀚無邊了。而要在這浩蕩無涯的「文海」中，迅速抓住讀者大眾的注意力，如果沒有足夠好的表達力，那幾乎是不可能的。比方說，中國現代文學史上有多少小說，恐怕誰也說不清。而在當代，中國的小說（包括網路小說）數量，那就更是天文數字了。可是，就在這無邊無涯的小說海洋中，還是有一些作品始終為讀者所青睞。這又是為什麼呢？

　　無他。是它們本身所具有的表達力的影響。比方說，錢鐘書先生的小說《圍城》，文學評論界對之褒貶不一，莫衷一是。但是，有一點則是大家都認同的，就是它比較「好看」，讓人一讀而放不下。何故？文字表達好，富有魅力。簡潔點說，就是富於表達力。這裏，我們不妨隨

手舉一例於下：

> 汽車夫把私帶的東西安置了，入座開車。這輛車久歷風塵，該
> 慶古稀高壽，可是抗戰時期，未便退休。機器是沒有脾氣癖性
> 的，而這輛車以老賣老，修煉成桀驁不馴、怪僻難測的性格，
> 有時標勁像大官僚，有時彆扭像小女郎，汽車夫那些粗人休想
> 駕馭瞭解。它開動之際，前頭咳嗽，後面洩氣，於是掀身一跳，
> 跳得乘客東倒西撞，齊聲叫喚，孫小姐從座位上滑下來，鴻漸
> 碰痛了頭，辛楣差一點向後跌在那女人身上。這車聲威大震，
> 一口氣走了二十裏，忽然要休息了，汽車夫強它繼續前進。如
> 是者四五次，這車覺悟今天不是逍遙散步，可以隨意流連，原
> 來真得走路，前面路還走不完呢！它生氣不肯走了，汽車夫只
> 好下車，向車頭疏通了好一會，在路旁拾了一團爛泥，請它享
> 用，它喝了酒似的，軟斜搖擺地緩行著。每逢它不肯走，汽車
> 夫就破口臭罵，此刻罵得更利害了。罵來罵去，只有一個意思：
> 汽車夫願意跟汽車的母親和祖母發生肉體戀愛。罵的話雖然欠
> 缺變化，罵的力氣愈來愈足。

這段寫汽車的文字，如果放在一般作家筆下，大概只要這樣幾句話
就乾淨俐落了：「這輛汽車太破舊了，開起來狀態不斷，氣得汽車夫破
口大罵。」這樣的表達雖然簡潔，但表達力則就無從談起了，要想讓讀
者留下什麼印象，恐怕很難很難。但是，在錢鍾書先生筆下的這輛破車，
卻寫得鮮活生動，血肉豐滿，讀之讓人歷久難忘。這便是富於表達力的
緣故！

那麼，這種表達力何以達致？仔細分析一下這段文字，我們會不難
發現，「是因為作家在此運用了三種表達策略。一是比擬，將無生命的
汽車當作有性格、有情感、有脾氣的人來寫：『這輛車久歷風塵，該慶
古稀高壽』、『而這輛車以老賣老，修煉成桀驁不馴、怪僻難測的性
格』、『前頭咳嗽，後面洩氣，於是掀身一跳』、『這車聲威大震，一
口氣走了二十裏，忽然要休息了』、『這車覺悟今天不是逍遙散步，可

以隨意流連，原來真得走路』、『它生氣不肯走了』、『請它享用，它喝了酒似的，欹斜搖擺地緩行著』；二是比喻，寫汽車性能不穩的樣子是『有時標勁像大官僚，有時彆扭像小女郎』。這些比擬、比喻策略的運用，使本來平淡的汽車性能不穩、破爛不堪使用的情狀寫得鮮活生動，意趣橫生，令人拍案叫絕。三是折繞，將汽車夫罵汽車的粗話折繞地說寫成：『汽車夫願意跟汽車的母親和祖母發生肉體戀愛』，含蓄蘊藉，而又幽默詼諧，令人忍俊不禁。如果不運用上述三種表達策略來敘寫，而是理性地寫成：『汽車已經很破舊，性能不穩定，開起來很顛，乘客都被顛得東倒西歪。發動機又常常出問題，汽車夫不時要下來修理，氣得他破口大罵粗話。』那麼，讀者對於這段文字就不會有什麼印象，也不會體會到趙辛楣一行路途的艱難困窘的具體情狀。」⑩可見，作品（特別是文學作品）的表達力提升，通過有效運用相關的「表達策略」，還是能夠做到的。

其實，不僅唱歌、寫作需要表達力，說話也要具有表達力，才會讓人覺得親切有味，讓人印象深刻，使人在獲取資訊、交流思想、傳遞情意的同時有一種情感的愉悅。下面我們不妨舉清華大學校長梅貽琦答客問的一番話為例：

> 梅貽琦任清華大學校長的時間很長，而清華大學從 1911 年開辦起，大約換了十幾任校長，有的只做了幾個月，有的還沒到任就被學生抵制掉了。
> 有人問梅貽琦：「怎麼你做了這麼多年？」
> 梅貽琦答道：「大家倒這個，倒那個，就是沒有人願意倒楣（梅）吧！」（明山、舒志編《好口才——交際口才 365》）

說起清華大學，說起清華大學校長梅貽琦，海峽兩岸的中國人都耳熟能詳。清華大學，今日已是名聞遐邇的名校。1949 年後分居於大陸北京的清華大學與臺灣新竹的清華大學，今日也都是海峽兩岸莘莘學子所嚮往的高等學府。但是，瞭解清華歷史者皆知，清華的創建乃是國恥的產物。它的前身是清華學校，開辦於 1911 年。1925 年起才逐步改制成大

學，並於 1928 年正式納歸國立大學。老報人徐鑄成《舊清華的生活片斷》中記述說，清華大學是「用美國『退還』庚子賠款的一部分作為基金而創辦的。所以，它不歸教育部而歸外交部領導，董事會的董事有一半是美國人。」「作為留美的預備學校，不僅課程要銜接美國的大學，生活上也要竭力『學習』美國的生活方式。」

清華大學是中國大學史上的奇跡，清華大學校長梅貽琦則是中國現代教育史上的傳奇人物。今天在大陸的許多教育界人士一談到大學教育，都會脫口而出引用到一句名言：「所謂大學者，非謂有大樓之謂也，有大師之謂也。」說出這句名言的，就是清華大學校長梅貽琦。梅貽琦 1914 年自美國學成回到清華以後，一直服務於清華大學。1928 年代理校長，1931 年正式擔任校長，連任十七年，是清華大學歷史上少見的「終身校長」。也許有人會由此推測，認為清華大學校長職位穩定，是個輕鬆的職缺。其實，情況恰恰相反。清華大學因為特殊的背景，所采乃美國式教育模式。因此，清華大學校長的推選與任命模式，跟當時其他國立大學完全不同。清華大學校長不好當，乃是當時教育界人士與清華人的共識。曾經就讀於清華大學，後來成為中國現代新聞史上著名報人的徐鑄成先生（曾任《大公報》和《文匯報》主筆、總編）就曾著文談到這一點：

> 1928 年，國民黨的勢力到了北京，蔣、馮、閻、李（宗仁）四「巨頭」碧雲寺祭靈，象徵著國民黨「團結」的頂峰，也成為新軍閥分裂、混戰的起點。……不久，南京派了與 CC 有關的「人才」吳南軒當清華校長，顯然想搶這塊地盤和肥肉，學生會表示拒絕，教授會不予合作。他不顧一切，到校「視事」，好不容易大約維持了半年，只能夾著尾巴滾了。記得他走後，清華學生會還在北京報上登載一個廣告，大意是這樣寫的：「吳南軒先生鑒：臺端不告離校，許多手續尚未辦清，如臺端親手向本校圖書館借閱的初刊珍本附圖的《金瓶梅》全套，迄今尚未歸還，望即來校清理。」這個不大不小的玩笑，開得可謂「謔

而虐」矣。

國民黨的黨棍們還不甘心，接著派了羅家倫接任清華校長，想以羅的「五四健將」的聲望，壓住清華的陣腳。但學生並不買這筆帳，繼續堅決反對；羅大約做了一年的校長，也不得不鎩羽而去，被調任為南京中大校長。從此，直到解放，清華一直由梅月涵先生任校長，在此以前，他曾長期任教務長，是一個純然的學者。（《羅家倫與吳南軒》，見於《舊聞雜憶》一書）

　　從清華學子徐鑄成的這段回憶文字，當年做清華大學校長之不易的情狀也就可推知了。既然清華大學校長不好做，吳南軒與羅家倫這兩位時代風雲人物挾國民黨政府之任命尚鎮不住清華師生，結果都落荒而逃，那麼梅貽琦區區一書生何以能連任清華校長那麼長時間而不鞠躬下臺呢？這自然會引起人們的好奇。最後終於有人忍不住了，就問起了梅貽琦這個問題：「怎麼你做了這麼多年？」這個問題雖然問得唐突，也不夠禮貌，但卻問得不無道理，因為人人都想知道其中的答案，一抒心中的不解。「然而這個有道理且人人想知道答案的問題卻是不易回答的燙手山芋，接不好，但又推不掉。如果梅貽琦很認真地介紹他做校長的經驗，既是幾句話說不清的，又顯得過於驕傲了點，給人不謙虛的感覺，而這種感覺恰恰是中國人最忌諱的，因為中國人歷來是視謙虛為美德，《尚書》中早就說過：『滿招損，謙受益。』如果一個大學校長連這個都不懂，那他在人們心目中是個什麼形象呢？還不認為是個自高自大的狂徒？即使他再有能耐，他的這種德行也讓人打心眼裏反感了。如果梅貽琦謙虛地說：自己運氣好。那別人又覺得他這個人不實在，有點不夠誠實。這個問題真叫難，怎麼回答都不討好。那麼，還有一種辦法：笑而不答。也不行，那會使人認為他玩玄乎，搞神秘，產生很多不必要的聯想。真不愧是清華大學久做不倒的校長，還真有兩下子，梅貽琦竟然靈機一動，運用『因地制宜，就地取材』的策略，利用自己的姓氏把這個問題巧妙地給化解了：『大家倒這個，倒那個，就是沒有人願意倒楣（梅）吧！』由『倒人』及於『倒楣』，並通過諧音雙關的表達策略，由『梅』與

『楣』的同音關係，表面說的是『倒楣』，實際關涉的是『倒梅』，從而婉轉表達出這樣的意思：倒梅某人就好比倒楣，沒人想幹。不是我梅某人有什麼特別的能耐，別人倒不了，而是別人不想倒我而已。表意婉轉，態度謙虛，語言又別具風趣，巧妙地解答了用正常語言表達難以解答的問題。」⑪可見，說話並不容易，尤其是公眾人物說話更不容易。沒有表達力的話等於白說，甚至還不如不說；如果說得言不達意，可能還有負面效果，甚至因言得禍。梅貽琦的高明之處，在於善於運用「雙關」表達法，以自我解嘲的幽默，化嚴肅為輕鬆，讓人在會心一笑中領略到其人格的魅力、表達的藝術，從而體悟到他久做清華校長而不倒的原因。

注釋

①、②立新《在那遙遠的地方》，《書摘》2010年第7期（總215期）第45頁。

③ 立新《在那遙遠的地方》，《書摘》2010年第7期（總215期）第44頁。

④ 三國魏・曹丕《典論・論文》。

⑤ 唐・杜甫《偶題》。

⑥ 唐・盧延讓《苦吟》。

⑦ 唐・賈島《題詩後》。

⑧ 唐・杜甫《江上值水如海勢聊短述》。

⑨ 《左傳・襄公二十五年》。

⑩ 吳禮權《語言策略秀》第16頁，上海文化出版社，2008年6月。

⑪ 吳禮權《表達的藝術》第62－63頁，吉林教育出版社，2004年1月。

目錄

第六章　嬉笑怒罵，皆成文章　　　　　　　365

第一章
緒論

一、表達力

　　所謂「表達力」，是指說話或寫作所能達到的效果。也就是說，你所說的話，你所寫的文章，能否有打動人心的力量，能否讓人有一聽或一讀之後而終身難忘的魅力。

　　比方說，在日常生活中，我們到了午飯時間而未進餐，有人會說：「都十二點了，肚子好餓」。就表意來說，他／她所傳達的意思都傳達出來了。但是，就表達力來說，這話給人的印象並不深，也很難打動別人，讓聽者能夠深切體會到說者那種饑腸轆轆的饑餓情狀。如果這個意思，改用一個詩人的表達：「天將午，饑腸響如鼓」，那麼一下子就能抓住人心，讓聽者感同身受，予以深刻的同情。又如，我們都有逛街購物的經歷。走在商業都市的大街小巷，觸目皆是商鋪。所以，商家如何招徠顧客，做好生意，也並不容易。有一次，筆者走在上海的四川北路上，聽到一家小店的主人不斷向過往行人說：「走過路過，不能錯過」。結果，還真有很多人聽了而進店，她的生意還真的比別家好。毫無疑問，這是店主招徠生意的口號有表達力的緣故。還有一次，筆者在復旦大學附近的路邊，看見一個男人在擺攤，賣的是微不足道的牙籤。他也有一句口號：「要想生活好，牙籤少不了」。結果，許多路人聽了都情不自禁地停下腳步看看，生意還真做成了不少。很明顯，這是因為他的行銷語言富有表達力。

　　說話是這樣，寫作也是如此。比方說，我們看錢鐘書先生的小說《圍城》，都會覺得妙趣橫生。究其原因，乃是因為他的語言富有表達力。

　　鴻漸把辛楣的橡皮熱水袋沖滿了，給她暖胃，問她要不要喝水。她喝了一口又吐出來，兩人急了，想李梅亭帶的藥裏也許有仁丹，隔門問他討一包。李梅亭因為車到中午才開，正在床上懶著呢。他的藥是帶到學校去賣好價錢的，留著原封不動，準備十倍原價去賣給窮鄉僻壤的學校醫院。一包仁丹打開了不過吃幾粒，可是封皮一拆，餘下的便賣不了錢，又不好意思向孫小姐算帳。雖然仁丹值錢無幾，他以為孫小姐一路上對自己的態度也不夠一包仁丹的交情；而不給她藥呢，又顯出自己小氣。他在吉安的時候，三餐不全，擔心自己害營養不足的病，偷打開了一瓶日本牌子的魚肝油丸，每天一餐以後，吃三粒聊作滋補。<u>魚肝油當然比仁丹貴，但已打開的藥瓶，好比嫁過的女人，減了市價。</u>

　　這段文字，是寫上海教授李梅亭的小氣。說到他不肯給生病的同事孫柔嘉仁丹，而要硬給她不對症的魚肝油時，作者有句評論：「魚肝油當然比仁丹貴，但已打開的藥瓶，好比嫁過的女人，減了市價」。這句評論，對女性來說未免有些刻薄，有貶損女性的嫌疑，但其生動的表達力卻是顯而易見的，確實有一種讓人一讀而終身難忘的感覺。

　　在小說中，諸如李梅亭之流假清高的知識份子尚且要被作者淋漓盡致地挖苦，上海灘上的各色市儈則更是作者極盡諷刺的對象了。

　　張先生跟外國人來往慣了，說話有個特徵——也許在洋行、青年會、扶輪社等圈子裏，這並沒有什麼奇特——喜歡中國話裏夾雜無謂的英文字。他並無中文難達的新意，需要借英文來講；<u>所以他說話裏嵌的英文字，還比不得嘴裏嵌的金牙，因為金牙不僅妝點，尚可使用，只好比牙縫裏嵌的肉屑，表示飯菜吃得好，此外全無用處。</u>

小說中所寫的這位張先生，是舊時上海灘上的洋行買辦。他說話喜歡中文之中夾雜英文單詞，乃是當時洋行中做事的中國人的普遍現象。在我們今天的現實生活中，仍然可以看到這種情況，特別是那些有點留學國外經歷的人，常常會自覺不自覺地流露出這種毛病。作者自己是留學歐美的，打內心裏看不起這種淺薄的行為，遂在行文之中將這種語言行為比作是富人牙縫中的肉屑，除了炫富，別無用處。其諷刺之深刻，可謂入木三分，讀之讓人永世難忘。

可見，無論是說話，還是寫作，同樣是傳情達意，但其間是有表達力高下之別的。因此，我們不能不重視表達力問題。

二、表達法

所謂「表達法」，就是一種為了達到某種特定表達效果而對語言資源進行合理有效調配的語言運用模式。它既是一種語言運用的策略，也是一種行之有效的修辭方式。

在長期的語言運用中，我們的先賢前哲積累了許多創意造言的成功經驗，為後人提供了有益的借鑒。就漢語而言，唐詩、宋詞、元曲以及明清小說的巨大成就之取得，無一不與前賢先哲創意造言的努力相關。如何使作品的語言富有表達力，從而給讀者留下深刻的印象，讓讀者在瞭解其主旨思想的同時獲取一種審美享受，就要進行「表達法」的創造。比方說，我們見到一個美女，很想與人分享「見美人兮心動」的身心感受，可以通過「借此喻彼」的思維方式，經由語言文字創造一個文本，讓接受者由此及彼進行想像聯想，從而在腦海中呈現出表達者所親見的美女形象，由此獲取一種審美享受。讀過《詩經・衛風・碩人》，大家一定會對衛莊公夫人莊姜之美留下非常深刻的印象：「膚如凝脂，手如柔荑，領如蝤蠐」。雖然兩千多年前的莊姜，我們今天無法得見，但是通過這個文本，經由「凝脂」、「柔荑」、「蝤蠐」等三個喻體，我們

就可以由此及彼在腦海中複現出莊姜皮膚之光滑、手臂之纖柔、脖項之美白的形象，別有一種如見其人的親切感。這個文本之所以有此特異效果，便是「比喻」表達法的力量。又比方說，在現實生活中，我們常常要跟人講道理。但道理總是抽象的，說了別人也不容易明白或不樂意接受。這時，如果我們能夠通過語言文字創造一個文本，就能化抽象為具象，將深奧的道理說得淺顯易懂，讓人容易接受並樂於接受。請看下面一例：

> 卑坼說：「對於一個在苦難中的的人說一句有幫助性的話，常常像火車路軌上的轉捩點——傾覆與順利，僅差之毫釐。」（王祿松《那雪夜中的炭火》）

這句話是講人生哲理的。其意是說，苦難中失去生活信心的人尤其需要有人鼓勵。如果作者真的這樣講，雖然文字簡潔明瞭，但卻不易讓人明白，也很難讓人信服並接受。而通過「火車路軌上的轉捩點」的比喻，其間的道理立即顯得淺顯易懂、親切有味。這種效果，也是經由「比喻」表達法而臻至的。

表達法，是人們在語言文字運用中逐漸摸索創造出來的，是一代又一代哲士賢達以及勞動大眾創意造言的結晶。漢語有著悠久的歷史，中國文學也經歷了非常漫長的歷史過程，其間所創造的表達法也非常多。比方說，在日常生活中經常運用的「比喻」表達法，在文學作品特別是兒童文學作品中經常運用的「比擬」表達法，先秦散文中經常用到的「諷喻」表達法，詩歌創作中的「對偶」表達法、「協韻」表達法、「配字」表達法等。其他如「誇張」、「排比」、「反復」、「設問」、「回環」、「錯綜」、「倒裝」、「雙關」、「用事」、「藏詞」、「諱飾」、「析字」、「頂真」、「映襯」、「疊字」、「引用」等等，類別非常豐富，不一而足。後文我們還要一一講到，此不贅述。

上文我們說過，表達法非一時一人所能創造，是歷代無數人創意造言的結晶。因此，表達法就有一個歷史發展的問題。比方說，漢語中「比喻」表達法應該說是運用最為廣泛的一種語言表達法，歷史也非常悠久，

先秦文獻中比比皆是。同其他民族語言一樣，可以說漢語的歷史有多久，「比喻」表達法的歷史就有多久，因為「比喻」表達法不僅僅是一種語言表達方式，更是人類的一種認知方式。雖然如此，「比喻」表達法並非是靜止不變的，而是與時俱進的。特別是在結構形式上，更是隨著時代的發展而變化。先秦時代的「比喻」表達法，其在結構形式上絕對不會有今天漢語中的「比喻」表達法那樣豐富多彩。宋人陳騤著有中國修辭學史上第一部修辭學專著《文則》，其中將古代漢語中的「比喻」表達法按形式分為「直喻」、「隱喻」、「類喻」、「詰喻」、「對喻」、「博喻」、「簡喻」、「詳喻」、「引喻」、「虛喻」等十類。但是，根據現代學者的研究，現代漢語中的「比喻」表達法在形式類別上則發展到幾十種。如「提喻」、「較喻」、「反喻」、「交喻」、「回喻」、「連喻」、「進喻」、「縮喻」、「兼喻」、「合喻」等等，都是現代人創意造言的結晶。其他如「推避」、「精細」、「異語」、「旁逸」、「歧疑」、「移時」等表達法，都是現代漢語中出現的新表達法，是現代人創意造言的結晶。

　　表達法，除了上述的時代性，還有其民族性。前文我們說過，「比喻」表達法，在任何語言中都是一種重要的語言表達法。也就是說，有些語言表達法是人類共有的，是不謀而合的一種語言運用模式。但是，由於人類非由一個民族構成，不同民族有不盡相同的思維方式，有不同的文化傳統，有不同的語言文字，因此在經由語言文字表情達意時所創造出的表達法也不盡一致。如漢語與英語、漢語與俄語、漢語與波斯語等等，在表達法上都有不一致的地方。這一方面是因為漢民族與西方人在思維方式與文化傳統上有別，另一方面是因為語言文字不同。比方說，漢語中有「析字」表達法，而其他語言中就沒有。之所以如此，乃是因為漢語的記錄稱號──漢字是表意文字，偏旁部首能夠離析，點畫長短可以增減。我們說一個老人八十八歲，稱之為「米壽」，說九十九歲則說「白壽」。（日語中也有這種表達法，那是因為日語使用漢字的緣故）而在印歐語系的諸語言中，這種表達法就不可能存在，因為這些民族語言的記錄符號──文字不是表意文字，而是拼音文字。

三、無一定之律，而有一定之妙：表達力與表達法的關係

前文我們說過，特定的「表達力」是通過特定的「表達法」才能獲得。也就是說，「表達力」與「表達法」之間存在著一定的對應關係，雖「無一定之律，而有一定之妙」。

一般說來，具有「婉約蘊藉」表達力的表達法，主要有「雙關」、「折繞」、「諱飾」、「藏詞」、「留白」、「倒反」、「用典」、「推避」、「諷喻」等。具有「傳神生動」表達力的表達法，主要有「比喻」、「比擬」、「摹狀」、「示現」、「列錦」、「飛白」等。具有「視聽美感」表達力的表達法，主要有「對偶」、「排比」、「回環」、「錯綜」等。具有「強化印象」表達力的表達法，主要有「誇張」、「反復」、「設問」、「精細」、「倒裝」、「層遞」、「同異」、「異語」等。具有「幽默詼諧」表達力的表達法，主要有「仿諷」、「別解」、「旁逸」、「歧疑」、「移時」等。

不過，上述的對應關係只是相對的，是就一般情形而言，並非絕對。事實上，語言運用是非常複雜的。有時，上述對應關係也會有一些例外。下面我們先看一個例證：

> 住慣北平的房子，老希望能找到一個大院子。所以離開北平之後，無論到天津，濟南，漢口，上海，以至青島，能找到房子帶個大院子，真是少有。特別是在青島，你能找到獨門獨院，只花很少的租價，就簡直可說沒有。除非你真有腰包，可以大大的租上座全樓。（老舍《搬家》）

這段文字是作家老舍敘寫離開北平到外地謀生時，很難以低價租到帶大院子的住房的苦惱之情。其中，「除非你真有腰包，可以大大的租上座全樓」一句，是運用「借代」表達法建構的一個修辭文本。作者本意是要說「真有錢」，但因受中國傳統文化「重義輕利」思想的影響，

羞於言「錢」，遂以「腰包」代「錢」。這屬於「借代」表達法中以「事物與事物的所在相代」（「錢」在「腰包」中，故可以「腰包」代「錢」）。從表意效果來看，說「真有腰包」，明顯要比直說「真有錢」要顯得婉約蘊藉，別有一種「含不盡之意，見於言外」的優雅意味。這樣的表達，既可保全表達者（作者）羞於言利的臉面，又有讓人尋思咀嚼的餘味。但是，這樣深具「婉約蘊藉」表達力的文本，卻並不是運用上述諸多表達法的結果。這就說明一個問題，上面我們所說的對應關係只是相對的，而非絕對。因為是相對的，所以就有例外發生。

其實，例外還不止如此。下面我們再看一例：

> 胡適揭開文學革命的序幕，提倡白話文學，宣揚民主與科學，推出德先生（democracy）與賽先生（science），鼓動新思潮，開風氣之先，居功奇偉。曾經遭受到若干保守人士的攻訐，開始還講道理，後來演變成人身攻擊，胡適雖然修養不錯，終究按捺不住，脫口而出：「獅子和老虎向來都是獨來獨往的，只有狐狸跟狗才聯群結黨！」（沈謙《我的朋友胡適之》）

這段文字是敘述胡適在「五四」時代與舊派人物論戰時的軼事。其中，「獅子和老虎向來都是獨來獨往的，只有狐狸跟狗才聯群結黨」，是胡適罵人的話。不過，應該看到的是，這話雖是罵人之語，但卻顯得相當婉約蘊藉，別有一種「餘味曲包」的韻味，可謂達到了「罵人不帶髒字」的境界，不禁令人拍案叫絕。然而，這種含蓄雋永的表達力，卻不是通過上述諸多表達法而達到的，而是運用了「比喻」表達法的結果。根據常識，我們都知道，「比喻」表達法一般都有非常明顯的形象傳神的表達力。但是，胡適的這個比喻卻用意並不在形象傳神，而是要曲裏拐彎地罵人。對於一般人來說，大可恣意盡情，有話直說，甚至於罵人，淋漓盡致地表達自己心中的不滿或不平之意。可是，對於胡適來說，這是萬萬不行的。因為他是學者，是萬眾敬仰的學術明星，是社會名流，必須要注意自己的身份。因此，即使是要罵人，也要有所顧忌，表現出君子風範與學者風度。正因為如此，他在不得不對守舊派人士的人身攻

擊進行回擊時，精心挑選了「比喻」表達法中的「借喻」一法，讓比喻的本體「我」、「你們」和喻詞「像」一併省略，以陳述事實的形式，巧妙地創造了一個比喻修辭文本，既不著痕跡地指責了對方的陰險卑鄙（說他們是聯群結黨的狐狸與狗，喜歡在暗中使出見不得人的勾當），又順勢自誇了自己人品的高尚（說自己是獨來獨往的獅子與老虎，行事光明磊落）。但是，不論是罵人，還是自誇，都不落人以把柄，可謂是「不著一字，盡得風流」。胡適的這一修辭實踐，不僅讓我們感佩，也讓我們再次明白一個道理：表達力與表達法之間的對應關係不是絕對的，而是相對的。

由以上諸例的分析來看，表達力與表達法之間的對應關係確實不是絕對的，而是有一定的相對性。因此，在實際語言實踐中，我們不能為了追求某種特定的表達力而執著於本書所說的那幾種表達法。那樣，就有「膠柱鼓瑟」之嫌了。只要掌握「無一定之律，而有一定之妙」的原則，我們一定能在文本創造中如魚得水，遊刃有餘。

四、提升表達力的基本途徑

只要是一個正常人，他／她都能用語言或文字（文字是語言的記錄符號）傳達出自己的思想，與人進行溝通交流，表達情感情緒。但是，有正常語言能力的人，並不都是有語言表達力的人。有的人笨口拙舌，常常言不達意，結果在社會生活中處處碰壁，一生困頓。而有的人則伶牙利齒，見人說人話，見鬼說鬼話，八面玲瓏，行走於社會中到處春風得意，飛黃騰達。可見，有語言能力並不意味著有語言表達力。

語言表達力，有先天的因素，也有後天的因素。有些人與生俱來便具備一種別人難以企及的語言天賦，往往不假思索，就能出口成章，妙語連珠。比方說，中共領導人周恩來，就是一位語言天才，他的語言表達力簡直讓人無法夢見。1972 年，美國第 37 任總統理查德·米爾豪斯·尼克森（Richard Milhous Nixon）在美蘇冷戰處於膠著狀態下，為了爭取

中共的支持，增加抗蘇的力量，飛越太平洋訪問大陸。當時大陸經濟幾乎瀕臨全面崩潰的邊緣，人民生活極其困難，同時又是中共第二號政治人物林彪叛逃蘇俄之後不久。尼克森雖帶著討好中共的善意而來，但看到一窮二白的大陸，情不自禁地又想到了意識形態的差異，問道：「中國好，那麼林彪為什麼往蘇聯跑？」在座者一聽，都覺得非常尷尬。但是，周恩來卻從容不迫、不假思索地回答道：「大自然好，蒼蠅還要往廁所飛。」一語化解尷尬，而且為中共外交得分。又有一次，一個美國記者問周：「社會主義好，為什麼中國人走路總是低著頭。而我們美國人走路卻總是昂首挺胸。」周又是不假思索地回答道：「中國是在走上坡路，所以中國人走路都低著頭；美國正在走下坡路，所以美國人走路要昂首挺胸。」一席話，說得美國記者無言以對。雖然「比喻」表達法人人都會運用，但要隨機應變，在特定情境下找出特定的喻體與本體相匹配，創造出一個好的比喻文本，則並非人人都能做到，而是需要表達者有相當的語言天賦與創意造言的智慧。

　　儘管語言表達力確有先天的因素，是學不到的。但是，對於絕大多數人來說，提升語言表達力還是要通過不斷學習。具體說來，有兩個基本途徑：一是留心學習前人創意造言的經驗，二是系統地學習一點修辭學知識。

　　前文我們說過，漢語有悠久的歷史，中國文學有輝煌的成就，漢語中有非常豐富而有效的表達法，都是我們前賢先哲創意造言的結晶。一代又一代人，通過學習前人語言表達法的成功經驗，不僅提升了自己的語言表達力，而且豐富完善了許多語言表達法，使漢語表達法更趨豐富多彩，使漢語更具活力。比方說，在漢語表達法中，有一個表達法叫「仿擬」，包括「仿詞」、「仿語」、「仿句」、「仿調」等四類，特別是「仿句」，歷來都是文人才士最愛運用的。古人賦予這種表達法的效果一個名稱，叫做「點鐵成金」，或曰「化腐朽為神奇」。說到這一點，我們就會情不自禁地想起唐代大作家王勃。他在其名作《滕王閣序》中創造了兩個名句：「落霞與孤鶩齊飛，秋水共長天一色」，千古以降無數文人學士為之歎賞不已。其實，這兩個名句是王勃化用南朝文學家庾

信《馬射賦》中「落花與芝蓋齊飛，楊柳共春旗一色」二句而來，是「仿擬」表達法的運用。又如，王勃《送杜少府之任蜀川》中有「海內存知己，天涯若比鄰」二句，也是千古名句。後代贈別朋友，大家都喜歡引用此二句。殊不知，這二句乃是三國魏曹植創意造言的結晶，見於他《贈白馬王彪》一詩中。原句是：「丈夫志四海，萬里猶比鄰」，是贈別兄弟曹彪的勵志之言。王勃仿擬其句意與結構形式，翻新改造，遂成新名句。而曹植的原句反而湮滅不彰，無人知曉了。這就是王勃點鐵成金的功力，也是他「仿擬」表達法運用達到爐火純青的表現。又如，宋人林逋《山園小梅》有二句曰：「疏影橫斜水清淺，暗香浮動月黃昏」，亦是歷代文人學士稱歎不已的名句。宋人司馬光《溫公詩話》稱林逋「有詩名，人稱其梅花詩云：『疏影橫斜水清淺，暗香浮動月黃昏』，曲盡梅之體態。」其實，林逋的這兩句並非自己的創造，而是仿自南唐文學家江為的詩句「竹影橫斜水清淺，桂香浮動月黃昏」而成（見《紫竹軒雜綴》），也是「仿擬」表達法的運用。雖然林逋只是改動了二字，將原句「竹影」換成了「疏影」，「桂香」替代為「暗香」，但意境全開，比起原句更具韻味，因此在宋代當時就被人稱譽。由上述諸例，我們便可看出，學習前人創意造言的經驗，確實能夠「推陳出新」、別開生面，「青出於藍而勝於藍」，創造出更富新意的修辭文本。

　　除了在日常生活中，在文學閱讀中留心學習前人或他人創意造言的經驗，還可以通過修辭學知識的系統學習，這也是迅速提升語言表達力的基本途徑。因為修辭學知識是修辭學家通過對歷代人們的修辭實踐進行長期研究總結出來的規律性的東西，比較具有系統性，學習起來更有立竿見影的效果。特別是對於那些一時難以加強語言修養的人，通過學習修辭學知識，倒也不失為一種迅速提升語言表達力的捷徑。這其中的道理，無庸贅言，人人都懂。

第二章
出新意於法度之中，寄妙理於豪放之外

　　語言是一種社會現象，也是人類最重要的交際工具。因此，語言表達就需要有一定的規範，否則語言就不能充當人類傳遞資訊、交流思想、溝通情感的交際工具。我們都知道，每一種語言都有自己特定的「語法」，漢語有漢語的語法，英語有英語的語法，俄語有俄語的語法。之所以需要語法，目的就是要建立一種語言表達規範，讓某一社會團體的全體成員遵守，這樣大家才能以語言為工具，相互傳情達意或交流資訊。用語言作工具來傳情達意或交流資訊，在人類的初始階段可能並不需要特別講究（那時語言很簡單，人類的思維也不夠發達），可是人類發展到了一定階段，隨著人類思維的發展，社會生活的豐富，語言也會隨之發展變化，除了辭彙日益豐富外，語法也會日益嚴密，形成一定的規範。語法嚴密是好事，形成規範也是必要的，因為這有助於人們準確的表情達意或交流資訊。但是，語法不能就此固定不變，規範也不能永久不移，因為語言是發展變化的。除此之外，人們在使用某種語言進行表達時，還會考慮表達效果問題，這就會導致語言表達的創新。這種語言表達的創新，就是我們今天所說的修辭。嚴格地說，一種語言之所以要建立語法規範，那是因為人們在語言表達時需要有「法」可依，即以約定俗成的語言表達模式讓人們彼此能夠順利地實現思想情感或資訊的交流；而一種語言的語法規範之所以會被突破，那是人們語言表達銳意創新的結果，即修辭的產物。語法要求人們遵守語法規範，修辭則強調突破語法規範。遵守語法規範的結果，保證了人們的交際能夠順利進行；突破語

法規範的結果，促使語言發展變化，充滿活力。

挣脫舊有框框的束縛，打破既有規範的格局，這是人類潛在的本性。因為有此本性，人類才有破舊立新的衝動，人類社會也因之而有發展。語言的發展規律亦然。我們用語言表情達意或交流資訊時，總是有一種銳意創新的衝動。為什麼會有這種衝動呢？因為想使我們的語言表達具有表達力，或是給人留下深刻印象，或是產生幽默生動的效果。如果按照既有的語法規範，老老實實地說寫，可能意思表達清楚了，但卻產生不了什麼特殊的效果，也就是沒有什麼表達力。可是，如果完全挣脫既有語法規範的束縛，過分地強調創意造言，則又勢必因為語言表達的「個性化」色彩過濃而影響交際（即接受者看不懂或聽不懂）。為此，就需要我們在語言表達中尋求一種平衡：一方面在遵守既有語法規範的基礎上努力創出新意，即「出新意於法度之中」；另一方面又要敢於拋棄舊有框框而「無中生有」，創出全新的語言表達模式，即「寄妙理於豪放之外」。

那麼，如何實現「出新意於法度之中，寄妙理於豪放之外」這一目標呢？就漢語而言，以下幾種表達法庶幾及此矣。

一、扭斷語法的脖子：列錦的表達力

提升表達力（特別是文學作品的表達力），實現「出新意於法度之中，寄妙理於豪放之外」的目標，在漢語中有很多表達法可以及此。其中，有一種表達法以往人們不太注意，但卻深具魅力，這便是列錦表達法。

所謂「列錦」表達法，是指一種「以名詞或以名詞為中心的定名短語，組合成一種多列項的特殊的非主謂句，用來寫景抒情，敘事述懷」①的語言表達方法。以這種方法建構的文本，稱之為「列錦」修辭文本。以「列錦」表達法建構起的修辭文本，雖然從語法上分析不合乎正常的

漢語語法規範，但卻有其產生與存在的心理學依據。關於這一點，筆者曾作過專門闡釋：「修辭文本建構者之所以會將一組名詞或名詞性短語堆疊起來寫景抒情、敘事述懷，這是基於一種接近聯想的心理機制。一般說來，構成列錦修辭文本的各名詞或名詞性短語，它們所表示的都是在時空上相互接近、毗鄰的事物。修辭者（表達者）由於當前刺激物同記憶中事物之間在空間或時間上相互毗鄰、接近，便在經驗上將之聯結起來，由一種事物聯想到其他與之相鄰近的事物。這樣，便有了堆疊一組表示在時空上相互毗鄰、接近的事物的名詞或名詞性短語而成的列錦修辭文本。」②這種文本，「由於突破了常規的漢語句法結構模式，各名詞或名詞性短語之間的語法或邏輯聯繫都沒有明顯地標示出來，因而從表達的角度看，就增加了語言表達的張力，使表達者所建構的修辭文本更具豐富性、形象性、深邃性；從接受的角度看，由於修辭文本隱去了各名詞或名詞性短語之間的語法或邏輯聯繫標識，這就給接受者的解讀文本增加了難度，但同時也由於表達者在語言文字上沒有明確限死各語言組成成分之間的關係，這就給接受者在解讀文本時以更大、更多的自由想像或聯想的空間，從而獲得更大、更多的文本解讀的快慰與審美情趣。」③

正因為列錦表達法有存在的學理依據，且具有非常特殊的表達力，所以它有悠久的歷史。早在三千多年前的《詩經》中便有了列錦表達法的原始形態：「喓喓草蟲，趯趯阜螽」（《國風・召南・草蟲》）。到了漢代詩歌中，這種列錦形態就非常普遍了。如：

> 青青河畔草，鬱鬱園中柳。（漢古詩十九首《青青河畔草》）
> 青青陵上柏，磊磊澗中石。（漢古詩十九首《青青陵上柏》）
> 岧岧山上亭，皎皎雲間星。（漢樂府古辭《長歌行》）

到了魏晉時代，這種形態的列錦則更加普遍。如：

> 青青子衿，悠悠我心。（三國魏・曹操《短歌行》）
> 鬱鬱河邊樹，青青野田草。（三國魏・曹丕《見挽船士兄弟辭

別詩》）

　　青青河邊草，悠悠萬里道。（晉・傅玄《青青河邊草篇》）

　　這些例子，都與漢代詩歌中的列錦表達法如出一轍。南北朝時代，列錦表達法的運用進一步推展，而且出現了新的形態。④「魏晉時代，在列錦模式上基本沒有什麼變化，只是沿襲繼承的性質。如果說有什麼變化，那就是兩漢時代創造的列錦基本模式在詩歌中運用更多一些，不像兩漢時代那樣零星。南北朝時代，列錦在表現形式上，既明顯地繼承沿襲了兩漢魏晉時代的基本模式，也有明顯的創新模式產生。這種新模式的特點是，基本保持兩漢魏晉時代的典型模式不變，只是並列對峙的兩句不再以疊字領起。而且這種模式的運用在南北朝時代數量頗大，表現出其已成為主流的趨勢。如：『青槐金陵陌，丹轂貴遊士』（南朝梁・沈約《長安有狹斜行》）、『雜色崑崙水，泓澄龍首渠』（南朝梁・梁文帝蕭綱《玩漢水詩》）等，都是南北朝時代新創的列錦新模式。」⑤到了初唐，列錦表達法的結構形態「除了繼承兩漢魏晉時代的基本類型與南北朝時代的新創類型外，續有創新的模式出現。概括一下，主要有六種新模式：(1)兩個『偏正式複合名詞（或名詞短語）＋偏正式複合名詞（或名詞短語）』形式的短句並列對峙而成列錦。如：『冀馬樓蘭將，燕犀上穀兵』（虞世南《從軍行二首》）、『赤土流星劍，烏號明月弓』（楊炯《送劉校書從軍》）等，即是。(2)兩個『名詞＋偏正式名詞短語』形式的短句並列對峙而成列錦。如：『杜若幽庭草，芙蓉曲沼花』（杜審言《和韋承慶過義陽公主山池五首》之三），即是。(3)兩個『偏正式複合名詞＋偏正式複合名詞＋名詞』形式的短句並列對峙而成列錦。如『繁花明月柳，疏蕊落風梅』（駱賓王《遊兗部逢孔君自衛來欣然相遇若舊》），即是。(4)兩個『名詞＋名詞＋偏正式名詞短語』形式的短句並列對峙而成列錦。如：『風雲洛陽道，花月茂陵田』（盧照鄰《哭明堂裴主簿》），即是。(5)毗鄰成對的二句中有一句是列錦的模式。如：『青田白鶴丹山鳳，婺女姮娥兩相送』（張柬之《東飛伯勞歌》）的前一句，『紅粉青娥映楚雲，桃花馬上石榴裙』（杜審言《戲贈趙使君美

人》）的後一句，即是。⑹由三個以上的名詞短語並列對峙而構成短語句群的列錦模式。如：『石榴酒，葡萄漿。蘭桂芳，茱萸香』（蘇綰《倡女行》），即是。」⑥至於盛唐至晚唐，列錦的結構形態「與初唐時代的情況大體相似，只是其中稍有一些變化。」⑦甚至到五代時期，列錦的結構形態仍然沿襲初唐時期的模式。⑧唐、五代以後的宋、元、明、清等各個時期的格律詩中，列錦表達法的運用仍然很活躍，賡續不絕。宋詩中的列錦，如：

> 梨花院落溶溶月，柳絮池塘淡淡風（晏殊《無題》）
> 疏煙明月樹，微雨落花村（余靖《子規》）
> 西風酒旗市，細雨菊花天（歐陽修《秋懷》）

元詩中的列錦，如：

> 踽踽荒村路，悠悠遠道情（倪贊《荒村》）
> 牡丹紅豆豔春天，檀板朱絲錦色箋（戴表元《感舊歌者》）
> 累累花下墳，鬱鬱塋西樹（傅若金《悼亡四首》之二）

明詩中的列錦，如：

> 蕭蕭林樾風，泫泫幽篁露（許繼《夜坐》）
> 杜曲梨花杯上雪，灞陵芳草夢中煙（唐寅《悵悵詞》）
> 暮雨帆檣江上舟，夕陽簾櫳江上樓（何景明《秋江詞》）

至於詞、曲中的列錦表達法運用，則更是司空見慣。唐、五代開始，詞中的列錦運用就很普遍。⑨唐詞中的列錦，如：

> 西風殘照，漢家陵闕。（李白《憶秦娥》）
> 縹緲雲間質，盈盈波上身。（唐昭宗《巫山一段雲》之一）
> 梧桐樹，三更雨。（溫庭筠《更漏子》）
> 青草湖邊草色，飛猿嶺上猿聲。（王建《江南三臺詞》四首之二）

五代詞中的列錦，如：

渺莽雲水，惆悵暮帆。（張泌《河傳》）

殘燈孤枕夢，輕浪五更風。（徐昌圖《臨江仙》

九回腸，雙臉淚，夕陽天。（馮延巳《酒泉子》）

四十年來家國，三千里地江山。（李煜《破陣子》）

很明顯，以上諸例都是典型的列錦表達法的運用。至於宋、元、明、清各時代的詞作中，列錦表達法的運用也是常態。

至於元曲中的列錦表達法運用，人們耳熟能詳的莫過於馬致遠的《天淨沙‧秋思》：「枯藤老樹昏鴉，小橋流水人家，古道西風瘦馬」。其實，在元曲中，諸如此類的列錦是非常多的。不說元曲的著名作家，就是一般作家，其作品中也是時常有很多精彩的列錦文本。如：

曉夢歌鐘，高城草木，廢沼荒台。（盧摯《雙調／蟾宮曲／宣城懷古》）

五柳莊瓷甌瓦缽，七裏灘雨笠煙蓑。（盧摯《雙調／蟾宮曲／箕山感懷》）

溟海星槎，清秋月窟，流水天臺。（盧摯《雙調／蟾宮曲／廣帥餞別席上贈歌者江雲》）

古道西風，荒叢細水，老樹蒼苔。（盧摯《雙調／蟾宮曲／雲台醉歸》）

盧摯在元曲作家中並不算聞名者，但其作品中的列錦表達法都運用得如此爐火純青，其他著名作家的列錦文本建構如何則可以想見。

現代詩中的列錦表達法運用，雖然沒有古詩或格律詩中那樣常見而普遍，但也時見其矯健的身影。如現代詩人閻振甲的詩歌《驚蟄雨‧地頭飯》，有云：

飯罐　饃籃　菜碗
草地　野花　石板

大人孩子圍一圈

農忙時節顧不得回村

家家田頭──野餐

　　詩的前二行是由六個偏正結構的複合名詞並置，其間沒有虛詞的聯綴，明顯屬於列錦文本。因為它與後三行在語法結構上無關，語義上也相對獨立。六個名詞短語就好像是六個電影分鏡頭，如何組合成畫面，則有閱讀者自由想像的空間，由此也提升了詩的審美價值空間。

　　不僅現代詩中有列錦表達法的運用，甚至在一些現代散文或小說中也能看到列錦矯健的身影。如碧野的散文名篇《天山景物記》中有一個小標題是：

雪峰‧溪流‧森林‧野花。

　　四個名詞並置，就像四個電影分鏡頭組合在一起，令人對新疆天山美麗的景物有無限的遐想。臺灣作家陳幸蕙有篇散文，題曰《春雨‧古宅‧念珠》，用的也是同樣的方法，皆是列錦修辭文本。

　　小說中也時有列錦表達法的運用。如王蒙的小說《相見時難》的開頭一段文字，就是大量使用列錦表達法的典型：

世界最大的航空港之一──芝加哥機場。名目繁多的航空公司，

各霸一方而又聯營。螢光屏幕上密密麻麻的飛機起飛時刻表和

飛機抵達時刻表，綠光閃爍。候機室裏的茶，咖啡，可口可樂，

柳丁汁，蕃茄汁，三明治，熱狗，漢堡包，義大利煎餅，生菜

沙拉，熏魚，金髮的白人與銀髮的黑人，巴黎香水與南非豆蔻，

登機前的長吻。女士們，先生們，飛行號數 633……

　　這段文字以大量的名詞或偏正結構的名詞短語一口氣鋪排而下，生動地再現了美國芝加哥國際機場的繁忙而繁雜的生動景象，讓人回味，讓人遐想，仿佛置身其間，有一種身臨其境之感。

　　列錦表達法，既然在漢語發展史上有著悠久的歷史，我們的先人和

前哲在此方面又有著豐富的實踐經驗，那麼下面我們不妨著重分析幾例古今列錦修辭文本，看看列錦表達法究竟有怎樣獨特的表達力而讓我們的前賢與先哲如此迷戀。

1. 迢迢牽牛星，皎皎河漢女：癡情人的守望

> 迢迢牽牛星，皎皎河漢女。
>
> 纖纖擢素手，劄劄弄機杼。
>
> 終日不成章，泣涕零如雨。
>
> 河漢清且淺，相去複幾許？
>
> 盈盈一水間，脈脈不得語。
>
> ——漢·無名氏《古詩十九首·迢迢牽牛星》

現在的中國年輕人，一到每年的 2 月 14 日，大家都在瘋過西方的情人節（Valentine's Day）。這裏既有趕時髦，追時尚的因素，也有尋找藉口而縱情聲色之意味。因為西方的風氣比較開放，男女關係也不必那麼嚴守「一對一」的原則。「情人」既可以是指戀人，也可以包括夫婦之外的另一個或幾個男女。因此，西方的情人節是比較浪漫的，是男女掙脫社會倫理約束、動物本性大解放的狂歡節。林語堂先生曾在巴西某次集會上說過一句名言：「世界大同的理想生活，就是住在英國的鄉村，屋子裏安裝有美國的水電煤氣等管子，有個中國的廚子，有個日本太太，再有一個法國的情婦。」雖然這是幽默大師的笑話，但從具有西方教育背景並深諳西方文明的林語堂嘴裏說出來，可以由此窺知西方人的愛情觀。

西方人的愛情觀是開放的，這是眾所周知的；中國人的愛情觀是專一的，婚姻強調「從一而終」，這也是人所共知的。正因為如此，這就決定了西方的情人節是男女縱情狂歡的時刻，而中國本土的情人節則是男女相戀相愛的溫馨一刻，但在古代則是有情人「相見時難別亦難」的淒切纏綿之時。

上引《迢迢牽牛星》一詩，寫的就是中國古代男女相愛而難以團圓

的悽楚情懷。雖然它表面是寫神話傳說中的牛郎與織女隔天河而不得見的苦楚，實際上折射的卻是人間無數有情人難成眷屬的情感苦痛。特別是詩的開頭兩句：「迢迢牽牛星，皎皎河漢女」，淩空起勢，一開始就牢牢地抓住了讀者的心。袁行霈先生曾指出：「此詩寫天上的一對夫婦牽牛和織女，視點卻在地上，是以第三者的眼睛觀察他們夫婦的離別之苦。開頭兩句分別從兩處落筆，言牽牛曰『迢迢』，狀織女曰『皎皎』。迢迢、皎皎，互文見義，不可執著。牽牛何嘗不皎皎，織女又何嘗不迢迢呢？他們都是那樣的遙遠，又是那樣的明亮。但以迢迢屬之牽牛，則很容易讓人聯想到遠在他鄉的遊子，而以皎皎屬之織女，則很容易讓人聯想到女性的美。如此說來，似乎又不能互換了。如果因為是互文，而改為『皎皎牽牛星，迢迢河漢女』，其意趣就減去了一半。詩歌語言的微妙於此可見一斑。稱織女為『河漢女』是為了湊成三個音節，而又避免用『織女星』三字。上句已用了『牽牛星』，下句再說『織女星』，既不押韻，又顯得單調。『河漢女』就活脫多了。『河漢女』的意思是銀河邊上的那個女子，這說法更容易讓人聯想到一個真實的女人，而忽略了她本是一顆星。不知作者寫詩時是否有這番苦心，反正寫法不同，藝術效果迥異。總之，『迢迢牽牛星，皎皎河漢女』這十個字的安排，可以說是最巧妙的安排而又具有最渾成的效果。」⑩

　　「迢迢牽牛星，皎皎河漢女」，作為詩篇的起首二句，確實由於「迢迢」與「皎皎」分居二句恰到好處，以此將「互文」與「疊字」兩種修辭手法巧妙地融會一體，從而獲致上述表達效果。除此，我們還應看到這二句之所以歷來為人稱說的更深一層的緣由，這就是「迢迢牽牛星，皎皎河漢女」本身是一個「列錦」修辭文本。兩句都是由兩個偏正結構的名詞短語構成，前句以「牽牛星」為中心語，「迢迢」作為修飾語予以映襯；後句以「河漢女」為中心語，「皎皎」是修飾語。由於兩句分別以「牽牛星」與「河漢女」為中心語，這就使二者作為詩篇所吟詠的男女主人公的地位更加突出，成為句子的焦點。如果這兩句寫成「牽牛星迢迢，河漢女皎皎」，那麼句子的語法結構就發生了根本變化，成了兩個尋常的漢語主謂句：「牽牛星」與「河漢女」分別是兩個句子的主

語（subject），「迢迢」與「皎皎」都是形容詞（adjective），分別是描寫說明兩個主語的謂語（predicate）。由於主語與謂語在語法結構中是處於同等地位的，因此句子的焦點不是那麼明晰。這樣，兩個句子的焦點也就不能突顯出來。而句子焦點模糊，就會使讀者在解讀接受時不能凝聚注意力，這樣勢必會忽略了表達者表達的重點所在。

　　概括起來說，「迢迢牽牛星，皎皎河漢女」二句，之所以值得我們關注，原因有兩點：一是它在句法結構上突破了漢語表達的常規，因而成為接受者解讀接受的「新異刺激物」，易於在第一時間迅速抓住接受者的注意力；二是兩個句子分別以「牽牛星」與「河漢女」為中心語而成為句子的焦點後，牛郎與織女作為全詩吟詠的兩個主人公形象更加突出。這樣，接受者在解讀接受時，就會由前句的修飾語「迢迢」與後句的修飾語「皎皎」的前後映照與互文見義，體味到男女主人公那種兩情相悅而遙隔天河，可望而不可即的痛苦之情。疊字「迢迢」與「皎皎」，在語義上互為因果。「迢迢」強調二人相距之遠，「皎皎」強調「河漢女」之美。因為相距「迢迢」，距離產生美，愈覺「河漢女」之「皎皎」；因為「河漢女」之「皎皎」，卻又可望而不可即，愈顯距離之「迢迢」。美而不可即，兩情相悅卻又不能長相聚，其情感之苦痛可知矣。

　　天上的神仙尚且無力逾越「天河」而受情感的煎熬，那麼人間的有情男女又何嘗能逾越封建的禮教而有情人終成眷屬呢？凡俗的夫婦又何嘗能避免山高水遠的地理阻隔而久別難逢的情感苦痛？

　　可見，「迢迢牽牛星，皎皎河漢女」二句，之所以有如上諸種特殊的表達力，所賴者端在「列錦」表達法的運用。

2. 雞聲茅店月，人跡板橋霜：早行者的艱辛

　　晨起動征鐸，客行悲故鄉。
　　雞聲茅店月，人跡板橋霜。
　　槲葉落山路，枳花明驛牆。
　　因思杜陵夢，鳧雁滿回塘。

　　　　　　　　　　　　　　　——唐‧溫庭筠《商山早行》

　　讀唐詩，我們不可能不讀到溫庭筠的《商山早行》；而讀《商山早行》，我們不可能不記得其中的兩句：「雞聲茅店月，人跡板橋霜」。

　　那麼，這兩句詩為什麼在中國文學史上為人所傳誦呢？為什麼歷代的詩評家都讚不絕口呢？對此，歷代學者都有不同的說法，可謂眾說紛紜，莫衷一是。

　　不過，從修辭學的角度看，這兩句的妙處其實要說清楚也並不難，它其實是運用「列錦」表達法而建構的一個修辭文本。這一文本由六個名詞或名詞性短語（即「雞聲」、「茅店」、「月」、「人跡」、「板橋」、「霜」）並置而成，各名詞或名詞性短語之間沒有任何別的實詞或虛詞相聯綴。因此，從語法的視角看，它是不合「法」的詩句。因為按照語法規則，一個句子可以沒有主語，但卻不能沒有謂語特別是謂語動詞，句子成份之間的邏輯聯繫也需要有特定的介詞或連詞作紐結。既然這兩句詩不合漢語語法，何以自古以來的評論者都對之擊節讚賞呢？這一點，就要從語言心理學的角度尋求答案了。簡單點說，這兩句詩雖不合漢語語法，但卻有其心理學上的存在依據，它與心理學上所說的「接近聯想」的心理機制有關。「因為『雞聲』、『茅店』、『月』、『人跡』、『板橋』、『霜』等名詞或名詞性短語所表示的事物意象都是在相接近、毗鄰的時間與空間裏存在的。『雞聲』與『茅店』在空間上接近，因為沒有『茅店』，也就沒有『雞聲』，由『雞聲』必然令人聯想到有『茅店』；『雞聲』與『月』在時間上接近，有『雞聲』，說明天未明，而天未明，天空才會還有『月』。『人跡』與『板橋』在空間上接近，由『人跡』自然令人想到路或『橋』；有『板橋』，自然會有『人跡』；『人跡』與『霜』在時間上接近，因為『人跡』能被看見，自然令人聯想到霜、雪、雨等；而『霜』能被見，也必然令人聯想到天還未明，太陽未出，不然就見不到『霜』。」⑪正是基於這一「接近聯想」的心理機制，詩人才寫出這兩句讓全篇為之增色不少的句子，於「不著一字」中寫盡了山中早行人的艱辛。

　　之所以有此獨特的表達力，那是因為這兩句詩是詩人經由「堆疊表示時空上相互毗鄰、接近的一組名詞或名詞性短語而成的列錦修辭文本」，這一文本中的「各名詞或名詞性短語所表示的語意內涵或意象形態都很抽象、模糊，如『茅店』，是一間獨立溪頭、傍有青松翠竹環繞的雅舍，還是三兩間孤處荒山野坳之中的傾頹欲倒的破屋；『月』是上弦月，還是下弦月；是朗朗星空中的月，還是烏雲密佈天空中的月等等，表達者在字面上都沒有給我們作清楚明白的描寫。其他各名詞或名詞性短語所表示的語意內涵或意象形態也如此。另外，各名詞或名詞性短語之間的語法或邏輯上的關係因沒有必要的詞語加以明確地標識出來，各名詞或名詞性短語所表示的事物的方位處所等關係也就顯得比較抽象、模糊，『月』在『茅店』何方，『橋』在『茅店』何處，我們也不能從詩句本身得知。這樣，從表達的角度看，兩個詩句所表達的語意或意象世界就會因接受者的不同經驗而對每句的三個名詞或名詞性短語所表示的意象進行不同的複現，並對各名詞或名詞性短語所表示的意象進行不同形式的組合，就像電影『蒙太奇』一般，這就大大增加了修辭文本的語言表達的豐富性、形象性。值得注意的是，修辭者溫庭筠所建構的這一修辭文本除了要勾勒出一幅豐富、形象的山中晨景圖外，更重要的是要凸顯『旅人山行的早和苦』這一語意內涵。但是，由於修辭者的這一語意內涵沒有以明確的語言文字來表達，而是透過各名詞或名詞性短語所表示的意象的組合來暗示，因而表意就顯得相當含蓄，遂使修辭文本的語言表達又別具了一種深邃性，達到了中國傳統詩歌所追求的『不著一字，盡得風流』的崇高境界。從接受的角度看，由於修辭者（表達者）是以堆疊一組名詞或名詞性短語的形式來敘事述懷、寫景抒情的，突破了漢語常規的語法和邏輯結構模式，這就給接受者的文本解讀、解碼帶來了困難，但也因此而給接受者的解讀、解碼留下了更為自由廣闊的空間，接受者可以根據各自不同的經驗，運用再造性想像或創造性想像而對表達者所建構的修辭文本作出不同的解讀，從而獲得一種大大豐富於表達者原文本內涵意象的文本解讀的快慰與特殊的審美情趣。由此，在客觀上也使表達者所建構的原修辭文本的審美價值得以提高和擴充」。[12]

由此可見，詩人掙脫漢語語法的束縛，其意並非為了標新立異，而是別有一番苦心孤旨：他不僅要在「不著一字」中寫盡山中早行人的「苦」，更要通過沒有限死的句法結構給接受者以更大的自由想像空間，讓接受者經由詩句所提供的文本，通過文本的語言文字這一「當前刺激物」的作用，調動不同接受者不同的生活經驗，讓其充分發揮再造性或創造性想像，以此複現出「一千個讀者有一千種映象」的山中晨景圖，讓美的創造與美的享受得以雙倍增效。

3. 楊柳岸，曉風殘月：白衣卿相的遙想

> 寒蟬淒切，對長亭晚，驟雨初歇。都門帳飲無緒，留戀處，蘭舟催發，執手相看淚眼，竟無語凝噎。念去去千里煙波，暮靄沉沉楚天闊。
>
> 多情自古傷離別，更那堪、冷落清秋節。今宵酒醒何處？楊柳岸，曉風殘月。此去經年，應是良辰好景虛設。便縱有千種風情，更與何人說。
>
> ——宋・柳永《雨霖鈴》

說到柳永，大家都會不約而同地想到他對宋詞發展的特殊貢獻。如果從流行性與知名度來看，他的詞作影響之大更堪稱北宋第一名。宋人葉夢得《避暑錄話》卷下有云：「嘗見一西夏歸朝官云：『凡有井水飲處，即能歌柳詞』。」可見，柳永和柳詞在當時有多麼廣泛的知名度。柳詞如此廣泛的流行性，甚至讓當時的文壇鉅子蘇東坡也生出吃酸之意。宋人俞文豹《吹劍錄》有云：「東坡在玉堂日，有幕士善歌，因問：『我詞何如柳七？』對曰：『柳郎中詞，只合十七八女郎，執紅牙板，歌「楊柳岸曉風殘月」。學士詞，須關西大漢，（執）銅琵琶，鐵綽板，唱「大江東去」。』」

不過，後世文人在推崇柳永對宋詞發展的特殊貢獻與柳詞的巨大影響力與廣泛的知名度的同時，也會很自然地聯想到他的身世，同情他一生坎坷的人生際遇。而他坎坷的人生際遇，又恰恰是與他做詞密切相關。

南宋吳曾《能改齋漫錄》卷十六，曾記其事云：

> 仁宗留意儒雅，務本理道，深斥浮豔虛薄之文。初，進士柳三
> 變好為淫冶謳歌之曲，傳播四方，嘗有《鶴沖天》詞云：「忍
> 把浮名，換了淺斟低唱。」及臨軒放榜，特落之，曰：「且去
> 淺斟低唱，何要浮名！」景祐元年，方及第。後改名永，方得
> 磨勘轉官。其詞（按：即《鶴沖天》）曰：「黃金榜上，偶失
> 龍頭望。明代暫遺賢，如何向？未遂風雲，便爭不恣狂蕩？何
> 須論得喪。才子詞人，自是白衣卿相。煙花巷陌，依約丹青屏
> 障。幸有意中人，堪尋訪。且恁偎紅翠，風流事，平生暢。青
> 春都一餉。忍把浮名，換了淺斟低唱。」

平心而論，《鶴沖天》一詞寫得確實不錯，也能鮮明地表現文人才
子的風流瀟灑。但是，因為是在發牢騷，皇帝看了不高興，所以這首牢
騷之作便成了他從進士榜上被除名的直接原因，只得無奈地面對現實，
重回花叢與歌女藝妓為伴，並解嘲地自稱「奉旨填詞柳三變」。後來，
詞人雖然改名（由柳三變改為柳永）而轉運，但仍因為與青樓女子走得
太近，不僅為皇帝看不上，甚至連他的同類、北宋著名詞人晏殊也鄙視
他。宋人張舜民《畫墁錄》卷一有記載云：

> 柳三變既以詞忤仁廟（案：指宋仁宗），吏部不放改官。三變
> 不能堪，詣政府。晏公（案：指晏殊，時為相）曰：「賢俊作
> 曲子麼？」三變曰：「祗如相公亦作曲子。」公曰：「殊雖作
> 曲子，不曾道『彩線慵拈伴伊坐』。」柳遂退。

既然仕途不順，那就只得離開京都，別作打算了。上引《雨霖鈴》
一詞，正是柳永離開皇城，「從汴京南下時與一位戀人的惜別之作。」[13]
仕途蹭蹬，又要跟心愛的女人生離死別，這對任何人來說都是一種難以
承受的精神打擊。但是，也正是這雙重的精神打擊，卻讓柳永寫出了感
人至深的離別之詞《雨霖鈴》。

《雨霖鈴》，乃「唐玄宗時教坊大曲名，後用為詞調。霖，一作

『淋』。」⑭宋人王灼《碧雞漫志》卷五《雨淋鈴》條有云：「《明皇雜錄》及《楊妃外傳》云：『帝幸蜀，初入斜谷，霖雨彌旬。棧道中聞鈴聲，帝方悼念貴妃，采其聲為《雨淋鈴曲》以寄恨。』……今雙調《雨淋鈴慢》，頗極哀怨，真本曲遺聲。」李楊愛情悲劇，人所共知。《雨霖鈴》的詞調既源起於唐明皇避難雨途中憶念楊貴妃的典故，那麼「同是天涯淪落人」的柳永，於失意之中離開汴京、忍別戀人，以《雨霖鈴》為詞牌作詞，其意何為？已不言而喻矣。用此詞調表達傷離別之情，不僅符合傷離別的主題，也貼合此時詞人的心情，更讓人由此及彼而想起李楊的愛情悲劇。可見，在選擇詞牌上，詞人就已經先聲奪人，撼動了讀者之心。至於詞的內容，讀者經由文字，不必深思，已經為之感動不已。

　　寫戀人離別的悲愁情感，是中國古典詩詞永恆的母題。但柳永《雨霖鈴》一詞寫男女別情卻既讓人傷感，又讓人難忘。詞作「通篇層層鋪敘，上下闋通過襯托、點染，渾成一片。寫景抒情都用白描，形容盡致。」⑮因此，歷代學者對之都讚歎不已。如明人李攀龍《草堂詩餘雋》有云：「『千里煙波』，惜別之情已騁；『千種風情』，相期之願又賒。真所謂善傳神者。」清人周濟《宋四家詞選》則將之與南宋婉約派女詞人李清照的詞作比較，評論曰：「清真詞多從耆卿奪胎，思力沉摯處，往往出藍。然耆卿秀淡幽豔，是不可及。」現代學者唐圭璋《唐宋詞簡釋》則總評云：「此首寫別情，盡情展衍，備足無餘，渾厚綿密，兼而有之。宋于庭謂柳詞多『精金粹玉』，殆謂此類。詞末餘恨無窮，餘味不盡。」尤其是其中的「今宵酒醒何處？楊柳岸、曉風殘月」三句，更是博得古今文人掉頭苦吟，感慨萬千。清人賀裳《皺水軒詞筌》就有評論曰：「柳屯田『今宵酒醒何處？楊柳岸、曉風殘月』，自是古今俊句。」現代學者也有人評論說：「『今宵』三句蟬聯上句而來，是全篇之警策，後來竟成為蘇軾相與爭勝的對象。」「這三句本是想像今宵旅途的況味：一舟臨岸，詞人酒醒夢回，只見習習曉風吹拂蕭蕭疏柳，一彎殘月高掛楊柳梢頭。整個畫面充滿了淒清的氣氛，客情之冷落，風景之清幽，離愁之綿邈，完全凝聚在這畫面之中。比之上片結尾二句，雖

同樣是寫景，寫離愁，但前者仿佛是潑墨山水，一片蒼茫；這裏卻似工筆小幀，無比清麗。」⑯

誠然，這些分析都是不錯的，「楊柳岸、曉風殘月」確實寫出了一幅畫的效果。但這種效果是如何取得的呢？恐怕不必那麼費辭分析，只要用二字便可概括，這二字便是「列錦」。因為「楊柳岸、曉風殘月」，作為一個句子，它既無主語，也無謂語，更無一個將句中各詞語綴合串聯起來的關聯詞，純粹是以名詞或名詞短語並置而構成。而這種結構模式，正是前面我們所說的典型的「列錦」表達法的結構形式。「楊柳岸、曉風殘月」，分別由一個名詞短語（「楊柳岸」）和兩個名詞（「曉風」、「殘月」）構成，三個名詞之間沒有結構與語義上的主從關係，也沒有句法結構上的主謂、動賓等關係。這種平行而散漫的句法形式，從結構上看沒有語法與邏輯的嚴密性，但卻因為突破了語法規則，擺脫了邏輯的規約，從而使語言表達的張力大大增強，三個名詞就像三個電影鏡頭，各是一幅畫。而三幅畫經由不同生活體驗的讀者的不同組合，則又可以幻化出無數不同的畫面，使人從中領略到不同的情味。因為「楊柳岸」、「曉風」、「殘月」雖都是具象，但卻都有抽象性，不同的讀者可以憑藉自己的生活體驗，對「楊柳岸」、「曉風」、「殘月」的形象進行再創造，從而在腦海中呈現出更加生動的具象：楊柳是枯柳還是嫩柳，柳枝柳葉如何，都是不定的；曉風是寒是溫，也是不定的；殘月掛在何處，天空的背景如何，都是不定的。正是因為有如此多的「不定」因素，這才給讀者的解讀接受留下更多的想像空間，使他們能夠憑藉自己的生活體驗予以充分發揮想像與再創造，由此讓「一千個讀者有一千種解讀」，這樣讀者在解讀接受中就能獲得更多的審美享受。如果按照常規漢語語法表達，「今宵酒醒何處」之後，以諸如「酒醒在荒郊野外」之類的常規漢語語句回答，那麼句子的寫景功能就不復存在。而寫景功能不存在，句子就難以呈現畫面感。而沒有畫面感，作品所欲表現的傷離別的悽楚情調就難以呈現。除此，「楊柳岸、曉風殘月」配合上句「今宵酒醒何處」的提問，還與前此二句的議論構成了古人所說的「點染」效果。清人劉熙載《藝概》有云：「詞有點，有染。柳耆卿《雨霖霖》

云：『多情自古傷離別，更那堪冷落清秋節。今宵酒醒何處？楊柳岸、曉風殘月。』上句點出離別冷落，『今宵』二句乃就上二句意染之。點染之間，不得有他語相隔，隔則警句亦成死灰矣。」誠然，「楊柳岸、曉風殘月」能成為警句，有前二句「點」的功勞。但是，「楊柳岸、曉風殘月」以列錦表達法寫景，對前二句之意予以「染」之，則表達力更為明顯。因為這樣的列錦呈現，能使語言表達的張力大大增強，能使作品在語意表達上有言簡意豐的效果，在意境創造上有疏中見密、曲處有直的效果。這正如清人馮煦《宋六十一家詞選例言》論柳永詞所云：「耆卿詞，曲處能直，密處能疏，奡處能平，狀難狀之景，達難達之情，而出之自然，自是北宋巨手。」

4. 樓船夜雪瓜洲渡，鐵馬秋風大散關：書生夢中的戰場

> 早歲那知世事艱，中原北望氣如山。
> 樓船夜雪瓜洲渡，鐵馬秋風大散關。
> 塞上長成空自許，鏡中衰鬢已先斑。
> 出師一表真名世，千載誰堪伯仲間？
>
> ——宋・陸遊《書憤》

陸遊雖是一介書生，但卻終生以恢復中原為志向。直到晚年貧困潦倒，年近古稀，臥病在床時，還念念不忘馳騁沙場、報效國家。其《十一月四日風雨大作二首》其一有云：「僵臥孤村不自哀，尚思為國戍輪台。夜闌臥聽風吹雨，鐵馬冰河入夢來。」其報國心情之急切，於此可見一斑。

上引《書憤》一首，是陸游於「宋孝宗淳熙十三年（西元 1186 年）春所作，追述壯年時代往事，自傷遲暮，慨歎報國壯志未酬、小人誤國、恢復中原無望的痛切心情。」[17]全詩寫壯志難酬的悲憤之情，有杜甫「沉鬱頓挫」的詩風，是詩人七律中的名篇之一。其中尤以頷聯「樓船夜雪瓜洲渡，鐵馬秋風大散關」二句，以十四字寫盡了南宋歷史上兩大戰役波瀾壯闊的場面，「生動地再現了宋高宗紹興三十一年（西元 1161 年）

十一月宋將劉錡、虞允文等人瓜洲渡大敗金主完顏亮和宋孝宗乾道八年（西元 1172 年）作者與王炎進兵長安、強渡渭水，在大散關與金兵大戰的壯烈場面與恢宏氣勢」，⑱使全詩在一種悲涼的風格中透著別一種壯美。

那麼，這兩句十四字何以有如此強的表達力呢？

無他。乃是詩人運用「列錦」表達法所獲致的效果。

我們知道，瓜洲渡戰役與大散關戰役，是詩人一生中所經歷的兩次最重要的戰役，也是南宋歷史上兩次重要的戰役。因此，要寫出這兩次戰役的緣起、經過及結果、意義，即使是史家惜墨如金的史筆，恐怕也難以在簡短的篇幅內說清楚。那麼，詩人陸遊如何能在一首詩中寫出這兩次戰役的真切場面呢？一般人也許都會覺得不可能。但是，事實上詩人做到了，而且不是用整首詩的篇幅來寫這兩次戰役，而是僅用頷聯二句共十四個字就寫出了這兩次戰役壯烈恢宏的場面與氣勢。這兩句十四個字，每句各包含三個名詞或名詞短語。前句由「樓船」、「夜雪」、「瓜洲渡」等三個名詞或名詞短語構成，後句則以「鐵馬」、「秋風」、「大散關」等三個名詞或名詞短語成句。兩個句子中所包含的三個名詞或名詞短語，其間沒有動詞插入，也沒有介詞添加，更沒有起綴合作用的連詞，完全突破了漢語語法規則。因此，乍看起來，這兩句頗是令人不解。但是，仔細思索體味一下，又覺得這三個名詞或名詞短語的並置堆疊，雖逸出漢語語「法」之外，但又在邏輯情理之中。也就是說，這兩句各以三個名詞或名詞短語堆疊並置而成句，以此表現詩人所經歷的兩場激烈的戰役，其創意造言是有邏輯理據與心理學基礎的。

那麼，這個理據與基礎是什麼呢？這便是前面我們已經說到的「接近聯想」的心理機制。因為「『樓船』是瓜洲渡戰役宋將士抗擊金兵的主要工具，『夜雪』是此戰役的時間環境，『瓜洲渡』是此戰役的地點，三個名詞或名詞性短語所表示的事物、時地都統一於瓜洲渡戰役的同一時空之下。在時間和空間上互相接近、毗鄰，說到『樓船』必然想到『夜雪』（戰爭的時間環境）和『瓜洲渡』（作戰的地點）；『鐵馬』是大散關戰役宋將士所用作戰工具，『秋風』是該戰役的時間和環境，『大

散關』是該戰役的地點，三個名詞或名詞性短語所表示的事物、時地都統一於大散關戰役的同一時空之中。說到『鐵馬』必然想到『秋風』（戰爭的時間環境）和『大散關』（戰爭的地點）。」⑲正是經由這一「接近聯想」的心理機制，詩人才別出心裁地選用了六個名詞（或名詞短語），以十四個字分列兩句的方式，建構出一個「列錦」修辭文本：「樓船夜雪瓜洲渡，鐵馬秋風大散關」。

　　這一文本，由於掙脫了漢語語法規則的束縛，將正常語句都必不可少的動詞（verb）、介詞（preposition）、連詞（related）等全部棄之不用，每句只將三個名詞（或名詞短語）並置堆疊在一起，讓人只能通過這三個名詞（或名詞短語）看到這三個名詞（或名詞短語）所呈現的具象。由於每句三個名詞（或名詞短語）都沒有必要的修飾語予以限定，這就使三個名詞（或名詞短語）所表示的形象顯得比較模糊。瓜洲渡戰役，宋軍到底動用了多少只樓船，樓船是如何構造、堅固程度如何？戰鬥打響的前夜，是「地白風色寒，雪花大如手」的漫天大雪，還是「微雪北風涼」的細雪？瓜洲渡的地理位置與戰略佈置如何，周圍環境如何？等等，皆無由從字面獲知。大散關戰役，宋軍擁有多少匹戰馬，所謂「鐵馬」又是怎樣一種情況？其時是吹著初秋薄涼的北風，還是深秋蕭殺的寒風？大散關要塞的戰略地位如何，兵力佈置如何？等等，也一概無由得知。這諸多「資訊空白」，從解讀接受的角度看，無疑是增加了讀者解讀文本的困難；但是，從表達的角度看，卻增加了語言表達的張力，使「修辭文本更具形象性、豐富性、深邃性」。⑳從接受的角度看，由於詩人只提供了每句三個名詞（或名詞短語），且三個名詞（或名詞短語）之間的語法或邏輯關係也未予以明確界定，這樣每句三個名詞（或名詞短語）所呈現出的意象世界如何，所要表達的意蘊如何，接受者（讀詩人）都可以在解讀文本時，憑藉自己的生活經驗和再造性想像（或創造性想像）予以「個性化」的複現，從而產生「一千個讀者有一千種形象」的文本解讀效果，即創造出「各不相同、形態萬千的意象世界圖畫」，並從這再造出的意象世界圖畫中獲取更大的審美享受，體悟詩人文本建構的深刻內涵。也就是通過詩人給定的「樓船夜雪瓜洲渡，鐵馬秋風大散

散關」這一列錦修辭文本,在腦海中複現出比詩人原文本所勾勒的瓜洲渡與大散關戰役還要壯闊恢宏的戰爭場面,「從中得到一種壯烈宏偉的美感,體味出表達者那種志在報國、死而無憾的切切之情」。㉑

5. 夜月池台王傅宅,春風楊柳太師橋:遺民淚裏的故國

> 空嗟覆鼎誤前朝,骨朽人間罵未銷。
> 夜月池台王傅宅,春風楊柳太師橋。
> ——宋・劉子翬《汴京紀事二十首》其七

宋代文學家很多,詩詞名家輩出。在宋代作家中,劉子翬應該說不算是成就特別突出的,知名度也不算是太高的。但是,讀宋詩者則不會不讀到他的《汴京紀事二十首》;讀過《汴京紀事二十首》,就不會不記住其中第七首的後二句:「夜月池台王傅宅,春風楊柳太師橋」。

「夜月池台王傅宅,春風楊柳太師橋」二句,可以說,一讀便讓人永久難忘。然而,要真正瞭解它獨到的藝術魅力,讀懂其中的微言大義,那還得真正瞭解劉子翬其人。

劉子翬(1101 - 1147),字彥沖(一作彥仲),號病翁(又號屏山),宋建州崇安(今屬福建省五夷山市)人。生於北宋朝政日非、民不聊生,內憂外患不斷的時代,因此對於國家的興亡、人民的苦難時刻憂記心上。其父劉韐(1067 - 1127),乃北宋末期著名的抗金將領,也是北宋的一代名臣(徽宗宣和初,歷知越州、建州、福州、荊南等。欽宗靖康元年,出任河北、河東宣撫副使,旋任汴京守禦使。汴京不保,出使金營。金人利誘之,不屈。靖康二年自縊身亡。宋室南渡,宋高宗建炎初贈資政殿大學士,諡忠顯)。受其父愛國忠君思想影響,劉子翬早年壯游秦、洛、趙、魏等地時,就非常注重訪求古跡,追蹤歷史,研究國家興亡、朝代更替的規律。父死金營之時,劉子翬正當而立之年。在悲憤交加中,與其兄劉子羽、劉子翼為父守制三年。服滿,以父蔭得補承務郎,辟為真定府幕屬。高宗建炎四年,任興化軍(任所在今福建莆田)通判。不久因體弱多病而辭職,賦歸故里。主沖佑觀,開壇講學,

傳道授業。南宋高宗朝吏部郎朱松，因反對秦檜與高宗對金屈膝求和政策而被貶饒州，後自請賦閑，改任台州崇道觀。臨終前，朱松以子朱熹託付劉子翬。在劉子翬的精心教誨下，朱熹後來成為一代理學大師。受其教誨的侄兒劉玶，後來則成為南宋一代名臣（孝宗乾道年間，官至中大夫、同知樞密院事兼參知政事）。教學之餘，劉子翬勤於著述，所著有《聖傳論》、《屏山集》等。其中，《屏山集》20 卷，胡憲為之序，朱熹為之跋。朱熹跋有「先生文辭之偉，固足以驚一世之耳目」之語。《宋史》卷 434 有傳。

在宋代文壇，劉子翬不以詩名家，但其《汴京紀事二十首》在宋代詩歌史上則是不能不提的。詩人生當北宋末南宋初，「政宣前後事，身歷目擊，國仇家恨，交織縈心；故其《汴京紀事》詩二十首，慨念故國，傷心禾黍，既痛國家支亂之端，亦識君臣誤國之由。雜然畢陳，本末悉舉，寓諷刺於婉約，寄幽憤於隱曲，沈鬱豪健，不減唐人。」[22]

《汴京紀事》二十首，每一首多是就某一重大歷史事件抒發感慨，表達詩人對於北宋亡國之痛的歷史反思。其中，第七首是專門指斥奸臣誤國的。詩的前二句「空嗟覆鼎誤前朝，骨朽人間罵未銷」，直陳其意，痛斥誤國奸臣的罪惡。表意雖不避直白之嫌，卻恰恰真切地傳達出詩人對誤國奸臣的切齒之恨，對故國的深切之情。平心而論，這兩句議論並不算非常精闢精彩，精彩的則是隨後的兩句：「夜月池台王傅宅，春風楊柳太師橋」。這兩句以純寫景的筆觸突接於前二句的直白議論之後，在詩句語意的轉接上給人一種突兀之感，甚至讓人覺得莫名其妙。但是，讀詩人在短暫的詫異與驚愕之後，就會不知不覺地沉浸於詩句所描寫的景象之中，頓時有一種思接千古、氣象萬千之感。而當讀者徘徊於歷史的空巷，徜徉於故國舊都汴京的夜月之下，沐浴故都的和煦春風，欣賞汴京的楊柳池台，猛然撞見昔日的王傅宅與太師橋而被驚醒，回到現實，那又是怎樣的一種悲哀與淒涼？

那麼，何以「王傅宅」與「太師橋」會這樣讓讀者猛醒，讓讀者睹物而傷感呢？因為這一宅一橋，承載著太多的歷史回憶，記錄了漢民族太多的歷史遺恨。「王傅宅」，是指徽宗朝「六賊」之一的王黼的宅子。

王黼是徽宗時代的權臣，也是一個禍國殃民的奸臣。史載，他原名甫，字將明，後賜改為黼。其人美風姿，寡學術，善逢迎。初為校書郎，遷左司諫。後因助奸相蔡京複相有功，驟升至禦史中丞。又結交宦官梁師成，以父事之。宣和元年，從通議大夫升至少宰（右宰相），連跳八級，為宋開國以來所罕見。蔡京失勢後，他繼代執政，成為蔡京之後又一位權傾朝野的權臣。權位在握後，罔顧國家利益，假公濟私，廣求子女玉帛，苛取四方水陸珍異而據為己有。當時宋廷欲聯金制遼，王黼不從國家長遠戰略出發，而以自己的官爵富貴為考量，極力慫恿之。以此借機大肆搜括民脂民膏，得錢六千餘萬緡，買得燕京等空城，虛報戰功，由此進封為太傅、楚國公（王黼被稱為王傅，即由此而來）。歷史學家多認為，北宋的滅亡與王黼的聯金攻遼有直接關聯。除了為亡國種下直接禍因外，王黼的貪汙腐敗也加速了北宋政權的滅亡進程。宋人朱弁《曲洧舊聞》有云，王黼「公然受賄賂，賣官鬻爵，至有定價。」京師民謠則有「三百貫，曰通判；五百索，直秘閣」的說法。可見，其貪汙腐敗的行為已經到了何等公開囂張的程度。有這樣巨貪的「王傅」，那麼「王傅宅」是何等豪華，讀者自然可以想見。宋人筆記《靖康遺錄》記其宅第規模有云：「初，黼賜第於闤闠門外，周圍數里。其正廳則以青銅瓦蓋覆，宏麗壯偉。其後堂起高樓大閣，輝耀相對。又於後園聚花石為山，中列四巷，俱與民間娼家相類。與李邦彥輩遊宴其中，朋邪狎昵，無所不至。」「太師橋」，是指徽宗朝的權相與奸臣蔡京的住所遺址。蔡京也是「六賊」之一，但他在歷史上的知名度遠比王黼大得多，其人其事，眾所周知；其禍國殃民的劣跡，歷史有清清楚楚的記載，無庸贅述。

　　由於「王傅宅」與「太師橋」兩個名詞與特定的歷史人物相聯繫，而「夜月」、「池台」與「春風」、「楊柳」又分別與「王傅宅」、「太師橋」並置，這就必然讓人由此及彼產生諸多聯想與想像，想到北宋故都汴京舊有的風物，想到在這風物背景下所發生的一系列歷史事件，想到與這些歷史事件相聯繫的歷史人物。由此，自然讓人們對北宋亡國的歷史進行反思，從而深刻認識到奸臣誤國的嚴重危害性，油然而生對王黼與蔡京等禍國殃民的奸臣切齒痛恨之情。

「夜月池台王傅宅，春風楊柳太師橋」，正是由於運用了列錦表達法，才產生了如上強烈的表達力。如果按照漢語語法規則，規規矩矩地造句，那是很難達到這種表達效果的。與別的詩詞作品運用列錦表達法不同的是，劉子翬這一列錦修辭文本的建構，主要不是為了寫景，而是巧妙地通過寫景達到諷斥奸佞的目標。事實上，這一目標確實達到了，而且還極富表達力。「夜月」、「池台」與「王傅宅」，「春風」、「楊柳」與「太師橋」，其間各名詞之間的關係因為沒有明確界定，因此，「夜月」、「池台」是作為描寫「王傅宅」周圍景觀的修飾語，還是與「王傅宅」並立的景物陳列？就給讀者留下了自由想像的空間，讓他們可以根據自己的生活體驗與對詩的內容的理解而有不同的解讀。「春風」、「楊柳」與「太師橋」的關係亦然。相反，如果詩人按照漢語語法規則中規中矩造句，即在每句三個名詞（或名詞短語）之間用動詞或介詞、連詞等予以綴合串聯，那麼這兩句詩的內涵就是「有定」的，沒有別種理解的可能。這樣，詩因失去了「多義性」而韻味頓減。「夜月池台王傅宅，春風楊柳太師橋」二句，由於每句三個名詞（或名詞短語）是采並置對峙的形態呈現，不僅使詩歌內涵有了理解上的「多義性」，還在事實上造成了各個名詞在語義上的對比效應。這就是通過「風」「月」的永久性與「池台」、「王傅宅」、「楊柳」、「太師橋」的暫時性的對比，含蓄蘊藉地說明一個道理：宇宙、真理是永恆的，公道、人心是不可欺的，奸佞弄權及其富貴榮華都只是一時的。如果說「王傅宅」、「太師橋」可以永久，那麼宅中之王傅、橋上之太師，罵名亦永久矣。

6. 枯藤老樹昏鴉，小橋流水人家，古道西風瘦馬：遊子的秋思

> 枯藤老樹昏鴉，小橋流水人家，古道西風瘦馬。夕陽西下，斷腸人在天涯。
>
> ——元・馬致遠《越調・天淨沙・秋思》

一提起元曲，對於普通讀者來說，恐怕首先想到的便是上文所引馬

致遠的這首小令。

那麼，何以會如此呢？

其實，原因不外乎一點：流傳廣泛，知名度高。

那麼，為什麼這首小令有如此廣泛的知名度，以致人們一提起元曲就自然而然地想到這首小令呢？

其實，原因也不外乎一點：寫得好，極富表達力。

這首小令雖然只有短短二十八個字，但卻寫盡了遊子天涯飄零的淒涼心境，寫盡了古來飄泊旅人的行旅哀愁。小令的前三句：「枯藤老樹昏鴉，小橋流水人家，古道西風瘦馬」，每句各由三個名詞（或名詞短語）構成。三句共九個名詞一字兒排開，且呈對峙並置的格局，就像一個個電影分鏡頭。由於這些並立的名詞之間沒有主從關係，在語義上也無先後次序，這就使讀者在解讀接受時，可以充分發揮自己的想像力，根據自己的生活體驗與對作品內容的把握，通過再造性想像或創造性想像，在腦海中複現出與作者建構文本時完全不同的影像世界，使作品產生「一千個讀者有一千種解讀」的接受效果。

在馬致遠所建構的這個列錦修辭文本中，前句有三個名詞：「枯藤」、「老樹」、「昏鴉」，其所表現的都是讓人感到淒涼蕭條的意象，中間一句的三個名詞：「小橋」、「流水」、「人家」，其所表現的則是一種閒適寧靜的意象，後句的三個名詞：「古道」、「西風」、「瘦馬」，則是表現一種蒼涼蕭殺的意象。這九個名詞所呈現的三組意象以並列的形態呈現，其間的對比效應是不言而喻的，作品所要表現的主旨也是不言而喻的：「小橋流水人家」的景象雖是平常平淡，但對於飄泊無定的遊子卻是那麼令人嚮往；身在異鄉，本就容易觸景生情。卻偏偏在應該「牛羊歸圈人回家」的黃昏時分，騎著瘦馬，迎著西風，走在蒼涼古道上，滿眼看到的都是蕭殺淒涼的景象：枯藤、老樹、昏鴉。「真是無限淒涼意，盡在此畫中！」[23]

對元曲有研究者都知道，元曲中以《越調‧天淨沙》為曲牌的作品很多，但真正為歷代讀者所廣泛傳誦的則不多。讀過《全元曲》的人都知道，以《越調‧天淨沙》為曲牌創作小令的，並不是自馬致遠開始，

元初作家商衜就以《越調‧天淨沙》為曲牌創作過四首小令。但是，商衜所作的四首以《越調‧天淨沙》為曲牌的小令中，卻沒有一首運用列錦表達法。請看商衜的《越調‧天淨沙》四首：

寒梅清秀誰知？霜禽翠羽同期，瀟灑寒塘月淡。暗香幽意，一枝雪裏偏宜。

剡溪媚壓君芳，玉容偏稱宮妝，暗惹詩人斷腸。月明江上，一枝弄影飄香。

野橋當日誰栽？前村昨夜先開，雪散珍珠亂篩。多情嬌態，一枝風送香來。

雪飛柳絮梨花，梅開玉蕊瓊葩，雲淡簾篩月華。玲瓏堪畫，一枝瘦影窗紗。

這四首以《越調‧天淨沙》為曲牌的小令，全篇也都是二十八個字，前三句也都是每句六字。但是，卻都沒有以每句三個名詞（或名詞短語）並立對峙的形式造句，因此不是列錦修辭文本，而是尋常的語句。正因為是按照漢語語法規則中規中矩造出來的尋常語句，所以也就沒有像馬致遠《越調‧天淨沙》那樣的表達力，自然也就沒有馬致遠作品那樣廣泛的知名度。

我們現在無法考證，以《越調‧天淨沙》為曲牌的小令中，到底是誰首先運用了列錦表達法（因為馬致遠生卒年不詳，只知其為元代前期作家）；但是，運用得最成功的無疑是馬致遠。雖然《越調‧天淨沙》曲牌的前三句在字數上為名詞疊砌的列錦表達法提供了客觀基礎，古漢語以單音節詞占絕對優勢的客觀現實也為作家在每句六字中可以選用三個複合名詞或名詞短語來排比提供了天然條件，但要每句三個名詞或名詞短語並置疊砌得恰當而有新意，則還是需要作者的創意，不是一蹴而就的。

　　馬致遠以《越調‧天淨沙》為曲牌創作的小令並不多，但上引這首小令卻是非常有名，流播廣泛。這便印證了我們常講的一句話：一個作家的作品不在於數量，而在於其品質。有創意的作品，只要有一篇，就足以在文學史上佔有一頁，並奠定作者在文學史上的地位。

　　讀過《全元曲》者，應該會有一個深刻印象：在元曲作家中喜歡以《越調‧天淨沙》為曲牌創作的作家很多，特別是元代後期重要作家張可久尤其突出。張氏創作的以《越調‧天淨沙》為曲牌的小令，大部分都運用了列錦表達法。如：

> 白頭多病維摩，青天孤影姮娥，相對良宵幾何？玉人留坐，鶯花十二行窩。（《越調‧天淨沙‧書懷》二首之二）
> 碧桃花下簾旌，綠楊影裏旗亭，幾處鶯呼燕請。馬嘶芳徑，典衣索做清明。（《越調‧天淨沙‧清明郊行》）
> 嗈嗈落雁平沙，依依孤鶩殘霞，隔水疏林幾家？小舟如畫，漁歌唱入蘆花。（《越調‧天淨沙‧江上》）
> 月香水影梅枝，晴光雨色坡詩，點檢千紅萬紫。年年春事，西湖強似西施。（《越調‧天淨沙‧湖上分得詩字韻》）
> 紅蕉隱隱窗紗，朱簾小小人家，綠柳匆匆去馬。斷橋西下，滿湖煙雨愁花。（《越調‧天淨沙‧湖上送別》）
> 翠芳園老樹寒鴉，朱雀橋野草閑花，烏江岸將軍戰馬。百年之下，畫圖留落誰家？（《越調‧天淨沙‧懷古疏翁命賦》）

　　以上諸例都是張可久創造的列錦修辭文本，大多是以前二句構成列錦。後二句雖以三句構成列錦文本，但並不是每句由三個名詞或名詞短語並立構成，明顯與馬致遠的文本不同。這裏我們可以看出張可久努力創新的意圖，但實際效果上還是沒有超過馬致遠。可見，列錦表達法的運用，在結構形式上並不難學，但在創意造言中寫出獨特的意境，則並是不容易的事，需要作者的創造力。

7. 一道水，一條橋，一支櫓聲：徐志摩滬杭列車中的見聞

匆匆匆！催催催！

一捲煙，一片山，幾點雲影，

一道水，一條橋，一支櫓聲，

一林松，一叢竹，紅葉紛紛：

豔色的田野，豔色的秋景，

夢境似的分明，模糊，消隱，──

催催催！是車輪還是光陰？

催老了秋容，催老了人生！

──徐志摩《滬杭車中》

說起徐志摩，那有說不完的話題。

但是，談到中國現代文學史上的徐志摩，繞不過去的話題則只有一個：那就是他對中國現代詩的特殊貢獻。

眾所周知，在 20 世紀 30 年代前後的中國現代詩人中，徐志摩的白話詩是最耐讀的。之所以耐讀，那是因為他的白話詩中有中國古典詩詞的元素，比如講究押韻，講究意境的創造等等。上引這首《滬杭車中》的白話詩，一讀便能感受到濃濃的中國古典詩詞的韻味。詩一開頭，便凌空起勢，以三個「匆」、三個「催」連續疊用，一氣鋪排而下，讓人頓有一種「時不我待」的人生緊迫感，油然想起《論語》中「子在川上曰：『逝者如斯夫』」的情節。而「匆匆匆」、「催催催」的疊字形式，則令人情不自禁地想起兩首宋詞：

尋尋覓覓，冷冷清清，淒淒慘慘戚戚。乍暖還寒時候，最難將息。三杯兩盞淡酒，怎敵他、晚來風急！雁過也，正傷心，卻是舊時相識。

滿地黃花堆積，憔悴損，如今有誰堪摘？守著窗兒，獨自怎生得黑！梧桐更兼細雨，到黃昏，點點滴滴。這次第，怎一個愁字了得！

──宋・李清照《聲聲慢》

紅酥手，黃藤酒，滿城春色宮牆柳。東風惡，歡情薄，一懷愁緒，幾年離索。錯，錯，錯！

春如舊，人空瘦，淚痕紅浥鮫綃透。桃花落，閒池閣，山盟雖在，錦書難托。莫，莫，莫！

——宋·陸遊《釵頭鳳》

　　李清照「尋尋覓覓」的思念，「冷冷清清」的境況，「淒淒慘慘戚戚」的晚景，「點點滴滴」的黃昏雨，讀來讓人心酸；陸遊「錯錯錯」的悔恨，「莫莫莫」的呼喚，讓人為之痛心。而徐志摩的「匆匆匆」、「催催催」，襲李、陸詞之神韻，則讓人頓起「人生苦短，譬如朝露」的感歎。

　　除了押韻、疊字和設問表達法（「是車輪還是光陰？」）的運用，徐志摩此詩的最大特點就是巧妙而大幅度地運用了中國傳統詩詞慣用的「列錦」表達法。

　　這首詩的第一章，除了開頭的「匆匆匆，催催催」和結尾的「紅葉紛紛」，其餘都是由偏正結構的名詞短語構成，一個名詞短語就是一個句子，這是明顯脫胎於《詩經》「喓喓草蟲，趯趯阜螽」（《國風·召南·草蟲》），漢樂府民歌「青青河畔草，鬱鬱園中柳」（漢古詩十九首《青青河畔草》）、「青青陵上柏，磊磊澗中石」（漢古詩十九首《青青陵上柏》）、「岧岧山上亭，皎皎雲間星」（漢樂府古辭《長歌行》等原始「列錦」形態的。但是，與《詩經》以來的「列錦」模式不同的是，徐志摩不是以二句對峙並立的形式來表現，而是以「一捲煙」、「一片山」、「幾點雲影」、「一道水」、「一條橋」、「一支櫓聲」、「一林松」、「一叢竹」等八個名詞短語句一氣鋪排而下，就像迅速搖動的電影鏡頭，將一個接一個的影像推向讀者面前，給人以一種目不暇給的視覺衝擊，讓滬杭平原上一幅幅生動的圖畫以移步換景的手法一一呈現出來，讓人不禁思緒綿綿，遐思萬千。除此，詩人如此高密度地將八個名詞短語句集結到一起，還有一個用意，那就是用一個接一個的名詞短語造景，有意造成一種匆匆而過的形象，這既與《滬杭車中》的詩題相

關，通過表現火車速度之快，含蓄蘊藉地表現出時光荏苒，「逝者如斯」的主旨。詩的第二章開頭兩句「豔色的田野，豔色的秋景」，也是用列錦表達法建構的修辭文本，兩句各以一個名詞短語構句。雖然所寫對象「田野」、「秋景」都有「豔色」作修飾限定語，但仍給讀者留下了想像的空間，那就是「豔色」究竟指的是什麼？讀者可以經由自己的生活體驗與對詩歌內涵的理解，通過再造性想像或創造性想像予以發揮，從而複現出滬杭平原上一派豐收的秋日氣象。

應該說，這首小詩能夠有如此的表達力，能夠產生味之無窮的耐讀感，正是因為列錦表達法的運用。

8. 亞力山大鞋店，約翰生酒鋪，拉薩羅煙商：穆時英筆下的上海灘

> 紅的街，綠的街，藍的街，紫的街……強烈的色調化妝著的都市啊！霓虹燈跳躍著──五色的光潮，變化著的光潮，沒有色的光潮──氾濫著光潮的天空，天空中有了酒，有了煙，有了高跟兒鞋，也有了鐘……
> 請喝白馬牌威士忌酒……起士煙不傷吸者咽喉……
> 亞力山大鞋店，約翰生酒鋪，拉薩羅煙商，德茜音樂鋪，朱古力糖果鋪，國泰大戲院，漢密而登旅社……
> 迴旋著，永遠迴旋著的霓虹燈──
> 忽然霓虹燈固定了：
> 「皇后夜總會」。
>
> ──穆時英《夜總會裏的五個人》

舊上海的繁華是世界聞名的，至今仍有很多人在懷念。20 世紀上半葉上海灘上五光十色的人與事，至今仍是電影、電視與文學作品所描寫的主題，並為人們所津津樂道。

也許，隨著一批又一批從舊時上海上走過來的「老克勒」的謝世，人們對舊時上海灘的繁華景象將逐漸淡忘。昔日夜上海的繁華影像，將隨著時光的流逝而逐漸淡出人們的視線甚至記憶。

　　不過，歷史就是歷史，曾經存在的東西，即使不能長存於人們的記憶裏，但還會存在於歷史的文獻中、文學作品中。讀穆時英的小說，相信永遠都不能讓我們對舊時上海灘的一切失去記憶。讀一讀上引穆時英小說中的一段文字，相信上海灘這個昔日東方不夜城的影像將在我們的記憶中永遠揮之不去。

　　那麼，上面一段文字何以有如此的表達力，讓人為之難忘呢？

　　無他。作者運用「列錦」表達法嫻熟而巧妙。

　　這段文字是小說的開頭部分，描寫「皇后夜總會」周圍的霓虹燈夜景。以此為背景，描寫 20 世紀 30 年代上海灘夜總會中一群男女主人公的夜生活情狀及其背後的故事。小說一開頭連用四個偏正結構的名詞短語：「紅的街，綠的街，藍的街，紫的街」，而且這四個短語都各自成句，這是典型的「列錦」修辭文本。它通過「紅」、「綠」、「藍」、「紫」四種顏色的變化寫舊時上海灘夜景中的街道影像。雖然造句極為簡潔簡單，卻經由顏色的豐富多彩，如電影「蒙太奇」（montage）的鏡頭組合一樣，呈現出舊上海燈紅酒綠的夜生活圖畫，讓人不禁遐思萬千，情不自禁地隨著作者的文字而作充分的聯想想像，仿佛走入時光隧道，進入昔日殖民地時代的「十里洋場」。

　　至於緊隨其後的另一段文字，則更將昔日「十里洋場」的繁華景象盡顯眼前：「亞力山大鞋店，約翰生酒鋪，拉薩羅煙商，德茜音樂鋪，朱古力糖果鋪，國泰大戲院，漢密而登旅社……」這七個句子，每個句子都是一個偏正結構的名詞短語，表示的都是一家商店或商鋪的名稱，也是典型的「列錦」修辭文本模式。由於每個句子都是一個名詞短語的形式，表示的都是一家商鋪名稱，這就使所描寫的諸多商鋪形象顯得比較抽象或模糊。但是，正是這種抽象或模糊，恰恰給讀者解讀文本留下了更多的想像空間。每個商鋪是什麼樣子，賣的是什麼，店鋪裝潢如何，客流如何，等等，都可以由讀者憑藉自己的日常生活經驗，通過再造性想像或創造性想像予以補充發揮，從而在腦海中複顯出一種新的影像。如此，作品自然能夠達到「一千個讀者有一千種解讀」的接受效果，作品的審美價值就會大大提升。上述作者一氣鋪排七家店鋪而不以正常漢

語句子予以詳細描寫的意圖，正在此矣。七家店鋪（其實是更多，省略號的添加便是此意）以七個名詞短語表示，而且是以七個並列句的形式出現，讓讀者順著作者的筆觸讀下去，感覺就像是一個個電影鏡頭匆匆搖過，將舊時殖民地時代畸形繁榮的上海灘影像生動鮮活地呈現出來，讓人遐思無限。

那麼，這七個名詞短語的鋪排何以有如此獨特的表達力呢？這就與「列錦」表達法本身所具有的魅力有關。因為「列錦」文本都是以名詞或名詞短語並列疊砌的形式出現，突破了漢語語法規則，這本身就顯現出其「新異性」的特質，易於迅速抓住接受者的注意力。除此，諸多名詞或名詞短語採用並立對峙的形式，其間沒有動詞與連詞、介詞等的縮合，對其他名詞或名詞短語的句法依賴性也不復存在，因此，其在句中的獨立性就大大增強，表義的自由度也大大增強。因為越是孤立的名詞（或名詞短語），其在表意上就越具有「多義性」，也越能給人留下更多的想像空間。如果按常規，遵循漢語語法規則，將各名詞安置到一定的結構位置中，並且與相關的動詞結合，又與連詞、介詞牽聯，那麼這個名詞在特定的上下文語境中，其含義就限定死了。這樣，就無法給讀者以表意多義性、形象豐富性的聯想。就像一個女子，如果與人訂婚或結婚了，那她的社交生活就沒有太多的自由，生活的豐富性就要大打折扣。而孤身一人，則可以有無數種與他人交往的自由方式，生活就可以豐富多彩。

讀穆時英的小說，常讓人有一種讀唐詩宋詞的感覺，這主要是源於他的小說時不時地運用列錦表達法敘事寫景。除上引例子外，以下諸片斷也是運用了列錦表達法的修辭文本：

> 穿上了外套，抽著強烈的起士牌，走到校門口，她已經在那兒了。這時候兒倒是很適宜於散步的悠長的煤屑路，長著麥穗的田野，幾座荒涼的墳，埋在麥裏的遠處的鄉村，天空中橫飛著一陣烏鴉……（《被當作消遣品的男子》）

> 蔚藍的黃昏籠罩著全場，一隻saxophone正伸長了脖子，張著大

嘴，嗚嗚地沖著他們嚷。當中那片光滑的地板上，飄動的裙子，
飄動的袍角，精緻的鞋跟，鞋跟，鞋跟，鞋跟，鞋跟。蓬鬆的
頭髮和男子的臉。男子的襯衫的白領和女子的笑臉。伸著的胳
膊，翡翠墜子拖到肩上。整齊的圓桌子的隊伍，椅子卻是零亂
的。暗角上站著白衣侍者。酒味，香水味，英腿蛋的氣味，煙
味……獨身者坐在角隅裏拿黑咖啡刺激著自家兒的神經。（《上
海的狐步舞》〔一個斷片〕）

華東飯店裏——
二樓：白漆房間，古銅色的雅片香味，麻雀牌，《四郎探母》，
《長三麼淌白小娼婦》，古龍香水和淫欲味，白衣侍者，娼妓
掮客，綁標匪，陰謀和詭計，白俄浪人……（《上海的狐步舞》
〔一個斷片〕）

　　讀這些文字，仿佛就在看電影，20世紀30年代前後上海灘「十里洋
場」形形色色、光怪陸離的影像頓時撲面而來，那些人，那些事，如同
你自己親歷其中。

二、柳暗花明又一村：別解的表達力

　　語言是社會全體成員共有的財富與資源，但是，如何用好這個資源，
將其效益最大化，則就需要各人的智慧了。善用這一資源者，能夠借此
將自己所要表達的情感表達得淋漓盡致，將所要傳遞的資訊傳遞得準確
無誤，將所要強調的思想表達得令人難忘。相反，不善於運用這一資源
者，則往往詞不達意，甚至言不由衷，結果禍從口出，事由筆生，讓自
己掉入人際關係糾結的泥沼而難以自拔。
　　那麼，如何充分利用共有的語言資源，將我們的思想、感情表達得
圓滿，將我們所要傳達的資訊表達得準確明白呢？其實，要做到這一點

也不是很難，只要掌握相關的表達法（即語言表達技巧），就能迅速提高表達力，即使是最平淡的內容也能說得讓人難忘。

那麼，如何化平淡為生動，使我們的表達既出人意料，又落人意中；既生動鮮活，又幽默風趣呢？在此，我們就介紹一種表達法給大家，這種表達法叫做「別解」。

所謂「別解」表達法，是「一種在特定語境中臨時賦予某一詞語以其固有語義中不曾有的新語義，以之達到幽默生動的表達效果」的語言表達方法。以別解表達法建構的文本，稱之為別解修辭文本。「這種修辭文本模式，一般都是建立在用不同於尋常的刺激物對接受者進行刺激，以新異性的特質在接受者的大腦皮層引發出新的最適宜興奮灶，使之產生『不隨意注意』以強化其文本接受印象的心理機制之上的。它的建構，從表達上看，可以在特定情境下臨時突破詞語的語義規約性原則而凸現出語言表達的活力和靈活性，增添文本的生動性和趣味性；從接受上看，由於表達者所建構的修辭文本對常規詞語語義規約性原則的突破，遂使文本生發出新異性的特質，極易引發接受者在文本接受中的『不隨意注意』，並在『不隨意注意』的導引下走向『隨意注意』，從而加深對於表達者所建構的修辭文本的理解和印象，並從中得到文本解讀的快感和審美情趣。」[24]

正因為「別解」表達法有明顯提升表達力的效果，所以在人們的日常語言生活中常常被運用。下面我們不妨看幾例「別解」表達法運用的案例。

1. 何時與你有染：美髮師的理想

何時與你有染？

——上海市某一理髮店的染髮廣告

上引這句話，是早些年上海市虹口區一家小理髮店打出的廣告詞，曾經吸引了無數路人駐足觀看與評論。

那麼，這句話何以有如此的魔力呢？

「何時與你有染？」這句話，如果不放在特定的語境中，大家一定會理解為是一個男人或女人問對方：「我什麼時候能成為跟你上床的情人？」

因為道理很簡單，在現代漢語裏，「與某人有染」只有一個語義：與某個男人或女人有不正常的男女關係。

之所以「與某人有染」有這種特定的含義？這與「染」這個詞特定的歷史語義有關。我們都知道，漢語辭彙庫中有一個非常有名的詞，叫做「染指」。而「染指」一詞，則是有典故的。《左傳‧宣公四年》記載曰：

> 楚人獻黿於鄭靈公。公子宋與子家將見。子公之食指動，以示子家，曰：「他日我如此，必嘗異味。」及入，宰夫將解黿，相視而笑。公問之，子家以告，及食大夫黿，召子公而弗與也。子公怒，染指於鼎，嘗之而出。公怒，欲殺子公。子公與子家謀先。子家曰：「畜老，猶憚殺之，而況君乎？」反譖子家，子家懼而從之。夏，弒靈公。

這故事說的是，春秋時代，楚國人向鄭國的靈公進獻了一隻大甲魚。鄭公子宋（即子公）與子家要去晉見靈公。突然子公的食指大動，子公就出示給子家看，並說：「以後我的食指再這樣動，一定會有好吃的一飽口福。」等到進了宮，看見廚師正要宰殺甲魚，二人相視會心一笑。靈公不解，遂問其故，子家一五一十地將事情原委說了出來。可是，等到甲魚煮好，靈公以此招待大夫時，雖也邀請了子公，但卻不給他吃。子公既憤怒，又尷尬，遂伸出手指在鼎中沾了點湯汁，然後吮了吮手指，就出門了。靈公大怒，認為他目無君長，意欲殺之。可是，子公與子家已經有謀在先，準備除掉靈公。子家勸子公說：「普通人瞻養老人，還怕擔殺老之名，更何況是謀殺君父呢？」子公見子家不從，遂反咬子家一口，欲嫁禍於子家。子家無奈，只得聽從。最後，終於將靈公殺了。

雖然鄭國靈公父子因為吃個甲魚而鬧了個大內亂，在歷史上成為笑柄，但漢語辭彙庫裏卻從此多了一個「染指」的典故。「染指」雖有多

項語義，如「品嘗」義（唐人白居易《答皇甫十郎中秋深酒熟見憶》詩有云：「未暇傾巾漉，還應染指嘗。」），「從事」義（清人錢謙益《〈梅村先生詩集〉序》有云：「余老歸空門，不復染指聲律。」）但更多情況下，特別是在現代漢語中，「染指」則多帶貶義色彩，意指「分取非份利益」。如清末無名氏《亡國恨·協約》：「這三韓一塊土，俄人久欲染指。」用的正是「非份分取利益」之義。

瞭解了「染指」的典故及其含義，對於「與某人有染」一語的真實語義就能清楚瞭解了，對於上引廣告詞創作的真實用意也就有所洞悉了。

「何時與你有染」，如果脫離特定語境，或是在男女對話的語境下，其語義就充滿了曖昧色彩。在中國這樣特定的文化背景下，給接受者的感覺肯定是負面的。但是，作為寫在理髮店門前的廣告詞，給接受者的感覺不僅不是負面的，而且還顯得極有創意，讓人有一種「出意料之外，又在意料之中」的驚喜感，從而愉快地接受這一廣告詞所宣導的主旨：「顧客朋友，什麼時候能讓您到我們小店來染髮」。如此，廣告的效果就達到了。

眾所周知，廣告的生命在於迅速抓住接受者的注意力。而要抓住接受者的注意力，則作為「刺激物」媒介的廣告文字或圖像要有新異性。因為心理學實驗證明，具有新異性特質的刺激物往往最能迅速吸引接受者的注意。上引廣告詞：「何時與你有染」，之所以當年吸收了那麼多人的眼光，讓人駐足品評，議論紛紛，關鍵就在於它的「出格」，即表達方式上有新異性。

上引廣告詞「何時與你有染」，之所以有表達上的新異性，產生了超乎尋常的表達力，那是因為運用了「別解」表達法。廣告語創作者通過理髮店這一特定環境，臨時賦予「有染」一詞在現代漢語語義系統中不曾有的新語義（染髮），從而突破了漢語語義的規約性原則，從而使廣告語成為迅速抓住接受者注意的新異刺激物，讓路人不得不駐足觀看，並反復回味其中的含義。而當他們解讀出廣告語的真正用意後，則不得不佩服創作者「出人意料之外而又入人意料之中」的「別有一解」，從而在腦海裏留下了深刻的印象。

　　我們都知道，廣告人做廣告的目的，並不在於讓你看廣告的當下立即付諸行動去實施消費，也不在乎你看廣告時對廣告的內容有什麼看法，而是要讓你記住它，對它有印象，潛移默化中，讓廣告內容融化在你的血液中，長記在腦海裏。如此，它就成功了。等你一旦要選擇浪費時，潛意識裏就會想到它，於是廣告的遠期效果就實現了。

　　無獨有偶，早些年在上海市街頭，我們看到理髮店還有另一則廣告：「給你顏色，讓你好看」，也是做染髮廣告的。這則廣告語同樣也是運用了「別解」表達法，雖然不及「何時與你有染」的廣告語煽情、曖昧，但也因為對漢語「給你顏色」、「讓你好看」兩個日常用語的常規語義作了根本性的顛覆，讓其翻出了新義，因此也顯得新異而別致，讓人留下了深刻的印象。

2. 餓死是小，失節是大：學官的苦惱

> 昔一秀才送鵝與學官，學官曰：「我受你的鵝，又無食與他吃，可不餓死？欲待不受，又失一節，如何是好？」秀才云：「請師父受下，餓死事小，失節是大。」
>
> ——明·無名氏《時尚笑談》

　　上引文字，雖是一則笑話，但卻真切地寫出了中國知識份子真實的心靈世界與現實中的無奈處境。

　　眾所周知，自古以來，中國的知識份子都不在富裕階層之列，絕大多數皆是清貧一族。除非科考及第後做了大官，而且義無反顧地擺脫了儒家「重義輕利」的做人信條，成了貪汙腐敗分子，才有可能家財萬貫，富可敵國，如宋之蔡京、明之嚴嵩之流。上引故事中的秀才與學官，都是屬於中國封建社會普通的知識份子，因此他們家境清貧，處境困窘，自在料想之中。

　　由於受儒家思想的薰陶，中國古代的知識份子雖生活清貧，但卻標榜清高，講「義」，講氣節，也就是孔子所說的「不義而富且貴，於我如浮雲」（《論語·述而》）。但是，孔子又說過：「自行束修以上，

吾未嘗無誨焉」（《論語‧述而》）。意思是說，只要送十條幹肉脯，就收下做學生了。這說明孔子對於窮學生送禮是不排斥的。因此，上引故事中的秀才送學官禮物，也是符合聖人之道的。

窮秀才年節時要行敬師之禮，想給學官送點禮物以表示弟子不忘先生教誨之恩。可是，因為家境太清貧，無以為禮，只得送學官一隻鵝。學官收到秀才的禮物後感到很尷尬，也很為難，因為從來都沒有弟子送禮而送鵝的。所以，他就情不自禁地脫口對秀才說出了心裏話：「我收了你的鵝，鵝是食草的，我又沒法出去放鵝進食，這豈不讓鵝白白餓死？要是不領受你這份禮，又少收了一次節禮，這真是讓我為難啊！」秀才見學官實話實說，也就說出大實話：「先生，這只鵝您還是收下吧，鵝餓死是小事，但失了節禮則就是大事了。」

上引故事其實所說的內容，就是如此。但是，我們讀到這則故事時，特別是讀到秀才的那句答語，則不禁會心一笑，覺得秀才說話好幽默（當然，這實際是文本建構者的語言智慧）。那麼，為什麼會有這種效果呢？原因無他，秀才的回答運用了「別解」表達法。

眾所周知，秀才所說的「餓死事小，失節是大」，是中國古代讀書人常掛在嘴上的常用語，有著其特定的含義。因為這句話有一個典故，北宋理學家程顥、程頤《二程集‧程氏遺書》卷二十二記載程頤（即「小程」，字正叔，程顥之弟，後世學者稱之為「伊川先生」答客問，有云：

> 或問：「孀婦於理，似不可取娶，如何？」伊川先生曰：「然！凡取，以配身也。若取失節者以配身，是己失節也。」又問：「人或居孀貧窮無托者，可再嫁否？」曰：「只是後世怕寒餓死，故有是說。然餓死事極小，失節事極大。」

由此可見，程頤所說的「餓死事小，失節事大」，意思是要寡婦守節，餓死也不能再嫁。從現代的觀點來看，這種說法是非常不人道的。但是，在中國封建時代卻是為大家所奉行的行為規範。後來「餓死事小，失節事大」這句話，通過語義引伸，由原來專責寡婦守節而推廣到廣大讀書人（即今天我們所說的知識份子），要求讀聖賢書的人要有氣節，

不能只顧自己的生存需要。

　　也就是說，「餓死事小，失節事大」，無論是原義，還是引伸義，都不是上引故事中秀才所說的「鵝餓死了是事小，失了節禮則事大」。很明顯，上引故事中秀才所說的一番話屬於「別解」表達法，意在諷刺老師內心想收禮卻又忸怩作態的醜行。這番話，「從表達上看，突破了人們使用『餓死事小，失節事大』這一固定習語的慣常語義規約，化嚴肅為幽默，於增添語言活力的同時不著痕跡地暗含了莫大的諷刺意味在其中，表意含蓄雋永，意味深長，臻至了『不著一字，盡得風流』的化境。從接受上看，由於表達者在特定語境中對『餓死事小，失節事大』這一中國常用古語特定語義的『別有用心』的歪曲改造而另賦予了它不曾有的新語義，使接受者在言語接受過程中情不自禁地將之與原語義進行對比而生出會心的一笑，於增添文本解讀的愉悅的同時也加深了對表達者建構此一修辭文本用意的理解，從而使表達者所欲傳達的情意思想得以較好地被接受者所接受，提高了修辭文本的認識價值。」㉕這就是上引故事之所以成為古往今來讀書人傳誦的經典笑話的原因所在。

3. 大哉聖人之道，包下兩節而言：塾師的尷尬

　　一先生極道學，而東家極窮，每月束修常常拖欠。將到端陽，節禮卻是一錢銀子，用紅紙寫「大哉聖人之道」一句，裝入拜匣，交學生送去。先生說：「既送節禮，為何寫此一句送來？想是說教學者亦要合乎聖人之道耳。聖人云：『往者不追，來者不拒。』又曰：『自行束修以上，未嘗無誨。』明明示我以免追節禮之意，自好從緩。」到了中秋，節禮連一錢也無。到了年節，仍舊毫無，先生只得相催。東家曰：「我於端節全送過了。」先生說：「一錢何以抵三節？」東家說：「先生豈不知《朱注》云：『大哉聖人之道，包下兩節而言』？」

　　　　　　　　　　　　　　　　　　——清・小石道人《嘻談錄》

　　在中國，自古以來，知識份子都是弱勢族群。不說別的，根據「按

勞取酬」的原則，勞動得酬，乃是天經地義的事。但是，中國的知識份子自古以來就有被拖欠薪酬的事。前些年看中國大陸報刊或電視新聞，還會時常看到某地教師薪資被拖欠幾個月或幾年不發的事，理由是當地政府財政收入困難。但是，當地的政府官員的薪奉則一個子兒也不少，公帑吃喝天天都有。可見，不是政府財政沒錢，而是錢被政府官員挪用到吃喝等方面。為了填補空洞，只能拿「百無一用是書生」的教師做祭品。反正克扣他們的薪資，這些書生除了背後議論幾句，發發牢騷，也不能拿政府如何，更不能拿官員如何。

　　每每看到這些新聞報導，作為讀書人，我們常常為同是讀書人的那些教師感到不平，更對這種克扣教師薪資的事情一再發生而感到百思不解。突然，有一天，隨手翻閱明清文人笑話集，讀到上引的這則故事，頓時豁然開朗，明白了其中的道理：原來弱者好欺，讀書人是天下最弱的人。除了發幾句牢騷，還能幹什麼？如果是工人被克扣薪資，他們會罷工；農民被剝奪土地，他們會造反。而讀書人呢？先天就有患得患失和猶柔寡斷的毛病，所以從來都幹不成大事。古人說：「秀才造反，十年不成」，說的正是這個道理。

　　上引故事中的塾師，不正是因為軟弱而被窮東家一再拖欠每月束修嗎？這位先生可能因為聖賢書讀多了，對「重義輕利」的信念太過堅持，自標清高，不好意思言利，結果遇上一個極窮的東家，就被常常拖欠薪資了。如果他敢於言利，或態度強硬點，東家再窮也不敢拖欠他束修。正因為他假清高，又性格懦弱，結果不僅每月束修被拖欠，甚至節禮也被東家要賴而不給。不過，撇開道義不講，單就表達的智慧而言，我們也不得不佩服這位要賴的東家。端陽節的節禮，他明知不能不送，於是索性主動，大方地包了一錢銀子。雖然不多，但禮輕情義到，相信清高道學的先生也不好嫌少不收。如果僅此而已，道學清高的先生也就「啞巴吃黃連」，認了。可是，看到一錢銀子的紙包上，東家還要假充斯文地掉書袋，寫上「大哉聖人之道」一句。先生自以為博學，以為東家寫這句話的意思是暗示他：「往者不追，來者不拒」，意思是讓他不要再嫌少追要了。於是，只好認了。誰叫讀書人臉皮薄呢？可是，過了中秋

節，又到了年節，東家卻從此連一錢銀子的節禮也沒了。這一下，道學的先生也清高不起來了，只得硬著頭皮「言利」，向東家討要節儀了。沒想到東家不僅不給，還搬出了朱聖人的話來教訓了先生一頓，讓先生啞口無言。

讀完這則故事，相信我們每個讀書人都會感慨萬千。既感慨那位先生的天真迂腐，又感慨人心的不古，同時又不得不佩服那位刁詐窮東家的語言智慧。因為這位窮東家端陽送禮時寫「大哉聖人之道」一句，早就設下了語言圈套，預備先生來問原因。等到先生真的來問，他就露出了底牌，振振有詞而又冠冕堂皇地說出理由：「先生豈不知《朱注》云『大哉聖人之道，包下兩節而言』？」原來他早打算好不再送中秋節與年節的節儀了。值得指出的是，這位窮東家真的聰明過人。如果他當初送端陽節禮時寫明：「大哉聖人之道，包下兩節而言」，先生可能就要當場問明原因而拒收。他早就料到這點，所以他只寫前半句，後半句不寫，讓先生沒有發問的機會。等到中秋節和年節都過了，先生再來問，已經晚了。因此，他用「大哉聖人之道，包下兩節而言」一句，就讓先生啞口無言了。

那麼，這位窮東家的一句話何以有如此的力量呢？

原來他是運用了「別解」表達法，因而具有極強的表達力，讓道學先生無話可說。

眾所周知，《朱注》「大哉聖人之道，包下兩節而言」一句，說的是「大哉聖人之道」的句意包括了下面的兩節文字。所謂「包下兩節」，是指「包括以下二節文字」的意思。但是，窮東家為了達到賴掉兩個節禮不送，故意將「包下兩節而言」的「兩節」說成是「兩個節日（的節儀）」，這明顯是一種「別解」表達法。窮東家的這種說法，「從表達上看，由於表達者（實際上真正的表達者是寫這一故事的小石道人）對《朱注》之意理解的明顯性偏差，從而使文本產生了深刻的引人入勝的趣味性，令文本中的接受者——先生——哭笑不得，卻使文本外的接受者——讀這則故事的讀者——忍俊不禁；從接受上看，由於表達者東家的修辭文本明顯地違反了《朱注》話語理解的常規，使文本中的接受者

因超乎尋常的意外而感到目瞪口呆，也使文本外的文本接受者解讀文本時大出意外，從而引發了其文本解讀中的『不隨意注意』，進而進入到意欲深究文本的『隨意注意』階段，最終悟出作者文本建構的精妙處，並得到文本解讀的無盡樂趣。」㉖認識到這一點，我們才算真正領會到這則故事的精妙處，認識到窮東家語言表達技巧的高明處。

4. 重慶南京成都，中國捷克日本：文人的智慧

重慶南京成都，中國捷克日本。

——抗日戰爭勝利後的一副對聯

中國人自古以來就喜歡做對子，這似乎成了一種文化傳統。古時候啟蒙教育，私塾先生就有一項教學內容，教孩子做對子。並且還有口訣，如「天對地，雨對風，大陸對長空」之類。記得明代無名氏《笑苑千金》中就曾記載這樣一個故事：

> 有一富家無子，聞有人棄子於市者，遂以養之。有人言此子是丐婦所生，富者不欲彰露。至數歲，延師教之。及先生教之對句，出三字題曰：「柳絮飛。」兒對曰：「蓮花落。」又出五字對曰：「珠奩開寶鏡。」兒對曰：「絲索結線幡。」又久之，能七字對，因閒坐，令其對「紛紛粉蝶穿花去」，兒對曰：「小小青蛇上竹來。」一日，親朋聚會，令兒對十字曰：「萬花臺上，拓邀詩酒朋儔。」對曰：「十字街頭，拜告衣食父母。」其父曰：「此子到底是一個乞兒，不可留也。」

由此可見，做對子並不是一件容易的事，不僅結構形式上要達到對仗精嚴的要求，而且內容意思也要好。如果能做到內容與形式相統一，表裏俱佳，則就會成為人們傳誦的妙對了。曾記得小時候聽人講過這樣一個故事，說有一個窮書生，雖然家境貧寒，但卻蠻有志氣，也有一種讀書人的浩然之氣。他家門前有一大片竹林，但卻不屬於自己，是一個地主老財的。有一天，書生突然詩興大發，做了一副對子，貼在門上：

「門對千竿竹，家藏萬卷書。」

財主一看，不樂意了。你一個窮書生，你拿俺家竹林說事也就算了，還竟敢要壓俺一頭，以「萬卷書」對俺「千竿竹」，真是豈有此理？

一氣之下，財主令人將竹子全部削去一半。心想，哼，窮小子，看你還能酸文假醋什麼？

沒想到，書生毫不費力，提起筆在上下兩句後各加了一字，成了另一副對子：

「門對千竿竹短，家藏萬卷書長。」

財主一看，又傻了眼。一氣之下，狠了狠心，令人將滿園竹子全部砍掉，竹園夷為平地。他以為，這下書生沒轍了，沒法再做對子了。

沒想到，書生又拿起筆，仍然是毫不費力地在兩句後面各續了一個字，成了第三副對子：

「門對千竿竹短無，家藏萬卷書長有。」

這一下，財主算是徹底服了。

這個窮書生做對子的故事，之所以在民間傳為佳話，原因就是它形式與內容俱佳，做得巧妙而自然，絲毫沒有「為做對子而做對子」的勉強感。不僅表現了書生高超的語言技巧，也充分展示了書生人窮志不窮的浩然之氣。

中國的讀書人在儒家思想的薰陶下，一向不缺乏浩然之氣；同時，由於漢語得天獨厚的條件（即語法上具有彈性，辭彙上以單音節詞占絕對優勢），中國的讀書人做對子的技巧更是高超。古代如此，現代仍如此。上引一副對聯，不正是最好的說明嗎？

關於上引這副對聯，文壇有很多傳說。記得 2005 年 7 月 15 日《天津老年時報》刊載一篇署名周存緒的文章，題為《60 年前「征對」：「重慶南京成都」對「中國捷克日本」》。其中有云：

1945 年，世界反法西斯和中國人民抗日戰爭取得偉大勝利，人們無不欣喜若狂。當時，我正在讀中學。一天，南京一家報紙文藝副刊上搞過一次「征對」，用了我國「重慶南京成都」三

個地名，我認為比較難對，一到課餘時間，我便奔到閱覽室翻閱報紙。終於有一天該報將結果揭曉了，最佳應對為三個國名：「中國捷克日本」，真是絕妙透頂！故一直牢牢記住這副對子。

那麼，「重慶南京成都，中國捷克日本」，何以成為一副 60 年後還為人追憶的對子呢？這其中的原因，固然是與上面我們所說的對仗精嚴有關，與這副對子所表現的中國人民戰勝日本軍國主義的豪邁氣概有關，更與這副對子中另外運用到的一種語言表達法有關。這個表達法，就是我們前面已經說過的「別解」表達法。

「重慶南京成都，中國捷克日本」這副對聯，表面看起來是三個中國城市名與世界三個國家名相對，都是名詞對名詞，是形式比較精嚴的對偶。實際上，這只是表面現象。人們讚賞這副對聯的真正原因不是它結構形式上的精嚴，對仗多麼巧妙，而是它對「別解」表達法的巧妙運用。「重慶」是中國西部的一個大都市，在抗日戰爭時期是中國政府的戰時首都。捷克（Czechoslovakia），是一個中歐國家，1918 年脫離講捷克語和斯拉夫語的奧匈帝國成為獨立國家。首都為布拉格（Prague），國土面積 7 萬八千餘平方公里，人口 1 千多萬。抗日戰爭勝利，說「重慶」、「南京」、「成都」都是很自然的，因為重慶是戰時陪都，南京則是戰前首都，成都則是四川大後方的首府。這些都是與抗日戰爭有關的城市。說「中國」、「日本」，也是自然的，因為抗日戰爭是中日兩國的交戰，一是受害國，一是加害國。抗日戰爭如果說與歐洲有關，那與英國幹係最大，因為印度與香港的關係，日本與英國就成了交戰的對手。但是，無論如何都與歐洲小國捷克無關。那麼，這副對聯怎麼扯上了捷克了呢？

仔細分析一下，我們就會發現奧秘。原來對聯創作者是要借「重慶」與「捷克」來勾聯它們前後的兩個名詞。因為從詞面上看，「重慶」、「成都」與「捷克」三個名詞都可以望文生義。「重慶」可以理解為「重新慶祝」，「成都」可以理解為「成為首都」，「捷克」可以理解為「快捷克服」。但這種望文生義的理解不是原來三個名詞的規約語義，而是

在特定的時代背景下對三個名詞（兩個城市名、一個國名）的語義而作的「別解」。由此使這副對聯表達這樣一個語義：「重新慶祝南京成為中國的首都，中國迅捷克敵日本而勝利」。這樣的語義表達，既符合當時的現實（因為南京是中國的首都，抗日戰爭勝利後中國政府又遷都回南京。中國戰勝日本，日本無條件投降，也是事實），又巧妙地化平淡為神奇，以新穎的語言表達方式突顯出中國人民獲得勝利的喜悅之情。

5. 一斤花生，一罐茅台當做晚飯：梁實秋吃花酒

> 我在四川獨居無聊，一斤花生，一罐茅台當做晚飯，朋友笑我吃「花酒」。
>
> ——梁實秋《想我的母親》

上引梁實秋的一段文字，讀來不禁讓人啞然失笑，覺得梁老有時還是蠻有幽默感的。

那麼，為什麼有這種感覺呢？

原因就在梁實秋先生「吃花酒」。

何以梁老說到他「吃花酒」，大家都覺得他的話好笑呢？

無他。梁老所說的「吃花酒」，乃此「花酒」而非彼「花酒」也。

「吃花酒」，是一個具有特定含義的詞，意指舊時在妓院挾妓飲宴的行為。如果對近代中國小說有所瞭解，一說到「吃花酒」，大家都會情不自禁地想到清末小說家吳趼人的《二十年目睹之怪現狀》，其中就有寫到「吃花酒」的事。如第 32 回有云：「那有這等巧事！說要打茶圍，果然就有人請你吃花酒了。」

「吃花酒」的風氣在清末的文人與達官貴人間極為風行，甚至可以說是一種時尚。直到民國初年，情況還是如此。如山東省《老年生活報》2001 年 9 月 7 日第五版有一則《馮玉祥「吃花酒」》的故事：

> 馮玉祥生性耿直，生活儉樸，痛恨當時官場彌漫的只知吃喝玩樂、不問民間疾苦的腐敗風氣。1917 年北洋軍閥統治時期，馮玉祥官為旅長，帶兵駐紮在南京長江北岸的浦口時，就曾發生

過一樁轟動一時的「官場軼事」。

那時，在南京掌權的是擔任江蘇督軍的直系軍閥李純。他帶領一批達官貴人幾乎天天舉行大小宴會，還要拉來妓女陪伴，謂之「吃花酒」。

一次，馮玉祥被李純請過長江來到南京城中的督軍衙門，參加一次盛大的宴會。宴會開始不久，李純宣佈讓全體參加宴會者「出條子」，即在妓女名單上點名劃圈，讓聽差去城南妓院找來妓女陪酒作樂。馮玉祥對此十分不滿，不肯附和。

一會兒，一大群妓女打扮得花枝招展進入宴會廳。李純等人叫來兩名妓女，讓她們坐到馮玉祥身邊彈唱勸酒。馮玉祥怒不可遏，離席而去。全場達官貴人愕然，李純目瞪口呆，只好解嘲地連稱馮玉祥是個官場怪人。

馮玉祥回到浦口軍中，他對戰友說：「上層領導人物放蕩腐化如此，中國還有什麼希望呢？」他思索良久，自己部下軍官久駐大城市附近，為防止他們學壞，必須抓緊倡廉與愛民教育。

第三天晚上，馮玉祥召來全旅排以上軍官到旅部飯堂會餐。這是少有的事。大家入席後，只見酒菜極簡單。馮玉祥等大家吃了一會兒，就站起來講話。他介紹了南京官場吃花酒出條子的種種情景後，說：「難道只能讓這些達官貴人行樂？今天我們也來學學他們，也來吃花酒、出條子，每人叫一個……」

眾軍官都知道馮玉祥的脾氣，聽到他的這番話，感到十分驚訝，人人瞠目相視，莫名其妙，只得靜觀不響。馮玉祥見眾軍官不響也不動，就說：「我已經給你們出了條子了，每人一個，每個一元，他們快來了。」

少頃，飯廳大門洞開，進來一群衣衫襤褸的乞丐，或男或女，或老或幼，或盲或跛。這些人都是馮玉祥預先派人從南京街上召集來的。眾軍官更加驚訝。只見馮玉祥站起來嚴肅又鄭重地向眾軍官說：「這些人就是我給大家叫的『條子』。他們都是我們的叔伯、兄弟、姊妹，我們應當照顧關心他們，請你們每

人給他們一元錢。」眾軍官這才如夢初醒，十分感動，紛紛解
囊，由馮玉祥的勤務兵集中起來分發給眾乞丐。

由這則民國時代的故事，我們更能清楚地瞭解到「吃花酒」的真實
內涵與真實情狀。

其實，「吃花酒」並不是清末民初發明的時尚，而是古已有之的。
它的起源在何時，我們沒有認真考證，不敢輕下結論。但是，我們可以
肯定地說，至少在唐代，「吃花酒」已經是風行於文人間的時尚了。唐
代薛用弱所撰傳奇小說集《集異記》中有一篇《旗亭畫壁》，其文云：

開元中，詩人王昌齡、高適、王之渙齊名。時風塵未偶，而遊
處略同。

一日，天寒微雪，三人共詣旗亭，貰酒小飲。忽有梨園伶官十
數人，登樓會宴。三詩人因避席隈映，擁爐火以觀焉。

俄有妙妓四輩，尋續而至，奢華豔曳，都冶頗極。旋則奏樂，
皆當時之名部也。昌齡等私相約曰：「我輩各擅詩名，每不自
定其甲乙。今者，可以密觀諸伶所謳，若詩人歌詞之多者，則
為優矣。」

俄而，一伶拊節而唱曰：「寒雨連江夜入吳，平明送客楚山孤。
洛陽親友如相問，一片冰心在玉壺。」昌齡則引手畫壁曰：「一
絕句！」尋又一伶謳之曰：「開篋淚沾臆，見君前日書。夜台
何寂寞，猶是子雲居。」適則引手畫壁曰：「一絕句！」尋又
一伶謳曰：「奉帚平明金殿開，且將團扇共徘徊。玉顏不及寒
鴉色，猶帶昭陽日影來。」昌齡則又引手畫壁曰：「二絕句！」
渙之自以得名已久，因謂諸人曰：「此輩皆潦倒樂官，所唱皆
巴人下里之詞耳！豈陽春白雪之曲，俗物敢近哉？」因指諸妓
之中最佳者曰：「待此子所唱，如非我詩，吾即終身不敢與子
爭衡矣！脫是吾詩，子等當須列拜床下，奉吾為師！」

因歡笑而俟之。須臾，次至雙鬟發聲，則曰：「黃河遠上白雲
間，一片孤城萬仞山。羌笛何須怨楊柳，春風不度玉門關。」

渙之即揶揄二子，曰：「田舍奴！我豈妄哉？」因大諧笑。諸
伶不喻其故，皆起諸曰：「不知諸郎君，何此歡噱？」昌齡等
因話其事。諸伶競拜曰：「俗眼不識神仙，乞降清重，俯就筵
席！」三子從之，飲醉竟日。

這裏所記陪詩人王昌齡、高適、王之渙「飲醉竟日」的諸伶，就是
中國古代的藝妓。三詩人由這些藝妓陪吃酒的行為，就是「吃花酒」。

瞭解了「吃花酒」行為的淵源與傳統，明白了「吃花酒」一詞的真
實語義，那我們就易於理解中國古代文人與達官貴人何以熱衷於「吃花
酒」了。因為它是文人的風雅，是上層社會的時尚。

上引梁實秋先生的文字，說到自己抗戰時期在四川的日子，竟以「吃
花酒」來描寫其時的生活狀態，正是因為潛意識中也認同「吃花酒」是
一種文人的風雅。但是，梁實秋所說的「吃花酒」，實際並不是上文我
們所說的「吃花酒」內涵（即挾妓飲宴），而是對「吃花酒」一詞作了
別一番解釋，改變了「吃花酒」原來的語義內涵，在特定的語境下臨時
賦予「吃花酒」一詞以一種全新的語義內涵（即喝酒吃花生）。由此，
讓人在閱讀中將「吃花酒」的原義與新義作出對比後，不禁啞然失笑，
感佩其「出人意料而又入人意料」的表達智慧。

6. 何苦為小失大：營廁者的悔恨

有造方便覓利者，遙見一人揭衣，知必小解，恐其往所對鄰廁，
乃偽為出恭者，而先踞其上，小解者果赴己廁。久之，其人不
覺撒一屁，帶下少糞，乃大悔恨曰：「何苦為小失大！」

——明・馮夢龍《笑府・造方便》

日常生活中，我們常聽人說「開門七件事」，即「柴米油鹽醬醋
茶」。說的是，過日子不容易，操持一個家庭不容易，什麼都得花錢。

其實，這是傳統的說法，也是不全面的說法。仔細想想，過日子絕
非「柴米油鹽醬醋茶」就可解決。一個人要維持基本的生存要求，起碼
要解決「吃喝拉撒睡」五件事。「開門七件事」其實只是「吃」的問題。

還有「喝」、「拉」、「撒」、「睡」四件事，同樣不可忽略。「喝」、「睡」二事，對於人的重要性，那是不言自喻的。所謂「喝」，就是喝水。眾所周知，人幾天不吃飯也許還死不了，但是一兩天不喝水恐怕早就嗚呼哀哉了。所謂「睡」，就是睡覺。人非鋼鐵，而是動物，不睡覺，肌體得不到休息，生命就將劃上休止符。所謂「拉」、「撒」，就是俗人所說的「拉屎」、「撒尿」。文雅人不這樣說，叫做「方便」，更雅的人叫做「上衛生間」、「去洗手間」，女士則說「去花妝間」。在現代的都市，如果你不懂這些說法，恐怕你的「拉」、「撒」問題就解決不了。「上廁所」稱之為「去洗手間」，乃源於日本人的創造（我們中國古代叫「更衣」）。到日本，車站、機場（日本人叫「空港」）等公共場所到處都有「御手洗」的招牌。其實，那個讓你洗「御手」的地方，就是我們普通人所說的「廁所」，也就是鄉下人所說的「茅坑」。也許對於說慣了「茅坑」的中國人來說，將廁所說成「洗手間」或「盥洗室」，就覺得非常文雅了。但是，有潔癖的日本人覺得這還不夠雅。筆者曾在日本京都做了多年客座教授，在京都與其他溫泉聖地，常常會不經意地發現日本人有更好的創意。他們在男廁所門上寫上或掛上一個「殿」字，在女廁所門口寫上或掛上一個「妃」字。既雅又有尊敬如廁者的意思，讓如廁者心情好愉快。沒想到這麼簡單，自己就享受了一次殿下或貴妃的待遇。

我們中國人對於「拉」、「撒」的事不怎麼重視，對於「拉」、「撒」場所的建設也不重視，不像日本人那樣重視廁所文化建設。結果，造成中國人更壞的習慣，這便是隨地大小便。據說，民國初年于右任先生就曾對國人的這種陋習深惡痛絕。曾寫了一個條幅「不可隨處小便」，讓秘書貼出去，以警示國人。可能是因為于右任先生書法太有名，結果被人揭去條幅，進行重新組合後，變成了「小處不可隨便」的人生格言，成為一幅不可多得的墨寶。這讓于右任先生很無奈，也讓許多中國的有識之士很無奈。

也許我們換個角度看，可能會發現國民的壞習慣之養成，也有中國文化傳統的因素。眾所周知，中國人歷來是實用主義掛帥的。同樣，對

於廁所文化建設，中國人所持的也多是實用主義的態度，而不是抱著與人方便、讓人愉悅的態度。即使是在許多大都市裡，公家建設的廁所也是收費的，「有便沒錢莫進來」。這一點，讓外國人感到莫名其妙。

不過，外國人看不懂，那並不能證明中國不好，而恰恰證明了中國傳統文化博大精深，文化傳統一以貫之。從上引故事中，我們似乎可以清楚地看出這一點。故事中的那位中國古人之所以在路旁「造方便」（即建廁所），他並不是出於與人方便的目的，而是出於收集人的大小便而作肥料。也就是說，他「造方便」是采實用主義態度，以營利為目標。也正因為是這個目的，才有故事中那位古人為截客流而「為小失大」的事件發生，以致讓他「大悔恨」。

今天，我們讀這則故事覺得非常可笑。但是，這則笑話的創作者創作這則故事，並不僅僅是要博取我們一笑，而是別有一層用意，這就是諷嘲營廁者的貪吝。只是與眾不同的是，創作者巧妙地將這層諷嘲寓意通過笑話的形式來表現，讓人在輕鬆一笑中回味出創作者對國民劣根性有一個清醒的認識。

那麼，創作者是怎樣實現這一目標的呢？仔細回味一下故事的最後一句：「何苦為小失大」，就清楚地明白，原來創作者是運用了前文我們所說的「別解」表達法。它將漢語的常用詞語「為小失大」（或寫成「因小失大」）在故事的特定語境中臨時作了語義改變，即將原本表示「因為局部利益而損害了大局」、「為了小事而壞了大事」的意思，臨時改換成「為了小便而損失了大便」。這樣，讓讀者在比較了原語義與新語義之後，在心理上產生了極大的落差，不禁啞然失笑，既感佩創作者高妙的表達技巧，又深刻領會到創作者嘲諷國民劣根性的用意。

三、簡約雋永之美：轉品的表達力

提升表達力，獲致「出新意於法度之中，寄妙理於豪放之外」效果

的表達法，還有一種漢語中古已有之的方法，這便是「轉品」表達法。

　　所謂「轉品」（或稱「轉類」）表達法，是指一種在說寫時依據特定的語境臨時將某一類詞轉化為另一類詞使用，以期收到特殊接受效果的語言表達方法。如宋人王安石的名句「春風又綠江南岸」，之所以千古傳誦，關鍵就在於一個字用得好，這個字便是「綠」。「綠」是表示顏色的詞，在語法分類上有兩個屬性：一是名詞（Noun），表示顏色。如「這是什麼顏色？」答曰：「綠（色）」。二是形容詞（Adjective），修飾名詞。如「綠葉」，「綠」修飾「葉」，表示「葉」的情狀屬性。但是，在語法上，「綠」是從來都不充當動詞（Verb）。王安石的「春風又綠江南岸」，之所以贏得千古文人掉頭苦吟，就是他能出人意料地用「綠」充當了動詞的角色，從而獲得了「出新意於法度之中，寄妙理於豪放之外」的表達效果。這個效果的取得，就是「轉品」表達法的功勞。

　　陳望道先生曾指出：「說話上把某一類詞轉化作別一類詞來用的，名叫轉類。漢語從《馬氏文通》以來普通分詞為九類，就是(1)名詞，(2)代詞，(3)動詞，(4)形容詞，(5)副詞，(6)介詞，(7)連詞，(8)助詞，(9)嘆詞。這是現在一般的分法，將來研究更加深入，可能有另外的分法；分類的標準也可能用另外的標準。我們以為可以依據詞的組織功能分類，這裏且不詳說；但可斷言：詞可以分類，詞也必須分類，某詞屬於某類或某某類，也都可以一一論定。修辭上有意從這一類轉成別一類來用的，便是轉類辭。」[27]略有語言學常識者都知道，「每一種語言都有其長期使用中所形成的固定語法規範。即某一類詞在句子中可以充當某一種語法成分是有一定規律的，使用這一語言的所有人都應遵守這一共同的語法規範，不可逾越，否則便會帶來語言的混亂和交際的困難。但是，我們也應該看到，語言是發展的，語言是一種社會現象，語言使用中常有突破語法規範的事出現，這是不可否認的事實，也是語言發展和語言使用所許可的正常現象。轉類修辭法即是其中之一。」[28]

　　以「轉品」表達法建構的文本，稱之為轉品修辭文本。這種本文，一般說來「多是建立在表達者意欲通過突破正常的語法規範來強化接受者的『不隨意注意』來實現其交際目標的心理之上的。從表達上看，轉

類修辭文本的建構，可以增加修辭文本的生動性和新穎性，同時還兼具簡潔性的特點和效果，凸顯表達者力圖突破語言規範的束縛、銳意創新地進行思想情感表達的求新求異的心理；從接受上看，由於表達者所建構的修辭文本突破了接受者心理所固有常式語法表達的定型模式，這就易於引發接受者文本接受過程中的『不隨意注意』，進而加深對表達者所建構的修辭文本的印象與理解。」㉙

　　正因為「轉品」表達法有很好的提升語言表達力的效果，因而古往今來運用此法表情達意者甚夥，精彩的「轉品」修辭文本也很多。下面我們略舉幾例，以見其實效。

1. 我不卿卿，誰當卿卿：王戎之妻的邏輯

> 晉王戎妻語戎為卿。戎謂曰：「婦那得卿婿？」答曰：「我親卿愛卿，是以卿卿；我不卿卿，誰當卿卿？」
> 　　　　——《太平廣記》卷二百四十五引隋人侯白《啟顏錄》

上引文字，講的是晉人王戎與其妻的閨房趣事。

王戎，這個人在中國歷史上可算是個大名人。《晉書》列傳第十三有其傳：

> 王戎，字濬沖，琅邪臨沂人也。祖雄，幽州刺史。父渾，涼州刺史、貞陵亭侯。戎幼而穎悟，神彩秀徹。視日不眩，裴楷見而目之曰：「戎眼燦燦，如岩下電。」年六七歲，于宣武場觀戲，猛獸在檻中虓吼震地，眾皆奔走，戎獨立不動，神色自若。魏明帝於閣上見而奇之。又嘗與群兒嬉於道側，見李樹多實，等輩競趣之，戎獨不往。或問其故，其曰：「樹在道邊而多子，必苦李也。」取之信然。
> 阮籍與渾為友。戎年十五，隨渾在郎舍。戎少籍二十歲，而籍與之交。籍每適渾，俄頃輒去，過視戎，良久然後出。謂渾曰：「濬沖清賞，非卿倫也。共卿言，不如共阿戎談。」及渾卒於涼州，故吏賻贈數百萬，戎辭而不受，由是顯名。為人短小，

任率不修威儀，善發談端，賞其要會。朝賢嘗上巳禊洛，或問王濟曰：「昨游有何言談？」濟曰：「張華善說《史》《漢》；裴頠論前言往行，袞袞可聽；王戎談子房、季箚之間，超然玄著。」其為識鑒者所賞如此。

戎嘗與阮籍飲，時兗州刺史劉昶字公榮在坐，籍以酒少，酌不及昶，昶無恨色。戎異之，他日問籍曰：「彼何如人也？」答曰：「勝公榮，不可不與飲；若減公榮，則不敢不共飲；惟公榮可不與飲。」戎每與籍為竹林之遊，戎嘗後至。籍曰：「俗物已複來敗人意。」戎笑曰：「卿輩意亦複易敗耳！」

鐘會伐蜀，過與戎別，問計將安出。戎曰：「道家有言，『為而不恃』，非成功難，保之難也。」及會敗，議者以為知言。

襲父爵，辟相國掾，歷吏部黃門郎、散騎常侍、河東太守、荊州刺史，坐遣吏修園宅，應免官，詔以贖論。遷豫州刺史，加建威將軍，受詔伐吳。戎遣參軍羅尚、劉喬領前鋒，進攻武昌，吳將楊雍、孫述、江夏太守劉朗各率眾詣戎降。戎督大軍臨江，吳牙門將孟泰以蘄春、邾二縣降。吳平，進爵安豐侯，增邑六千戶，賜絹六千匹。

正史中將王戎寫得很好，文學史上也對他稱讚有加，因為他名在「竹林七賢」之列，年齡最小。但南朝宋人劉義慶的筆記小說《世說新語》中卻記了他很多負面的東西，讓人覺得王戎並非正史與文學史上所說的那麼偉大而值得人尊敬。《世說新語》「儉嗇第二十九」，共記了九則儉嗇者的故事，其中就有四則是記王戎的。他官高位重，貴為司徒，卻貪吝本色不改，每夜與妻子挑燈算帳（《世說新語》「儉嗇第二十九」的第三則原話是：「司徒王戎既貴且富，區宅、僮牧，膏田水碓之屬，洛下無比。契書鞅掌，每與夫人燭下散籌算計。」）；他家境富甲京城，卻仍然吝嗇得讓人不可理喻，侄兒結婚只送了件單衣，後來又要了回來（《世說新語》「儉嗇第二十九」的第二則原話是：「王戎儉吝，其從子婚，與一單衣，後更責之」）；甚至自己親生女兒向他借了點錢，沒

有及時還，他就給女兒臉色看（《世說新語》「儉嗇第二十九」的第五則原話是：「王戎女適裴頠，貸錢數萬。女歸，戎色不說，女遽還錢，乃釋然」）。不僅吝嗇貪婪，而且還缺德。他家有好李要賣，卻怕別人得了種子，遂鑽去李核之後再出售（《世說新語》「儉嗇第二十九」的第四則原話是：「王戎有好李，賣之，恐人得其種，恒鑽其核」）。

一個男人豪爽灑脫，有公德心，那才可愛，這恐怕是所有人的共識。像王戎這樣一個貪婪吝嗇，而且還非常缺德的男人，肯定是一個非常沒有情趣的人，一個令人討厭的人。可是，他的老婆覺得他非常可愛，愛他愛得不得了，用上海話來說，叫做「愛殺儂吃殺儂」（愛死你吃死你）。她稱王戎，不叫老爺，也不叫先生，叫「卿」。王戎是個沒有情趣的男人，見老婆這麼肉麻地稱呼，就跟她說：「一個女人怎麼叫老公為卿呢？」王戎雖是一個古板的人，但他的話沒錯。「卿」在先秦時代是高官名和爵位名，位在公之下，大夫之上。後來就逐漸演變成一種對男子的尊稱或上對下的一種親熱稱呼。如《晉書·謝安傳》：「卿累違朝旨。」這個「卿」就是皇帝對大臣親熱的稱呼語了。可見，「卿」表示親熱之義，在晉代是常態。王戎夫婦也是晉代人，都明白「卿」的語義色彩。所以，王戎覺得肉麻而反問，也是自然而然的了。可是，他的妻子卻不以為然，她覺得自己稱呼老公為「卿」沒有什麼不好。為此，他提出了兩條理由：「我親你愛你，所以稱你為卿；我是你老婆，你是我老公，我不叫你卿，誰還有資格稱你為卿？」雖然故事沒有說明結果，但我們推測，王戎聽了太座的話，一定啞口無言，心服口服。

不僅王戎要心服口服，就是今天我們讀這則故事，也會心服口服，覺得王戎他老婆真的很有語言智慧，說話好有表達力。我們今天漢語成語中有「卿卿我我」之說，就正是從王戎他老婆的話脫胎而來。

我們說王戎之妻的話很有表達力，那是因為她運用了一個有效的表達法：「轉品」。她所說的三個「卿卿」，第一個「卿」都不是正常的人稱代詞用法，即不是充當名詞，而是用作動詞，有「稱……為卿」之意。很明顯，這是「轉品」表達法的運用。因此，王妻「我親卿愛卿，是以卿卿；我不卿卿，誰當卿卿？」一番話，實際上就是一個「轉品」

修辭文本。這一文本的建構，「從表達上看，要比依循漢語語法規範的正常表達（「是以稱卿為卿」、「我不稱卿為卿，誰當稱卿為卿？」）顯得經濟簡潔且有生動性、新穎性的特點；從接受上看，由於表達者文本建構突破了正常的漢語語法規範，使接受者在接受時易於因其表達的新異性而引發起『不隨意注意』，從而加深對文本的印象和理解」。[30]正因為如此，陳望道先生曾稱讚此修辭文本「用法也極尋常，但因用得合拍，便覺異常生動，終至歷代流傳作為親昵的稱謂。」[31]可見，王戎之妻的創意造言是成功的。

2. 衣服寬大，不鞋而屐：魏晉名士的風流

> 所以我們看晉人的畫像或那時的文章，見他衣服寬大，不鞋而屐，以為他一定是很舒服，很飄逸的了，其實他心裏都是很苦的。
>
> ——魯迅《魏晉風度及文章與藥及酒之關係》

上引一段文字，是魯迅談魏晉風度的。

說到魏晉風度，大家都很有興趣，想知道究竟什麼是魏晉風度。據說，早些年我們復旦大學中文系有一位老教授不修邊幅，一件衣服穿得油光發亮也不洗。這也就罷了，他衣服洗不洗是他的事，到底是他夫人不給洗，還是他不讓夫人洗，那就誰都不知道了，大家也不好打聽，更不好勸說。一次，上課寫錯了字，他想擦了重寫，可是一時找不到黑板擦了。情急之下，他就用衣袖來擦黑板。結果，惹得全班同學哄堂大笑。對此，老先生臉不變色，心不跳，從容應曰：「有什麼好笑的？這叫魏晉風度。」這以後，大家不僅不笑話他了，還對他崇敬有加，甚至也有學生學他的樣子。有的學生早上賴床不起，快上課時才匆匆起床，蓬頭圬面，一邊扣衣扣，一邊騎自行車沖向教室。別的同學笑話他，他則振振有詞地回一句：「沒文化！這叫魏晉風度。」

魏晉風度確實與不修邊幅有關，但並不是全部。根據南朝宋人劉義慶《世說新語》所記載的事實，魏晉風度主要包括如下幾個主要方面。

一是崇尚清談，也叫談玄。就是對老莊學說和思想任意發揮，說些玄而又玄的道理，或是對人物進行評品。一些名流的隻言片語，往往被後進青年追捧，奉為經典。其實，很多名流的名言，用今天的話來說，就是扯淡，沒什麼意義。二是行為放蕩，不受傳統禮法約束，做事荒唐。如客人到訪不迎接，而是放狗咬；到別人家進不了門，就鑽狗竇學狗汪汪；裸體屋內喝酒讀書，還強辭奪理指責別人入他褲中；看見美女當爐，就喝醉睡在她身旁，等等，不一而足。三是喝酒吃藥。有些人三日不飲酒，便「覺形神不復相親」；有些人不僅迷信煉丹術，還服食五石散，希冀羽化登仙。四是寄情山水，登山泛舟。王子猷雪夜訪戴，興到而往，興盡而歸，就是典型例子。謝安與王羲之等名士挾妓遊山玩水，並放言「我卒當以樂死」，實際上就是醉生夢死的及時行樂。五是標榜風雅，喜怒不形於色。謝安與人下棋時，淮上大捷傳來，他假裝無事，直到局罷，才從容不迫、漫不經心地說了一句：「小兒輩大破賊」。顧雍與人下棋時聞兒顧劭死訊，表面上「神氣不變」、「豁情散哀，顏色自若」，實際上則「以爪掐掌，血流沾褥」。六是追趕時髦。一些所謂名士因無經濟實力喝酒吃藥，也無條件訪名山、泛清流，遂將衣服寬大起來，穿上木屐，以展現時尚與風雅。上引文字中魯迅提到的「衣服寬大，不鞋而屐」，說的就是這第六種魏晉風度的情狀。

　　「衣服寬大，不鞋而屐」，雖然只有八個字，卻將魏晉名士的服飾特徵寫得鮮活生動，可謂是以最少的文字寫出了最為豐富的內容。特別是「不鞋而屐」四個字，更是精煉、簡潔而又張力十足。

　　那麼，為什麼會有這種效果呢？這是因為魯迅先生運用了「轉品」表達法。

　　魯迅所說的「不鞋而屐」，其實就是「不穿鞋子而穿木屐」的意思。但是，魯迅先生沒有用八個字表達，而選擇了「不鞋而屐」四個字。「根據現代漢語語法規範，否定副詞『不』是不能修飾名詞『鞋』的，『鞋』和『屐』都是名詞，不能作動詞用，也不可直接充當謂語。但是，在魯迅先生所建構的上述修辭文本中，卻是突破了現代漢語的語法規範，讓名詞『鞋』和『屐』在句中都當了動詞和充當了謂語。但是，從表達上

看，這一修辭文本明顯要比正常的表達要顯得經濟簡潔且具生動性和新穎性；從接受上看，由於表達者所建構的修辭文本在表達上的新異性，就自然易於引發接受者閱讀接受中的『不隨意注意』，進而追索其文本如此建構的因由，加深了對文本的印象和理解，並從中獲得一種文本建構的智慧和解讀文本的愉悅。」㉜正因為如此，很多讀者在讀到「不鞋而屐」時會感到不解，甚至懷疑魯迅先生是否犯了語法錯誤。但是，結合上下文語境，又覺得這樣的措詞並不影響語義的表達。相反，仔細回味咀嚼後，還覺得這樣的表達十分簡潔生動，是一種創意造言的智慧，大大提升了文本的表達力。

3. 人其人，火其書，廬其居：韓愈的語法

> 然則如之何而可也？曰：「不塞不流，不止不行，人其人，火其書，廬其居；明先王之道以道之，鰥寡孤獨廢疾者有養也。其亦庶乎其可也！
>
> ——唐·韓愈《原道》

上引一段文字，是唐代大文豪韓愈《原道》一文中的最後一段。

《原道》一文，其題旨就是「探求儒道之原，用以排斥佛老之說。」因為「唐代宗教極為興盛，奉道教為國教；而對佛教的提倡，亦不遺餘力。到了中唐，脫離生產的宗教徒大量增加，他們享有免租、免稅等特權，佔有大量土地，成為剝削階級中的一部分。崇儒教，辟佛老，是韓愈一生志事所在。」㉝也正因為以「崇儒教，辟佛老」為志事，結果《韓昌黎集》中不僅有了這篇散文名作，還增添了一首名詩。這首名詩就是傳誦千古的《左遷至藍關示侄孫湘》：

> 一封朝奏九重天，夕貶潮州路八千。欲為聖朝除弊事，肯將衰朽惜殘年？雲橫秦嶺家何在？雪擁藍關馬不前。知汝遠來應有意，好收吾骨瘴江邊。

這一文一詩，在文學史上都是非常有名的；在韓愈的人生軌跡上則

是互為因果的。因為堅持《原道》所闡發的辟佛理念，結果不計得失上書唐憲宗而被貶，這就有了這首別侄述懷的詩作。詩中所說「一封朝奏九重天，夕貶潮州路八千」，說的是唐憲宗元和十四年（西元 819 年）正月，韓愈上書唐憲宗，諫迎佛骨觸怒憲宗而貶出京城之事。《舊唐書・韓愈傳》記載，「疏奏，憲宗怒甚。間一日，出疏以示宰臣，將加極法。」後幸得裴度、崔群等人力諫，乃將韓愈由刑部侍郎貶為潮州刺史。

　　依韓愈對問題的敏銳洞察力，上書唐憲宗將有什麼後果，他應該是清楚的。但為什麼明知不可為而為之呢？這一點，在上引《原道》末尾一段文字中已經表述得非常清楚。「明先王之道以道之，鰥寡孤獨廢疾者有養也」，乃是他的理想。

　　那麼，怎樣才能實現這一理想呢？他提出了具體的解決方案：「人其人，火其書，廬其居」。這三句九個字，既是斥佛崇儒的具體辦法，也是《原道》全文的畫龍點睛之筆，給人的印象非常深刻。

　　這三句話，只有區區九個字，何以有如此的表達力呢？

　　因為這三句話是一個修辭文本，是由「轉品」表達法建構起來的文本。它的意思是說：「讓皈依佛老的教徒還俗為普通人，從事農業生產，負擔起大唐臣民所應盡的完糧、納稅、服役的義務；燒毀佛老的經書；將寺觀廟宇改為民用之居室，讓民眾安居樂業。」㉞這麼複雜而豐富的語義，若是依漢語語法的規範組詞成句，則絕非九個字所能完成的。但是，事實上韓愈卻做到了，他以三句話共九個字就把上述豐富而深刻的語義予以概括了。真可謂一字千金，達到了「豐而不餘一字，約而不失一詞」的崇高境界。

　　「人其人，火其書，廬其居」這九個字的修辭文本，每句的第一個字本來都是名詞，但在句中卻臨時轉類為動詞。第一句的第一個「人」字，並不表示「人」這一概念，也就是說，它已經不是名詞，而是轉類做了動詞，是「使……成為（正常）人」之意；第二句的第一個「火」字，也不是表示「火」這一概念，即不是當作正常的名詞使用，而是轉類成為動詞，充當了動詞「燒」的角色；第三句的第一個「廬」字，情況亦然，由原來表示房舍的名詞「廬」，轉類成了表示「使……成為廬」

之意的動詞。很明顯，「這一修辭文本由於突破了正常的漢語語法規範，在表達上要比正常表達顯得更經濟簡潔且具生動性、新穎性的特點：在接受上，由於表達者所建構的這一修辭文本在語法上突破了正常的漢語語法規範，使接受者易於由文本表達的新穎性而引發其閱讀接受過程中的『不隨意注意』，從而深入追求表達者文本建構的用意，加深對文本的印象和理解。而這正是表達者寫作此文所要達到的目標——排斥佞佛風氣，勸世崇儒興國。」㉟由此可見，「人其人，火其書，廬其居」這三句九字，作為韓文結尾的點睛之筆，無疑是具有極強表達力的。

4. 出到最後一冊的時候，偏來牛一下子：魯迅調侃趙景深

> 《小說月報》到了十一月號，趙先生又告訴了我們「塞意斯完成四部曲」，而且「連最後的一冊《半人半牛怪》（Der Zentaur）也於今年出版」了。這一下「Der」，就令人眼睛發白，因為這是茄門話，就是想查字典，除了同濟學校也幾乎無處可借，那裏還敢發生貳心。然而那下面的一個名詞，卻不寫尚可，一寫倒成了疑難雜症。這字大約是源於希臘的，英文字典上也就有，我們還常常看見用它做畫材的圖畫，上半身是人，下半身卻是馬，不是牛。牛馬同是哺乳動物，為了要「順」，固然混用一回也不關緊要，但究竟馬是奇蹄類，牛是偶蹄類，有些不同，還是分別了好，不必「出到最後的一冊」的時候，偏來「牛」一下子的。
>
> ——魯迅《風馬牛》

魯迅好打筆墨官司，曾與林語堂先生打過，也跟梁實秋先生打過。林語堂與梁實秋都是 20 世紀上半葉就已經聞名的作家，魯迅與他們所打的筆墨官司，文壇上大家早就知悉，耳熟能詳。至於魯迅跟學者所打的筆墨官司，就不太引人注意了。例如跟趙景深先生的筆墨官司，就是如此。上引一段文字，就是魯迅與趙景深就翻譯問題所打的筆墨官司。

趙景深，何許人也？在創作界也許知之者不多，但在學術界，趙景

深卻是赫赫有名的大學問家。「趙景深 1922 年畢業於天津棉業專科學校，後來卻從事創作、翻譯。40 年代接受鄭振鐸的建議，轉而專治中國古典戲曲，卓然有成，28 歲即成為復旦大學教授。他做復旦教授，開設古典戲曲研究課程，不是一般學究式的從理論到理論，而是既講又唱且做，真是講唱做俱佳。他有時上課講著講著，突然爬到桌子上，唱了起來。他不但自己會唱 20 多種地方戲曲，全家人都會。據他的弟子、復旦大學中文系教授李平回憶說，20 世紀 50 年代，為使中文系學生對中國傳統戲曲有感性的認識，他曾多次親率『趙家班』在復旦相輝堂粉墨登場，搬演《長生殿》、《邯鄲記》等摺子戲。自己演唐明皇，夫人扮楊貴妃，一時轟動復旦園。中國學術界研究古典戲曲能唱做俱佳，實是鳳毛麟角。這還不算，他的學術研究成就則更大。……曾任中國古代戲曲研究會會長、中國俗文學學會名譽會長，其在中國古典戲曲與俗文學研究方面的獨一無二的地位，是無人不知的。」㊱

　　趙景深先生早年喜歡從事域外文學作品的翻譯工作，因而提出了自己的翻譯主張，即「順而不信」。這一主張，正好與魯迅相反。魯迅主張「硬譯」，即完全按照外文的語法結構及語義直譯，強調的是一個「信」字。因為翻譯主張完全相左，而趙景深先生恰恰又有一個小把柄被魯迅抓住（趙氏將「塞意斯四部曲」的最後一冊《半人半馬怪》誤譯成了《半人半牛怪》），於是一向以言辭刻薄著稱的魯迅便向趙氏投去了一把把鋒利的匕首。由上引一段文字，我們就可以約略看到魯迅投出的「匕首」有多鋒利。

　　不過，應該指出的是，魯迅雖然言辭刻薄，但是他打筆墨官司時攻擊對方的語言確實很有表達力，因而殺傷力也很強，往往讓對手毫無招架之功。上引對於趙景深的嘲諷文字，情況亦然。特別是文末那句「偏來『牛』一下子的」，尤其讓人印象深刻，讓趙氏刻骨難忘。

　　那麼，何以這句有如此的表達力呢？那是源於魯迅巧妙地運用了「轉品」表達法。我們都知道，「『牛』是個表示事物概念的名詞，依據漢語語法規則，名詞可以做主語、賓語，有時也可以做定語修飾名詞。但是名詞後面是絕不可以跟『數量詞』作補語的。但魯迅卻讓名詞『牛』

後面跟了一個數量詞組『一下子』作補語。這是不是魯迅文理不通，不懂漢語語法呢？顯然不是這樣。魯迅這樣寫是一種修辭策略，他根據上文的語境，借趙景深把『半人半馬怪』誤譯成『半人半牛怪』的『牛』字順勢而下，並讓名詞『牛』臨時轉品，充當動詞。所謂『偏來牛一下子』，實際表達的即是『偏來亂譯一下子』或『偏來張冠李戴地亂譯一氣』的意思。如果真的這樣寫了，那就形同潑婦罵街了，文人論爭的溫文爾雅的風度也就蕩然無存了。」㉞畢竟魯迅是精通人情世故的，也是瞭解世道人心的。他當然知道，既為文人，就總得有點文人風範，即使與人論爭，最後一塊溫情脈脈的面紗總不能徹底撩落去。於是，他沒有直言相諷，而是巧妙地運用了「轉品」表達法，以「偏來『牛』一下子的」的奇特句法將其諷嘲之意表而出之。由此，不僅使文本在表達上頓顯新穎靈動、含蓄幽默，而且在文本接受上也給人以更大的咀嚼回味空間，有「不著一字，盡得風流」之妙，不失君子論爭應有的優雅風範。

5. 不英雄地把頭埋在被子裏：老舍的無奈

> 兩地的風都有時候整天整夜的刮。春夜的微風送來雁叫，使人似乎多些希望。整夜的大風，門響窗戶動，使人不英雄的把頭埋在被子裏；即使無害，也似乎不應該如此。我生在北平，聽慣了風，可也最怕風。
>
> ——老舍《春風》

上引這段文字，是著名作家老舍寫自己在山東濟南與青島兩地生活的經歷，抒發對當地各個季節風的感受。

《春風》全文敘事娓娓道來，文字簡潔流暢，符合老舍一慣的語言風格。上引一段文字，情況亦然。只是讀者在讀到「整夜的大風，門響窗戶動，使人不英雄的把頭埋在被子裏」這一句時，可能會突然停頓下來，並為之一楞，心中升起一團疑問：為什麼老舍會造出『不英雄的把頭埋在被子裏』這樣的句子？是不是老舍筆誤寫錯了？或是文章印刷時出現錯誤？

　　其實，情況並不是如上述疑問的那樣，老舍的原文就是這樣寫的。既然他是這樣寫的，自然是有他的道理。我們都知道，在中國現代作家中，老舍是最講究文字錘煉的，對漢語語法修辭有相當的研究，並且還寫過諸如《小花朵朵》、《出口成章》等專談文學語言問題的專著。如《小花朵朵》中談「人物、語言及其他」時，他指出：「語言的運用對文學是非常重要的。有的作品文字色彩不濃，首先是邏輯性的問題。我寫作中有一個竅門，一個東西寫完了，一定要再念再念再念，念給別人聽（聽不聽由他），看念得順不順？準確不？邏輯性強不？……看看句子是否有不夠妥當之處。我們不能為了文字簡煉而簡略。簡練不是簡略、意思含糊，而是看邏輯性強不強，準確不準確。只有邏輯性強而又簡單的語言才是真正的簡練。」又說：「運用文字，首先是準確，然後才是出奇。文字修辭、比喻、聯想假如並不出奇，用了反而使人感到庸俗。講究修辭並不是濫用形容詞，而是要求語言準確而生動。文字鮮明不鮮明，不在於用一些有顏色的字句。一千字的文章，我往往寫三天，第一天可能就寫成，第二天、第三天加工修改，把那些陳詞濫調和廢話都刪掉。這樣做是否會使色彩不鮮明呢？不，可能更鮮明些。文字不怕樸實，樸實也會生動，也會有色彩。齊白石先生畫的小雞，雖只那麼幾筆，但墨分五彩，能使人看出來許多色彩。寫作時堆砌形容詞不好。語言的創造，是用普通的文字巧妙地安排起來的，不要硬造字句，……寧可寫得老實些，也別生造。」

　　由老舍的上述論點，我們就可以知道，老舍寫文章對於每個字都是非常認真推敲的，主張運用文字「首先是準確，然後才是出奇」。可見，他對如何處理好準確表達與出奇創造的關係是有正確認識的。上引一段文字中那句「使人不英雄的把頭埋在被子裏」的話，應該就是老舍意在「樸實表達」的基礎上尋求「出奇」的修辭努力，而不是他不懂語法而犯了語法錯誤。我們都知道，「按照現代漢語語法規範，否定副詞『不』只能修飾限制動詞或形容詞，如『不走』，『不好』等等，不修飾限制名詞如『英雄』等。可是老舍文中的『不英雄』，則突破了上述這些最基本的漢語語法結構規則，直接讓否定副詞『不』修飾名詞『英雄』。

很明顯，這是修辭上的用法，是在作者所設定的特定語境中臨時將名詞『英雄』改類變性，轉挪成動詞使用了。所謂『使人不英雄的把頭埋在被子裏』，其實就是『使人不能硬充英雄地把頭埋在被子裏』的變異說法。由於表達者老舍所建構的『整夜的大風，門響窗戶動，使人不英雄的把頭埋在被子裏』這一修辭文本，突破了漢語語法最基本的結構規則，因而在表達上就顯具新異性、簡潔性的特點；在接受上，由於文本的反語法規範所帶來的新異性和不期而至的簡潔性，自然易於激發出接受者的注意，增加其文本解讀接受的興味，從而獲取到一種文本解讀接受中的審美情趣。」㊳認識到這些，我們就會更加敬佩老舍創意造言的智慧與駕馭文字的嫻熟。

6. 不煙，不酒，不茶，不咖啡：李敖的生活狀態

> 有些人整天遊手好閒、喜歡跟你聊天，我最怕交到這種朋友，因為實在沒工夫陪他神聊，但這種人往往又極熱情、極夠朋友，你不分些時間給他，他將大受打擊。所以一交上這種朋友，就不能等閒視之。這種朋友會出現在你面前，以憐憫姿態勸你少一點工作，多享受一點人生。當然我是不受勸的，我照樣過我的清教徒生活，<u>不煙、不酒、不茶、不咖啡</u>、不下棋、不打牌、不考究飲食……什麼啤酒屋、什麼電影院、什麼高爾夫球……統統與我無緣。
>
> ——李敖《李敖回憶錄》

李敖的狂，李敖的傲，這是眾所周知的。

李敖狂、李敖傲的表現很多，但最狂傲的話，則是他自稱：五百年來白話文寫得最好的，第一名是李敖，第二名是李敖，第三名還是李敖。

這話不僅在海峽兩岸的文人圈內不被認可，就是在海外的華人圈裏也恐怕有人要撇嘴。不過，實事求是地說，李敖的文章確實寫得好，文從字順，大白話寫得如行雲流水。用非專業術語說，叫做「好讀」。文章內的許多俗語的運用，不僅不使文章減色，反而為文章增彩，有一種

「言俗而意雅」的效果。

　　這是就寫文章而言。從做人來說，李敖的狂與傲，其實是一種推銷自己的廣告策略。他說自己是近五百年來白話文寫得最好的第一名，還要包攬第二名第三名，不給別人留口湯喝，恐怕是意在以「鋪張揚厲」之言聳動人心，引起人們對他的關注而已。就像李白一樣，說自己的憂愁時，說「白髮三千丈」；發懷才不遇的牢騷時，說自己的文章「萬言不值一杯水」。心理學的原理告訴我們，具有「新異性」的刺激物最易引起接受者的注意。文人喜歡運用誇張修辭法表情達意，就是意在以突破常規的語言表達作為「新異性」的刺激物，使接受者心靈受到較大震撼，從而引發他們的注意，並由此引發情感或思想的共鳴。楚霸王項羽兵敗垓下，自刎前在烏江邊還唱了一首歌：「力拔山兮氣蓋世，時不利兮騅不逝。騅不逝兮可奈何，虞兮虞兮奈若何！」雖然大家都知道，項羽失敗咎由自取，但聽了這首鋪張揚厲、怨天尤人的歌，還是為他掬一把同情的淚，齊聲譴責劉邦是流氓地痞，不該由他做皇帝。眾所周知，做人不能太張揚，但做廣告或推銷自己時絕對要張揚，要用誇張表達法。個中的緣由，早在兩千年前的東漢，大思想家王充在《論衡·藝增》篇中就已論述：「世俗所患，患言事增其實。著文垂辭，辭出溢其真，稱美過其善，進惡沒其罪。何則？俗人好奇。不奇，言不用也。故譽人不增其美，則聞者不快其意；毀人不進其惡，則聽者不愜於心。聞一增以為十，見百益以為千。使夫純樸之事，千剖百判；審然之語，千反萬畔。」

　　由此可見，語言表達要想提升表達力，引起接受者的注意，那是需要講究表達方法的。誇張表達法固然是一種有效方法，但並不是唯一的方法。事實上，有效提升表達力的語言表達法還有很多。比方說前文我們一再講到的「轉品」表達法，在提升表達力方面就有很好的效果。上引李敖回憶錄中的一段文字，其中「我照樣過我的清教徒生活，不煙、不酒、不茶、不咖啡……」這句話，就是運用了「轉品」表達法。

　　以漢語為母語的人都知道，在漢語語法規則中，否定副詞「不」的語法功能是修飾或限制動詞或形容詞，如「不走」、「不美」等。一般說來，是不允許與否定副詞與名詞匹配的。這是基本的漢語語法規則，

雖然語法學家講不出什麼理據，但語言是社會現象，是社會團體約定俗成的產物。什麼樣的表達符合語法規範，由說這種語言的全體社會成員認可就可以了，不必要講出什麼道理。也許某些語法規範並不一定就有合理性，但是約定俗成後，全體社會成員就必須遵守。否則，各說各話，語言就不能充當人們之間溝通思想情感、傳遞資訊的交際工具了。既然漢語語法規則規定否定副詞「不」是不能修飾限定名詞的，那麼李敖何以要用「不」修飾限制「煙」、「酒」、「茶」、「咖啡」等名詞呢？造成這種情況，只有兩種解釋：一是李敖不懂漢語語法，二是李敖懂漢語語法，卻要明知故犯。前一種可能幾乎沒有，李敖是文字功底非常好的作家，不會不懂漢語語法。再說，在他的許多文章與著作中也都是遵守這一語法規則的。那麼，剩下的就只有一種可能，就是李敖故意要突破漢語語法規範，有意進行一種創意造言的努力。也就是說，他這樣寫是一種修辭行為，他所寫的這句話是一個修辭文本。事實上，情況正是這樣。李敖所寫的這句話，是在文本給定的語境下臨時賦予了名詞「煙」、「酒」等四名詞以動詞的功能角色，是「轉品」表達法。所謂「不煙，不酒，不茶，不咖啡」，按正常的語法規則中規中矩地來表達，就是「不抽煙、不喝酒、不飲茶、不品咖啡」。但是，李敖沒有遵守漢語之「法」，而是有意突破了漢語語法規範，連省了四個動詞，造出了「不煙、不酒、不茶、不咖啡」這樣「出格」的句子。不過，這種表達雖然「出格」，但在讀者的閱讀接受中，不僅不影響句子真實語義的理解，而且在表達上還別具新異而簡潔的效果。從接受美學的層面看，由於「不煙、不酒、不茶、不咖啡」這種特異句法具有「新異性」的特質，在文本接受中很易於引發讀者的注意，提高文本解讀的興味，從而「獲取到文本解讀接受中一種平淡情事藝術化的審美情趣。」[39]

四、資源重組的價值：序換的表達力

　　漢語語法與印歐諸語系的語法不同，這從構詞法與句法上都能看得很清楚。從構詞法上看，漢語沒有嚴格的形態變化，不像英語等印歐語系的語言有嚴密的形態變化。比方說，英語的 work 與 worker，work 與 worked 及 working，詞幹都是一樣的，只在詞尾上略作形態改變就能有規律地變換出另一個詞。漢語中除了「了」等個別詞具有形態（語法學界稱之為「廣義形態」）的性質外，是找不出什麼形態變化的。從句法上看，漢語句法結構彈性比較大。如「依我看，明天可能要下雨」，這句話也可以這樣說：「明天，依我看，可能要下雨」或「明天可能要下雨，依我看」。又如「他騙人，我恨他」，這句話也可以這樣說：「因為他騙人，所以我恨他」或「他騙人，所以我恨他」，加關聯詞與不加關聯詞，加一個關聯詞或是兩個關聯詞，都不影響句子所表達的意思。可見，漢語句法在結構形式上並不是那麼嚴密的。而英語等印歐語系的語言，則完全不是這樣，這個大家都學過英語或德語等，無庸贅述。不過，值得指出的是，漢語句法結構形式雖然有較大的彈性空間，但是語序又是漢語有別於印歐諸語系各語言的重要方面。因為漢語的語序有別義的功能。比方說，「麵湯」與「湯麵」，構詞的兩個語素完全相同，只是語序有了變動。可是，隨著語序的變動，詞的語義也隨之發生了變化。「麵湯」是指下麵條時麵條撈起後剩下的湯，而「湯麵」則是指帶有湯水的麵條。又如在「不怕一萬，就怕萬一」這個句子中，「一萬」與「萬一」，雖然僅是語序的變換，但卻在語義上有很大差別。「一萬」是表示「很多次」，「萬一」表示「意外的一次」。

　　正因為漢語語法中有語序別義的特有現象，表達者有意識地根據漢語特點，運用漢語語法這一特殊變序別義的語用資源，就可以建構出很有表達力的修辭文本，從而提升我們的語言表達力。這種有意識地利用漢語特點，在特定的語境下，適應特定的表達意圖，「利用漢語單音節詞占一定數量（古代漢語則是占絕對優勢）和語序在漢語表意中具有特

別重要的意義這兩大特點，通過詞或短語、句子語序的變換實現語義的轉換，從而達到表意深刻雋永、別具幽默諷刺效果的語言表達策略」，⑩修辭學界給它一個名稱，叫做「序換」（或稱「變序」）。

因為「序換」表達法有較強的表達力，因此古往今來都有人運用這一表達法。下面我們略舉幾例，以期「窺一斑而知全豹」。

1. 先生教死書，死教書，教書死：陶行知對傳統教育的評價

先生教死書，死教書，教書死；

學生讀死書，死讀書，讀書死。

——陶行知聯語評判中國傳統教育

我們大概從小就聽大人或老師說過：「熟讀唐詩三百首，不會做詩也會吟」。又聽人說過：「書讀百遍，其義自見。」這些話的中心意思，就是教育學生要多背誦、多朗讀。通過背和讀，慢慢自己理解詩文的意思。

眾所周知，通過背誦與朗讀的方法進行學習，是中國古代最基本的教學方法。對於這種教學方法，近現代教育家大多持批評態度，認為這種教學法是不科學的、落後的方法，中國近現代的落伍，在很大程度上與這種不科學的教學方法培養不出好的人才有關。因此，全盤西化的理念由此逐漸在中國現代教育界占了絕對的上風。但是，時至今日，教育界很多人突然驀然回首，發現西式的教學方法日益顯現出很多弊端。於是，現在又有不少人重新想起了中國古代誦讀教學的好處，近些年來，在大陸與臺灣都有人在提倡誦讀教學並在孩子中進行實驗。

古代的誦讀教學法，我們不能一棍子打死。客觀地說，它有一定的好處，那就是充分開發孩子早期的記憶力，對於打好基礎，進一步強化日後的學習，肯定是有益的。心理學的實驗早已證明了這一點。但是，應該指出的是，要想培養出傑出的人才，僅靠誦讀教學法，那肯定是不行的。說到這裏，不禁讓我們想起了清代遊戲主人《笑林廣記》中說到的一個笑話：

一師設教，徒問「大學之道」如何講，師佯醉曰：「汝偏揀醉時來問我。」歸與妻言之，妻曰：「『大學』是書名，『之道』是書中之道理。」師領之。明日，謂其徒曰：「汝輩無知，昨日乘醉便來問我，今日我醒，偏不來問，何也？汝昨日所問何義？」對以「大學之道」，師如妻言釋之。弟子又問：「『在明明德』如何講？」師遂捧額曰：「且住，我還中酒在此。」

這裏我們可以看出，塾師之所以對「大學之道，在明明德」這樣古代讀書人皆知的句子都不能講解其義，這就有力地說明了死記硬背的教學方法是有很大弊端的。如果塾師的老師當初教他的方法不是只管死記硬背，而是逐字逐句給他講明意思，何來今日他對著學生不知所云的尷尬呢？

遊戲主人上面這個故事雖然說的是一個笑話，但確實在一定程度上切中了中國古代誦讀教學法的弊端，值得我們反思。上引陶行知先生的聯語，正是他反思中國傳統教學法弊端的結論。

對於中國傳統的教學方法，近現代很多教育家都有過深刻的反思與尖銳的批評。但是，比起陶行知先生的聯語來都顯得遜色很多。

那麼，為什麼呢？

因為陶行知先生的聯語以極少的文字，對中國傳統教學方法的弊端及其後果進行了鞭辟入裏地批判，可謂一針見針，一語中的，給人留下了深刻印象。

那麼，陶行知先生的聯語何以有如此的表達力呢？這是因為他巧妙地運用了「序換」表達法。

這副聯語，雖然總共只用到「先生」、「學生」、「教」、「讀」、「書」、「死」等六個詞，出現的漢字數量加起來也只有八個。但是，這八個字經由陶行知先生巧妙地組合，變成了「先生教死書，死教書，教書死；學生讀死書，死讀書，讀書死」這樣一副極富表達力的聯語。「上聯通過『教』、『書』、『死』三個單音節詞的不同語序排列，寫出了封建時代先生教學方式的落後呆板和先生教學生涯的悲情結局；下

聯通過『讀』、『書』、『死』三個單音節詞的不同語序組合，寫出了封建時代學生讀書方式的不科學和學生采這種方式讀書的悲慘結果。僅僅22字就將中國封建教育制度害人害己的弊端揭露得深刻深入，令人警醒」。⑪可見，「序換」表達法運用得當，確實有異乎尋常的表達力。

2. 「妙不可言」與「不可言妙」：母女觀點的相左

> 新姑娘出嫁，母親遣伴娘同往。伴娘回來，母親問姑娘入洞房後說些什麼話，伴娘說：「只聽得姑娘說妙。」母親說：「新過門的人如何說得妙。」乃用紙條寫「不可言妙」四字，交伴娘帶去給姑娘看。姑娘看了，亦寫一紙條答復曰：「妙不可言。」

> ——清‧小石道人《嘻談錄》

孔子有言：「飲食男女，人之大欲存焉。」（《禮記‧禮運》）

孟子亦云：「食、色，性也。」（《孟子‧告子上》引告子語）

孔子與孟子都是聖人，但他們都率性磊落，從不諱言「性」。孔子認為，男歡女愛與吃飯喝水一樣，都是人與生俱來的正當生理要求；孟子認為，吃飯、做愛，乃是人之本性。可見，兩位聖人思想蠻是開明，絲毫沒有假裝正經。

可是，不知為什麼，孔、孟之後，也不知是從什麼時候開始，中國古代的大人先生們一邊繼續高喊「民以食為天」的口號，一邊卻悄悄地做愛（make love）而不聲張，甚至對「性」諱莫如深，再也沒人將「食」、「色」相提並論，強調它的合理性了。更有甚者，到了宋、明理學家嘴裏，則更只有「天理」而無「人欲」了。南宋理學家朱熹說：「聖人千言萬語只是教人存天理，滅人欲」，完全曲解了孔、孟二聖的原意，簡直是為了宣揚自己的學說而睜眼說瞎話。不過，我們的後聖以及帝王將相、達官貴人雖然諱言「性」，但卻一天也沒停止過「性」事。皇帝仍然是三宮六院，達官貴人仍然是三妻四妾，文人學士仍然是青樓尋歡。只是他們都是只做不說，如果迫不得已要說，那也要找些漂亮詞

兒遮蔽，甚至予以美化。講男女性愛之事，往往有很多諱飾的說法，比如「春風一度」、「顛鸞倒鳳」、「搓粉摶朱」、「合歡」、「薦夢」、「薦寢」、「襄王夢」、「攜雲握雨」、「行雲行雨」、「巫山雲雨」、「雲情雨意」等等，不一而足。行事完畢，叫做「雨散雲收」。夫妻做愛，叫做「敦倫」、「房事」、「衽席之愛」、「居室」、「同房」、「行房」、「行事」等等。男女調情，叫做「撥雲撩雨」或「撩雲撥雨」。私慕意中人，叫做「窺宋」或「窺玉」。男女密會，叫做「待月西廂」或「桑中之約」。男女談情說愛，叫做「詠月嘲風」或「調風弄月」。男人私通，叫做「暗度陳倉」、「盜香」、「通好」等。男女偷情，叫做「竊玉偷香」、「竊玉偷花」、「拈花弄柳」、「拈花惹草」、「招蜂引蝶」、「逾牆鑽隙」等等。男子嫖妓，叫做「傍花隨柳」、「串花家」、「打野雞」、「買春」、「覓柳尋花」、「眠花藉柳」、「眠花宿柳」、「攀花折柳」、「倚翠偎紅」等等。女子賣淫，叫做「開苞（首次接客）」、「賣春」、「賣花」、「賣笑」、「賣笑追歡」、「梳櫳（首次接客）」、「送舊迎新（接送客）」、「送往迎來」、「下海」、「倚門賣笑」、「迎賓（接客）」等等。這些詞，不僅表意婉轉，而且還頗有詩意，實在讓人不得不佩服創造這些詞的創造者的高度語言智慧。

　　如果說上述委婉語的創造具有高度智慧，那麼上引故事的創作者小石道人在創意造言方面則更勝一籌。這則故事中的一對母女，她們通過伴娘傳遞紙條，上面都是四個字。但是，這四個字的排列順序有變化。母親的紙條上寫著「不可言妙」，意思是說，床笫之樂可以意會，但不能言傳。而女兒的紙條上寫的「妙不可言」，只是將其母紙條上的四個漢字順序作了調整，卻真實地吐露了一個不諳世情的少女的心聲：「原來男女之事這麼有趣，個中快樂真是難以言表」。兩張紙條同是四個字，卻因語序不同，遂使所表達的語義發生了巨大的變化，真切地反映出母女兩代人對於「性愛」之事應該如何表達的不同態度，頗是耐人尋味。特別是女兒對母親紙條內容的顛覆，尤其讓人興味盎然。因為她運用的正是前面我們說到的「序換」表達法，通過對其母「不可言妙」四字語

序的微小變動,從而輕鬆地實現了語義的巨大跳躍,遂使文本表意深刻雋永,而且別具幽默詼諧的效果。

應該提起的是,由於這個故事不是真實的故事,而是小石道人創作的笑話,因此這個「序換」修辭文本的成功,應該算是小石道人善於運用「序換」表達法的成果。

3. 自以為講學,聽眾以為他在學講:中國學者出洋講學的真相

好幾個拿了介紹信來見的人,履歷上寫在外國「講學」多次。
高松年自己在歐洲一個小國裏讀過書,知道往往自以為講學,
聽眾以為他在學講——講不來外國話借此學學。

——錢鐘書《圍城》

上引這段文字,是錢鐘書小說《圍城》中的一個故事情節。

這個故事情節說的是,在抗戰時期讀書人謀職不易。國立三閭大學雖是小學校,但也一職難謀。若與校長高松年沒有特殊關係,恐怕也是難以踏進三閭大學這個破門的。小說中描寫的幾個主要人物如趙辛楣、李梅亭、方鴻漸、顧爾謙、孫柔嘉等,都是與高松年有直接或間接關係的,這才有機會獲聘教職。不過,中國人做事即使是私下已經達成了交易,但表面上還是要做得冠冕堂皇。用今天的話來說,叫做「公開、公平、公正」,好像我們真的是到了「天下為公」的時代。就像現在中國大陸許多工程建設或政府採購,都是建立了招投標制度的。但是,最後中投的往往是有幕後交易的企業。你說不公平、不公正、不公開,他說事先發佈了招投標公告,一切都按照程式走了,合乎法律程式。反對者或有異議者想要質疑,也會「啞巴吃黃連,有苦說不出」。大學裏教師的錄用,情況亦然。大凡一所大學的院系要錄用新人,往往也會在自己院系的網站上發佈公告。但是,要錄用誰,則早就由院系領導人決定了。因為公告上所設定的條件,就是為他所要錄用的特定人選量身定做的,別人即使不識相地來參與競爭,也因不符合條件而自然淘汰。《圍城》裏雖然揭露了抗爭時期中國教育界的很多陰暗面,小說中所反映的大學

錄用教師過程，其間也存在著任人唯親的問題。如趙辛楣之聘為政治學系主任、李梅亭之獲聘為中國文學系主任，都是因為與校長高松年有非常密切關係的緣故。至於顧爾謙、方鴻漸、孫柔嘉之獲得聘任教職，那是因為與趙辛楣等有關係的緣故。可見，這所國立大學在用人制度上也是很混亂的，明顯存在著讓人垢病的陰暗面。

不過，校長高松年畢竟是喝過洋墨水，受過西式教育訓練和民主制度的薰陶。他知道，既然政府在抗戰時期這麼艱難的條件下還堅持辦大學，自己受命而長一所國立大學，自然要把好教師聘任關（至少在表面上讓人看來是這樣）。正因為他還有這個辦學理念，所以凡是要應聘國立三閭大學教職的，無論關係親疏，一律都是要看學歷的。方鴻漸雖然是趙辛楣推薦的人選，關係也算是很硬了。可惜方鴻漸老實膽小，不敢在履歷表上大大方方地填上「克萊敦大學」的學歷，結果高校長原來答應給他的教授職位就沒有兌現，改任副教授。而同是持「克萊敦大學」的假文憑，韓學愈在履歷上填了，還逢上就講「克萊敦大學」是所好大學，是美國的貴族學校。他太太原是個流浪上海的白俄，經他這麼一扯，也變成了美國人，更加印證了他「克萊敦大學」的含金量。結果，韓學愈被高校長聘為歷史系主任。這事雖然非常荒唐，但是從側面可以說明一點：高校長辦學還是有原則的，一切看學歷，而且喜歡洋學歷。

正因為高校長是重學歷的，也是講原則的，所以凡是來國立三閭大學求職的人都會主動向高校長遞履歷，而且要強調有在國外「講學」的經歷。上引一段文字，說的正是此事。有趣的是，雖然不少應聘者為了獲得高校長的垂青而特別在履歷上注明自己在外國「講學」的光榮歷史，但是高校長並不相信，因為他自己就是在歐洲小國留過學的人，知道有些國人在國外所謂「講學」是怎麼回事，無非是在國外大講老子、莊子，回國後大講康得、黑格爾，中國外國兩頭騙。於是，高校長每當看到有人在履歷上炫耀國外「講學」的經歷時，不僅不會高看一眼，還會打心眼裏瞧不起。小說中所說「知道往往自以為講學，聽眾以為他在學講──講不來外國話借此學學」，就是高松年的心裏話（當然也是小說作者錢鐘書心中所想表達的意思，只不過借高松年之口來說而已）。

「知道往往自以為講學，聽眾以為他在學講——講不來外國話借此學學」，這句話一讀就讓讀者忍俊不禁，覺得幽默而深刻。這是為什麼呢？

無他。乃是因為作者在這句話裏巧妙地運用了一個表達法，這便是前面我們所提到的「序換」。

我們都知道，所謂「講學」，是指在某一研究領域有學術造詣或學術專長的專家學者在學術場所（如大中學校、科研機構）公開講述自己的學術理論或某一方面的研究成果。很明顯，這是一個神聖而具有很高層次的學術行為；而「學講」呢？則意為學習講話，那是小孩子或小學生們的事，是最原始而低等的語言行為。可見，「講學」與「學講」，雖然只是語序上的變化，但卻在語義上產生了極大的等級落差，所指內涵也大不相同。作者錢鍾書正是利用漢語單音節字詞組合自由、語序別義的特點，巧妙地「通過『講學』」與『學講』二詞在辭面上語序的細微差別和語義上的高下天壤之別的對比，並借小說中人物高松年之口講出，深刻地諷刺挖苦了那些假洋鬼子之類的學術騙子在國人面前招搖撞騙的醜陋行徑。」⑫雖然嘲諷辛辣，但在辭面上卻顯得含蓄婉約，且不失幽默風趣，真可為生花妙筆也！

4.「看頭上」與「看上頭」：理髮師與官員的對話

> 甲：我的職業是理髮，比較注意觀察頭上。
> 乙：與你差不多，我是看上頭。
> ——《中國青年報》1981 年 3 月 15 日第 8 版

在中國古代，打鐵的，剃頭的，殺豬的，都是賤業。從事這些職業的人，都是要被人看不起的。當然，這是古人觀念的落後。追根究底，還是因為亞聖孟子不好，他有句話，叫做「勞心者治人，勞力者治於人」。本來，他這話說的是社會需要分工，從事腦力勞動的人有智慧，就讓他們管理國家；從事體力勞動的人有體力沒文化，就讓他們從事耕種，提供賦稅，養活「勞心者」。客觀地說，這個觀點沒有錯。因為社

會分工是社會進步與發展的必然要求。但是，後來孟子的話被人曲解了，變成了歧視「勞力者」的依據。

還好，隨著時代的推移，社會的發展，人們的觀念也進步了。「職業不分貴賤」的思想已經深入人心，現代社會誰要是再持老觀點，反而要被人看不起了。因為觀念進步了，現在對於原來認為不高尚的職業的從業者，其稱呼也改變了。20世紀上半葉，中國社會還盛行「的字結構」的稱呼語。比方說，「種田的」、「做工的」、「掃地的」、「剃頭的」、「教書的」等等，都是帶「的」字的從業人員稱呼語。大家都知道，在現代漢語裏，凡是以帶「的」字的短語來稱呼人，多是帶有歧視色彩。記得五年前，我的一位朋友是在大陸一所最著名的大學裏做教授，有一個女人穿戴頗是時尚，問到這位教授是在哪裏就職。教授是一個非常高傲的人，打心眼裏不想理會她。但是，礙於朋友面子，還是如實回答了，說在大學裏工作。那女人馬上回答說：「哦，是教書的。」結果，那教授再也不搭理她了，認為她沒文化。

其實，在中國大陸，不僅做教師的人諱言人家稱呼「教書的」，就是原來被認為是賤業的從業人員也諱忌別人用「的字結構」相稱謂。因此，目前大陸有關這方面的稱呼，大致都有了約定俗成的習慣。比方說，稱呼「教書的」，要說「老師」、「先生」、「教授」，最正式的官方給定的稱謂叫做「人類靈魂的工程師」。稱呼「種田的」，要說「種植業主」；稱呼「培植花木的」，要說「園藝師」；稱呼「做工的」，要叫「師傅」；稱呼「掃地的」，要說「城市美容師」。至於稱呼「剃頭的」，當然不能說「剃頭的」，要叫「美髮師」、「理容師」、「美容師」。不然，那「剃頭的」不高興，真的拿刀把你頭給剃了。

與「剃頭的」同樣是「的字結構」的稱謂，「做官的」則境遇完全不同。說到「做官的」，大家沒有在心裏鄙視他們的，而只有羨慕。因為在大陸，「做官的」總是強勢，而非弱勢族群。他們雖然嘴巴上吃點虧，整天「人民的公僕」掛在嘴上，但事實上根本不把人民放在心裏，也不會把人民放在眼裏。因為他們的官位不是人民給的，而是由上層更高的官員任命的。因此，他們只對上負責，而不必對下負責。所謂「對

上負責」，就是把上司侍候好，把關係搞好，討得上峰歡心，就能升官發財。所謂「對下負責」，就是對老百姓負責，為人民謀福祉。按常理，做官應該是「對下負責」有成績，才能算是「對上負責」有交待。正因為做官不必在乎老百姓的口碑，而只在乎與上峰的關係，因而在大陸我們常常會發現這樣一個現象：居官位而領導別人的，往往是既無一技之長，也無高尚品德的人。德才兼備者，往往並不在官位上，而是被別人領導。不僅政府行政機關有這種現象，甚至許多大學裏也是如此，學術水準比較差的當院系領導，學術水準高的靠邊站。因此，現在大陸民間有句話，說一個人什麼本事也沒有，那就只好去做官了。因為做官不必要有專業背景，不必要有一技之長。如果說要有「一技之長」，那事實上也是有的，就是「嘴巴功夫」和「活動能力」。所謂「嘴巴功夫」，就是善於對上層領導拍馬逢迎，討其歡心；所謂「活動能力」，就是善於走門路，敢於收賄行賄，權錢交易，游走於高層之間，打通各種關節，自然屆時能步步高升。在大陸官員之間，有句業內行話，叫做「生命在於運動，做官在於活動。」說的就是這種情況。

　　由於做官只要「看上頭」，眼睛朝上，而不必眼睛朝下，看老百姓的眼色，因而在大陸做官，不必在乎人民的想法與觀感，更不必向人民打躬作揖。說到打躬作揖，倒讓筆者想起日本競選的場景。猶記得筆者兩次在日本做客座教授時，都適逢日本大選，常常看見許多候選人站在街頭人流最多的地方向行人打躬作揖，口稱謝謝。東京、大阪、京都如此，小城小鎮，情況亦然。看得多了，我每每都替他們感到累，心裏想，在日本想做官真不容易啊！如果這種場景讓中國大陸的官員看到，想必他們一定感慨萬千，覺得自己幸福無比，慶倖自己生在了中國而不是日本。

　　因為在中國做官，不必像在日本那樣要向人民卑躬屈膝，尋求恩賜投票；所以「做官的」時常把「人民的公僕」掛在嘴上，也是一種讓人民獲得心理平衡的好方法，免得激起民憤，引起反彈。再說了，自稱「公僕」，又不是真做「僕人」，會被人歧視。所以，在大陸，「做官的」既不怕被別人以「的字結構」相稱謂，也不在乎自稱「公僕」。因為事

實上，「做官的」是社會的強勢一族，不存在被人歧視的問題。但「剃頭的」，情況就完全不一樣。現在雖然改叫理髮師或美容師了，但事實上，在他們心裏或他人心裏，總覺得地位不是那麼高。

說實話，對於「剃頭的」，我們真不應該歧視他們，而應該尊重。我們每個人可以不買車，不買房，也可以不買名牌衣飾，但不能不上理髮店打理一下自己的頭上，以便讓自己光鮮點，找老公、找老婆或找工作，都顯得神氣些，顯得有信心。所以，在大陸很多理髮店都有一句廣告詞說：「美好人生，從頭開始」。這個「從頭開始」，指的就是先把頭髮弄好。這是現代理髮店的廣告，著眼點在於招徠顧客做生意。在古代，理髮店也有做廣告的。據說古代就有這樣一個廣告：「雖是毫末技藝，卻是頂上功夫」。很明顯，這個廣告並不是為了招徠顧客，而是向世人昭示：「剃頭」也是不容小覷的崇高職業。意思是讓人對他們這些「剃頭的」要有正確的認識，不要投以歧視的眼光。

事實上，我們還真不能小看「剃頭的」，更不應該對他投以歧視的目光。因為他們絕大多數都是非常敬業的。即以上引小品中甲人物來說，他之所以「比較注意觀察頭上」，乃是為了觀察顧客的臉型、頭型，以確定適當的髮型以匹配，從而使顧客有一個光彩的形象走出理髮店。與理髮師甲相比，小品中的那個官員乙，他之所以「看上頭」，乃是為了討好奉迎上司，希望升官發財。因此，在做人的境界上就遠遠不及理髮師了。這種對比，是有深刻用意的，讓人有一種味之無窮的感覺。

那麼，何以有這種效果呢？乃是因為小品創作者巧妙運用「序換」表達法。

眾所周知，在現代漢語中，「頭上」有兩個語義，一是指人的頭上，二是指某物體的頂端，如「這根棍子頭上有個鐵環」。而「上頭」呢？在現代漢語裏也有兩個語義，一是指方位，意謂「上面」，如「桌子上頭有本書」。二是指「上級」，如「今天上頭有人來視察」。小品中的理髮師所說的「頭上」，是指人的頭頂。官員所說的「上頭」，則是指「上級」（上級官員）。小品創作者對「頭上」與「上頭」的語義內涵瞭解得很清楚，對漢語語序具有別義功能的特點也有專門知識；因此，

他能巧妙地運用「序換」表達法，有意將「看頭上」與「看上頭」並置對照，通過語序的一字之差，將自古以來就受人歧視的「剃頭的」與從來都是頤指氣使的「做官的」在思想境界上進行了對比，從而在「不著一字」中歌頌了剃頭匠樸實敬業的高尚形象，貶斥了官老爺們自私卑鄙的本質。

5. 強烈要求張春橋當總理：上海人心中的小九九

　　強烈要求張春橋當總理！

　　張春橋強烈要求當總理！

　　　　　　　　——1976 年上海街頭貼出的兩張標語

　　上引兩幅標語，已經是遠去了 30 多年的往事。

　　但是，張貼或張掛標語的習慣，如今在中國大陸仍然盛行。宣傳計劃生育有標語，許多標語讀了讓人覺得不可思議，甚至是哭笑不得。如北京某郊縣有標語說：「少生孩子多種樹，少養孩子多養豬」。將孩子與樹、豬相提並論，讀後讓人不知作何感想；浙江某農村的標語說：「國家興旺，匹夫有責；計劃生育，丈夫有責」，讓天下做丈夫的心理壓力很大；山東菏澤有標語說：「寧要家破，不讓國亡」，明確告訴那些想多生孩子的夫婦，違反政策多生一個孩子，就要讓你家破人亡；雲南楚雄有標語說：「一人超生，全村結紮」，意謂只要一個村子裏有一個人違反政策超生一個孩子，那麼全村男女都要結紮（即做絕育手術）；江蘇農村的標語說：「寧可血流成河，不准超生一個」，簡直就是當年國共相爭時的口號「寧可錯殺三千，決不放過一個」的翻版。宣傳環保，也有很多標語。如上海浦東新區宣傳垃圾分類時，有標語說：「垃圾分類，從你我做起」。讓人看了，都覺得自己也是垃圾，應該自動分類歸入某一類垃圾中。銀行催收貸款，也有標語。如安徽一地銀行標語說：「人死債不爛，父債子來還」。讓窮人看了不寒而慄，寧可餓死，也不想累及子孫。發電廠也有寫標語的，如某一電廠門口就有標語說：「嚴禁觸摸電線，5 萬伏高壓，一觸即死，違者法辦」。人都電死了，還要法

辦屍體，讓想死的人也不敢死了。

　　上引標語「強烈要求張春橋當總理」，其表現形式，我們今天仍然不陌生；但上引標語中的人，可能人們早就陌生不知了。其實，對於張春橋其人，不僅臺灣民眾很陌生，就是現在的大陸年輕一代也不知張春橋為何許人也。但是，在 20 世紀 60 年代和 70 年代，那可是海峽兩岸都聞名的人物。當年張春橋官居中共中央政治局委員、副總理，更是「四人幫」（江青、張春橋、王洪文、姚文元）的核心人物。毛澤東死後，毛的老婆江青（就是 20 世紀上海灘上的三流演員藍蘋）想頂替毛當中國的女皇帝，張春橋想頂周恩來的官缺當總理，王洪文想頂替朱德而做委員長，姚文元想當什麼不明朗。後來，當然沒有成功。這是當年中共內部權力鬥爭的舊事，今天我們沒有必要再予提起了。這裏，我們只是為了說明上引標語的相關問題，順便說一下標語中的事主張春橋。

　　張春橋，山東人，與江青是同鄉。在中共內部是以搖筆桿子出名的，在「四人幫」中是軍師的角色。當年中共打倒「四人幫」後，給他的稱號是「狗頭軍師」。可見，他確實是「四人幫」的核心人物。政治上雖然頗為得意，據說他的私人生活卻並不如意。民間有一種說法，說張春橋一次讀到古代一個老和尚寫的一首打油詩：「春叫貓來貓叫春，聽他越叫越精神。老僧也有貓兒意，不敢人前叫一聲」，一時非常感慨，脫口而出道：「貓還叫春，何況俺們是人。」

　　這事到底有沒有，現在很難核實。不過，真有其事，也屬正常。想女人是男人之常情，是男人都會。張春橋雖是政治人物，但畢竟是人，搞政治搞累了，想搞搞女人，放鬆放鬆，也是可以理解的。現在大陸民間流傳一句話，說做官的很多都是「家裏紅旗不倒，外面彩旗飄飄。」意思是說，做官的在外面可以有很多情人，但家裏的黃臉婆卻是不休的，以此維持其夫妻恩愛的正人君子形象。之所以能臻至如此境界，其中的訣竅就是「只做不說」。也就是說，可以在暗地裏轟轟烈烈地搞，但絕不能聲張，露出風聲。像張春橋這樣，女人還沒搞，就嘴上開始叫了，那肯定是沒好結果的。

　　不管張春橋搞沒搞女人，也不管叫沒叫，這都無關緊要。但是，有

一點，張春橋想當總理是真的，心裏想但嘴上沒叫，這也是真的。

　　既然想當總理，而又嘴上不叫，那麼如何能官位到手呢？張春橋畢竟是文化人，早就熟悉中國古代帝王謀取大位的常用套路，那就是找人勸進。於是，在 1976 年周恩來、朱德、毛澤東三巨頭相繼離去後，張春橋就授意他在上海的嘍囉們在上海貼出了大標語：「強烈要求張春橋當總理！」

　　可是，標語一貼出，隔夜就被另一撥上海人晚上動了手腳，將那標語揭下來，重新組合，一字不添不減，就變成了另一幅大標語：「張春橋強烈要求當總理」。結果，輿論大嘩。倒張派拍手稱快，擁張派耿耿於懷。

　　那麼，這幅標語何以產生如此強烈的效果呢？

　　無他。乃是改標語者善用「序換」表達法也。

　　擁張派貼出的標語：「強烈要求張春橋當總理」，其暗含的主語（即被省略的主語[subject]）是「人民」，動詞（verb）是「要求」，「要求」的賓語（object）是「張春橋當總理」這件事。意謂「張春橋當總理」乃是人民的呼聲，這和張春橋本人有沒有當總理的願望不相干。張春橋和擁張派看到這個標語當然會很高興，這是勸進啊，是人民的心聲啊！可是，這幅標語被倒張派改成「張春橋強烈要求當總理」，情況就完全不一樣了。由於「張春橋」一詞在句子中的語序發生了變動，語義就發生了乾坤大扭轉。因為在這幅被改動的標語中，「張春橋」雖由原標語中的賓語升格為句子的主語，在句子結構形式中的地位提高了，但由於「要求」仍是句子的謂語動詞，而賓語又變成了「當總理」。由此，便讓「當總理」變成了張春橋個人的要求，使張春橋的內心世界讓人看光光。這樣的語義呈現，會讓張春橋情何以堪？讓擁張派如何咽得下這口鳥氣？但是，沒辦法，不僅擁張派沒有，張春橋也沒有，只能打掉牙齒和血吞。因為這幅改動的標語確實非常高明，它既淋漓盡致地揭露了張春橋的個人野心，又在辭面上顯得婉轉深沉，有一種讓人味之無窮的感覺。

6. 「五年後我們怕誰」：中國足球人的阿Q精神

> 知名「球記」董路在中國隊獲得世界盃後，曾寫下了 100 句感
> 想，讀後隱約記得其中一些，湊滿 10 句錄之同享：
> 我們實現了衝擊世界盃夢想的同時，我們也就失去了一個曾經
> 讓我們如醉如癡的夢想。
> ……
> 閻世鐸豪邁地宣稱「五年後我們怕誰」的時候，他或許忘了該
> 捫心自問一句「五年後誰怕我們」？
> ──《中國隊出線感言》，《上海家庭報》
> 2001 年 10 月 10 日第 2 版

　　上引一段文字，是大陸一位體育記者評論中國足球的。

　　說起足球，在現今的世界，簡直是一種令人瘋狂的運動，不僅男人
瘋狂，女人比男人還瘋狂。剛剛結束的 2010 年南非世界盃足球賽，想必
大家還記憶猶新。中國的足球雖然不行，但中國的球迷對於足球運動的
熱情與癡迷則絲毫不輸給西方觀眾。不過，許多男人癡迷足球賽，深更
半夜不睡覺，也給中國的許多家庭帶來問題。比方說，夫妻意見不一，
影響另一方晚上睡眠休息；更有甚者，影響了夫妻感情。關於這個方面，
大陸有一則手機短信（臺灣叫手機簡訊）說：

> 夫妻觀看世界盃比賽，看到射門進球時，妻興奮不已，抱住丈
> 夫搖晃撒嬌：「今晚你也射門啊！」夫推開：「這你就不懂規
> 則了，射自家門算輸，射別人的門才算贏。」

　　這個簡訊所說的故事，當然是笑話。但足球給中國人帶來的苦惱與
無奈，確實是幾十年來都揮之不去的。

　　雖然 2001 年中國足球隊曾一度戰勝亞洲勁旅阿曼（Oman）隊而「沖
出亞洲」，有機會獲得了參加世界盃賽的入場券，但那只是偶然的一次
（因為那次世界盃足球賽是由亞洲國家日本與韓國聯辦，中國占了地利；

與阿曼隊的比賽又是在中國瀋陽五里河體育場上演的，也是占了地利）。
之後，中國足球隊每況愈下，一年不如一年，中國球迷進入了更長的惡
夢期。造成這種情況，原因當然是多種的，真是一言難盡。但是，有一
個原因卻是國人的共識，那就是中國足球隊球場外盲目自大，球場上畏
敵如虎。與鄰近小國韓國隊遭遇時，往往由於「恐韓症」而逢韓必敗。
中國古人早就說過：「戰者，勇氣也。」足球比賽在現代不亞於國家間
的一場戰爭，要想贏得比賽，除了技術，更重要的恐怕還是勇氣。因為
技術上大家已經差不多，東方各國的足球隊請的都是歐美足球先進國家
的著名教練。只有勇氣與競賽時的韌性，是教練教不來的。

　　上引文字中體育記者董路的感歎與批評，正是直指中國足球隊及其
球隊領導盲目自大的心態。雖然董路所批評的方面，許多球迷也是有同
感的，但沒有一個人在表達批評意見時能夠讓人有刻骨難忘的印象。唯
有董路的一句話：「閻世鐸豪邁地宣稱『五年後我們怕誰』的時候，他
或許忘了該捫心自問一句『五年後誰怕我們』？」至今仍然縈繞在我們
的心間，久久難忘，讓人感慨萬千。

　　那麼，記者董路的這句話何以有如此深刻的表達力呢？

　　沒有別的原因，乃是源於他巧妙地運用了「序換」表達法。

　　中國足協負責人閻世鐸在中國隊戰勝阿曼隊，獲得世界盃足球賽入
場券後發表的言論：「五年後我們怕誰」，表面上聽來慷慨激昂，似乎
頗有鼓舞國人士氣的意味。但在董路看來，這正是中國足球隊將要跌入
深淵的開始，因為中國足協領導人都有如此盲目自大的心態，以為戰勝
了阿曼隊，中國隊就從此天下無敵了，對即將來臨的諸多惡戰都如此掉
以輕心，那麼中國足球隊的最後命運將如何，也就可想而知了。因此，
董路認為，中國隊現在不是驕傲的時候，應戒慎恐懼，保持清醒的頭腦，
時刻要有憂患意識，以百倍的努力，萬分的瘋狂，才有可能取得好成績。
否則，不是「五年後我們怕誰」，而是「五年後誰也不怕我們」。但是，
董路在表述這層意思時，有意套取閻世鐸的話，只是將其語序作了變換，
變成「五年後誰怕我們」。這種表達，雖然只是將閻世鐸話中的主語與
賓語進行了些微變換，但卻在主語與賓語的變序對比中，含蓄而精闢地

道出了這樣一番深刻的道理：中國隊應該時刻清醒，不斷努力，盲目自大要不得。

五、順水推舟：拈連的表達力

提升語言表達力，除了上述所介紹的諸多表達法，還有一種表達法，也有化平淡為神奇的表達力。這種表達法，便是「拈連」。

所謂「拈連」表達法，是指說寫表達時因涉及甲乙兩項事物，在用某個詞語與甲項事物相匹配時，趁便將與甲項事物相匹配的詞語也用到了乙項事物上。「這種拈連的修辭方法，無論甲項說話在前或在後，都可應用。」⑭運用「拈連」表達法建構的文本，我們稱之為「拈連」修辭文本。

我們都知道，在漢語中，某類詞與哪些詞匹配，那是有一定的習慣與邏輯理據的。比方說，「吃」這個詞，可以與「飯」、「菜」、「魚」、「肉」等表示食物類的名詞相匹配，而不能跟「石頭」、「桌子」、「椅子」之類的非食物類名詞相匹配。但是，在實際語言實踐中，人們的語言表達卻往往突破這一語言表達規約，形成了一種違反語法規約或邏輯理據的語言運算式，這便是「拈連」修辭文本。

「拈連」修辭文本，乍看起來讓人覺得奇怪，但實際上卻是有其產生的心理機制與邏輯理據。從心理學角度看，「拈連」修辭文本的生成，一般來說都是基於「關係聯想」的心理機制。表達者為表情達意而建構修辭文本時，之所以會「用甲項說話所可適用的詞來表現乙觀念」⑭，那是「因為甲乙兩項說話的內容在某種性質上存在著某種內在的因果關係。所以，當表達者在感知、反映當前事物時，往往會由於與經驗中和觀念上已把握的經驗過的事物相聯繫搭掛起來，從而由關係聯想而建構起『用甲項說話所可適用的詞來表現乙觀念』的拈連修辭文本。」⑮

由「拈連」表達法建構起來的修辭文本，一般說來，「在表達上都

有一種形象性、生動性的特點；在接受上則有一種引人入勝、令人追索究竟的審美情趣。」㊻正因為如此，古往今來的作家都往往運用「拈連」修辭法，給他們的作品增添了不少光彩。

　　下面我們就從古今作家作品中略舉幾例，以見其「拈連」表達法獨特的表達力。

1. 溫庭筠：紅蠟淚，遍照畫堂秋思

> 玉爐香，紅蠟淚，遍照畫堂秋思。眉翠薄，鬢雲殘，夜長衾枕寒。
>
> 梧桐樹，三更雨，不道離情正苦。一葉葉，一聲聲，空階滴到明。
>
> ——唐・溫庭筠《更漏子》

　　上引一首《更漏子》，乃是唐代文學家溫庭筠之作。

　　說到溫庭筠，大家都知道他是唐代詩詞俱佳的作家，尤其是他精通音律，在唐代作家中是少有的，時人稱之為「溫八叉」。舊題宋人尤袤所撰《全唐詩話》「溫庭筠」條有云：「庭筠才思豔麗，工於小賦，每入試，押官韻作賦，凡八叉手而八韻成，時號『溫八叉』。」亦稱「溫八吟」。五代人王定保《唐摭言・敏捷》有云：「溫庭筠燭下未嘗起草，但籠袖憑几，每賦一韻，一吟而已，故場中號為『溫八吟』。」

　　溫庭筠不僅在唐代是個聞人，在中國文學史上也是聲名藉藉的作家。說到唐詩，人們一定不會忘了他的名句「雞聲茅店月，人跡板橋霜」（《商山早行》）。說到唐詞，人們一定不會忘記他創意造言的成就。「小山重疊金明滅，鬢雲欲度香腮雪」（《菩薩蠻》）、「梧桐樹，三更雨，不道離情正苦。一葉葉，一聲聲，空階滴到明」（《更漏子》）、「過盡千帆皆不是，斜暉脈脈水悠悠，腸斷白蘋洲」（《夢江南》），等等，都是人們耳熟能詳的句子。特別應該提起的是，在唐代作家中，由於他對音律的精通與造詣，其對詞在格律形式上的規範化方面作出了無人能出其右的傑出貢獻。

　　溫詞不僅音律優美，而且在內容上也柔美動人。因為他所寫的詞，在內容上偏重於閨情，尤其擅長寫閨怨，因此讀來格外淒美纏綿。由於溫詞造語綺靡，詞藻豔麗，因此被後蜀趙崇祚編纂的《花間集》列以為首，由此對後世詞風產生了很大的影響。清人劉熙載《藝概》卷四有云：「溫飛卿詞，精妙絕人，然類不出乎綺怨。」

　　應該說，劉熙載的概括是中肯的。即以上引《更漏子》一詞來說，就典型地表現了其「綺怨」特色。此篇詞作，乃是「寫一位閨中少婦因與情郎離別而秋夜獨守空房難以入眠的極度痛苦之情，筆調纏綿，感人至深」。⑪其中，除了下闋的「梧桐樹，三更雨，不道離情正苦。一葉葉，一聲聲，空階滴到明」，讀之讓人備感淒切之外，上闋的「紅蠟淚，遍照畫堂秋思」，在創意造言上也頗是綺靡新穎，讓人對閨中少婦愁苦的情懷感同身受，情不自禁地為之掬一把同情的淚。

　　那麼，「紅蠟淚，遍照畫堂秋思」二句何以有如此的表達力呢？

　　無他。乃是因為作者這裏運用了一種有效的表達法，它便是前面我們講到的「拈連」。

　　「紅蠟淚，遍照畫堂秋思」，這種表達，從語法角度看，是超乎尋常的「非法」詞句。因為按照漢語語法，「淚」可以與「流」、「淌」等動詞匹配，但不能與動詞「照」配攏。從邏輯角度看，也不合事理，是「悖理」的。因為「燭淚」不能照明，而只有「燭光」才能照明。而且即使是說「燭光」，也不能照抽象的概念「秋思」。既然如此，那麼詞人為什麼會寫出這樣的句子呢？是寫錯了，還是故意標新立異？仔細分析一下，我們會發現，詞人這樣寫是有內在的邏輯依據的。從現代心理學的角度分析，是有理據可說的。詞人本意是要說「紅蠟照畫堂」（甲項說話），卻由於「關係聯想」的緣故，就趁便將「秋思」與「紅蠟」也牽連搭掛在一起了，這樣就寫出了「紅蠟淚遍照畫堂秋思」的奇異之句。「表達者之所以在說到『紅蠟照畫堂』（甲項說話）時要牽扯到『紅蠟照秋思』（乙項說話），是因為『紅蠟照秋思』是『紅蠟照畫堂』的原因，人點蠟燭的目的是為了照明從事室內的某項活動，也就是說點紅蠟是為了照亮秋思之人在畫堂內從事某項活動，而點蠟之人（即閨中少

婦）因某事某物觸動了思緒，便引發了秋思。儘管點蠟人點蠟的目的本不是要照畫堂，但點蠟之後最直接的結果就是照亮了畫堂。因此，表達者說到『紅蠟照畫堂』時要連及『紅蠟照（少婦）秋思』是必然的，因為兩者之間有一種內在的因果關係。這樣，表達者在感知、反映當前事物——『紅蠟照畫堂』——時，由於與經驗中和觀念上已把握的經驗過的事物——點蠟照明在室內從事某項活動——相聯繫搭掛起來，於是便由關係聯想而將甲乙兩項說話的內容搭掛在一起，建構起了上述的拈連修辭文本。」[48]這一文本的建構，「從表達效果上看，由於具象的『畫堂』和抽象的『秋思』經由動詞『照』拈連到一處，遂使少婦的秋思亦變得形象、生動起來，同時也進一步渲染了少婦秋思之深之多，她的秋思竟然可以由紅蠟照得見。很明顯，這樣的表達是具有形象性、生動性的。從接受效果上看，由於文本直接將『紅蠟』與『秋思』搭掛在一起，使接受者在文本解讀時心存不解和困惑，從而就引發起探究的興趣，要找出表面上不相聯繫的甲乙兩項說話內容之間的內在聯繫，由此獲得一種探索、認識的快慰。如果不以上述的拈連修辭文本來表達，而以理性、直接的語言表達說：『紅蠟遍照畫堂，照見了秋思的少歸』，那麼文本語言也就失去了張力。語言表達的形象性、生動性亦就不復存在。同時，從接受的角度看，由於是直接明白的表達，接受者在解讀文本時沒有任何阻障，因而也就激發不起探究的興味，那麼文本解讀的快慰也就無由獲取。」[49]可見，溫庭筠的這首《更漏子》詞之所以成為傳誦千古的名作，其中除了下闋「梧桐樹，三更雨」等句子的魅力外，還與上闋「紅蠟淚，遍照畫堂秋思」等句子在創意造言上的功勞有關。

2. 張三影：午醉醒來愁未醒

　　《水調》數聲持酒聽，午醉醒來愁未醒。送春春去幾時回？臨晚鏡，傷流景，往事後期空記省。
　　沙上並禽池上暝，雲破月來花弄影。重重簾幕密遮燈，風不定，人初靜，明日落紅應滿徑。

——宋·張先《天仙子》

　　在中國文學史上，說到唐詩，則不能不說到宋詞。而說到宋詞，則不能不說到蘇軾與柳永。因為蘇軾的詞代表的是一種「大江東去」的豪放派風格，柳永的詞則是「楊柳岸，曉風殘月」的婉約風格。

　　而說到柳永的詞，則就不能不提張先。因為張先在北宋是與柳永齊名的詞人，而且詞風也一致，都擅長作慢詞，亦精於小令。學術界多認為，張先的詞含蓄蘊藉，意象豐富，語言凝煉，韻味雋永。在兩宋婉約派詞史上影響甚巨，在詞由小令向慢詞過渡的過程中為功甚夥。因此，清人陳廷焯在其《詞壇叢話》中對張先的詞有極高的評價，認為張詞「才不大而情有餘，別於秦、柳、晏、歐諸家，獨開妙境，詞壇中不可無此一家。」。又在《白雨齋詞話》中進一步評論說：「張子野（注：張先，字子野）詞，古今一大轉移也。前此則為晏、歐，為溫、韋，體段雖具，聲色未開。後此則為秦、柳，為蘇、辛，為美成、白石，發揚蹈厲，氣局一新，而古意漸失。子野適得其中，有含蓄處，亦有發越處。但含蓄不似溫、韋，發越亦不似豪蘇膩柳。規模雖隘，氣格卻近古。自子野後一千年來、溫、韋之風不作矣。亦令我思子野不置。」其評價不可謂不高也。

　　張先的詞在內容上多是寫男女之情的，也有相當部分是寫士大夫的閒適生活與詩酒人生。這一點，與柳永也有相似之處。雖然從整體上看，張先不及柳永的才力，但在詞句的創意造言方面則並不遜色。他的很多小詞寫得非常有韻味，名句也多。他之所以被人稱之為「張三中」、「張三影」，正是緣於此。北宋李頎《古今詩話》中有記載云：「有客謂子野曰：人皆謂公『張三中』，即『心中事，眼中淚，意中人』也。公曰：何不目之為『張三影』？客不曉，公曰：『雲破月來花弄影』，『嬌柔懶起，簾壓卷花影』，『柳徑無人，墜飛絮無影』。此餘生平所詩意也。」

　　張先最得意的第一「影」名句，就在我們上引《天仙子》詞中。此詞乃「張先在秀州（治所在今浙江省嘉興縣）任判官時作。黃升《唐宋諸賢絕妙詞選》卷五題作『春恨』。詞的內容在刻意傷春之中兼寓作別之意。」⑤詞抒傷春之情，纏綿動人；詞寫景物之筆，則搖曳生姿。特別

是下闋的第二句「雲破月來花弄影」，不僅讓張先自己為之意得，而且也成為後人傳誦不絕的名句。其實，這首詞的上闋第二句「午醉醒來愁未醒」，在創意造言上也是相當成功的，深富表現力，可謂寫盡了詞人傷春惜春之深情，讀之讓人為之深切感動。

那麼，這句詞何以有如此的表達力呢？

無他。乃是因為詞人巧妙地運用了「拈連」表達法。

「午醉醒來愁未醒」，這句話乍一看有點讓人困惑不解。因為從語法的角度看，「愁」是一種表示人之情緒的抽象名詞，它與動詞「醒」是不能匹配的，這是人所共知的語法規約。從邏輯的角度看，「愁」不是人，所以不存在「愁」有「醒不醒」的問題，說「愁醒」或「愁未醒」，都不符合事理，因而它是「悖理」之言。既然如此，那麼詞人張先為什麼要寫這樣「悖理」又「違法」的句子呢？是不懂漢語語法，還是沒有邏輯思維？可以肯定地回答，都不是。仔細分析一下，就能明白詞人這樣寫的邏輯理據與心理學的依據。詞人本意是要說「午醉醒來」（甲項說話），卻由於「關係聯想」的緣故，就趁便將適配於「午醉」的動詞「醒」與「愁」也牽連搭掛在一起了。這樣，便生成了「午醉醒來愁未醒」這樣奇特的句子。這樣的句子，由於突破漢語語法的規約與常規邏輯思維，在文本接受時就會給讀者以巨大的新異性刺激，促使他們思考其中的道理，從而加深文本接受印象，體認詞人深切的傷春之情。這便是古代文論家所說的「無理而妙」。

3. 辛棄疾：風流總被雨打風吹去

> 千古江山，英雄無覓、孫仲謀處。舞榭歌台，風流總被、雨打風吹去。斜陽草樹，尋常巷陌，人道寄奴曾住。想當年、金戈鐵馬，氣吞萬里如虎。
>
> 元嘉草草，封狼居胥，贏得倉皇北顧。四十年望中猶記、烽火揚州路。可堪回首，佛狸祠下，一片神鴉社鼓！憑誰問：廉頗老矣，尚能飯否？
>
> ——宋·辛棄疾《永遇樂·京口北固亭懷古》

　　在中國文學史上，既能提刀上馬衝鋒陷陣，又能提筆倚馬萬言的作家，是非常罕見的。但是，在南宋卻有一位，他就是辛棄疾。

　　與南宋另一位大文學家陸遊一樣，辛棄疾一生都志在恢復中原，但卻始終未得朝廷重用，不能一展長才，只能「滿腔忠憤，無處發洩，一寄之於詞。」因此，在他的詞中，既反映了當時尖銳的民族矛盾和統治集團的內部矛盾，也「表現了他奮厲無前、堅持抗敵到底的雄心。」可是，「由於在政治上失意，抱負不能施展，有時也流露出忘懷時事、寄情山水的消極情緒。」然而，事實上他又不能完全忘懷時事，更不能完全寄情山水。一生所作詞較多，「所作題材廣闊，氣勢縱橫，不為格律所拘束。善於陶鑄經史詩文，一如己出，亦長於白描。詞風以豪放為主，但亦不拘一格，沈鬱、明快，激厲、嫵媚，兼而有之。」⑪

　　上引《永遇樂·京口北固亭懷古》一詞，是詞人於宋甯宗開禧元年（西元 1205 年）在鎮江知府任上所作，「通過懷古，以言時事，體現作者堅決主張抗金，同時反對冒進誤國的正確思想，流露出老當益壯的戰鬥意志。詞格蒼勁悲涼，豪視一世」。⑫

　　說到這首詞，就會讓人記起上闋其中的一句：「舞榭歌台，風流總被、雨打風吹去」。這句話，乍一看讓人頓生困惑，覺得不好理解。根據正常的邏輯思維，「舞榭歌台」可以「被雨打風吹去」；從語法的角度看，「舞榭歌台」可以與「被雨打風吹去」配攏，並在意念上成為「雨打風吹去」的受事者。但是，說「風流總被雨打風吹去」，就有些「悖理」與「違法」了。因為「風流」是抽象名詞，在語法習慣上不與「雨打風吹」匹配，在邏輯上兩者牽連在一起也有違事理。既如此，那麼詞人為什麼還這樣寫呢？仔細分析一下，它是根據心理學上的「因果關係聯想」而建構起的一個「拈連」修辭文本。「表達者在說到『舞榭歌台雨打風吹去』（甲項說話）時之所以要將『風流總被雨打風吹去』（乙項說話）牽扯到一處，是因為表達者在感知、反映當前事物──『舞榭歌台雨打風吹去』──這一對象時，由於與經驗中和觀念上已把握的經驗過的事物──英雄事業的流風餘韻往往多隨歷史遺跡的消失而被人遺忘──相聯繫搭掛起來，於是便經由關係聯想而建構起上述的拈連修辭

文本。因為『舞榭歌台雨打風吹去』是『風流總被雨打風吹去（遺忘）』
的原因，兩者之間有因果關係。一般說來，人們對歷史人物的英雄業績
的記憶總是由於某些歷史遺跡（如舞榭歌台之類）的刺激而觸發。正因
為上述作者所說到的『兩項說話』有因果聯繫，所以表達者（作者）能
經由關係聯想而建構起上述的拈連修辭文本。」[53]這一文本的建構，「從
表達的角度看，由於表示具象的『舞榭歌台』和表示抽象概念的『風流』
經由共向的紅線『雨打風吹』的一線貫穿而拈連到一起，遂使看不見、
摸不著的抽象概念『風流』也具體可感，語言表達上遂別添了一種形象
性、生動性的特質。從接受的角度看，由於文本直接將在邏輯和語法上
本不可搭配的『風流』與『雨打風吹』聯繫搭掛在一處，使接受者在解
讀文本時發生瞭解讀的困惑，由此激發出其文本解讀中的探究興味，即
要找尋出上述『兩項說話』之間內在的聯繫。這樣，當接受者通過努力
將文本中『兩項說話』之間的內在聯繫找尋出來時，接受者也就從中獲
得了一種探索、認識的快慰。如果表達者不以上述的拈連修辭文本來表
達，而是理性、直接地表達說：『舞榭歌台雨打風吹去，（英雄）風流
也被人遺忘』，那麼文本在表達上就失卻了語言上的形象性、生動性，
在接受上接受者因文本的平常無解讀的阻障而沒了探索的興味，因而也
就不可能在文本解讀中獲取探索、認識的快慰。」[54]明白這一點，我們就
能理解詞人為什麼這樣寫的深層原因，也能欣賞到詞作真正的藝術價值。

4. 陶淵明：未言心先醉，不在接杯酒

> 出門萬裏客，中道逢佳友。
>
> 未言心先醉，不在接杯酒。
>
> ——晉·陶淵明《擬古九首》其一

宋人汪洙寫有一首名曰《喜》的詩，一共四句，分別說了人生的四
件喜事：

> 久旱逢甘雨，他鄉遇故知。
>
> 洞房花燭夜，金榜題名時。

汪洙所說的這四件喜事，也許在現代人看來，實在是算不了什麼。現代科技的發展，已經使人類開始擺脫「靠天吃飯」的局限。天旱不雨，既可以用人工增雨的方法解決，也可以用機器掘井取水。因此，「第一喜」對現代人來說，感受已經不是那麼深刻了。

那麼，「第二喜」呢？現代人恐怕再也難以感到了。因為我們有電話，還有比電話更方便的手機與無線網路，即使是相隔重洋，哪怕是上天入地，都可以隨時隨地跟自己的家人或朋友談天說地。既然不會孤獨，那何來「他鄉遇故知」的喜悅？

至於「第三喜」，現代人可能更是難以有體會了。因為現代是自由戀愛、自由結婚，「入洞房」應該做的事，早在戀愛時就已經做了不知多少次了，哪里還有古人掀起頭蓋時「驚若天人」的喜悅和初嘗禁果的激動？因為早就感受不到「洞房花燭夜」的喜悅了，所以現代人的結婚、離婚已經成為生活常態，甚至可以在一個禮拜內走完結婚和離婚兩個程式。

「第四喜」又如何？恐怕現代人也感受不深了。因為隨著大學教育的普及，在大城市幾乎已經是人人上大學了。在「博士滿街走，大學生多如狗」的時代，誰會感受到「金榜題名」的喜悅與激動？

但是，在我們的古人說來，上面所說四件確實都是人生最大的喜事。就以「四喜」中位階最低的「第二喜」——「他鄉遇故知」，也是很難企及的。不是嗎？上引陶淵明的詩，說的正是「他鄉遇故知」的喜悅。

我們都知道，即使不知道，我們也可以想像得出，在交通極為不便的中國古代，遊學經商、赴任訪友，都是要靠步行的，條件好的可以驢馬代步，舟車相濟；但畢竟沒有汽車、火車乃至飛機，跋山涉水，費時之多，行路之難，自然是可以想見的。不然，古人何以一再吟詠《行路難》的主題呢？中國古代有一句流傳至今的俗語，叫做「在家千日好，出門一時難」。可見，行旅之途的艱難是確確實實的。古代那麼多詩詞寫遊子思鄉的主題，也正是因為「獨在異鄉為異客」而生活艱難、思想苦悶、情感孤獨的緣故。如果「出門事事好」，那麼遊子們就會樂不思蜀了，誰還有空吟詠什麼「每逢佳節倍思親」之類詩句以排遣心中的苦

悶呢？在中國文學史上，陶淵明可算是一個非常曠達的人了，他能辭官不做，固然有看不慣官場黑暗的因素在，但更多的原因恐怕還是緣於其思鄉之情與回歸田園的理想。你看他的傳世名篇《歸去來兮辭》，開首一段文字有云：

> 歸去來兮，田園將蕪胡不歸！既自以心為形役，奚惆悵而獨悲？
> 悟已往之不諫，知來者之可追。寔迷途其未遠，覺今是而昨非。
> 舟搖搖以輕颺，風飄飄而吹衣。問征夫以前路，恨晨光之熹微。

你看，船跑得都飛起來了，人在船上衣服都被吹得飄起來了（「舟搖搖以輕颺，風飄飄而吹衣」），他還嫌船兒跑得不快。其歸鄉的急切之情可見！

那麼，陶淵明為什麼那麼急切地要回鄉呢？因為在外鄉孤獨，官場黑暗，連個傾吐心曲的朋友都找不到。倒不如回鄉，還有很多知心朋友可以說說心裏話，那多好！這種想法，在《移居二首》之一，陶淵明曾明確說過：「昔欲居南村，非為卜其宅。聞多素心人，樂於數晨夕。」

上引詩句是陶淵明早年為生活所迫在外奔走時的心靈記錄，也是他後來決意回鄉的深層次原因。「出門萬里客」，言離鄉距離之遠。乃是以誇張表達法極言之，為下句「中道逢佳友」的喜悅作鋪墊。身在萬里之外，卻突然遇到昔日的好友，這種「他鄉遇故知」的喜悅是可以想見的。那麼，怎麼表現這種「他鄉遇故知」的喜悅之情呢？陶淵明用了兩句十個字：「未言心先醉，不在接杯酒」，就將這種異乎尋常的驚喜之情表達出來，讓人感同身受，感慨萬千。

那麼，陶淵明這兩句詩何以有如此的表達力呢？

無他。乃是詩人「拈連」表達法運用得好的結果。

「未言心先醉，不在接杯酒」，從語法上看，「心」與動詞「醉」不相匹配，有違漢語語法規則；從邏輯上看，前一句有些違背事理。因為按照正常的邏輯思維，總應該是先喝酒，然後才有可能醉。而詩人卻讓心先醉，酒還沒喝。因此，從正常的語法和邏輯分析，是「違法」、「悖理」的。但是，千古以降，讀詩人卻都認為寫得好。這是為什麼呢？

如果我們通過心理分析，就會明白這一點。眾所周知，中國人都有一種內斂含蓄的心理特徵，一般不肯輕易向人表露心跡。但是，喝酒之後，特別是喝多之後，由於意識控制力減弱，就會出現「酒後吐真言」的情況。就陶淵明詩句所寫的內容來看，詩人在萬里之外突然見到自己的好友，應該是驚喜得頓時說不出話來，而不是「未言心先醉」。異鄉相見，喜悅之後，必是把酒抒情。喝多了，必然會把獨在異鄉的孤獨苦悶傾吐出來。但是，詩人並沒這樣按照正常的邏輯順序用詩句把這些意思表達出來，而是選擇用「拈連」表達法，通過在敘述「喝酒盡興而醉酒」（甲項說話）時，趁便將可以與「酒」匹配的「醉」字順勢與「心」相匹配，並且同時兼用「超前誇張」法將「心醉」置於「接杯酒」的動作之前，以此強烈地突顯出「他鄉遇故知」那種異乎尋常的喜悅之情。讓讀詩者也深受其情緒的感染，為之產生情感的共鳴。

由此，我們可以見出，對於「他鄉遇故知」的喜悅之情的表達，宋人汪洙以一句話就道出了數千年來人類的共同情感體驗，固然是具有高度的概括力；陶淵明用了四句話，雖然顯得有點辭費，但就表達力來說，明顯要勝於汪洙。因為陶詩更富於感性，由以上分析已可知矣。

5. 聞一多：燒破世人的夢

> 紅燭啊！
>
> 既制了，便燒著！
>
> 燒罷！燒罷！
>
> 燒破世人的夢，
>
> 燒沸世人的血——
>
> 也救出他們的靈魂，
>
> 也搗破他們的監獄！
>
> ——聞一多《紅燭》

上引詩句是現代著名詩人與學者聞一多《紅燭》詩中的片斷。

此詩寫於 1923 年，是作者第一部詩集《紅燭》的序詩。在詩中，作

者以紅燭為喻,表明了自己(同時也要求所有的詩人)就像紅紅的蠟燭一樣,有顆赤誠而火熱的心(「紅燭啊!這樣紅的燭!/詩人啊,吐出你的心來比比,/可是一般顏色?紅燭啊!」)並指出詩人應該如蠟燭,要有燃燒自己、照亮別人的犧牲奉獻精神(「紅燭啊!/流罷!你怎能不流呢?/請將你的脂膏,/不息地流向人間,/培出慰藉的花兒,結成快樂的果子!」「紅燭啊!/你流一滴淚,灰一分心。/灰心流淚你的果,創造光明你的因。」)

至於上引片斷,則是作者呼籲詩人們都要以紅燭為榜樣,肩起自己的責任,戰勝生活中的困頓與失望,喚起人們的熱情,改變世界、改變現實(「燒破世人的夢,/燒沸世人的血──/也救出他們的靈魂,/也搗破他們的監獄」)。這是作者發自內心的深切呼喚,對改造社會、改造自我傾注了澎湃的熱情,讀之令人深受感染,頓時有一種化身紅燭的情感衝動。

那麼,為什麼會有這種表達力呢?

仔細分析,也是托賴「拈連」表達法的力量。

從語法上分析,「紅燭」可以與動詞「燒」匹配,說「紅燭燒吧」或「燒紅燭」,都是符合漢語語法規約的;但是,我們不會將「紅燭」與抽象名詞「夢」搭配,也不會將「紅燭」與「血」聯繫起來,並用「燒」來施動。從邏輯上看,「紅燭」的光熱是非常有限的,用於照明還勉強為之,要用它燒沸什麼,恐怕不現實。至於用它「燒沸世人的血」,也不是符合常理。而用它「燒破世人的夢」,則更是悖理的說法,夢是抽象的東西,如何能燒破?既然「燒破世人的夢,/燒沸世人的血」都是「違法」、「悖理」的說法,那麼作者為什麼還這麼寫呢?這是與詩的語言有密切關係。詩的語言需要簡潔,表達也需要創新,因此運用一定的修辭表達法進行創意造言,也是詩人寫詩時的常態。

《紅燭》一詩中之所以有「「燒破世人的夢,/燒沸世人的血」這樣的句子,乃是因為這二句之前有「紅燭啊!既制了,便燒著」幾句。這幾句在語法與邏輯上都是沒問題的。緊接著,作者要表達「紅燭燃燒自己,照亮別人」這樣一層意思,便將與「紅燭」適配的動詞「燒」順

勢跟「世人的夢」聯繫搭掛上了，跟「世人的血」系聯起來了。因此，
從邏輯思維的角度看，它的超常系聯是符合邏輯的。但是，這樣的表達
從語法上看是異乎尋常的，突破了漢語語法的規約，讓人不可理解。但
是，作為文學作品看，它具有詩的語言特點，有簡潔新穎的表達力，有
讓人回味思索的空間，因此，它的審美價值就大大提高了。由於詩人將
「夢」與「燒」聯繫起來，又在動詞「燒」之後添加了補語「破」，這
就使抽象的「夢」頓時變成了具象，詩句的形象性更強。

6. 余光中：下濕布穀咕咕的啼聲

> 雨是一種回憶的音樂，聽聽那冷雨，回憶江南的雨下得滿地是
> 江湖，下在橋上和船上，也下在四川的秧田和蛙塘，下肥下嘉
> 陵江，下濕布穀咕咕的啼聲。
>
> ——余光中《聽聽那冷雨》

　　讀臺灣詩人余光中先生的散文，往往讓人覺得與讀其他散文作家的
散文有著根本不同的感覺。這種感覺便是，余光中的散文總是帶有一種
濃濃的詩味，文字中洋溢著一種詩人特有的激情，敘事中更有一種中國
傳統詩詞的韻味浸染其中。尤其是語言表達上，更具創意造言的智慧。
　　上引一段文字，讀起來就很像是「詩的語言」，也是很有創意的表
達。這短短的一段文字，其中就用到了「比喻」表達法（「雨是一種回
憶的音樂」，用「是」作喻詞，屬於「暗喻」），「排比」表達法（「下
在橋上和船上，也下在四川的秧田和蛙塘，下肥下嘉陵江，下濕布穀咕
咕的啼聲」，四句都是以「下」為謂語動詞的動賓結構的句子並置），
「拈連」表達法（「下在四川的秧田和蛙塘，下肥下嘉陵江，下濕布穀
咕咕的啼聲」）；在句式上，也頗多變化，有判斷句，也有無主句，有
長句，也有短句，讀起來有一種抑揚頓挫的音樂美。正因為如此，我們
說余光中的散文語言是「詩的語言」。
　　除了音樂美是「詩的語言」特點外，句式上的變換也對「詩的語言」
營構有很大幫助。著名語言學家王力先生曾在《詩詞格律》一書的第四

章「詩詞的節奏及其語法特點」第二節「詩詞的語法特點」中，談到詩詞中「語序的變換」對構成「詩的語言」的作用時，有云：「在詩詞中，為了適應聲律的要求，在不損害原意的原則下，詩人們可以對語序作適當的變換。……語序的變換，有時也不能單純瞭解為適應聲律的要求。它還有積極的意義，那就是增加詩味，使句子成為詩的語言。杜甫《秋興》（第八首）『香稻啄餘鸚鵡粒，碧梧棲老鳳皇枝』，有人以為就是『鸚鵡啄餘香稻粒，鳳皇棲老碧梧枝』。那是不對的。『香稻』、『碧梧』放在前面，表示詩人所詠的是香稻和碧梧，如果把『鸚鵡』和『鳳皇』挪到前面去，詩人所詠的對象就變為鸚鵡和鳳皇，不合秋興的題目了。又如杜甫《曲江》（第一首）『且看欲盡花經眼，莫厭傷多酒入唇』，上句『經眼』二字好像是多餘的，下句『傷多』（感傷很多）似應放在『莫厭』的前面，如果真按這樣去修改，即使平仄不失調，也是詩味索然的。這些地方，如果按照散文的語法來要求，那就是不懂詩詞的藝術了。」

　　余光中的散文之所以具有「詩的語言」特點，除了文字節奏把握得比較好之外，還與他擅長對句式進行變換有關。如上引余光中散文中的末句「下濕布穀咕咕的啼聲」，按照正常的邏輯思維與語法規約，應該寫成「雨下得空氣都是濕的，甚至連布穀鳥的啼聲聽起來也帶有潮濕的感覺」。這樣的表達，讀者當然很容易讀懂，但作為文學作品，它就失去了令人玩味咀嚼的空間，審美價值就大大降低了。詩人畢竟是詩人，余光中對於上述這層意思的表達只用了「下濕布穀咕咕的啼聲」九個字，簡潔而耐人尋味，讓人覺得既別致，又詩味十足。

　　那麼，這九個字何以有如此的表達力呢？

　　無他。乃是詩人「拈連」表達法運用恰當的結果。

　　從語法上看，說「雨下得滿地是江湖」、「（雨）下在橋上和船上」、「（雨）也下在四川的秧田和蛙塘」、「（雨）下肥下嘉陵江」，都是可以說得通的；從邏輯上看，也符合事理。但是，說「（雨）下濕布穀咕咕的啼聲」，就有違漢語語法規約，在邏輯上也講不通。既如此，余光中何以還要這樣寫呢？

　　我們都知道，對於語言的理解，需要依託一定的語境（或曰上下文）。作者在寫出「下濕布穀咕咕的啼聲」這樣的句子時，因為前面已經有了四個以動詞「下」為中心的動賓結構的句子作為鋪墊，四個句子中的動詞「下」與其後的賓語都能適配，符合漢語的語法規約，也符合邏輯事理。踵此，作者在表達最後一句的意思時，就依邏輯思維的慣性，趁便順勢接過前四句中的動詞「下」，讓它與「布穀咕咕的啼聲」相匹配。這樣，不僅在語勢上與前四句保持了一致，使語意表達有一氣呵成的流暢感，而且改變了語意表達本該有的句式，使句子形式新穎別致，「形象地寫出了江南春雨綿綿使一切都變得潮濕的情形，表達新穎、形象、感性，遠非正常表達所可比擬，使人對江南春雨綿綿的情形留下深刻難忘的印象」。㊺

六、和而不同：同異的表達力

　　前面我們說過，語言是一種公共資源，任何人都可以利用。但是否能利用好，以之創出新意，那就要看各人的智慧與語言技巧了。就像同樣是一堆青菜、豆腐、肉、蛋之類，高明的廚師能以之烹飪出一桌色香味俱全的佳餚，令人垂涎欲滴；而完全不會烹飪的人，他做出來的菜可能令人難以下嚥。因此，我們說，共公資源只有運用得當，並對其進行創造性的調配，才有可能產生最大的效益。

　　語言也是一樣。漢語是一種歷史悠久而具有活力的語言，漢語辭彙豐富，語法富有彈性，這就給我們充分利用漢語的特點與優勢，進行創意造言，提升表達力創造了有利條件。比方說「同異」表達法，就是中國人創造性地運用漢語辭彙的一種有效手段，對提升語言表達力有著立竿見影的獨特效果。

　　所謂「同異」表達法，是指為著特定表達目標，依託特定語境，「把字數相等、字面同中有異、異中有同的兩個以上的詞語，用在一個語言

片斷裏，同異對比，前後映照」⑯的一種修辭手法。用這一手法建構的文本，叫做「同異」修辭文本模式。這種修辭文本，「一般都是建立在以有同又有異的不同特質的刺激物的刺激以引發接受者大腦最適宜興奮灶產生而維持『隨意注意』，從而達到加深對修辭文本的理解和印象的心理機制之上的。這種修辭文本的建構，從表達上看，可以通過同而有異的近似字面而各不相同語義內涵的對比，突出所要強調的事物本質的差異性或獨特性，且使表意深具含蓄婉約之美或尖銳強烈的效果；從接受上看，由於作為刺激物的修辭文本的同而有異的新異性特質，極易引發接受者的『不隨意注意』，並進而導致接受的『隨意注意』，使接受者情不自禁地由文本中同而有異的詞語的字面對比進到語義對比的層次，從而在對比中把握表達者文本建構的真實含義，加深對文本的理解和印象，提升文本解讀的審美情趣。」⑰

正因為「同異」表達法是一種有效提升表達力的手段，所以自古以來就不斷有作家在其作品中反復運用，並留下了許多膾炙人口的佳句。下面我們就從古今作家的作品中略舉幾例，並分析之。

1. 欲把西湖比西子：蘇軾的愛

> 水光瀲灩晴方好，山色空濛雨亦奇。
> 欲把西湖比西子，淡妝濃抹總相宜。
>
> ——宋・蘇軾《飲湖上初晴後雨》二首之二

中國民間有句流行語，叫做「上有天堂，下有蘇杭」。蘇，便是江蘇省的蘇州；杭，就是指浙江省的杭州。

而說到杭州，人們首先想到的是西湖。就筆者在國內外所看的湖來說，西湖很難說就是天下最美的湖，比它更有魅力或更有特色的，或是跟它等量齊觀的湖多的是；但為什麼人們總是對西湖情有獨鐘呢？這就是宋人蘇軾蘇東坡的功勞了。

說到蘇軾對西湖的功勞，大家都會不約而同地想到「西湖十景」的「蘇堤春曉」。誠然，蘇堤確實為西湖增色不少。它是蘇軾元祐四年

（1089）出知杭州時，利用疏浚西湖挖出的葑泥而築成的。堤上種植楊柳與桃花等，一到春天就姹紫嫣紅。因此，蘇堤歷來就是遊人的最愛。到南宋時，還形成了集市。南宋人周密在《武林舊事》中就曾記載清明前後蘇堤盛況說：「蘇堤一帶，桃柳濃陰，紅翠間錯，走索，驃騎，飛錢，拋球，踢木，撒沙，吞刀，吐火，躍圈，斤斗及諸色禽蟲之戲，紛然叢集。又有買賣趕集，香茶細果，酒中所需。而彩妝傀儡，蓮船戰馬，餳笙和鼓，瑣碎戲具，以誘悅童曹者，在在成市。」

其實，就蘇軾對西湖的貢獻大小來說，疏浚淤泥、構築長堤，比之蘇軾十五年前（即北宋神宗熙寧四年蘇軾因反對新法而外放杭州為通判時）所寫的《飲湖上初晴後雨》（二首之二）來，那就遜色多了。西湖之所以成為名湖，成為杭州的名片與注冊商標，還是得力於上引蘇軾的這首詩。雖僅二十八字，但字字千金不易，誠為杭州取之不盡、用之不竭的無盡寶藏。

那麼，這首小詩何以有如此的表達力呢？

這既與詩人所運用的「比喻」表達法有關，也與詩人同時運用的「同異」表達法密不可分。從詩的整體看，它是一個比喻文本。比喻的本體是「西湖」，比喻的喻體是「西子」（即西施）。兩者的相似點是，晴天西湖「水光瀲灩」的景象，就像西施的濃妝（也有人說是淡妝），雨天「山色空濛雨亦奇」的西湖景色，就像西施的淡妝（也有人說是濃妝）。很明顯，通過這種引類作比，很容易讓人由此及彼，通過對春秋美女西施之美的想像，而產生無限的遐想，從而生動形象的再現西湖之美。而從詩的局部來看，這首詩中還暗含了另一種表達法的運用，這便是上面我們說到的「同異」。詩的第三句「欲把西湖比西子」，其中的「西湖」與「西子」二詞，辭面上都有一個「西」，這是詩人特意安排的「同」。而「湖」與「子」（古代對男子的尊稱，這裏用來敬稱西施），不僅辭面上不同，而且性質上也不同，前者表示湖，後者表示人，這是詩人特意設定的「異」。那麼，詩人為什麼要在同一句詩裏安排兩個「有同有異」的複合名詞呢？這明顯是詩人有意在同一個語言片斷裏製造一種「同異對比，前後映照」的效果，讓讀者由此及彼，或由彼及

此地進行聯想想像，經由自己對湖泊與美女觀察所得的經驗進行再造性或創造性想像，從而在腦海中自動生成一幅西湖美景圖。由此可見，詩人將「西湖」比「西子」並非信手拈來而作的比喻，而是別有一番用意的。如果僅僅是為了比喻，那麼也可以用中國歷史上其他美女來比西湖，何必一定要挑西施呢？按照做詩講究對偶的門法，詩句對仗以不重複相同辭面的字（即古人所說的「避重字」）為好。也就是說，如果蘇軾不是有意挑選「西子」來與「西湖」來作「同中有異」的「前後映照」，他大可不選「西子」，而選其他美女（如貂蟬、王昭君、楊玉環等）。除此，可能還有一層深意，便是因為西施是春秋越國人，與杭州屬於同一地域，選用吳越鄉土美女，讀來會讓人更有親切感。

2. 直把杭州作汴州：林升的恨

> 山外青山樓外樓，西湖歌舞幾時休？
> 暖風薰得遊人醉，直把杭州作汴州。
>
> ——宋・林升《題臨安邸》

小時候，常常聽人念這樣一首打油詩：「山外青山樓外樓，英雄好漢爭上游，爭得上游莫驕傲，更有好漢在前頭。」覺得頗有意思，既順口好記，又有教育意義。因為它告訴了我們這樣一個道理：一個人千萬不要盲目自大，為人謙虛謹慎才能有進步。

長大後，讀到上引原詩，這才醒悟：原來那首打油詩是仿作。考之文學史，這才知道，它原是南宋孝宗淳熙年間臨安（今杭州）士人林升所作。雖是題在牆頭的「牆頭詩」，但它一點也不「打油」，表面通俗淺顯，筆調輕鬆，實則字字是淚，讀來讓人無限感傷。

那麼，這首「牆頭詩」何以有如此的表達力呢？

詩的前二句凌空起勢，直取杭州的一景一事。景是無盡青山與無數高樓，事是西湖歌舞日復一日、夜以繼日。這兩句詩看似簡單的寫景敘事，實則別有深意。這一景一事，通過「華麗的樓臺和靡曼的歌舞，從空間的無限量與時間的無休止，寫盡了杭州的豪華和所謂承平氣象。然

而正言若反，這層層的樓臺不能不使人聯想到殷紂王的鹿台、楚王的章華台、吳王的館娃宮與隋煬帝的江都宮；這無休止的歌舞，即棄遠而言近，猶令人想起陳後主的《玉樹後庭花》和唐明皇的《霓裳羽衣曲》。」[58]緊接著的第三句，則又是敘事，表面是寫杭州天氣之好，遊人之眾，實則是要以此反襯出一種意蘊：大家都已醉生夢死，早就忘記了恢復中原大業。一個「熏」字，已將這層意思淋漓盡致地表達出來了。而第四句，也是全詩的最後一句，則是全篇的壓軸之筆。雖是直白的議論，但卻含蓄蘊藉地表達出詩人對「南宋統治者偏安江左，不思恢復中原故土，而只圖眼前之樂的沉痛之情，對時事進行了委婉但卻十分辛辣的批判。」[59]句中將「杭州」與「汴州」並列，不管近體詩「避重字」的潛規則，明眼人一看便知其中奧妙。如果詩人有心要「避重字」，「汴州」完全可以改用「汴梁」、「汴京」等。但是，詩人卻沒有這樣做。很明顯，詩人這是在運用「同異」表達法。也就是說，「直把杭州作汴州」是一個「同異」修辭文本。這一修辭文本的建構，「從表達上看，作者通過字面上『杭州』與『汴州』的近似與兩詞所代表的絕不相同的語義內涵的對比，強調突出了『杭州』與『汴州』的根本差異性和對立性，於『不著一字』中婉約而辛辣地諷刺批判了南宋統治者苟且偷安、不思進取的腐朽本質；從接受上看，由於作為語言訊息刺激物的『杭州』與『汴州』兩個同而的有異的詞語的並置而產生的資訊刺激的新異性，引發了接受者文本接受中的『不隨意注意』，並進而促成了其文本接受中的『隨意注意』，由修辭文本中字面近似的『杭州』與『汴州』的並置而情不自禁地在思維中進到了兩詞語義內涵對比的層次，從而在對比中把握到表達者文本建構的真意所在（即告誡提醒南宋統治者杭州只是江南一時的偏安一隅，汴州才是大宋的故都，應當積極進取恢復故土、拯救金人蹂躪下處於水深火熱生活之中的北方臣民），同時在文本解讀中體認出表達者婉約表意的藝術魅力，獲取文本解讀中的審美情趣。如果作者將詩的末句寫成『直把臨安作汴州』或『直把杭州作汴梁』，不建構出上述的同異修辭文本，那麼上述我們所說本詩獨特的表達和接受效果就不可能產生了。」[60]由此可見，「直把杭州作汴州」一句，確是全詩的畫龍點

睛之筆，有一字千鈞之力。

3. 才下眉頭，卻上心頭：李清照的愁

> 紅藕香殘玉簟秋。輕解羅裳，獨上蘭舟。雲中誰寄錦書來？雁
> 字回時，月滿西樓。
> 花自飄零水自流。一種相思，兩處閒愁。此情無計可消除，才
> 下眉頭，卻上心頭。

——宋·李清照《一剪梅》

在宋代詞人中，善寫憂愁，而又最能深切感動人心者，莫過於李清照。特別是南渡之後所作，更是淒切動人。「莫道不消魂，簾卷西風，人比黃花瘦」（《醉花陰》）、「尋尋覓覓，冷淒清清，淒淒慘慘戚戚」、「梧桐更兼細雨，到黃昏、點點滴滴。這次第，怎一個愁字了得」（《聲聲慢》）、「吹簫人去玉樓空，腸斷與誰同倚？」（《孤雁兒》）、「新來瘦，非幹病酒，不是悲秋」、「凝眸處，從今又添、一段新愁」（《鳳凰臺上憶吹簫》）、「獨抱濃愁無好夢，夜闌猶剪燈花弄」（《蝶戀花》）、「感月吟風多少事，如今老去無成。誰憐憔悴更雕零」（《臨江仙》）、「柔腸一寸愁千縷」（《點絳唇》），等等，都是李清照寫愁的名句。

那麼，李清照的愁從何來？瞭解李清照身世者都知道，她的愁多是源於與丈夫趙明誠的離別和丈夫死後流落江南的孤苦處境有關。上引《一剪梅》詞，所寫就是詞人與其丈夫的離別之愁。上闋寫秋夜獨眠之孤寂，秋日泛舟之孤單，月夜懷人之痛苦，著筆於自己之愁苦，而抒念人之深情。下闋以花落水流為喻，歎韶華易逝，花容難駐，直抒人生苦短之悲哀，感歎有情人不能長相守的情感苦痛。特別是結句的「此情無計可消除，才下眉頭，卻上心頭」，雖然表意直白，但卻富於形象感，將夫妻恩愛之情、離別之愁寫得栩栩如生，讀之讓人既感慨又感歎。感慨的是詞人「無計可消除」的離愁別恨，感歎的是詞人化抽象為具象的神來之筆。

雖然這三句被清人王士禎《花草蒙拾》指為蹈襲北宋范仲淹《御街

行》中的「都來此事，眉間心上，無計相回避」的句意而來，但卻有點
鐵成金的效果。因此，有學者認為，李句雖脫胎於范句，但是「兩相對
比，范句比較平實板直，不能收醒人眼目的藝術效果；李句則別出巧思，
以『才下眉頭，卻上心頭』這樣兩句來代替『眉間心上，無計相回避』
的平鋪直敘，給人以眼目一新之感。這裏，『眉頭』與『心頭』相對應，
『才下』與『卻下』成起伏，語句結構既十分工整，表現手法也十分巧
妙，因而就在藝術上有更大的吸引力。」 ⑥¹這種說法當然是有道理的，
但是還有一點沒有說到，這便是詞人運用到的「同異」表達法。

　　「才下眉頭，卻上心頭」，前句的「眉頭」與後句的「心頭」，都
是表示方位的名詞，二者都有一個類似於詞綴的「頭」。這樣，前後映
現，就呈現出同中有異，異中有同的對比效果。這正是「同異」表達法
的運用，是作者有意為之的修辭行為。如果作者不是故意要讓「眉頭」
與「心頭」呈現同異對比的格局，那麼完全可以將「眉頭」改為「眉
梢」，或是將「心頭」改「心上」等。那麼，作者有意將「心頭」與「眉
頭」前後並置，意欲何為呢？從心理學分析，這是作者有意以「眉頭」
與「心頭」這一對「同中有異、異中有同」的詞放在一起，以期造成一
種新異性刺激，引發接受者的注意，喚起接受者的好奇心，進而深思這
一表達背後的深意，從而讓接受者瞭解作者「無計可消除」的思夫情愁，
以此達成與作者的情感共鳴。

4. 如今可交卸了，謝天謝地：百姓的心聲

> 一官好酒怠政，貪財酷民，百姓怨恨。臨卸篆，公送德政碑，
> 上書「五大天地」。官曰：「此四字是何用意？令人不解。」
> 眾紳民齊聲答曰：「官一到任時，金天銀地；官在內署時，花
> 天酒地；坐堂聽斷時，昏天黑地；百姓喊冤的，是恨天怨地；
> 如今可交卸了，謝天謝地。」
>
> ——清・程世爵《笑林廣記》

中國是一個封建專制歷史最為悠久的國度，老百姓從來就如同會說

話的牲口，根本無法主宰自己的命運。因此，統治者剝削他們也好，迫害他們也好，他們既不敢怒，也不敢言。所以，中國人自古以來就養成了一種「腹誹」的民族性。

士為秀民，讀書人是民眾思想的指導人，但是中國的知識份子在長期的封建專制統治下也是沒有多少人敢為民眾代言，鼓動民眾反抗的。秦始皇滅六國，一統天下後，六國的讀書人心有怨恨，於是就捧著幾卷破竹簡和幾片「斷爛朝報」借古諷今。結果，惹得始皇帝不高興，不僅將他們的幾卷破竹簡給一把火燒了，而且連人也坑埋了，這便是讓中國讀書人第一次領教到厲害的「焚書坑儒」。

中國歷代的統治者看到秦始皇的這一手很有效果，於是都紛紛效法。中國歷史上的多次「文字獄」，都是這個性質。至於離我們現在時間最近的清代，其「文字獄」之多，受害知識份子之眾，早已人所共知了。至於清亡以後，中國知識份子的境遇，那就更是大家心裏有本帳了，不必贅言矣。

儘管屢受迫害，但是好像中國自古以來的讀書人都是不長記性的，總是改不了老毛病：「多嘴多舌」，還喜歡舞文弄墨。不是嗎？上引一段文字中，講的就是這種情況。

朝廷派來一個又貪又昏的官，老百姓沒有選擇不接受的權利，只得認命，任由他胡作非為。因為「父母官」就如生身父母，老百姓豈有選擇的權利。雖然這個貪昏的父母官所作所為讓老百姓恨之入骨，但沒有人敢吱一聲。好在中國古代的官員也是有任期制度的，如果是終身制，遇上一個貪官或昏官，那老百姓就永世不得翻身了。終於，熬到了那貪昏之官要卸任離開了，老百姓終於長長地松了一口氣。雖然大家心裏很恨這個狗官，但中國自古以來是「禮義之邦」，凡事都要講一個「禮」字。官員卸任，按慣例總要送別，或送萬民傘，或送德政碑，以示表彰或曰感恩。那故事中的老百姓選擇的是送德政碑。那狗官壓根兒就沒做過一件好事，如何寫這個德政碑呢？還好，當地有讀過書的鄉紳，他們很會舞文弄墨。於是，便有了故事裏德政碑上的四個大字：「五大天地」。由於「五大天地」的含義太高深，這就讓那貪昏之官不解了，於

是就又有鄉紳的一番妙語解說。

　　為什麼說鄉紳的解說是妙語呢？因為它是一個運用了「同異」表達法的「同異」修辭文本。這一修辭文本的建構，「從表達上看，紳民們通過字面上『金天銀地』、『花天酒地』、『昏天黑地』、『恨天怨地』、『謝天謝地』的近似與這五個詞語所代表的各不相同的語義內涵的對比，突出強調了這五個詞語所展示的那個貪昏之官的不同情形下的貪昏與酷民的劣跡，於五個同中有異的詞語的並置中對貪昏之官進行了尖銳強烈、淋漓盡致的批判，增強了批判的力度和效果；從接受上看，由於作為語言信息刺激物的『金天銀地』、『花天酒地』等五個同中有異的詞語的並置以及五個『天』『地』的反復交錯出現所產生的刺激的強烈性和新異性，使接受者極易在文本接受中引發出『不隨意注意』，並進而在其導引下進人『隨意注意』的階段，從而深刻地思考並解讀出表達者將五個字面近似的詞語並置一起的真正用意（即表達對貪昏之官貪昏酷民行徑的深切痛恨之情與對貪昏之官卸任的歡欣鼓舞之情），同時於文本解讀中體認到情感紓解的暢快性與精妙文本解構的審美情趣。」[62]理解到這一層，那麼，我們又不得不佩服中國知識份子諷刺藝術的高明。

5.他們只是我們的客人，不是我們的主人：於梨華的忠言

> 看見外國遊客手裏的電器小玩意，可以對他說：「讓我看看」，但千萬不要說「送我一個」。我們招待外國旅客，只要客客氣氣，千萬不要低聲下氣，因為，他們只是我們的客人，不是我們的主人！我們可以予他們種種方便，但千萬不能讓他們對我們隨便。
>
> ——於梨華《我的留美經歷》

　　我們常常會聽到人說「人窮志不窮」的話，意在鼓勵人在貧窮的時候不要失了志氣，沒了骨氣。

　　這種大道理說起來容易，要真正能做到，也並不是那麼容易。因為人在生存問題受到威脅的情況下，可能求生的欲望要壓倒一切，情急之

下做出失去人格乃至氣節的事情，都是可能的。揆之於中外歷史，鮮活的事證比比皆是。遠的不說，就以抗日戰爭期間來說，中國有多少讀聖賢書，整天用「餓死事小，失節事大」的聖賢遺言教訓他人的大知識份子（如周作人、胡蘭成之類），不都紛紛變節投敵了嗎？

讀書人特別是大知識份子，他們作為民眾思想的指導人和行為規範的楷模，都很難達到「人窮志不窮」的境界，那麼普通人「為五斗米折腰」，升斗小民為吃口飯而失格，也就可以理解了。

雖然我們說一個人為求生存，在某種特殊情況下偶爾失足是可以理解的；但是，並不是說為求生存而不惜「失節」、「失格」的事是可以原諒的。至於像上引於梨華《我的留美經歷》一文片斷中寫到的那些向外國遊客伸手索要「電器小玩意」、為了自己個人目的而不惜對洋人卑躬屈膝、曲意逢迎的少數中國人，那就更是不可原諒了。

《我的留美經歷》，是旅美華裔作家於梨華寫於 20 世紀 80 年代初的一篇文章。其時，正值中國大陸實行「改革開放」政策，國門向外敞開的伊始階段。由於在長期的鎖國政策後初次放眼看世界，大陸人民第一次真切地看到了中國大陸與西方發達國家在物質文明方面的巨大差距，心理便產生了極大的落差。於是，崇洋媚外的風氣逐漸盛行起來。當時在西方來華旅客接待活動中，不少人崇洋、媚洋醜態畢現，完全不顧國格、人格。上引這段文字，正是當年作者「針對這種情況的有感而發，是對當時崇洋、媚洋不良社會風氣的深刻針砭」。[63]這段文字雖然不長，但卻讀來字字令人心靈震撼。

那麼，為什麼這段文字有如此的表達力呢？

無他。乃因作者「同異」表達法運用得非常嫻熟。

上引這段文字中，有三句話在表達上特別引人注目。第一句話是：「我們招待外國旅客，只要客客氣氣，千萬不要低聲下氣」，以「客客氣氣」與「低聲下氣」對比映照；第二句話是：「他們只是我們的客人，不是我們的主人」，以「客人」與「主人」對舉；第三句話是：「我們可以予他們種種方便，但千萬不能讓他們對我們隨便」，以「方便」與「隨便」對照。這樣表達，正是我們前面所說的「同異」表達法的運用。

這三句話，就是三個「同異」修辭文本。這三個「同異」修辭文本，在表達上通過字面上「客客氣氣」與「低聲下氣」、「客人」與「主人」、「方便」與「隨便」三組「同中有異，異中有同」詞語的並列對舉，以其形式的近似與語義及色彩內涵的差異對比，「突出強調了作者所意欲表達的主旨——我們在對外交往中應持正確的態度，要不卑不亢」。⑭很明顯，這樣的表達，語意含蓄蘊籍，但卻意味深長。從文本接受上看，「客客氣氣」與「低聲下氣」、「客人」與「主人」、「方便」與「隨便」三組詞語的對舉映照，在讀者的心理上客觀上變成了三組具有新異性的語義信息刺激物，「使接受者（讀者）極為在此具有新異性特質的語言信息刺激物的刺激下於接受活動中產生『不隨意注意』，從而在『不隨意注意』的導引下進入『隨意注意』的層次，由此加深了對表達者所建構的修辭文本的理解，在文本解讀中獲取了特定的文本認識價值，即上面我們所說的表達者意欲傳達的主旨精神。這樣，表達者所欲表達的思想與接受者文本解讀中所獲取的思想認識就趨向了一致，表達者與接受者便達成了思想的共鳴與情感的融合。」⑮如果不是運用「同異」表達法，要獲取上述表達效果則不易也。

6. 二十歲的男人是贗品，三十歲的男人是正品：葉惠賢的男人論

> 三十五歲的女士是光彩照人的年齡，那麼男士呢？有這樣一種說法，二十歲的男人是贗品，三十歲的男人是正品，四十歲的男人是精品，五十歲的男人是極品。在座的各位不是正品，就是精品，或者是極品。下面我們歡迎這位極品級的男士給我們表演。
>
> ——上海電視臺節目主持人葉惠賢的主持語

上引一段文字，是上海電視臺著名節目主持人葉惠賢 2000 年 8 月在煙臺的一次幹訓班聯歡晚會上即興說出的一番妙語。

晚會當時的情景是這樣的：一位女士剛上臺準備表演，下邊的一幫男人就開始起哄打趣了。其中，有個男人不知哪根神經搭錯了線，竟然

不知趣地大聲問了那女士一句：「芳齡幾何？」大家一聽，都為那女士感到尷尬。可是，那女士倒是不在意，大大方方地笑了笑，一臉坦誠的樣子，說：「三十五了。」話音未落，大家都為之熱烈鼓掌。等那女士表演完，從容離台後，上來了一位中年男士。這時主持人葉惠賢急忙走向前，問那男士道：「這位先生，您可以告訴我您的年齡嗎？」那男人憨厚的一笑，說：「五十了。」大概是開玩笑，實際上不像是五十歲的人。這時，葉惠賢抓住這一機會，馬上插話，說出了上引一番生花妙語，逗得臺上那男人心花怒放，贏得台下許多三十歲、四十歲和五十歲的男人們經久不息的掌聲。

那麼，葉惠賢的這番話何以有如此的表達力呢？

原因無他，乃系說話人善用「同異」表達法。

上述一番話，最突出的特點是用了「贋品」、「正品」、「精品」、「極品」等四個詞。這四個詞，從辭面上分析，都有一個共同特點，即都有一個「品」字，表示「品級」、「等級」的意思。在「二十歲的男人是贋品」這句話中，所謂的「贋品」，是個比喻的說法，意味二十歲的男人還不是成熟男人，算不得真正的男子漢。在「三十歲的男人是正品，四十歲的男人是精品，五十歲的男人是極品」三句中，所謂的「正品」、「精品」、「極品」，也都是比喻的說法，以物喻人，說明男人三十到五十越來越具魅力。四個句子依靠「贋品」、「正品」、「精品」、「極品」等四個「同中有異，異中有同」的詞語的並列對舉，由辭面的近似與各自語義內涵差異的對比，鮮明地突顯出男人不同年齡段的魅力品級。它遠比「男人的魅力隨著年齡的增長而增長」之類的理性表達要形象生動得多。同時，在表達上也顯得雋永簡潔，但又意味深長，給人以更多回味想像的空間。依靠這四句生動表達的鋪墊，主持人關合當時男性觀眾中以三十歲到五十歲居多的事實，順勢恭維在座的各位不是正品，就是精品、極品，就顯得水到渠成了。儘管語氣中不乏媚眾之嫌，但卻顯得持之有據，媚得合理。這就是觀眾為之叫好的原因。

注釋

① 譚永祥《漢語修辭美學》第 224 頁，北京語言學院出版社，1992 年 12 月。

② 吳禮權《修辭心理學》第 62 頁，雲南人民出版社，2002 年 1 月。

③ 吳禮權《修辭心理學》第 62 頁，雲南人民出版社，2002 年 1 月。

④ 吳禮權《南北朝時代列錦修辭格的轉型與發展》，《楚雄師範學院學報》2009 年第 8 期。

⑤ 吳禮權《從〈全唐詩〉的考察看盛唐「列錦」辭格的發展演變狀況》，《阜陽師範學院學報》（社會科學版）2010 年第 1 期。

⑥ 吳禮權《從〈全唐詩〉的考察看盛唐「列錦」辭格的發展演變狀況》，《阜陽師範學院學報》（社會科學版）2010 年第 1 期。

⑦ 吳禮權《從〈全唐詩〉的考察看盛唐「列錦」辭格的發展演變狀況》，《阜陽師範學院學報》（社會科學版）2010 年第 1 期。

⑧ 吳禮權《從〈全唐詩〉所存錄五代詩的考察看「列錦」辭格發展演進之狀況》，《湖南科技大學學報》（社會科學版）2010 年第 1 期。

⑨ 吳禮權《從〈全唐詩〉所錄唐及五代詞的考察看「列錦」辭格發展演進之狀況》，《楚雄師範學院學報》2010 年第 1 期。

⑩ 袁行霈《〈迢迢牽牛星〉賞析》，見吳小如等撰寫《漢魏六朝詩鑒賞辭典》第 148 頁，上海辭書出版社，1992 年 9 月。

⑪ 吳禮權《修辭心理學》第 63 頁，雲南人民出版社，2002 年 1 月。

⑫ 吳禮權《修辭心理學》第 63 － 64 頁，雲南人民出版社，2002 年 1 月。

⑬ 徐培均《〈雨霖霖〉賞析》，見周汝昌等編寫《唐宋詞鑒賞辭典》（唐、五代、北宋卷）第 320 頁，1988 年 4 月。

⑭ 朱東潤主編《中國歷代文學作品選》中編第二冊第 16 頁（「雨霖鈴」解題），上海古籍出版社，1980 年 6 月。

⑮ 朱東潤主編《中國歷代文學作品選》中編第二冊第 16 頁（「雨霖鈴」解題），上海古籍出版社，1980 年 6 月。

⑯ 徐培均《〈雨霖霖〉賞析》，見周汝昌等編寫《唐宋詞鑒賞辭典》（唐、五代、北宋卷）第 322 頁，1988 年 4 月。

⑰ 吳禮權《修辭心理學》第 65 頁，雲南人民出版社，2002 年 1 月。

⑱ 吳禮權《修辭心理學》第 65 頁，雲南人民出版社，2002 年 1 月。

⑲ 吳禮權《修辭心理學》第 65 － 66 頁，雲南人民出版社，2002 年 1 月。

⑳ 吳禮權《修辭心理學》第 66 頁，雲南人民出版社，2002 年 1 月。

㉑ 吳禮權《修辭心理學》第 66 頁，雲南人民出版社，2002 年 1 月。

㉒ 劉德岑《劉子翬〈汴京紀事〉詩箋注（上）》，《西南師大學報》（人文社科版），1983 年第 4 期。

㉓ 吳禮權《語言策略秀》第 48 頁，上海文化出版社，2008 年 6 月。

㉔ 吳禮權《修辭心理學》第 137 頁，雲南人民出版社，2002 年 1 月。

㉕ 吳禮權《修辭心理學》第 138 頁，雲南人民出版社，2002 年 1 月。

㉖ 吳禮權《修辭心理學》第 139 頁，雲南人民出版社，2002 年 1 月。

㉗ 陳望道《修辭學發凡》第 190 － 191 頁，上海教育出版社，1997 年 12 月版。

㉘ 吳禮權《修辭心理學》第 121 頁，雲南人民出版社，2002 年 1 月。

㉙ 吳禮權《修辭心理學》第 121 － 122 頁，雲南人民出版社，2002 年 1 月。

㉚ 吳禮權《修辭心理學》第 123 頁，雲南人民出版社，2002 年 1 月。

㉛ 陳望道《修辭學發凡》第 192 頁，上海教育出版社，1997 年 12 月版。

㉜ 吳禮權《修辭心理學》第 124 頁，雲南人民出版社，2002 年 1 月。

㉝ 朱東潤主編《中國歷代文學作品選》中編第一冊（《原道》「解題」）第 286 頁，上海古籍出版社，1980 年 1 月。

㉞ 吳禮權《修辭心理學》第 122 頁，雲南人民出版社，2002 年 1 月。

㉟ 吳禮權《修辭心理學》第 122 － 123 頁，雲南人民出版社，2002 年 1 月。

㊱ 吳禮權《修辭的策略》第 158 － 159 頁，吉林教育出版社，2004 年 1 月。

㊲ 吳禮權《修辭的策略》第 159 － 160 頁，吉林教育出版社，2004 年 1 月。

㊳ 吳禮權《現代漢語修辭學》第 216 頁，復旦大學出版社，2006 年 11 月。

㊴ 吳禮權《現代漢語修辭學》第 217 頁，復旦大學出版社，2006 年 11 月。

㊵ 吳禮權《語言策略秀》第 87 頁，上海文化出版社，2008 年 6 月。

㊶ 吳禮權《語言策略秀》第 87 頁，上海文化出版社，2008 年 6 月。

㊷ 吳禮權《語言策略秀》第 87 － 88 頁，上海文化出版社，2008 年 6 月。

㊸ 陳望道《修辭學發凡》第 114 頁，上海教育出版社，1997 年 12 月版。

㊹ 陳望道《修辭學發凡》第 114 頁，上海教育出版社，1997 年 12 月版。

㊺ 吳禮權《修辭心理學》第 86 頁，雲南人民出版社，2002 年 1 月。

㊻ 吳禮權《修辭心理學》第 86 頁，雲南人民出版社，2002 年 1 月。

㊼ 吳禮權《修辭心理學》第 87 頁，雲南人民出版社，2002 年 1 月。

㊽ 吳禮權《修辭心理學》第 87 頁，雲南人民出版社，2002 年 1 月。

㊾ 吳禮權《修辭心理學》第 87 － 88 頁，雲南人民出版社，2002 年 1 月。
㊿ 朱東潤主編《中國歷代文學作品選》中編第二冊第 7 頁（「天仙子」解題），上海古籍出版社，1980 年 6 月。
(51) 朱東潤主編《中國歷代文學作品選》中編第二冊第 73 頁（「辛棄疾詞」解題），上海古籍出版社，1980 年 6 月。
(52) 朱東潤主編《中國歷代文學作品選》中編第二冊第 90 頁（「永遇樂」解題），上海古籍出版社，1980 年 6 月。
(53) 吳禮權《修辭心理學》第 88 頁，雲南人民出版社，2002 年 1 月。
(54) 吳禮權《修辭心理學》第 89 頁，雲南人民出版社，2002 年 1 月。
(55) 吳禮權《語言策略秀》第 72 頁，上海文化出版社，2008 年 6 月。
(56) 譚永祥《漢語修辭美學》第 159 頁，北京語言學院出版社，1992 年 12 月。
(57) 吳禮權《修辭心理學》第 141 頁，雲南人民出版社，2002 年 1 月。
(58) 《宋詩鑒賞辭典》第 1315 頁，上海辭書出版社，1987 年 12 月。
(59) 吳禮權《修辭心理學》第 142 頁，雲南人民出版社，2002 年 1 月。
(60) 吳禮權《修辭心理學》第 142 頁，雲南人民出版社，2002 年 1 月。
(61) 《唐宋詞鑒賞辭典》（唐五代北宋卷）第 1193 頁，上海辭書出版社，1988 年 4 月。
(62) 吳禮權《修辭心理學》第 143 頁，雲南人民出版社，2002 年 1 月。
(63) 吳禮權《修辭心理學》第 144 頁，雲南人民出版社，2002 年 1 月。
(64) 吳禮權《修辭心理學》第 144 頁，雲南人民出版社，2002 年 1 月。
(65)吳禮權《修辭心理學》第 144 － 145 頁，雲南人民出版社，2002 年 1 月。

第三章
狀難寫之景，如在目前

　　人們用語言來傳情達意，往往並不滿足於「準確」、「明白」這個層次，還要朝著「形象」、「生動」的境界而努力。文學作品為什麼成為人們熱愛的精神食糧，就是因為它有「形象」、「生動」的特徵，因此它能給人以閱讀的愉悅與審美情趣。

　　應該說，追求表達的「形象」、「生動」，乃是人類共同的心理傾向。只不過，相較於其他民族的人，由於中國文化傳統的影響，漢民族人對表達「形象」、「生動」的境界更為看重。這是因為「形象與聯想，是中國人特別是漢民族人思維的主要方式。與西方人相比，中國人更喜歡形象思維而厭倦抽象思維」。①關於這一點，林語堂先生在討論中國人的民族心理時曾經指出：「中國人的心靈在許多方面都類似女性心態。事實上，只有『女性化』這個詞可以用來總結中國人心靈的各個方面。女性智慧與女性邏輯的那些特點就是中國人心靈的特點，一點不錯的。……中國人的頭腦羞於抽象的詞藻，喜歡婦女的語言。中國人的思維方式是綜合的、具體的。他們對諺語很感興趣，它像婦女的交談。」②根據我們的理解，所謂「中國人的思維方式充滿了女性化的特點」，也就是說「中國人敏於具體的形象思維，擅長由具體到抽象的聯想綜合。」③關於這一點，我們可以從多個方面來觀察。比方說，「中國先秦時代散文中喜歡運用『守株待兔』、『狐假虎威』、『鷸蚌相爭』等寓言來說理，中國古典詩歌喜歡諸如『紅燭秋光冷畫屏，輕羅小扇撲流螢』、『池塘生春草，園柳變鳴禽』、『有時三點兩點雨，到處十枝五枝花』等帶有形象與意境的寫法，中國人說話喜歡運用諸如『懶婆娘的裹腳——又長又臭』、『茶壺裏煮餃子——肚裏有，嘴上倒不出』等歇後語與諸如『人

心齊，泰山移』、『單絲不成線，獨木不成林』等諺語，中國的漢語語詞庫中多有諸如『雪白』、『冰涼』、『綠油油』、『紅彤彤』等類形容詞，這些皆充分體現了中國人好為形象思維與聯想綜合的特點。不僅如此，中國人的好為形象思維與聯想綜合的特點甚至還表現在某些抽象名詞與文學批評諸術語上。如『體積』、『長度』、『寬度』等皆是表示抽象概念的辭彙，一般不能怎樣對之形象化，可是中國人的思維方式能使之形象化，這便是以『大小』指稱『體積』，以『長短』指稱『長度』，以『寬窄』指稱『寬度』，其思維的形象化技巧真是令人嘆服。又如在中國的文學批評中，不同的寫作方法的稱謂不同於西方人那樣喜用抽象的專門術語來概括，而是用比較形象化的詞語來指稱：『隔岸觀火』（一種超俗的格調）、『蜻蜓點水』（輕描淡寫）、『畫龍點睛』（提出文章的要點）、『欲擒故縱』（起伏跌宕）、『神龍見首不見尾』（運筆自如，順其自然，鬥然而來，戛然而止）、『懸岸千仞』（結尾時陡然勒住）、『一針見血』（一句話道出真情）、『單刀直入』（直截了當的開頭）、『聲東擊西』（突然襲擊）、『旁敲側擊』（善意的戲弄與嘲笑）、『湖上霧靄』（調子柔和）、『層雲疊峰』（細節等紛繁複雜，撲朔迷離）、『馬屁股上放鞭炮』（結尾前最後一擊）」等說法，④都可以有力地說明漢民族人喜歡形象化思維與聯想綜合心理特點。

　　正因為有此民族心理特點，所以中國文學歷來都有推崇「狀難寫之景，如在目前」的傳統。也正因為如此，在漢語表達中，中國人自古以來就喜歡運用「比喻」法、「比擬」法、「示現」法、「移就」法、「通感」法等。之所以喜歡運用這些表達法，乃是因為這些表達法有「狀難寫之景如在目前」的表達力。

一、物雖胡越，合則肝膽：比喻的表達力

　　提升表達力，方法有很多。其中，有一個方法是人人都能想得到，

而且也是人們都會用的，這便是「比喻」表達法。

　　所謂「比喻」表達法，或稱「譬喻」，是「一種通過聯想將兩個在本質上根本不同的事物由某一相似性特點而直接聯繫搭掛於一起」的語言表達方法。以這種表達方法建構的文本，叫做「比喻修辭文本」。「這種修辭文本的建構，在表達上有增強所敘寫對象內容的生動性和形象性的效果；在接受上，有利於調動接受者的接受興趣，使其可以準確地解讀出文本的意蘊，而且可以經由接受者的再造性想像，擴添文本所敘寫對象內容的內涵意象，從而獲得大於文本形象內容的解讀快慰與審美享受。」⑤

　　比喻表達法，如果從結構形式上觀察，可以將之分為三種基本類型：一是「明喻」，二是「暗喻」（或稱「隱喻」），三是「借喻」。⑥

　　所謂「明喻」，是指「一種形式全備的譬喻模式，它的典型格式是『A像B』。其中，A是本體，B是喻體，『像』是喻詞，恰似聯繫本體與喻體的橋樑。喻詞除了『像』比較常見外，還有『好像』、『好比』、『如同』、『仿佛』、『若』、『如』、『好似』、『似』等等，有時這些喻詞還與『一樣』、『似的』、『一般』等等配合使用。明喻修辭文本，由於形式上明顯，一般最易見出。使用上也較多，一般的說寫者多喜歡用明喻的形式來設喻。」⑦如：

> 最令人難忘的還有所謂天籟。秋風起時，樹葉颯颯的聲音，一陣陣襲來，如潮湧；如急雨；如萬馬奔騰；如銜枚疾走。風定之後，細聽還有枯乾的樹葉一聲聲的打在階上。（梁實秋《音樂》）

　　這段文字是梁實秋先生描摹秋風吹拂樹葉所發出的聲響。其中，「秋風起時，樹葉颯颯的聲音，一陣陣襲來，如潮湧；如急雨；如萬馬奔騰；如銜枚疾走」幾句，即是用的「明喻」表達法。「樹葉颯颯的聲音」是本體，「潮湧」、「急雨」、「萬馬奔騰」、「銜枚疾走」等都是喻體，喻詞都用了「如」字。以四個喻體的意象來寫秋風起時「樹葉颯颯的聲音」，讀之不禁讓人經由文字的誘導而展開想像的翅膀，從而真切地體

味出何謂「天籟」之音。

　　所謂「暗喻」（或稱「隱喻「），是指「一種以『是』、『變成』等喻詞綰合本體與喻體抑或省略了喻詞的譬喻修辭文本模式。它的典型格式是『A 是 B』、『A，B』（此格式，古代漢語較常見。如『君子之德，風也；小人之德，草也』《孟子・滕文公上》）。隱喻在譬喻文本建構中也是常見的。」⑧如：

> 我是天空裏的一片雲，
> 偶爾投影在你的波心。
> 你不必訝驚，更無須歡欣，
> 在轉瞬間消滅了蹤影。（徐志摩《偶然》）

　　這首詩的首句「我是天空裏的一片雲」，即是一個「暗喻」。本體是「我」，喻體是「天空裏的一片雲」，「是」是喻詞，而不是判斷詞。因為「我」與「雲」是本質上根本不同的事物，只是因為「我」漂泊不定的心與天空中隨風浮動的雲有相似性，作者遂將兩者牽連搭掛在一起。如果我們稍微留意一下文學作品或是日常口語中的「暗喻」表達法的運用，就會發現，暗喻表達法用「是」作為喻詞的比較普遍。如以下幾例，喻詞用的也都是「是」：

> 水是眼波橫，山是眉峰聚。欲問行人去那邊，眉眼盈盈處。（宋・王觀《卜算子》）
> 一個是水中月，一個是鏡中花。（清・曹雪芹《紅樓夢》）
> 江南的雪，可是滋潤美豔之至了；那是還在隱約著的青春的消息，是極健壯的處子的皮膚。（魯迅《野草》）
> 古典主義是低眉的菩薩，浪漫主義是怒目的金剛。（傅東華《什麼是古典主義》）
> 一個愛說話的女人是朵盛開的花，沒有什麼味道；一個不愛說話的女人，是朵半開的花，沒有人知道它藏著一個什麼樣的花心，最吸引人。（於梨華《變》）

以上諸暗喻，喻詞用的都是「是」字。但是，暗喻也有用其他喻詞的，如：

> 如今人方<u>為</u>刀俎，我<u>為</u>魚肉。（漢‧司馬遷《史記‧項羽本紀》）
> 玫瑰開不完，荷葉<u>長成</u>了傘；秧針這樣尖，湖水這樣綠，天這樣青，鳥聲象露珠樣圓。（聞一多《荒村》）
> 這個世界已<u>成了</u>畢卡索的畫，天翻地覆，一塌糊塗。（陳之藩《科學與詩》）

以上諸例的暗喻，所用喻詞有的是「為」，有的是「長成」，有的是「成了」。

所謂「借喻」，是指一種「本體與喻詞一併省略了的譬喻修辭文本模式。這種譬喻是一種隱奧的形式，在接受時需接受者用心體會和解讀。這類譬喻在知識階層、文學界的人士中比較愛用」。⑨如：

> 煮豆燃豆萁，<u>豆在釜中泣</u>。本是同根生，相煎何太急。（三國魏‧曹植《七步詩》）

這首詩全篇即是一個借喻。它要表達的意思是，「你我本是手足親兄弟，應該相互友愛關懷，而不應自相殘殺」。但是，這層意思詩人不能這樣明說。因為他所面對的不是以前的兄長曹丕，而是現今貴為天子的魏文帝。雖然明知曹丕要他七步成詩是有意為難，是為除掉他而找藉口，但他也只能直面應對。於是，詩人便以同根所生的豆與豆萁相煎為喻，說明瞭兄弟不應相殘的道理。這樣，既委婉地陳述了道理，又巧妙地完成了魏文帝要求他七步成詩的任務。詩的全篇沒有出現一個喻詞，甚至連本體也一併省略了，可是表達力卻大大提升了。

詩中用借喻司空見慣，詞中用借喻也不少見。如：

> 花自飄零水自流，一種相思，兩處閒愁。此情無計可消除，才下眉頭，卻上心頭。（宋‧李清照《一剪梅》）

　　詞的首句「花自飄零水自流」，即是一個借喻修辭文本。「『花自飄零』比喻作者的青春像花那樣空自凋殘；『水自流』是說她丈夫遠行了，像悠悠江水空自流。全句是說李清照既為自己的紅顏易老而感慨，更為丈夫不能和自己共度青春而讓它白白地消逝而傷懷。『花自飄零水自流』是個比喻的喻體，而本體（即我們所作的解釋）和比喻詞都沒有出現，只是以喻體替代本體。」⑩這樣寫，比正常的比喻更富於表達力，讀來更覺含蓄蘊藉，餘味曲包。

　　比喻表達法，雖然基本結構形式只有三種，但其變化形式則非常多。學者們從不同的角度，將之分為不同的類別，並給予不同的名稱，如「引喻、提喻、較喻、反喻、交喻、回喻、博喻、連喻、類喻、進喻、互喻、縮喻、約喻、兼喻、合喻等等，不一而足。實際上，這些都是譬喻的變體形態，是論者從不同角度進行分類的結果」。⑪

　　比喻表達法之所以產生很多變體形態，乃是表達者（說寫者）意欲突破陳規，銳意創新的結果。比喻作為人類的一種認知方式，同時也是作為最為重要的語言表達法，是人人都會用的。因為將此物比彼物而作由此及彼的想像聯想，這是人人都會的，甚至是無師自通的。但是，如何將喻體與本體有效匹配，合理地牽連搭掛，創造出一個令人過目難忘的比喻文本，「狀難寫之景，如在目前」，則就不容易了。著名詩人艾青就曾說過：「有的人寫了一輩子也創造不出一個新鮮的比喻。」⑫

　　雖然創造一個好的比喻並不易，但是，古今中外的人們從來就沒有停止過努力，特別是文學家們。那麼，文學家們為何特別熱衷於創造比喻文本呢？著名作家秦牧曾在《譬喻之花》一文中說過這樣一段話：

　　精彩的譬喻，像是童話中的魔術棒，碰到哪兒，哪兒就產生奇特的變化，它也像是一種什麼化學藥劑，把它投進濁水裏面，頃刻之間，一切雜質都沉澱了，水也澄清了。
　　如果在文學作品中完全停止採用譬喻，文學必將大大失去光彩。假使把一隻雄孔雀的尾羽拔去一半，還像個什麼樣子呢？雖然它仍舊可以被人叫做孔雀。譬喻是語言藝術中的藝術，它一出

現，往往使人精神為一振。它具有一種奇特的力量，可以使事物突然清晰起來，複雜的道理突然簡潔明瞭起來，而且形象生動，耐人尋味。

正因為比喻表達法有如此神奇的表達力，而我們在文學創作與日常語言生活中又確實少不了比喻表達法的運用，那麼我們就有必要掌握比喻表達法運用的規律，學習比喻文本建構的基本法則。如此，才能使我們的文章更精彩，使我們的言說更生動。

不過，應該指出的是，規律是可以通過學習而掌握的，但如何做到在應合題旨情境的前提下，使我們的創意造言能達致「狀難寫之景，如在目前」的境界，則就需要我們在借鑒融會前人成功的修辭實踐經驗的基礎上，充分發揮自己的創造性，從而建構出獨到新穎的比喻文本，將自己的思想精確地予以表出，將自己的感情圓滿地予以呈現。

下面我們就前人成功的修辭實踐案例予以分析，來看如何獲致「狀難寫之景，如在目前」的表達力。

1. 蘇格拉底：好的騎手就應該駕馭烈馬，騎慣了烈馬，別的馬也就不在話下了

> 古希臘著名的哲學家蘇格拉底的老婆非常厲害，是個出名的潑婦。有一次，她把蘇格拉底痛罵了一頓後還當頭潑了一盆冷水。有修養的蘇格拉底卻平靜地說：「我早就知道，打雷過後，必要下雨。」就這樣，一場吵架甚至打架被一笑了之。
> 別人問蘇格拉底為什麼要娶這麼厲害的女人做老婆。蘇格拉底說：「好的騎手就應該駕馭烈馬，騎慣了烈馬，別的馬也就不在話下了。」
>
> ——文俊《巧答妙對 365》

讀了這則故事，也許很多人都覺得蘇格拉底太窩囊了，怎麼一個堂堂的大哲學家怎麼這樣怕老婆呢？

其實，我們也不必這麼忙著笑話蘇格拉底，中國人何嘗沒有懼內的？近的如胡適等名流的事不說，就說在中國古代吧。那時候還是「男尊女卑」的時代，是男權一統天下的時代，不也懼內者代不乏人、比比皆是嗎？這只要看看中國古代笑話集中有多少是以嘲笑懼內者的故事數量比例，我們就知道中國男人到底有多怕老婆了。遠的不說，就說明代，這類反映懼內的笑話就非常之多。明代無名氏《笑苑千金》中有一則故事說：

> 昔有人畏妻，其友人教以畫妻之像，掛於密室，每日早起，以水噀之，指之曰：「不怕你，不怕你。」其妻聞之，怒欲打其夫，夫云：「我祝禱未了，尚不曾說下句，汝何怒？」妻曰：「下句如何說？」答曰：「不怕你，不怕你，更怕誰？」

這位丈夫怕老婆怕到如此地步，實在讓人為他可憐。但這還不算最慘的，畢竟那位悍婦還沒強迫他的丈夫做什麼低賤而見不得人的羞事。而同樣是明代的男人，則有比上引故事中的那位丈夫境遇更慘的。明代浮白主人《笑林》中，就曾記載過這樣的故事：

> 甲乙懼內，乙往訴甲曰：「房下近來作事更狠，至晚馬桶亦要掇。」甲攘臂言曰：「這個忒難，若是我……」言未畢，甲妻背後大喝曰：「若是你，便怎麼？」甲不覺下跪曰：「若是我，就掇了。」

中國古代都說「男為乾，女為坤」，即男人是天，女人是地。生女叫「弄瓦」，生男叫「弄璋」。可見，男女不平等早已是先天就規定好了的。既然如此，男人就有先天優越於女性的心理。但是，社會的規約卻在上述故事中的甲乙兩個家庭不起作用。乙男在家被悍妻逼迫倒馬桶，嚴重傷害了他的大男人自尊，心中感到苦悶，往朋友甲男家訴苦。甲男聽了怒不可遏，攘臂要替朋友出氣，掙回男子漢大丈夫的面子。不意在妻子突現時，卻露出了更懦弱的一面，不僅主動服輸，而且還要下跪。真是「一蟹不如一蟹」！

　　也許有人會認為，怕老婆的一般都是些沒出息的男人，有本事的男人是不會怕老婆的。其實，也不盡然。在中國，特別是在古代，能做官，而且能做到太守這一層次，也算很有本事了吧。但即便如此，也很難說他有不懼內的本事。不是嗎？請看明人馮夢龍《笑府》中的一則故事：

> 有一吏懼內，一日被妻抓破面皮，明日上堂，太守見而問之。吏權詞以對曰：「晚上乘涼，被葡萄架倒下，故此刮破了。」太守不信曰：「這一定是你妻子抓破的，快差皂隸拿來！」不意奶奶在後堂潛聽，大怒，搶出堂外。太守慌忙謂吏曰：「你且暫退，我內衙葡萄架也要倒了。」

　　中國有句古話，叫做：「好漢不吃眼前虧」。所以，中國的男人對於悍妻，一般都不會採取正面衝撞的方式，而是采「以柔克剛」之計，嘴巴上吃點虧，也就大事化小，小事化了，夫妻遂又恩愛如初、相敬如賓了。但是，偶爾也有一些不識相的男人，寧可吃虧，也不嘴軟。比方說，明人馮夢龍《笑府》中就記有這麼一例：

> 一人被妻打，無奈鑽在床下。妻呼曰：「快快出來！」答曰：「男子漢大丈夫，說不出來，定不出來。」

　　一個大男人被妻子打，已經是夠窩囊的了；打得逃到床下躲避，則更是丟人丟到家了。可是，到了這個地步，他還要死要面子，搬出什麼「大丈夫」的論調，真是令人啼笑皆非了。

　　不過，且慢。說句阿Q式的話，不要只笑中國男人窩囊，西方男人也好不到哪里去。上引故事中的蘇格拉底，不也是這般人物嗎？他被老婆臭罵一頓，還要被潑水，也毫無辦法，只能嘴硬，自我安慰、自我解嘲。

　　但是，話又得說回來。客觀地說，雖然同樣是怕老婆，同樣是嘴硬，但西哲蘇格拉底要比我們中國古代的那位男人強。何以言之？因為他自我解嘲的「雷雨論」與「禦馬論」遠比我們古人的「大丈夫論」要高明得多。因為「大丈夫論」讓我們男人覺得可憐心酸，而「禦妻論」則讓

人覺得智慧幽默，讓我們男人感到自豪。

那麼，蘇格拉底的「雷雨論」與「馭馬論」何以有如此的表達力呢？無他。乃是蘇格拉底善用「比喻」表達法的結果。

作為一個大哲學家，又是當時有名的公眾人物，蘇格拉底卻被妻子當眾辱罵，情何以堪？被罵也就罷了，還要被潑水，顏面何在？這種情況，放在一般男人身上，除了尋個地縫鑽進去，也只有找根繩子自行了結算了，哪有勇氣再活在世上？然而，蘇格拉底不這樣想，也不這樣看。他是講哲學的，哲學就是智慧學。因此，他有足夠的智慧化解這做人的尷尬。「我早就知道，打雷過後，必要下雨」，輕描淡寫的一句話，既化解了當時的尷尬，又顯出了自己的智者形象與面對突發事件從容優雅的態度。

那麼，這句話何以有如此的表達力呢？這就是「比喻」表達法的力量了。上引故事中，蘇格拉底對於妻子的當眾咆哮與兜頭潑水的行為，既沒有以牙還牙，也沒有針鋒相對，而是以一種與己無關的態度，從容平靜地陳述了一種自然現象：「我早就知道，打雷過後，必要下雨」。這話看起來像是一種「王顧左右而言他」的自言自語，實則不然。它是緊扣剛剛發生的事件而創造出來的比喻文本。「打雷」是暗喻其妻當眾咆哮聲音之大，「下雨」是喻指其妻對他潑水的行為。如此比類引譬，可謂既形象生動，又自然貼切。同時，由於蘇格拉底的這個比喻採用的是「借喻」形式，沒有讓比喻的本體與喻詞出現，而只是以喻體直接表達，因此在表意上就增添了一種婉轉含蓄的韻致，接受上則有一種耐人尋味的效果。

至於答客問的「馭馬論」，蘇格拉底運用的同樣是「比喻」表達法。他不直言「高明的丈夫喜歡馴服悍婦」這層意思，而是以「比喻」表達法，采「借喻」的形式，巧妙地創造了一個比喻文本：「好的騎手就應該駕馭烈馬，騎慣了烈馬，別的馬也就不在話下了。」以「好騎手喜騎烈馬」暗喻「高明的丈夫喜馭悍妻」，遂「四言撥千斤」地回應了客人拋出的尷尬提問。從表達效果上看，這番比喻既不露痕跡地誇耀了自己（說自己是個善於馭妻的高明丈夫），又巧妙地貶斥了其妻（將之比作

烈馬）；從接受效果上看，將馴妻與禦馬二事異乎尋常地聯繫到一起，雖讓人有一種「出乎意料之外」的突兀感，但仔細玩味，又有「在人意料之內」的合理性，因此聽來格外新穎生動，使人不得不感佩蘇格拉底高度的表達智慧。

2. 胡適：獅子和老虎向來是獨來獨往的，只有狐狸跟狗才聯群結黨

> 胡適揭開文學革命的序幕，提倡白話文學，宣揚民主與科學，推出德先生（democracy）與賽先生（science），鼓動新思潮，開風氣之先，居功奇偉。曾經遭受到若干保守人士的攻訐，開始還講道理，後來演變成人身攻擊，胡適雖然修養不錯，終究按捺不住，脫口而出：「獅子和老虎向來是獨來獨往的，只有狐狸跟狗才聯群結黨！」
>
> ——沈謙《我的朋友胡適之》

中國封建專制制度之所以綿歷數千年，既與統治者為維護統治而強力維繫有關，也與被統治者的馴服乃至主動配合有關。如果有民主意識，有堅決反抗專制的群眾基礎，那麼中國的封建專制制度不可能綿歷數千年，在明代或更早的時代就已進入西方國家那種民主制度。

中國曾是世界上科技最先進的國家，對人類社會發展影響甚巨的造紙術、指南針、火藥、活字印刷，就是中國人的發明。但是，這種科技發展先進的勢頭之所以沒有被保持下去，也是與中國封建統治者與被統治者的意識落後有關。中國古代很早就有將科技發明視為「奇技淫巧」的觀念。如《尚書・泰誓下》有批評商王「作奇技淫巧，以悅婦人」的話。唐人孔穎達疏此句意曰：「奇技謂奇異技能，淫巧謂過度工巧。二者大同，但技據人身，巧指器物為異耳」。正因為中國歷代封建統治者對學習特別技能、發明精巧器物的行為是持否定的態度，中國人民發明創造的積極性受到抑制甚至打擊，所以中國在明清以後科技水準逐漸落後於西方，也就不足為怪了。時至清代，甚至到了中國受到西方列強船堅炮利的威脅日甚的道光時代，這種抑制科技發展的落後意識不僅仍然

根深蒂固，而且有變本加厲的傾向。道光時代的管同在《禁用洋貨議》中還振振有詞地說：「昔者，聖王之世，服飾有定制，而作奇技淫巧者有誅。」如此抑制科技發明的言論，竟出現在朝廷官員向皇帝的奏章中，那麼中國的科技發明還能有什麼進展，大清帝國如何能夠不衰落？中國在近代如何能避免落後挨打的局面？

　　晚清時代，為了救亡圖存，中國許多有識之士紛紛遠渡重洋學習西方的科學與文化，研究西方的社會制度與社會發展的關係。「五四」時代，中國新文化運動的宣導者胡適，正是這些知識份子中的代表人物之一。留學美國歸來，他投身新文化運動，之所以那樣不遺餘力地鼓吹「德先生」與「賽先生」，目的就是要中國人樹立起「民主」與「科學」的意識，從而讓中國逐漸成為科技發達、政治民主的先進國家，可以與西方列強平起平坐，從此不再受人欺凌。但是，在當時並不是所有人都明白胡適的用意，也並非所有中國知識份子都同意胡適的思想與理念，因此鼓吹「民主」與「科學」不遺餘力的胡適，便遭到了當時許多守舊派的攻擊。上引故事說的正是此事。

　　書生論戰本應溫文爾雅，要講道理，要體現君子風範。但是，守舊派人士在理屈辭窮之時，則就放棄了這些原則，從理論思想的辯難而轉入了對胡適進行人身攻擊。上引故事中胡適罵人，正是緣於這一情節。眾所周知，讀書人罵人總是不好，有違聖人教誨，社會大眾都不會認可的。但是，對於胡適的罵人，大家不僅認可，而且頗是讚賞。這是何故呢？

　　無他。因為胡適罵人乃是迫不得已，情有可原；而且所罵之語，富有表達力，既極盡諷嘲之能事，又顯得含蓄蘊藉，不失君子風範。

　　「獅子和老虎向來是獨來獨往的，只有狐狸跟狗才聯群結黨」這句話，表面看來是陳述一個事實，實際則是一個運用「比喻」表達法建構的修辭文本。由於採用了「借喻」的形式，表意就顯得相當的含蓄婉轉。這個比喻文本，如果還原成一個常規的比喻，即採用「明喻」的形式來表達，就是這樣：「我就像獅子和老虎，行事向來光明正大，獨往獨來，從不拉幫結派玩什麼小手段；你們就像狐狸和狗，總是聯群結黨，在背

後攻擊別人。」當然，這樣的表達，比起直接理性的表達（「我是一個光明磊落的正人君子，跟人論戰都是講道理的，不對別人進行人身攻擊；而有些小人則不是這樣，他們總是拉幫結派，在背後使用見不得人的卑鄙手段對他人進行人身攻擊和惡意誣陷。」），雖然要生動形象得多，但是由於是採用了「明喻」的形式，將自己與「獅子和老虎」、對手與「狐狸與狗」明確地聯繫搭掛起來，既給人以一種自高自大的感覺，又有罵人太過刻薄而不留口德的嫌疑。很明顯，直接而理性的表達與採用「明喻」形式表達，其效果都不好。而採用「借喻」的形式表達，由於比喻的本體「我」和「你們」沒有出現，喻詞「像」也被省略，只有喻體「獅子和老虎」、「狐狸跟狗」出現，這樣就給人以一種純粹客觀敘事的感覺。實際上，說話人所要表達的意思卻一點沒有改變，諷嘲的意味也一點沒有減少。但是，從接受上看，文本卻給人留下了更多想像與玩味的空間，表意顯得非常含蓄蘊藉，達到了中國傳統詩學推崇的「不著一字，盡得風流」的境界。正因為如此，大家都很讚賞胡適的這句罵人語，認為它雖極盡嘲弄譏弄之能事，卻不失溫文爾雅的文人風範。

3. 林語堂：紳士的講演，應當是像女人的裙子，越短越好

> 有一次，我參加在臺北一個學校的畢業典禮，在我說話之前，有好多長長的講演。輪到我說話時，已經十一點半了。我站起來說：「紳士的講演，應當是像女人的裙子，越短越好。」大家聽了一發楞，隨後轟堂大笑。報紙上登了出來，成了我說的第一流的笑話，其實是一時興之所至脫口而出的。
>
> ——林語堂《八十自敘》

林語堂其人，大家都不陌生。不僅我們中國人不陌生，世界文壇上也對他不感到陌生。我們都知道他是一個文學大師，其實他還是一個著名的語言學家。同時，他也是一個科學家，第一台中文打字機就是他發明的。

除此，他還是中國現代史上著名的幽默大師。上引文字記述他在臺

北一個畢業典禮上的即興發言，就是他著名的幽默段子，是社會大眾都耳熟能詳的名言，是他妙語雋言中傳播最為廣泛的句子。

那麼，林語堂的這句話何以能有如此的表達力與知名度呢？

其實，大家一眼都能看得出來，就是「比喻」表達法運用得好。

前面我們曾經說過，「比喻」表達法是人人都會運用的語言表達手段，但是要運用得好，產生超乎尋常的表達效果，則並不容易。我們之所以特別讚賞林語堂所創造的比喻文本：「紳士的講演，應當是像女人的裙子，越短越好」，原因在於他的這個比喻文本建構得新穎別致，表達力超乎常規。而他的這個文本之所以顯得新穎別致，關鍵在於林語堂先生在選擇喻體來與本體（「紳士的講演」）匹配時，出人意表地選擇了「女人的裙子」。這種聯繫搭掛無論如何都讓人無法夢見。也正因為如此，聽眾開始是一愣，因為想不到，也不理解。但是，一愣過後，他們回味出其中的合理性，則就「轟堂大笑」，報紙登出來後，則就成了第一流的笑話。

那麼，「紳士的講演」與「女人的裙子」之間的匹配到底合理性在哪呢？也就是說，兩者之間的相似性何在呢？仔細分析，我們便能發現其間的相似性：「短好，短有意猶未盡之妙，短易引人回味思索」。正因為林語堂在創造上述這個比喻文本時，已經事先將這層相似性潛藏在字裏行間了，因此聽眾才能在本體（「紳士的講演」）與喻體（「女人的裙子」）之間尋找相似性時有驚喜的發現，從而明白林語堂創造這個比喻文本所要闡明的道理：「紳士的演講應該簡明扼要，要給聽眾留下回味的餘地，才能令聽眾有意猶未盡的美感。如果紳士的演講囉嗦冗長，說了半天還不知所云，徒然浪費聽眾時間，那定然會讓聽眾生厭的。」[13]如果林語堂先生真的這樣理性、直接表達，雖然意思表達得非常清楚，道理也講得很透切，但是卻墮入了類似於「佈道宣教」的泥潭，成了令人一聽就感到頭大的說教。其結果，不僅不能成為傳誦廣泛的名言雋語，恐怕在說話的當場就遭到很多人的厭棄。因為這樣的表達，在口氣上有一種居高臨下的教訓口吻，讓人聽了不舒服；在表意的技巧上不夠含蓄，容易讓前面發言的嘉賓產生不好的聯想，以為是在批評他們說話囉嗦。

如果林語堂先生換一種表達，說：「紳士的演講，越短越好」，那麼效果也不會太好。因為這樣直白的表達，雖文字簡潔，符合「語言經濟」的原則，但「卻像女人穿的超短裙短到了沒有的地步，也頓失韻味了。」⑭同時，這樣的表達，還會讓前面發言的嘉賓感到話中有話，是在指斥他們的發言不夠簡練。很明顯，這樣的表達也是不恰當的，缺乏積極的表達力。

由此可見，運用「比喻」表達法，創造出一個好的比喻文本，並不是一件容易的事。社會大眾之所以傳誦林語堂先生的這個比喻，是因為「他比得好，喻得妙。他的上述比喻，如果我們也以比喻的策略來表達，它就像女人穿的超短裙，短得恰到好處，韻味無窮。首先，喻體的選擇特別高妙。用『女人的裙子』作喻體來與本體『紳士的演講』匹配，一般人根本想不到，出人意表，這一點就高人一籌。其次，更仔細地分析，『紳士』對『女人』，自然；『演講』對『裙子』，新穎。再次，『紳士的演講』與『女人的裙子』相聯繫，搭掛合理。因為演講者的演講說得簡潔，意思點到為止，往往會給人留下回味的空間；女人之所以要穿裙子是要突出其形體美，如果裙子過長就沒有這種效果。所以西方乃至全世界有超短裙（也就是時下世界風行的那種叫做 miniskirt 的，漢語譯為『迷你裙』，真是妙不可言）的風行。這種超短裙短得恰到好處，既可以盡現女性特別是青年女性的形體美，又足以讓男性想入非非而為之意亂情迷，心搖神蕩。林語堂先生是受過西方教育的學者，曾獲美國哈佛大學比較文學碩士、德國萊比錫大學語言學博士學位，又是個生性浪漫且幽默的作家，所以才會出人意表地拿『女人的裙子』來作比。不僅比得新穎，而且比得合理、自然，將本是平淡的話說得意味盎然。」⑮理解到這一層，我們才能真正把握林氏比喻的精妙之處，洞悉林氏比喻之所以為社會大眾所傳誦的深層原因。

4. 老舍：可憐的番茄，果實是那麼鮮麗，而被這個味兒給累住，像個有狐臭的美人

所謂番茄炒蝦仁的番茄，在北平原叫作番茄，在山東各處則名

為洋柿子，或紅柿子。……這種東西，特別是在葉子上，有些不得人心的臭味——按北平的話說，這叫作「青氣味兒」。所謂「青氣味兒」，就是草木發出來的那種不好聞的味道，如楮樹葉兒和一些青草，都是有此氣味的。<u>可憐的番茄，果實是那麼鮮麗，而被這個味兒給累住，像個有狐臭的美人。</u>

——老舍《番茄》

上引一段文字，出自於老舍散文《番茄》一文，是談他對番茄的看法。這段文字中，有一處文字可能讓人有點費解，而另一處文字則讓人拍案叫絕。

讓人有點費解的文字，是老舍說番茄有一股「青氣味兒」，就是草木發出來的那種不好聞的味道。一般讀者讀文學作品，常常都會讀到「草木的芬芳」、「草木的芳香」之類的句子。南方人都沒有認為草木味道難聞的感覺，老舍是北方人，大概與南方人的感受有所不同。

讓人拍案叫絕的文字，是老舍描寫番茄的一個句子：「可憐的番茄，果實是那麼鮮麗，而被這個味兒給累住，像個有狐臭的美人。」也許有很多讀者不認同老舍對番茄味道的說法，但一定認為這句話的表達很新穎，很生動。讀了上面一段文字乃至《番茄》全文，大概是很難忘懷這個句子的。

那麼，這個句子何以有如此的表達力呢？

無他。一切皆緣於老舍運用「比喻」表達法得當也。

眾所周知，番茄並非中國本土產物，而是明代從秘魯和墨西哥傳入中國的「舶來品」，在很長一段時間都是作為觀賞植物而無人食用。明末學者王象晉《群芳譜》記載曰：「番柿，一名六月柿，莖如蒿，高四五尺，葉如艾，花似榴，一枝結五實或三四實，一樹二三十實。縛作架，最堪觀。來自西番，故名。」雖然是「最堪觀」的觀賞植物，但自明到清乃至現代，還沒有一個作家寫番茄寫出了什麼名句。究其原因，可能有很多，但是至少有一個原因，那就是表達力不夠。我們之所以非常欣賞老舍描寫番茄的句子：「可憐的番茄，果實是那麼鮮麗，而被這個味

兒給累住，像個有狐臭的美人」，那是因為這個比喻文本創造得好。雖然是批評番茄的，雖然批評得未必有道理，但卻讓人一讀難忘。因為在這個文本中，老舍將現代已經是尋常食物的番茄及其「青氣味」給人的感受，突乎其然地跟「有狐臭的美人」聯繫搭掛了起來，讓人大感意外和驚訝。但是，驚訝之後，仔細想想，卻又發現兩者之間的匹配聯繫有其合理性，讓人不得不佩服其創意造言的智慧。因為這一文本的建構，在表達上不僅新穎獨特、形象傳神，而且有化平淡為生動的效果。因此，在文本接受上，就能引發讀者的遐想與興味。相反，如果老舍不以比喻表達法來寫，而是用尋常語言表達，說：「番茄樣子雖然好看，可惜青氣味兒難聞，所以並不受歡迎」。若此，雖然表達符合「語言經濟」原則，語義表達也可謂充足，但讀者讀過便算讀過，不易留下什麼印象。如此，其表達力就大打折扣了。

老舍的妙筆生花，「儘管並不是我們人人都可以達到的。但是，只要善於學習，並掌握一定的語言表達策略，那麼，在我們的說寫表達中，能夠做到表達形象傳神，『狀難寫之景，如在目前』、『達難言之意，盡在唇吻』，也並不是癡人說夢，遙遙不可企及的」。⑯

5. 錢鐘書：假如你吃了個雞蛋覺得不錯，何必認識那個下蛋的母雞呢

> 自從 1980 年《圍城》在國內重印以來，我經常看到鐘書對來信和登門的讀者表示歉意；或是誠誠懇懇地奉勸別研究什麼《圍城》；或客客氣氣地推說「無可奉告」；或是既欠禮貌又不講情理的拒絕。一次我聽他在電話裏對一位求見的英國女士說：「假如你吃了個雞蛋覺得不錯，何必認識那個下蛋的母雞呢？」我直耽心他衝撞人。
>
> ——楊絳《記錢鐘書與〈圍城〉》

中國歷來便有「棒殺」與「捧殺」的傳統。所謂「棒殺」，就是對於異己分子，不論青紅皂白，大家一哄而上予以圍攻，必欲置之死地而後快；所謂「捧殺」，就是對於某一個被重要人士吹捧的人物，一幫庸

人馬上跟進，人云亦云地大加吹捧，讓人不得安寧。

　　錢鐘書的小說《圍城》於1947年在上海初版，1948年再版，1949年三版，以後再也沒有再版，從此銷聲匿跡，就像從人間蒸發了似的。國內的中國文學史，也從未有人提到過這樣一本小說，更遑論推崇其價值了。不意，四十年後，由於「美國哥倫比亞大學夏志清教授的英文著作裏對它作了過高的評價，導致了一些西方語言的譯本。」（錢鐘書《重印前記》）這時，大陸知識界與出版界好像大夢初醒，突然發現了《圍城》的價值。於是，便有了1980年2月人民文學出版社的《圍城》重印本。之後，隨著錢鐘書聲名日隆，吹拍之徒蜂湧而上，不僅研究《圍城》者日眾，研究錢鐘書其人的也大有人在。幸好錢鐘書還算清醒，意識到這是大家在捧他，而且大有「捧殺」之虞。由此，他對崇拜者、研究者、來訪者等等，一概敬而遠之，採取回避策略。上述這段文字，記述的正是此情此景。

　　眾所周知，中國人歷來有崇洋媚外的毛病。正因為如此，直至今日，仍然有一些假洋鬼子能夠由此而在國人面前招搖撞騙。記得從前有人說過一句名言，說一些中國學者在國外大講老子、莊子，回國後就大講康得、黑格爾。意謂這些人是在國外國內兩頭騙，兩頭賺取聲名，其實什麼學問也沒有。其實，這種情況國外也有。比方說，現在很多在中國大陸或臺灣很紅的西方漢學家，稍有學識的中國學者，只要跟他接談一會兒，或是聽他作個學術報告，你就知道他對中國學問的水準如何了。只是國人有崇洋媚外的毛病，這就助成了洋鬼子也在中國學術界行騙，並且吃香喝辣，橫行無忌。借助中國學術界的吹拍，洋鬼子在國內的聲名也狂飆突進，暴得大名。雖然這種情況很多明眼人都看得出來，但是由於國內外的學術騙子結成了利益集團，形成了相互吹拍、相互利用的關係，一旦得勢，他們就掌握了主流話語權，別人也就無法戳穿他們的西洋鏡和騙局了。

　　錢鐘書先生在國內外之所以有那樣超乎尋常的影響力，被學術界普遍尊重，原因正是緣於他是一個清醒的智者，同時他又是一個受過西方學術訓練的人，西學、國學水準都很了得，因此學術界的一切騙局都被

他看穿。正因為如此，假洋鬼子不敢在他面前講西學，假漢學家不敢在他面前講漢學。這樣一來，國內外的學者只有一途：就是研究錢鐘書，以此討好他。然而，錢鐘書卻葷素不吃，對研究他的人同樣不予配合。上引文字記述的情況正是如此。英國女士要研究他的小說《圍城》，打電話要求見他，他只回了一句話，就讓那位洋學者知難而退了。

那麼，錢鐘書的這句話何以有如此的表達力呢？

無他。乃因錢鐘書「比喻」表達法運用得巧妙。

對於一般人來說，如果要回絕別人登門求見的要求，要麼回答「沒有時間」，要麼回以「不方便」。但是，這樣說都是非常不禮貌的，會讓求見者耿耿於懷。錢鐘書先生對於求見的那位英國女士所說的話，雖然也是回絕之意，但是因為運用了一個「借喻」形式的比喻文本表達，將比喻的本體與喻詞一併省略了，只以喻體「假如你吃了個雞蛋覺得不錯，何必認識那個下蛋的母雞呢」來代替，這就使回絕的語義顯得委婉含蓄，給求見的英國女士留了面子；而將自己所寫的小說《圍城》比作「母雞下的蛋」，既比得新穎別致，又帶有自嘲的意味，深具西方人的幽默色彩，這就讓那位英國女士能夠愉快接受。如果不採用「借喻」形式，而是用「明喻」形式，將比喻的本體（「如果你覺得《圍城》寫得不錯，那就好好研究小說，何必一定要見寫《圍城》的作者呢？」）和喻詞（「像」）都寫出來，那麼表達上雖不失生動形象的效果，但卻失卻了含蓄蘊藉的韻味，那樣必然導致求見者心中不悅。

6. 徐志摩：拏一支輕如秋葉的小舟，悄悄滑上夜湖的柔胸

> 拏一支輕如秋葉的小舟，悄悄滑上夜湖的柔胸。拿一支輕如蘆梗的小槳，幽幽的拍著她光潤，蜜糯的芳容，挑破她霧縠似的夢殼。扁著身子偷偷的挨了進去，也好分嘗她貪飲月光醉了的妙趣。
>
> ——徐志摩《西湖風光》

自古以來，寫西湖夜景的詩詞很多，寫西湖泛舟的詩文也不少。

　　寫西湖夜色的詩篇，最為人耳熟能詳的是宋人曾由基的《西湖夜景》詩：

　　閒窗放入四山青，古篆無煙氣自清。
　　風不鳴條花著露，一湖春月萬蛙聲。

　　此寫春夜所見西湖之景：青山滿目，湖光氣清；風不鳴條，繁花著露；皓月在天，玉盤沉湖；春水漲湖，萬蛙聲起。

　　月夜的西湖之景讓人著迷，讓人神往；那麼，月夜西湖泛舟又是怎樣的一種韻味呢？明人董斯張的《夜泛西湖》將告訴你是怎樣的一種體驗：

　　放棹西湖月滿衣，千山暈碧秋煙微。
　　二更水鳥不知宿，還向望湖亭上飛。

　　在一個初秋的夜晚，乘一葉扁舟，灑一衣月光，看千山暈碧，望秋月煙雲，觀水鳥夜飛，這就是董斯張帶給我們的夜泛西湖的體驗，閒適優雅，讓人不禁心生豔羨之情：好一個文人情趣！

　　確實，中國的文人自古以來便有一種講究閒適情趣的傳統，更有月夜泛舟的愛好。南朝宋人劉義慶《世說新語》中記載王子猷雪夜乘舟訪戴，興至而往，興盡而歸的故事，就是最典型的例證。

　　古代的中國文人有月夜泛舟的雅興，現代的中國文人偶爾也有這種情感衝動。比方說，「五四」時代著名的詩人徐志摩，就曾有月夜泛舟西湖的經歷。不僅夜泛西湖，而且還留下了夜泛西湖的文字《西湖風光》。上引文字，便是此文中的一個片斷，讀後不禁讓人真的想「扁著身子偷偷的挨了進去，也好分嘗她貪飲月光醉了的妙趣」。

　　那麼，徐志摩的這段文字何以有如此的表達力呢？

　　無他。全仗「比喻」表達法運用得好。

　　這段文字，除了最後一句是運用了「比擬」表達法外，其餘各句都是運用「比喻」表達法建構起來的比喻文本。第一句「挐一支輕如秋葉的小舟，悄悄滑上夜湖的柔胸」，其中有兩個比喻文本，前半句將「小

舟」比作「秋葉」，意在說明小舟之小，同時也有強調小舟之快的意味。因為小巧就不會笨重，行駛起來自然比較快。後半句將西湖水面比作女人的「柔胸」，形象地寫出了西湖水面微波蕩漾的生動情景。同時，由於喻體「柔胸」在意象上比較曖昧，文字表達上雖有情色之嫌，但在接受上卻能給人以無限的遐想。由此，也就大大提升了文字的表達力和文本的審美價值。第二句「拿一支輕如蘆梗的小槳，幽幽的拍著她光潤，蜜糯的芳容，挑破她霧縠似的夢殼」，共有三個小句，也都是運用「比喻」表達法的比喻文本。第一個小句將「小槳」比作「蘆梗」，意在形象地說明小槳之輕小。第二個小句將湖面比作女子「光潤而蜜糯的芳容」，讓人由此及彼，通過女子的光潔的肌膚與嬌美的面容感知到西湖水面微波蕩漾的美麗畫面。第三個小句將西湖水面霧靄籠罩的朦朧情景比作披著「霧縠」的女子，讓人由蒙著面紗的美女而聯想到霧靄沉沉的西湖水面的景象。不僅表達上顯得形象生動，在文本接受上也給讀者留下了更多想像的空間和咀嚼的餘地。除此，這個小句中還有一層比喻，就是將女子披著的面紗的「霧縠」比著「夢殼」，這是化具象為抽象，是逆向思維的比喻運思，使比喻文本頓添一種別開生面的情趣。正因為這段文字是由如此多的精妙比喻文本構成，因此讀來就別有一種中國古典詩詞的韻味，讓人味之無窮，思之無限。

7. 梁實秋：把臉逐漸織成一幅鐵路線最發達的地圖

　　最暴露在外面的是一張臉，從「魚尾」起皺紋撒出一面網，縱橫輻輳，疏而不漏，把臉逐漸織成一幅鐵路線最發達的地圖。臉上的的皺紋，已經不是熨斗所能熨得平的，同時也不知怎麼在皺紋之外還常常加上那麼多的蒼蠅屎。

　　　　　　　　　　　　　　　　　　——梁實秋《中年》

　　西方人有句話說：「男人四十才開始」。其實，這話是自欺欺人的。如果真是這樣，那就不必在意別人說他「四十歲」了。既然編出了這句話，那就說明是心中介意這個「四十歲」，是潛意識中怕老的一種外在

言語表露。

和西方人不同的是，中國人似乎不在乎別人說他老（特別是男人）。孔子說「三十而立，四十而不惑，五十而知天命，六十而耳順，七十而從心所欲，不逾矩。」（《論語・為政》），意思是越老越好。正因為如此，傳統的中國人不會像現在人那樣刻意裝嫩，反而有時要刻意裝老。「少年老成」一語，就是說成熟年長之好的；「倚老賣老」一語，是批評人過度運用年老優勢的。可見，中國人真的不怕老。

其實，怕老也是沒用的。因為人總是要老的，這是自然規律。因此，現代醫學科技發明的整容、拉皮之類的人工整嫩術，只能幫助那些怕老的人以表面的年輕掩飾內心懼老的空虛而已。至於運動健身，吃藥滋補，希望以此達到延年益壽的目標，也是治標不治本的徒勞。因為根據生命科學家的研究結論，一個人壽命的長短是由他的基因決定好了的，外在的努力起不了什麼作用。我們日常生活中常常可以看到長年累月病歪歪的人未必就短壽，運動健將未必就長壽的現象，正是這一理論的最好注腳。

明白了這些道理，我們就能坦然面對年齒日增的現實，欣然享受人到中年的成熟之美，泰然欣賞老年夕陽餘暉的絢爛。梁實秋先生之所以寫《中年》這篇小品文，恐怕潛意識中正是為了告訴大家這個道理，讓大家別懼老，坦然面對「老之將至」的人生階段。為了打消大家對「老之將至」的恐懼感，梁實秋先生有意將人到中年後的生理變化寫得很具體，意在讓人面對現實，明白自然規律不可規避的道理。上引一段文字，是以「特寫鏡頭」的方式專寫人到中年後的臉部變化，一讀便讓人久久難忘。

那麼，這段文字何以有如此的表達魅力呢？

無他。乃「比喻」表達法運用得好的緣故。

眾所周知，人到中年後，臉部最明顯的變化是額頭與眼角將會新添出幾許皺紋。如果將這人所共知的生理現象以平常的文字表達出來，恐怕誰讀過也不會有什麼深刻印象。但是，這種現象經過梁實秋先生的妙筆一點染，情況就完全不一樣了。他將人到中年後漸漸從眼角開始向外

擴散的皺紋比作是從眼角撒出的一面網，表達便頓時生動形象起來，讓人讀了有一種機趣橫生的感覺。那麼，為什麼會有這種感覺呢？因為說「皺紋」，給人的感覺是抽象的；而說「漁網」，給人的感覺則是具象的。將「皺紋」與「漁網」相聯繫搭掛在一起，建構起一個比喻修辭文本，就可以讓讀者經由喻體「漁網」的形象引起聯想，通過再造性想像或創造性想像後便在腦海中生成了本體「皺紋」的具體形象。由於讀者各自的生活經驗有所不同，對喻體「漁網」形象的把握也有所不同，因此在將喻體「漁網」與本體「皺紋」作匹配聯想時，就會有不同的解讀結果，從而產生「一千個讀者有一千種形象」的文本接受效果。「把臉逐漸織成一幅鐵路線最發達的地圖」一句，也是比喻，是寫皺紋滿臉的形象。以人們最熟悉的鐵路線喻之，亦讓人由此及彼，可以展開豐富的聯想。如此，作者所創造的文本在審美價值上就大大得到了提升。我們讀梁實秋先生的小品文《中年》覺得清新可喜，看他筆下的皺紋那樣生動，原因正在於此。

8. 六六：沒道理美國經濟不舉了，歐洲經濟下垂了，中國還挺著傲人的 D-cup

> 我經濟學得不好，我說點兒我自己的樸素經濟觀。現在已經實現全球經濟一體化了。中國經濟基本還是以出口為主的外向型經濟，沒道理美國經濟不舉了，歐洲經濟下垂了，中國還挺著傲人的 D-cup，拒絕地心吸引力。我想這個 D-cup 雖然看著豐滿上翹，裏面塞的應該是矽膠。假的再好看，也是假的，搞不好以後還會引發乳癌。
>
> 全球都不景氣，獨中國百花齊放。若是真繁榮昌盛，欣欣向榮，老百姓也高興。實際情況是，貨幣外升內貶，大多數人的腰包是癟了不是飽了。鈔票越發越多，但購買力越來越低，我們曾經的存款，變相流失了。我們在為世界人民的危機埋單。
>
> ——六六《妄談與瘋話》

　　上引一段文字，是新加坡華裔作家六六（原名張辛，代表作品有小說《王貴與安娜》、《雙面膠》、《蝸居》，散文集《溫柔啊溫柔》等）談對中國經濟繁榮現象的認識。

　　仔細玩味六六的這段話，不難體味出其中的諷嘲意味。如果要解讀這段話的微言大義，可以用一句話來概括：「中國的經濟繁榮其實是個假像」。在六六看來，在全球一體化的今天，在世界經濟普遍不景氣的情況下，中國既然是以出口為主的外向型經濟，就不可能置身於世界經濟蕭條的大局之外。中國經濟的漂亮成績，其實都是中國大陸官方製造假資料的結果，意在製造一個繁榮昌盛的盛世假相。

　　如果說這段文字的微言大義很值得讓人玩味的話，那麼這段文字的表達則更是讓人玩味不已，特別是這幾句：「中國經濟基本還是以出口為主的外向型經濟，沒道理美國經濟不舉了，歐洲經濟下垂了，中國還挺著傲人的 D-cup，拒絕地心吸引力」，其對中國經濟繁榮的假相之質疑，表達尤為生動，給人的印象也非常深刻，真可謂一讀難忘。

　　那麼，這幾句話何以有如此的表達力呢？

　　無他。乃「比喻」表達法運用得好。

　　這幾句話的意思，如果平直而理性地表達，就是：「中國經濟對世界經濟依賴性大，世界各國特別是歐美等主要經濟體的經濟都已衰退，中國經濟就不可能一枝獨秀。」但是，作者沒有這樣直捷地表達，而是將美國與歐洲的經濟比作「男性生殖器」，將中國經濟比作「女人最大杯罩的乳房」，以此形象地呈現美國經濟與歐洲經濟衰退的情形，生動地展現中國經濟硬充繁榮的內幕。由於作者所選擇的喻體是中國人比較忌諱的男女之事及女性軀體，這樣在文本表達上就有一點曖昧的味道，在文本接受上就有耐人尋味的地方。而且這個喻體是由女作家所選擇，這就更與傳統觀念相悖，給接受者的感覺更加不同。正因為如此，作為一個比喻修辭文本，它留給讀者想像的空間就更大，在審美價值上就有提升。

二、天人合一，物我交融：比擬的表達力

　　提升語言表達力，朝著「狀難寫之景，如在目前」的境界努力，除了借助於上述「比喻」表達法以外，「比擬」表達法的效果也很好。

　　所謂「比擬」表達法，是一種將人擬物或將物擬人的語言手段。具體說來，是指「語言活動中將人之生命移注於物或將物之情狀移植於人以達到物我情趣往復回流，從而彰顯表達者特定情境下物我同一的情感狀態，使語言表達更具生動性、形象性，以之感染受交際者（接受者）來達成與之共鳴的思想情感狀態」的修辭行為。⑰以「比擬」表達法建構的文本，叫做「比擬」修辭文本。

　　根據前面的定義，我們可以知道，「比擬」可以分為「擬人」和「擬物」兩類。陳望道先生說：「將人擬物（就是以物比人）和將物擬人（就是以人比物）都是比擬。《詩人玉屑》卷九載楊萬里論比擬說；白樂天《女道士》詩云，『姑山半峰雪，瑤水一枝蓮』，此以花比美婦人也；東坡《海棠》詩云，『朱唇得酒暈生胎，翠袖卷紗紅映肉』，此以美婦人比花也。一切比擬就像這樣，可以分作兩類：一如此處前例，將人擬作物的，稱為擬物；一如後例，將物擬作人的，稱為擬人。」⑱雖然「比擬」表達法可以從性質上分為「擬人」和「擬物」兩類，但不管是「擬人」還是「擬物」的比擬修辭文本，一般說來，「都是建立在物我同一的移情作用的心理機制之上的。它們是人『在聚精會神的觀照中，我的情趣和物的情趣往復回流』，『有時物的情趣隨我的情趣而定』，『有時我的情趣也隨物的姿態而定』的結果。這種修辭文本的建構，一般說來，在表達上因表達者以移情作用將物我貫通交融為一體，使無生命之物有有生命之人的情狀或使有生命之人具無生命之物的特質，從而使修辭文本別添了幾多的生動性和形象性，語言頓然靈動飛揚起來；在接受上，由於修辭文本的建構是將物我打通，文本所具有的生動性和形象性的特質以及語言的靈動性，就自然使接受者深受感染而在表達者所給定的修辭文本的導引下經由修辭文本的語言文字產生聯想想像，從而在修辭文本的解構接受中進入與表達者修辭文本建構時凝神觀照、物我同一

的相同情感狀態，達到了與表達者思想情感的同向共鳴，由此在修辭文本解構欣賞中得到一種美的享受。」⑲

　　正因為「比擬」表達法有使文本別添生動性與形象性的特質，能使表達臻至「狀難寫之景，如在目前」的境界，因此自古以來運用「比擬」表達法（特別是「擬人」）建構文本的現象就非常普遍，尤其是文學作品中，以「比擬」表達法建構的修辭文本更是比比皆是。下面我們就從古今文學作品中舉例，以見其特有的表達力。

1. 李白與敬亭山「相看兩不厭」

> 眾鳥高飛盡，
>
> 孤雲獨去閑。
>
> 相看兩不厭，
>
> 只有敬亭山。

——唐・李白《獨坐敬亭山》

　　上引這首五言絕句，是李白的名作，也是千百年來中國婦孺皆知、出口成誦的名篇。此詩「作於天寶十二載（753）秋游宣州時，距他被迫於天寶三載離開長安已有整整十年時間了。長期漂泊生活，使李白飽嘗了人間辛酸滋味，看透了世態炎涼，從而加深了對現實的不滿，增添了孤寂之感。此詩寫獨坐敬亭山時的情趣，正是詩人帶著懷才不遇而產生的孤獨與寂寞的感情，到大自然懷抱中尋求安慰的生活寫照。」⑳

　　眾所周知，李白是一個志向遠大的人，有勃勃雄心（日本人叫「野望」），這與盛唐時代的其他讀書人都存有建功立業的想法一樣。讀書人讀聖賢書，就應該報效國家，這是對的。但是，報效國家也是需要有資格的。在唐代，讀書人報效國家的資格就是科考。進士及第，不僅可以取得一官半職，投身報效國家的人才行列，還有光宗耀祖的家族榮耀。也許，對於更多人來說，參加科考的目的主要不是為了報效國家，而是出於一種要做官，要出人頭地的心理。孟郊《登科後》詩有云：「昔日齷齪不足誇，今朝曠蕩思無涯；春風得意馬蹄疾，一日看盡長安花。」

你看，說得多麼直白，登科全為個人聲譽前程，哪有報效國家的意思？中國自古以來就是一個「官本位」的國家，做官與「發財」聯繫在一起，誰不想做官？李白雖是詩人，後世讀書人把他吹得神乎其神，說他人格高尚，不願同流合污；其實，他也就是個一般人，對於做官非常著迷，甚至到了夢寐以求的地步。天寶元年（西元 742 年），年過四十的他，忽得唐玄宗召其入京的詔書，以為做官的時機到了，激動得手舞足蹈，賦詩一首抒發其興奮之情道：「白酒新熟山中歸，黃雞啄黍秋正肥。呼童烹雞酌白酒，兒女嬉笑牽人衣。高歌取醉欲自慰，起舞落日爭光輝。遊說萬乘苦不早，著鞭跨馬涉遠道。會稽愚婦輕買臣，余亦辭家西入秦。仰天大笑出門去，我輩豈是蓬蒿人。」（《南陵別兒童入京》）你看，他哪裡有報效國家的意思，哪裡看得出他有君子憂國憂民的胸襟，簡直就是一個小人得志的嘴臉。入京以後的結果，大家都知道。在願望落空、被迫離開長安之後，他一度對做官之事心灰意懶，意有學道成仙之想。《夢遊天姥吟留別》詩中「我欲因之夢吳越，一夜飛度鏡湖月」之句可以看出其當時的心跡，但詩的結句「安能摧眉折腰事權貴，使我不得開心顏」，則又隱約露著仕途失敗的恨怨之氣，從反面證實了他對不能為官的耿耿於懷，是借灑脫之辭表達懷才不遇的牢騷。

　　正因為李白非常在乎做官，所以他時時感到遠離官場之外的心靈孤獨。無奈之下，只能天天喝酒麻醉自己，結果陷入了「抽刀斷水水更流，舉杯澆愁愁更愁」（《宣州謝朓樓餞別校書叔雲》）的惡性循環之中。上引這首五言絕句，正是他這種懷才不遇、孤獨憂愁的真實心理寫照。也許讀多了李白發牢騷的詩，有時會覺得煩，覺得他有點婆婆媽媽。但是，不管怎麼樣，無論是什麼時代的人讀他的這些詩，都會深切感動，都要為他掬一把同情的淚，隨他一起憂，一起悲，一起難過，一起感傷。讀上引《獨坐敬亭山》一詩，同樣也是這種感覺。

　　那麼，這首詩何以有如此獨特的表達力呢？

　　無他。「比擬」表達法運用得好。

　　前面我們說過，這首詩主要是寫李白大志難伸、懷才不遇的憂憤與孤獨。但是，在詩句中，他隻字不提自己的「憂憤」與「孤獨」，他只

寫孤雲的悠閒自在，寫敬亭山的和藹可親。那麼，這是為什麼呢？原來，
這都是表面現象。實際上，這首詩是通過「比擬」表達法來暗寫詩人的
憂憤與孤獨。我們都知道，「雲」不是人，所以「雲」不會有「孤」的
情感情緒體驗，也不會有「閑」或「忙」的感受。然而，詩人卻加「孤」
字於「雲」之前，使其有「孤」之感；描寫「雲」有「閑」態，這明顯
是詩人在極度的孤獨、鬱悶的情緒狀態下凝視觀照天上白雲時發生了物
我情趣的往復回流，詩人的情趣隨著「雲」的姿態而變化。可見，詩人
寫「雲」之孤，意在通過「雲」來寫自己遠離官場的孤獨之情；寫「雲」
之閑，意在強調自己無事可做，表達的是懷才不遇的悲憤之情。至於「相
看兩不厭，只有敬亭山」二句，表面好象是寫詩人與自然親近的閒適之
情，實際上則是通過「比擬」表達法，將敬亭山予以人格化，使其具有
人的情感，強調只有敬亭山才是「深得我心」的知己，以此反襯出另一
層意思：世上沒有人能瞭解他懷才不遇的苦悶與孤獨之情。如此表達，
既形象地再現了詩人複雜的內心世界，又含蓄蘊藉地表達了詩人懷才不
遇的憂憤，可謂達到了中國傳統詩學所推崇的「不著一字，盡得風流」
的境界。這一點，恐怕正是此詩能夠千古流傳，千百年來讓無數讀者對
詩人的憂憤予以深切同情的原因所在。

2. 唐明皇與楊貴妃「在天願作比翼鳥」

臨別殷勤重寄詞，
詞中有誓兩心知。
七月七日長生殿，
夜半無人私語時。
在天願作比翼鳥，
在地願為連理枝。
天長地久有時盡，
此恨綿綿無絕期！

——唐·白居易《長恨歌》

　　作為一個皇帝，唐玄宗李隆基在治國理政上肯定是有問題的，不然就不會有「安史之亂」發生，也不會有大唐王朝從盛世急轉直下，並逐漸衰落了。

　　但是，作為一個男人來看，唐玄宗李隆基則不失為一位很有情趣的男人，也是一個有情有義的男人。說他有情趣，是因為他多才多藝，能寫詩填詞，還能作曲，更能翩翩起舞，簡直是一個曠世才子；說他有情有義，是因為他雖貴為皇帝，卻不像一般男人那樣見異思遷，追新逐異。他有條件佔有天下他所喜歡的女人，但他卻不，只專心地愛著楊玉環一個女人。

　　正因為如此，雖然歷代的歷史學家都一致譴責唐玄宗，說他荒淫誤國；但歷代的文學家卻都對他寄予了同情，認為他作為一個皇帝，對楊玉環專情至深，實在不容易。唐代大詩人白居易的長篇史詩《長恨歌》雖意在從政治的角度總結歷史的教訓，但仍在字裏行間流露出對唐玄宗專情於楊玉環的同情。後人讀《長恨歌》甚至讀不出詩人批評唐玄宗的意思來，只看到了李楊愛情的淒美動人之處。特別是讀到李楊「七月七日長生殿，夜半無人私語時」的愛情誓言：「在天願作比翼鳥，在地願為連理枝」，更是為之深切感動，要為其愛情悲劇掬一把同情的熱淚了。

　　那麼，李楊這二句愛情誓言何以有如此獨特的表達力呢？

　　無他。端賴「比擬」表達法運用得好。

　　「在天願作比翼鳥，在地願為連理枝」，是唐玄宗跟愛妃楊玉環所說的私密語，是二人愛的誓言。它是一個典型的「比擬」修辭文本。這一修辭文本「是表達者唐明皇在凝神體味自己與楊玉環的甜蜜愛情的情至狀態中，心理上發生了聯想想像，將自己與楊玉環恩愛相依的情狀與比翼而飛的鶼鶼鳥、枝或幹連接而生的連理枝聯繫搭掛起來，從而在凝神觀照中出現我的情趣與物的情趣往復回流的情形，並且使我的情趣隨物的情趣而流轉，這也是移情作用的心理產物。」[21]只是與一般的「比擬」文本不同，唐明皇的這個「比擬」不是將物比人，而是將人擬物，將有情感的人比作了非人類的、無情感的鳥與植物。這在「比擬」的分類中，屬於「擬物」一類。這一修辭文本的建構，「從表達上看，表達

者（唐明皇）將自己與楊玉環恩愛相依難分的深情以比翼而飛的鶼鶼鳥、連枝連幹而生的連理枝的具象來呈現，不僅使表意更具形象性、生動性，而且也鮮明地凸顯了表達者對愛侶的無以復加的深情；從接受上看，由於修辭文本中用以作比的『比翼鳥』、『連理枝』二物所具有的形象性、生動性及所包含的特定語義內涵，自然會使接受者在文本解讀欣賞中經由文本的語言文字產生聯想想像，進而在修辭文本的解讀接受中進入與表達者文本建構時凝神觀照、物我一同的相同情感狀態，達到與表達者思想情感的同向共鳴，並在修辭文本的解讀欣賞中得到一種美的享受——體味到一種忘我情態下的愛情至境的情感愉悅，感受到一種現實中難覓的純真理想愛情生活的幸福。」㉒正因為唐玄宗的這二句愛情誓言有如此獨特的表達力，所以千百年來人們對唐玄宗在治國方面雖多有坏病，但卻很少有人忍心去批評他對楊玉環的專情。不僅不忍心批評，甚至很多男女還被李楊的愛情故事所深深感動。隨著《長恨歌》的廣泛傳播，「在天願作比翼鳥，在地願為連理枝」，已經不再是唐玄宗說給楊玉環一個人聽的愛情誓言，而是成了中國歷代許多深情相愛的男女彼此輸誠的愛情誓言。

3. 崔護「桃花依舊笑春風」

> 去年今日此門中，人面桃花相映紅。
>
> 人面不知何處去，桃花依舊笑春風。
>
> ——唐·崔護《題都城南莊》

上引這首詩是唐代詩人崔護所作。

崔護，博陵人，字殷功。唐德宗貞元十二年科舉及第。唐文宗大（太）和三年為京兆尹，同年遷御史大夫、嶺南節度使。終嶺南節度使。

在唐代詩人中，崔護不僅仕途順利，而且婚姻幸福。作為詩人的角色，崔護留下的詩作雖然並不多，《全唐詩》僅錄存其詩六首，但《題都城南莊》一詩不僅讓他在中國文學史上確立了崇高的地位，而且還留下了一個千古流傳的愛情佳話。唐人孟棨在《本事詩·情感》中記其事

云：

> 博陵崔護，資質甚美，而孤潔寡合。舉進士下第。清明日，獨
> 游都城南，得居人莊。一畝之宮，而花木叢萃，寂若無人。扣
> 門久之，有女子自門隙窺之，問曰：「誰耶？」以姓字對，曰：
> 「尋春獨行，酒渴求飲。」女入，以杯水至，開門設床命坐。
> 獨倚小桃斜柯佇立，而意屬殊厚，妖姿媚態，綽有餘妍。崔以
> 言挑之，不對，目注者久之。崔辭去，送至門，如不勝情而入，
> 崔亦睠盼而歸。嗣後絕不複至。及來歲清明日，忽思之，情不
> 可抑，徑往尋之。門牆如故，而已鎖扃之，因題詩於左扉曰：
> 「去年今日此門中，人面桃花相映紅。人面不知何處去，桃花
> 依舊笑春風。」後數日，偶至都城南，複往尋之。聞其中有哭
> 聲，扣門問之，有老父出曰：「君非崔護耶？」曰：「是也。」
> 又哭曰：「君殺吾女。」護驚起，莫知所答。老父曰：「吾女
> 笄年知書，未適人，自去年以來，常恍惚若有所失。比日與之
> 出，及歸，見左扉有字，讀之，入門而病，遂絕食數日而死。
> 吾老矣，此女所以不嫁者，將求君子以托吾身。今不幸而殞，
> 得非君殺之耶？」又特大哭。崔亦感慟，請入哭之。尚儼然在
> 床，崔舉其首，枕其股，哭而祝曰：「某在斯，某在斯。」須
> 臾開目，半日復活矣。父大喜，遂以女歸之。

應該承認，孟棨所記的這則故事對於崔護《題都城南莊》一詩的廣
泛流播確實發揮了很大作用；但是，崔護這首詩本身所具有的藝術魅力
也是不容忽視的。「此詩雖僅短短四句，但卻給人以極大的藝術感染
力。」㉓這一方面與這首詩寫作的特殊背景有關，另一方面也與詩句所飽
含的真摯之情真切感人有關，同時也與「人面不知何處去，桃花依舊笑
春風」兩句的表達力有關。

這兩句看似平常，實則通過「人面不再」與「桃花依舊」的情景對
比，將物是人非的淒涼感表達得淋漓盡致，讀之不禁讓人無限感傷。特
別是末一句「桃花依舊笑春風」，更為全詩增色不少。它是以「比擬」

表達法建構的一個修辭文本，是「詩人在對佳人的深切思念而不得見的情緒狀態下對桃花的凝神觀照中，我的情趣與物的情趣往復回流，物的情趣隨我的情趣而流轉的產物，即移情作用的結果。」㉔這一修辭文本的建構，「從表達上看，詩人讓本是無生命無情感之物的桃花卻有『笑春風』之得意情態，不僅生動形象地寫出了桃花絢麗燦爛的情態，使詩歌語言飛揚靈動起來，而且也以桃花『笑春風』的得意情態有力地反襯出詩人苦覓佳人人面而『不知何處去』的失意惆悵之情緒，從而鮮明生動地凸顯出詩人對『去年今日此門中』人面與『桃花相映紅』的那位女子的深切思念之情。從接受上看，由於詩人（表達者）以移情作用將物我打通所建構起來的『桃花依舊笑春風』的比擬修辭文本所具有的生動性、形象性、靈動性的特質，自然會使接受者深受感染而在表達者（詩人）所建構的修辭文本的導引下經由其文本的語言文字產生聯想想像，從而在修辭文本的欣賞接受中進入與表達者（詩人）修辭文本建構時凝神觀照、物我同一的相同情感情緒狀態，達到與表達者思想情感的同向共鳴，並在文本解讀欣賞中得到一種美的享受──一種愛戀、失意、惆悵、憂愁、淒苦等五味雜拌的情感情緒體驗。」㉕這就是此句獨特的表達力之所在，也是人們千古傳誦的原因之所在。

4. 劉半農「教我如何不想她」

天上飄著些微雲，
地上吹著些微風，
啊！微風吹動了我頭髮，
教我如何不想她？

月光戀愛著海洋，
海洋戀愛著月光。
啊！這般蜜也似的銀夜，
教我如何不想她？

水面落花慢慢流，

水底魚兒慢慢遊。

啊！燕子你說些什麼話？

教我如何不想她？

枯樹在冷風裏搖，

野火在暮色中燒，

啊！西天還有些兒殘霞，

教我如何不想她？

——劉半農《情歌》

　　上引這首詩，在 20 世紀 20 年代和 30 年代，曾是一首風靡大江南北的流行歌曲，讓無數少男少女為之癡狂。

　　這首詩在當時能成為風靡一時的流行歌曲，出之偶爾，乃是由一個「美麗的錯誤」所釀成。這首詩的作者劉半農（即劉復），早年曾在上海灘寫鴛鴦蝴蝶派小說，「民國六年蔡元培接掌北京大學，聘他為文科教授，從此搖身一變，而成為文學革命的大將。」「民國九年攜眷赴歐留學，先到英倫，後轉至法國，獲語言學博士，留學的動機是見北大學生傅斯年、羅家倫紛紛渡洋，唯恐自己落伍」。㉖這首名曰《情歌》的詩作，乃作者於民國九年 9 月 4 日在英國倫敦所創作。後經著名語言學家和作曲家趙元任（後任美國語言學會會長）教授為之譜曲，並改名為《教我如何不想她》，結果就成了一首風靡天下的流行歌曲。除了這個因素外，這首詩之所以會成為流行歌曲而風靡一時，還因為作者在這首詩中首創了一個「她」字，「以致很多人都犯了一個美麗的錯誤，把『她』誤認為是作者心中的情人。其實，作者詩中的『她』是指『中國』，不是指人。」㉗關於這一點，根據當時也在歐洲留學的趙元任表示，「詩中的『她』，代表趙元任和劉半農在海外日夜思念的祖國。」㉘可是，當時並沒有多少人瞭解這首詩的創作背景，結果大家都在「想當然」地猜測，

由此還曾出現了這樣一個令人啼笑皆非的插曲：一次，劉半農受邀到北平女子師範大學作演講，「前排女生曾竊竊私語：『怎麼會是一個老頭子！』《教我如何不想她》的主角，想當然耳，理應是風度翩翩的俊男，未免令人失望。劉半農非但不以為忤，且以『教我如何不想她，可否相與吃杯茶。原來如此一老叟，教我如何再想他』自嘲。」㉙

　　上述這些情況，其實只是這首詩能成為流行歌曲並風靡一時的外在因素，更重要的因素則還是因為這首詩本身表達力強，有一讀一吟就讓人深受感染的魅力。

　　那麼，這首詩何以有如此的表達力呢？

　　這主要是因為作者劉半農運用了「比擬」表達法。

　　全詩共有四章，每章的末一句都是「教我如何不想她」，將中國人共同的家園──中國比作一位少女，將對祖國深切的愛比作對少女熱烈追求的摯愛。如果詩句不用「她」字，而是使用「中國」、「祖國」，那麼表達就趨於平淡，作者對祖國的熱愛與思念之情就難以展現。而將祖國比作少女「她」，則就將遊子對故國的思念轉換成了男女相戀的那種特殊感情。而男女之情在人的眾多感情中是最為熱烈、真摯的，是出於一個人最本色、最天然的情感。可見，作者將祖國比作情人，在表達效果上明顯提高了很多。它一來有化抽象為具象的效果，二來有化平淡為生動的情趣，三來有寫意形象浪漫化的色彩。加上全詩四章的末句都予以重複，在輕吟低唱中便多了一種「一唱三歎」的纏綿感，對於突出熱愛祖國的主旨更見效果。

　　另外，第二章「月光戀愛著海洋，海洋戀愛著月光」，第三章「燕子你說些什麼話」，將「月光」、「海洋」與「燕子」人格化，同樣也是運用「比擬」表達法中的「擬人」法，在表達上也有化平淡為生動的效果，同時使詩句帶有一種浪漫主義的文學氣息。在文本接受上，更易讓人由此及彼展開聯想想像，從而大大提升了文本的審美價值。

5. 汪靜之「親了個永久甜蜜的嘴」

琴聲戀著紅葉，

親了個永久甜蜜的嘴，

吻得紅葉臉紅羞怯。

他倆心心相許，

情願做終身伴侶。

老樹枝不肯讓紅葉

自由地嫁給琴聲。

幸虧紅葉不守教訓，

終於脫離了樹枝，

隨著琴聲的調子

和琴聲互相擁抱，

翩躚地乘看秋風，

飄上青天去舞蹈。

——汪靜之《戀愛底甜蜜》

上引這首詩，是詩人汪靜之寫於 1921 年的一首歌頌自由戀愛、自由婚配的愛情詩。

本來，男女相悅就應該自由結合，組建家庭，生兒育女。但是，在中國封建社會，這是不可能實現的理想，男女婚姻需要「父母之命，媒妁之言」。1911 年 10 月 10 日，隨著武昌起義的第一聲槍響，中國封建專制社會的喪鐘終於敲響。但是，長期綿延下來的封建社會思想觀念包括婚姻觀念，並沒有隨著清王朝政權的終結與中華民國的建立而立即消除。現實社會中，由「父母之命，媒妁之言」所包辦的婚姻鬧劇天天都在上演，沒有愛情沒有幸福的婚姻讓無數的中國男女「心有戚戚」而無力掙脫。但是，畢竟時代變了，社會風氣也慢慢在變化。隨著清末以來西學東漸的影響，中國民眾漸漸有了追求民主與自由的意識。而表現在婚姻戀愛方面，這種意識則特別明顯。上引這首詩所表現的追求婚戀自由的主旨，正是這一時代風氣的反映。

熟悉中國現代文學史者都知道，20 世紀 20、30 年代，反映婚戀自由

的文學作品非常多，詩歌作品更多。而汪靜之的這首《戀愛底甜蜜》，在同類題材的詩歌作品中尤其出名，成為一時傳誦的名篇。

那麼，這首詩何以有如此的魅力呢？

這是因為這首詩全篇都是運用「比擬」（「擬人」）表達法。詩人將「紅葉」、「琴聲」、「老樹枝」等非人類的事物人格化，使其有人類的情感與某些特性。如「『琴聲』是樂器彈奏時使空氣產生某種有規律的振動的物理現象，『紅葉』、『老樹枝』是自然界的常見事物，它們都是無生命無情感的事物現象」，[30]但詩人卻讓它們人格化，「琴聲」變身為一個男子，「紅葉」變身為一個少女，「老樹枝」則變身為一個頑固不化的封建家長；「琴聲」熱戀著「紅葉」，「紅葉」也愛著「琴聲」；「琴聲」親吻「紅葉」，「紅葉」羞澀得臉紅。「琴聲」與「紅葉」心心相印，彼此願意結成終身伴侶。但是，「老樹枝」堅持反對，阻撓「琴聲」與「紅葉」相愛。最終，「紅葉」擺脫了「老樹枝」的束縛，跟「琴聲」互相擁抱，自由地飛上了青天。很明顯，詩人的這種寫法是一種將物我打通的「擬人」表達，「是詩人在思考當時中國青年的婚姻戀愛問題時由自然景觀的觸發而產生了聯想想像，並在凝神觀照中使物我的情趣往復回流、交融貫通為一體而產生的結果，亦即是詩人在思索人生時與經驗中的自然景觀相搭掛而發生的移情心理作用的產物。」[31]也就是說，這首詩全篇就是一個以「擬人」表達法構成的修辭文本。

這一修辭文本的建構，「從表達上看，由於詩人賦予無生命無情感的『琴聲』、『紅葉』、『老樹枝』等事物現象以人的情感、心理、行為，使本不可相通的物我兩相交融、貫通一體，無生命無情感之物有了有情感之人的生命情態，從而使修辭文本別添了幾多的生動性和形象性，詩歌語言也頓然靈動飛揚起來，詩的魅力和韻味大增；從接受上看，由於修辭文本是詩人以物我打通的比擬（擬人）手法建構起來的，生動形象的文本自然會引導接受者經由文本的語言文字而產生聯想想像，從而在修辭文本的解讀接受中進入與詩人文本建構時將『琴聲』與追求愛情幸福的男子、『紅葉』與為愛情而執著無悔的女子、『老樹枝』與阻撓青年追求自由幸福婚戀生活的保守勢力等混同一體的物我交融的相同情

感狀態，達到與詩人思想情感的同向共鳴——歌頌婚戀自由、反對壓制愛情，並在修辭文本解構欣賞中得到一種美的享受——自由愛情生活與自然景觀的和諧統一。」[32]可見，這首詩的成功，實是托賴「比擬」表達法多矣。若詩人不用「比擬」表達法來寫，而是「以『張三』、『李四』、『王五』分別替下『琴聲』、『紅葉』、『老樹枝』等字面來實寫，那麼詩在表達上的生動性、形象性也就不復存在，詩的韻味與魅力就更無從談起了」。[33]而文本在表達上的平淡、平庸，則必然會影響到接受者（讀者）的接受興趣。這樣，詩歌所要宣揚的思想理念也就難以推展，要想獲得廣大讀者的喜愛，名垂中國文學史，則更是無由致之矣。

6. 錢鍾書與「多情而肯遠遊的蚤虱」

> 當天晚上，一行五人買了三等臥車票在金華上火車，明天一早可到鷹潭，有幾個多情而肯遠遊的蚤虱一路陪著他們。
>
> ——錢鍾書《圍城》

中國民間有個諺語說：「虱多不癢，債多不愁。」

這句話，從表達形式上看，是個「引喻」，「債多不愁」是比喻的本體，「虱多不癢」是喻體。若還原成一個完整的比喻形式，就是「債多不愁，就像虱多不癢一樣」。大凡跟人說這句話，主要是勸別人別為債多而發愁。

「債多不愁」的說法，就現今的社會情況來說，還真是有些道理。比方說，有些人向銀行貸款投資做生意，最後生意失敗，血本無歸。如果貸款數額小，貸款人又有一定的家庭財產（如土地、房屋等），那麼銀行可以申請財產抵押。但若是貸款人欠下銀行數百萬甚或數千萬貸款不能歸還，而他又家無長物，無以抵押，這時銀行就拿他一點辦法也沒有了。因此，英國著名的經濟學家凱恩斯曾就銀行與貸款人之間的關係發表過這樣一句精闢的議論：「如果你欠銀行一百萬美元，你有了麻煩；如果你欠銀行十億美元，銀行有了麻煩；如果你欠銀行一千億美元，整個世界就有了麻煩。」這話說的正是「債多不愁」的道理。

「債多不愁」被經濟學家證明是真理，那麼「虱多不癢」是不是也有道理呢？被蝨子跳蚤咬過的人自然有體驗。沒有體驗過被蝨子跳蚤咬過的滋味者，不妨看看錢鍾書小說《圍城》中寫「歐亞大旅社」中跳蚤咬人的情節：

> 鴻漸上床，好一會沒有什麼，正放心要睡去，忽然發癢，一處癢，兩處癢，心窩裏奇癢。蒙馬脫爾（Monmartre）的「跳蚤市場」和耶路撒冷聖廟的「世界蚤虱大會」全像在這歐亞大旅社裏舉行。咬得體無完膚，抓得指無餘力。每一處新鮮明確的癢，手指迅雷閃電似的捺住，然後謹慎小心地拈起，才知道並沒捉到那咬人的小東西，白費了許多力，手指間只是一小粒皮膚屑。好容易捺死一個臭蟲，宛如報了仇那樣的舒暢，心安理得，可以入睡，誰知道殺一併未做百，周身還是癢。到後來，疲乏不堪，自我意識愈縮愈小，身體只好推出自己之外，學我佛如來捨身喂虎的榜樣，盡那些蚤虱去受用。外國人說聽覺敏銳的人能聽見跳蚤的咳嗽；那一晚上，這副尖耳朵該聽得出跳蚤們吃飽了噎氣。……

讀了這段描寫，大凡沒有體驗過被蚤虱咬過的人，應該也能對被咬的滋味感同身受了，不禁為方鴻漸一行五人的遭際而生發同情，為錢鍾書寫蚤虱的妙筆而感佩。

其實，這還不是錢鍾書寫蚤虱最生動的文字。最生動的文字，是上引那段寫方鴻漸一行五人離開「歐亞大旅社」而蚤虱跟上火車的那個情節。

本來，蚤虱附人難以擺脫，是個平常的話題，沒什麼好寫，也寫不出什麼。但是，在錢鍾書筆下，蚤虱附人的情節卻寫得鮮活生動，讓人一讀而終身難忘。

那麼，錢鍾書何以有如此的表達力呢？

無他。只因他巧妙地運用了「比擬」表達法，遂使平常的敘事頓時生動起來，平淡的話題也顯得津津有味。

　　眾所周知，跳蚤、蝨子都是一種小型、無翅、善跳躍的寄生性昆蟲，它們是靠吮吸人畜身上的血過活的害蟲，令人討厭。但是，在錢鐘書筆下，讓方鴻漸等人體無完膚、徹夜難眠的蚤虱卻是那樣的有情有義，而且還有不辭辛勞的優良品質：它們「多情」，「肯遠遊」，願意陪方鴻漸等人坐火車長途旅行。很明顯，這是作者有意將非人類的蚤虱人格化，將人類的情感移注到非人類的蚤虱身上，屬於修辭上的「比擬」表達法。這種表達，雖然從邏輯上說不通，但是從表達效果上看，卻讓人覺得鮮活形象，氣韻生動，而且還有語帶幽默的效果，讀人令人興味無窮。如果作者直白、理性地表達，說成：「有幾個蚤虱仍然藏在他們的衣服上」，那麼讀者讀起來就會覺得索然無味，沒有什麼興趣再讀下去了。可見，「比擬」表達法運用得好，確實能有化平淡為生動，化無趣為幽默的獨特效果。

7. 余光中的洋房「賴在深邃的榆蔭裏」

> 已經是九點多鐘了，還有好多紅頂白牆的漂亮樓房，賴在深邃的榆蔭裏不出來曬太陽。
>
> ——余光中《南太基》

　　房屋掩映在綠樹濃蔭之中，在中國農村是最常見的景觀。中國文學作品中，寫這一景觀的詩篇就有很多。如晉人陶淵明詩《歸園田居五首》其一有云：「方宅十餘畝，草屋八九間。榆柳蔭後簷，桃李羅堂前」，寫的就是這種榆柳蔭簷的田園情景。唐代詩歌寫這種景觀者更多，如高駢《山亭夏日》詩有云：「綠樹陰濃夏日長，樓臺倒影入池塘。水晶簾動微風起，滿架薔薇一院香。」孟浩然《過故人莊》亦有詩句曰：「綠樹村邊合，青山郭外斜」。岑參《尋鞏縣南李處士別業》詩則云：「桑葉隱村戶，蘆花映釣船。」杜牧《睦州四韻》詩亦有「有家皆掩映，無處不潺湲」等句，吟詠的都是「綠樹掩人家」的田園景色。

　　上引一段文字，是詩人余光中寫美國南太基島（Nantucket，在美國東北角麻塞諸塞州鱈岬之南的一個小島，長十四英里，寬三英里半，距

大陸約三十英里。17世紀至19世紀中葉一直是世界捕鯨業及制燭業中心之一）風光的片斷。所寫的境界與中國古典詩歌中所吟詠的田園景色大致相當。但是，余光中先生寫南太基島上「綠樹掩人家」的筆觸卻與我們的古人不同，讀之讓人有味之無窮的韻味。

那麼，余光中的筆觸何以有如此的魅力呢？

無他。亦是托賴「比擬」表達法之力也。

換成一般人的寫法，上引文字可以這樣表述：「島上樹木茂密，上午九點房屋還見不到陽光。」這樣的表達，雖然簡潔明瞭，但讀過之後卻不能給人留下什麼印象。而余光中先生以「比擬」表達法予以表述，寫成「已經是九點多鐘了，還有好多紅頂白牆的漂亮樓房，賴在深邃的榆蔭裏不出來曬太陽」，讀來效果就完全不一樣了。通過一個「賴」字，將無生命的「樓房」人格化，使其具有人類的某些特性，使無生命的「樓房」化被動為主動，讓人覺得不是太陽不照它，而是它自己懶，不肯出來曬太陽。由此，原來一句平淡無奇的話被如此一表達，便頓時生動起來，島上的樓房也因之而顯得親切可愛，形象感十足。讀此「比擬」文本，不僅讓人興味倍增，還會情不自禁地想到辛棄疾的《清平樂·村居》中的兩句：「最喜小兒無賴，溪頭臥剝蓮蓬」。想想看，這南太基島上的樓房是否與辛棄疾詞中的「小兒」有點相似？

8. 男作家被赤裸裸的秋風「猛的一把抱住」

> 秋東漂西蕩的（真好看，醉的像個孩子），猛的一把就抱住了
> 我，他也不管他是赤條條的。就知道緊緊抱著我，叫我也蕭瑟
> 了起來。
>
> ——管管《秋色》

春夏秋冬，寒來暑往，乃是自然規律。在農人眼裏，春種，夏收，秋藏，秋天是收穫的季節，是令人歡欣鼓舞的季節。

但是，在多愁善感的文人筆下，秋天給人的感覺總是悲涼的，淒切的。如：

悲哉秋之為氣也！蕭瑟兮草木搖落而變衰。（戰國・宋玉《九辯》）

櫚庭多落葉，慨然知已秋。（晉・陶淵明《酬劉柴桑》）

芙蓉露下落，楊柳月中疏。（南朝・齊・蕭愨《秋思》）

樹樹秋聲，山山寒色。（北朝・周・庾信《周譙國公夫人步陸孤氏墓誌銘》）

樹樹皆秋色，山山唯落暉。（唐・王績《野望》）

秋色無遠近，出門盡寒山。（唐・李白《贈盧司戶》）

高鳥黃雲暮，寒蟬碧樹秋。（唐・杜甫《晚秋長沙蔡五侍禦飲筵送殷六參軍歸灃州覲省》）

讀這些詩句，給人的感覺總是感傷的。而在這些寫秋色的詩句中，又以寫秋風的最為常見，也寫得最好。如：

嫋嫋兮秋風，洞庭波兮木葉下。（戰國・楚・屈原《九歌・湘夫人》）

秋風起兮白雲飛，草木黃落兮雁南歸。（漢・劉徹《秋風辭》）

秋風蕭瑟天氣涼，草木搖落露為霜。（三國魏・曹丕《燕歌行》）

無邊落葉蕭蕭下，不盡長江滾滾來。（唐・杜甫《登高》）

秋風萬里動，日暮黃雲高。（唐・岑參《鞏北秋興寄崔明允》）

多少綠荷相倚恨，一時回首背西風。（唐・杜牧《齊安郡中偶題二首》）

菡萏香銷翠葉殘，西風愁起綠波間。（南唐・李璟《浣溪沙》）

落葉西風時候，人共青山都瘦。（宋・辛棄疾《昭君怨》）

秋風吹白波，秋雨鳴敗荷。平湖三十里，過客感秋多。（元・薩都剌《過高郵射陽湖雜詠九首》）

這些寫秋風的詩句，都是我們耳熟能詳的名句，讀之讓人仿佛有一種「秋風貫耳」、「秋色在目」的感覺。特別是杜甫「無邊落葉蕭蕭下，不盡長江滾滾來」二句，更是寫秋風的千古名句。它雖然是寫秋風，但

辭面上卻無秋風二字，只以「無邊落葉」為反襯，寫盡了秋風之勁的情狀，讓人思而得之，味之無窮。

同杜甫寫秋風「不著一字，盡得風流」的境界相同，現代詩人也有這種寫秋風的文字功力。如臺灣詩人管管（原名管運龍），其寫秋風的筆觸就相當有魅力。他寫秋風到處亂竄，鑽入衣內讓人冷得蕭瑟發抖的情節，不是直筆敘事，而是用「比擬」手法表而出之：「秋東漂西蕩的（真好看，醉的像個孩子），猛的一把就抱住了我，他也不管他是赤條條的。就知道緊緊抱著我，叫我也蕭瑟了起來」。這樣的表達，由於將物我打通，讓無生命的自然現象──秋風予以人格化，使其具有人類的某些特性：它不僅能「東漂西蕩」，像個遊手好閒的浪蕩子，而且還會惡做劇，不穿衣服，赤條條地就去擁抱行人，讓人嚇得蕭瑟發抖。這種「擬人」化的描寫，不僅化抽象為具象，寫活了看不見、摸不著的秋風，使之形象鮮活；而且還因賦予了秋風以蕩子的性格特徵和裸體抱人的曖昧行為，很容易讓人在文本解讀時自然引發出無限的遐思，由此使文本別添了一種「味之無窮」的韻致。

三、如臨其境，如見其人：示現的表達力

用語言文字來寫景狀物或是敘事寫人，人人都會。但是，要達到「狀難寫之景，如在目前」的境界，敘事讓人有一種「身臨其境」的感受，寫人有一種「如見其人、如聞其聲」的妙趣，則並非易事。

但是，如果掌握了一定的表達技巧，這種文字境界也不是不可能臻至的。比方說，熟練地掌握「示現」表達法，就能「狀難寫之景，如在目前」，敘人事讓人猶如「身臨其境」、「如見其人」。

所謂「示現」表達法，是一種將我們實際並未親眼目睹、親耳所聞的人事寫得活靈活現的語言表達手法。以「示現」表達法建構的文本，我們稱之為「示現」修辭文本。陳望道先生曾指出：「示現是把實際上

不見不聞的事物，說得如見如聞的辭格。所謂不見不聞，或者原本早已過去，或者還在未來，或者不過是說者想像裏的景象，而說者因為當時的意象極強，並不計較這等實際間隔，也許雖然計及仍然不願受它拘束，於是實際上並非身經親歷的，也就說得好象身經親歷的一般，而說話裏，便有我們稱為示現這一種超絕時地、超絕實在的非常辭格。」㉞並將「示現」分為「追述的示現」、「預言的示現」、「懸想的示現」三類。所謂「追述的示現」，是「把過去的事蹟說得仿佛還在眼前一樣」。㉟所謂「預言的示現」，是「把未來的事情說得好像已經擺在眼前一樣。」㊱所謂「懸想的示現」，是「把想像的事情說得真在眼前一般，同時間的過去未來全然沒有關係。」㊲

儘管「示現」表達法可以作如上三種類別的區分，但以「示現」表達法建構的修辭文本，其在建構的心理機制上都是一樣的，即都是基於人類的想像。心理學的原理告訴我們，「想像是人在某一外界刺激物的影響下，在大腦中對過去存儲的若干表像（即過去感知過的事物的形象）進行加工改造而形成新形象的心理過程。值得指出的是，想像得以加工改造形成新形象的人腦中存儲的若干表像都是來源於客觀現實世界的，是現實世界和現實生活的反映。然而想像中的事物和境界又畢竟不完全與現實世界和現實生活中的境界相同，它是來源於現實來源於生活而又不同於現實不同於生活，兩者之間有一定的距離。正因為如此，基於想像機制而建構起來的示現修辭文本，一般說來在表達上都有一種形象性、生動性、新穎性的特點；在接受上又極易因其文本中所建構的新形象和意境而令接受者在解讀文本時經由文本的語言文字的刺激而進行再造性或創造性想像，從而建構起與表達者相同又相異的新的形象或境界，以此獲得文本解讀中更多的快慰和更多的審美情趣。」㊳

正因為「示現」表達法有「狀難寫之景，如在目前」的效果，又有敘事寫人「如臨其境」、「如見其人」的親歷感，因此自古及今，人們的說寫實踐中總是少不了運用「示現」表達法，特別是文學作品中更是如此。

下面我們就從古今文學作品中予以舉例，希望能夠讓讀者對這種表

達法的表達力有一個真切的認識。

1. 老者衣帛食肉，黎民不饑不寒：孟子的願景

> 王曰：「吾惽，不能進於是矣！願夫子輔吾志，明以教我。我
> 雖不敏，請嘗試之！」曰：「無恆產而有恒心者，惟士為能。
> 若民，則無恆產，因無恒心。苟無恒心，放辟邪侈，無不為已。
> 及陷於罪，然而從而刑之，是罔民也。焉有仁人在位，罔民而
> 可為也！是故明君制民之產，必使仰足以事父母，俯足以畜妻
> 子，樂歲終身飽，凶年免於死亡；然後驅而之善，故民之從之
> 也輕。今也制民之產，仰不足以事父母，俯不足以畜妻子，樂
> 歲終身苦，凶年不免於死亡；此惟救死而恐不贍，奚暇治禮義
> 哉！王欲行之，則盍反其本矣！五畝之宅，樹之以桑，五十者
> 可以衣帛矣；雞豚狗彘之畜，無失其時，七十者可以食肉矣；
> 百畝之田，勿奪其時，八口之家，可以無饑矣；謹庠序之教，
> 申之以孝悌之義，頒白者不負戴於道路矣。老者衣帛食肉，黎
> 民不饑不寒，然而不王者，未之有也。」
>
> ——《孟子·梁惠王上》

　　戰國時代，是諸侯紛爭、天下大亂的時代；也是士人百家爭鳴、縱
橫捭闔的時代。

　　生於這個時代的孟子，雖然一生沒有活得像蘇秦、張儀等遊說之士
那樣風光，但是，為了宣揚儒家思想學說，他在遊說諸侯各國國君方面
所作的努力，所費的口舌卻也並不少。

　　上引一段文字，就是《孟子》中記述孟子遊說梁惠王、推銷他「保
民而王」的政治主張的一個情節。為了說服梁惠王踐行他所提出的「保
民而王」的政治主張與治國理念，孟子不僅強調瞭解決人民溫飽問題的
重要性，提出了「保民而王」的具體方法，而且還信誓旦旦地向梁惠王
保證，踐行他的政治主張與治國理念，一定會出現這樣的盛世奇觀：「五
畝之宅，樹之以桑，五十者可以衣帛矣；雞豚狗彘之畜，無失其時，七

十者可以食肉矣；百畝之田，勿奪其時，八口之家，可以無饑矣；謹庠序之教，申之以孝悌之義，頒白者不負載於道路矣。老者衣帛食肉，黎民不饑不寒」。

眾所周知，孟子向梁惠王所描繪的上述小康社會的美好生活情景，在孟子所生活的時代，事實上是不存在的。它是孟子「在外界刺激物（即過去感知過的事物形象，如平日在某些地方所見到的『五畝之宅，樹之以桑』與『五十衣帛』的老者、飼養雞豚狗彘滿圈的農家與「七十食肉」的老者、「百畝之田，八口之家」飽樂無憂、學童就學於學堂、子孝父慈等等個別情景）的影響下，在腦中對過去存儲的若干表像進行加工改造而成的.」。[39]也就是，孟子所描繪的這幅小康社會的美好生活圖景是他通過聯想想像而創造出來的修辭文本，屬於我們上面所說的「示現」表達法中的「懸想示現」。這一文本的建構，從表達上看，有化虛幻為現實的效果，使當時未曾出現的小康社會的美好生活圖景栩栩如生地呈現在梁惠王眼前，從而對被遊說對象梁惠王產生極大的誘惑力，極易使他深受感染而採納其政治主張並踐行之。從接受上看，由於文本所構擬的小康社會的美好生活圖景是表達者孟子「將過去存儲於腦海中的若干社會生活的表像進行了加工改造而成的，它與現實社會中所見有相似處，而又不完全相似」，[40]這就極易讓接受者梁惠王產生一種「既熟悉而又陌生」的新異感，引發其求索思考的興味。同時，也極易誘導接受者梁惠王「經由文本所建構的具象進行再造性或創造性想像而複現出新的具象和意境世界，從而加深對表達者所建溝的理想社會的認識和嚮往之情」。[41]雖然最終結果是，梁惠王並沒有採納孟子的政治主張，踐行他「保民而王」的儒家治國理念；但是，就文本的說服力來說，孟子的遊說是動人的，運用「示現」表達法來推銷其政治主張的表達力是很強的。評價一個歷史人物，我們可以「以成敗論英雄」，但就修辭文本的表達力來看，我們還是應該「就事論事」，看它的表達是否真的有技巧，是否言之成理，是否動人感人。

2. 暮春三月，江南草長。雜花生樹，群鶯亂飛：故國的景色

暮春三月，江南草長。雜花生樹，群鶯亂飛。見故國之旗鼓，感平生於疇昔。撫弦登陴，豈不愴恨！所以廉公之思趙將，吳子之泣西河，人之情也！將軍獨無情哉？想早勵良規，自求多福。

——南朝・梁・丘遲《與陳伯之書》

《周易・系辭上》有云：「鼓天下之動者，存乎辭。」

南朝梁文論家劉勰《文心雕龍・論說》有云：「一人之辯，重於九鼎之寶；三寸之舌，強於百萬之師。」

也許很多人認為這話是書生誇大其辭，覺得語言文字沒有那麼大的力量。但是，如果他們讀了南朝梁代丘遲《與陳伯之書》，並瞭解這封書信背後的故事，那麼他就會相信《周易・系辭上》與劉勰所說的話都是揆之歷史而無違的真理。

《與陳伯之書》是丘遲寫給陳伯之的一封書信。寫信的丘遲與收信的陳伯之，都是中國歷史上的名人。丘遲（464—508），字希范，南朝吳興人，乃南朝梁代著名文學家。初仕於齊，官殿中郎。入梁，官司空（一作司徒）從事中郎。在中國文學史上，其詩文傳世者雖不多，但所作《與陳伯之書》則讓他名垂青史，在中國歷史與文學史上都傳為一大佳話。陳伯之，南朝濟陰睢陵人。史載，陳少時家境貧寒，恃膂力而以盜劫為生。後隨同鄉車騎將軍王廣之征討齊安陸王蕭子敬有功，升遷為冠軍將軍、驃騎司馬，封魚複縣伯，食邑 500 戶。「梁時為江州刺史，於梁武帝天監元年叛降北魏，官持節散騎常侍，都督淮南諸軍事。天監四年，武帝命臨川王蕭宏率軍北伐，伯之領兵相抗。時丘遲為臣集記室，臣集命其作書與伯之。」[42]由於丘遲文筆高妙，措辭得體，「信中以陳氏的前途為出發點，並以鄉國之情來打動陳的心靈。行文情理並至，極富感染力。陳氏接書後，讀之深受感動，遂從壽陽率眾歸順了梁朝。由此，在中國歷史和文學史上留下了一段佳話。」[43]臺灣學者沈謙教授曾評價說：「此為千古勸降文之壓卷作，一封書信，兵不血刃，化干戈為玉帛，使陳伯之擁兵八千歸降梁朝。其所以幡然悔悟，棄暗投明，端賴丘遲之

文章精彩絕倫，足以打動對方的內心。這封書信膾炙人口，傳誦一千五百年，為人所津津樂道者，緣於其感染力足以竦動人心。喻之以理，不如動之以情。文中最為人所讚頌者，於利害相喻之時，忽然插入『暮春三月，江南草長，雜花生樹，群鶯亂飛。見故國之旗鼓，感平生於疇昔。撫弦登陴，豈不愴悢！』一段警策文字，所以江南美景，動其鄉思，緩迫之勢，俾以情動之。『將軍獨無情哉？』掌握了人性的微妙處——情關，攻心為上，一舉破解了對方的心防。此文動人因素固多，最精彩的關鍵處，即為善用『示現』筆法，將江南美景與對方撫弦登陴的愴悢之情景描繪得狀溢目前，躍然紙上。」④

　　「暮春三月，江南草長，雜花生樹，群鶯亂飛」，這四個寫景之句，如果放在一般描寫江南景色的文章中，似乎並不怎麼特別出色。但是，放在丘遲勸說陳伯之歸降的書信中，效果就完全不同了。因為整篇書信都是圍繞勸降主旨而進行的說理，其間突然摻入這四個寫江南景色的句子，就顯得很特別。用心理學的術語來說，這四個寫景句就成為全篇書信中具有「新異性」的刺激物，極易引發接受者陳伯之的注意，使其經由這四句的語言文字而聯想到江南春色的真實情景，從而在文本解讀中有一種如臨其境、如見其景的感覺，情不自禁地回憶起兒時在江南長大的點點滴滴，想起在江南做官時的往事，勾起對江南故鄉的懷念之情。事實上，也正是因為陳伯之讀這封書信時有這種心路歷程，這才使其心防崩塌，鄉國之思戰勝了政治考量，毅然率部歸降梁朝，回到魂牽夢縈的江南故鄉。

3. 虎鼓瑟兮鸞回車，仙之人兮列如麻：李白浪漫的暢想

　　海客談瀛州，煙濤微茫信難求；越人語天姥，雲霓明滅或可睹。天姥連天向天橫，勢拔五嶽掩赤城。天臺四萬八千丈，對此欲倒東南傾。我欲因之夢吳越，一夜飛渡鏡湖月。湖月照我影，送我至剡溪。謝公宿處今尚在，淥水蕩漾清猿啼。腳著謝公屐，身登青雲梯。半壁見海日，空中聞天雞。千岩萬轉路不定，迷

花倚石忽已暝。熊咆龍吟殷岩泉，慄深林兮驚層巔。雲青青兮
欲雨，水澹澹兮生煙。列缺霹靂，丘巒崩摧。洞天石扉，訇然
中開。青冥浩蕩不見底，日月照耀金銀臺。霓為衣兮風為馬，
雲之君兮紛紛而來下。虎鼓瑟兮鸞回車，仙之人兮列如麻。忽
魂悸以魄動，怳驚起而長嗟。惟覺時之枕席，失向來之煙霞。
世間行樂亦如此，古來萬事東流水。別君去兮何時還？且放白
鹿青崖間，須行即騎訪名山。安能摧眉折腰事權貴，使我不得
開心顏！

——唐‧李白《夢遊天姥吟留別》

　　現代很多讀者都很推崇李白，認為他是個不願折腰事權貴的清流。
其實，這是個誤解。誤解的源頭就是上引李白的這首詩。

　　歷史上的李白是個積極的入世者，而非消極的出世者。他對功名利
祿看得非常重，一心想進入官場，以期實現其建功立業的理想。關於這
一點，他自己在《代壽山答孟少府移文書》中說得很清楚，他的目標就
是「申管晏之談，謀帝王之術，奮其智能，願為輔弼，使寰區大定，海
縣清一。」正因為如此，唐玄宗天寶元年（742），當唐玄宗召他入京的
詔書到達時，四十多歲的人了，還樂得手舞足蹈，高歌一曲「仰天大笑
出門去，我輩豈是蓬蒿人！」可是，到了長安，卻並未得到重用。於是，
又開始發牢騷，使性子，得罪了唐玄宗身邊的權貴，結果被放歸。

　　上引這首詩，就是李白被放歸而離開長安後的第二年（即唐玄宗四
年），「由東魯（今山東省南部）南遊越中（今浙江省一帶）」，「行
前向朋友們表白心情之作」。⑮在朝中被權貴排擠，理想難以實現；離開
長安，遠離了廟堂，人生的理想更是渺茫。思想的苦悶，情感的矛盾，
導致了他對熱愛的政治產生了厭倦之情。既然不能「達則兼濟天下」，
那麼只好「窮則獨善其身」了，於是便有了出世之念。「全詩以夢遊的
浪漫主義筆觸表達了詩人厭倦塵世、蔑視權貴、追求自由的思想」。⑯為
了表達追求自由和超凡出世的意蘊，詩人特意用「示現」表達法中的「懸
想示現」建構了一個「示現」修辭文本：「我欲因之夢吳越，一夜飛渡

鏡湖月。湖月照我影，送我至剡溪。謝公宿處今在，淥水蕩漾清猿啼。腳著謝公屐，身登青雲梯。半壁見海日，空中聞天雞。千岩萬轉路不定，迷花倚石忽已暝。熊咆龍吟殷岩泉，慄深林兮驚層巔。雲青青兮欲雨，水澹澹兮生煙。列缺霹靂，丘巒崩摧。洞天石扉，訇然中開。青冥浩蕩不見底，日月照耀金銀台。霓為衣兮風為馬，雲之君兮紛紛而來下。虎鼓瑟兮鸞回車，仙之人兮列如麻。」

　　這一文本所寫的內容在現實生活中並不存在，是詩人夢中的情景。從心理學的角度看，這一文本所寫的諸般景象，是詩人根據日常生活經驗進行聯想想像的產物。是詩人「在外界刺激物（如詩人被放出京路上所見『山』、『湖』、『月』等）的影響下，將存儲於腦海中的若干表像（如平日所見的『一平如鏡的湖』、『一盤明月高照朗朗夜空、湖月交相輝映』、『綠水蕩漾的溪流』、『登山而見到的海上日出』、『雲青欲雨』、『水澹生煙』、『金銀琳琅的宮殿』、『紛紛不斷、威風十足的帝王達官貴人的儀仗隊伍』等等情景）進行加工改造和重新組合而成的新的形象」。[47]也就說，這一文本所描繪的景象是詩人基於心理聯想與想像而建構起來的。正因為如此，這一修辭文本，「從表達的角度看，由於表達者用以建構文本的若干表像都是人們常見的具象，組合成的新形象則與人們日常所見有同有不同，是熟悉而又陌生的新具象，因而文本表達上就極富形象性、生動性和新穎性的特點。從接受的角度看，由於文本所建構的新形象與接受者日常所能見到的形象有所不同，這就極易誘發接受者經由文本文字的刺激而進行再造性或創造性想像，憑藉自己不同的經驗而在腦海中複現出各不相同的新形象新意境，不自覺中與表達者融為一體，進入表達者的想像世界，從而獲得文本解讀中更多的快慰與審美情趣。」[48]雖然大家都知道李白詩中所寫純是虛幻之景，但我們讀到這首詩時還是情不自禁地感到激動，仿佛有一種要與李白一起飛升的感覺。文學是現實生活的鏡子，當然要反映現實生活的真實，但文學作品對於現實生活的反映並不是機械和被動的，而是積極主動的。因此，作家在作品中對現實生活進行再創造就能產生不同於現實生活中的新形象，就能使作品具有更高的審美價值。我們今天之所以讚賞李白所

創造的上述「示現」修辭文本，就是這個原因。

4. 這位先生是一位很瘦的老頭子：魯迅筆下的孔夫子

> 新近的上海的報紙，報告著因為日本的湯島，孔子的聖廟落成
> 了，湖南省主席何健將軍就寄贈了一幅向來珍藏的孔子的畫像。
> ……然而倘是畫像，卻也會間或遇見的。我曾經見過三次：一
> 次是《孔子家語》裏的插畫；一次是梁啟超氏亡命日本時，作
> 為橫濱出版的《清議報》上的卷頭畫，從日本倒輸入中國來的；
> 還有一次是刻在漢朝墓石上的孔子見老子的畫像。說起從這些
> 圖畫上所得的孔夫子的模樣的印象來，則這位先生是一位很瘦
> 的老頭子，身穿大袖口的長袍子，腰帶上插著一把劍，或者腋
> 下挾著一枝杖，然而從來不笑，非常威風凜凜的。
>
> ——魯迅《在現代中國的孔夫子》

孔子是中國知名度最高的名人，也是中國人在世界上知名度最高的
人。

但是，孔子也是一個倒楣蛋。在中國歷史上，每當一種新的政治勢
力要推翻舊的政治勢力時，就會砸孔子的牌子；而一當新勢力坐穩了江
山，則又抬出孔子的牌子。

胡適先生有句名言：「歷史是任人打扮的小姑娘」。而孔子，則是
個任人擺佈的小姑娘。是被捧，還是被批，他自己不能作主，全看別人
高興。遠的不說，就說現在人們還有記憶的歷史吧。20世紀上半葉，「五
四」運動初起時，一批激進的學生與知識份子為了鼓吹民主與科學，學
習西方政制，不僅喊出了「打倒孔家店」的口號，還把孔子的牌子扔到
了茅坑；後來北洋軍閥政府為了穩固統治，又搞起了尊孔讀經運動，重
新扛起了孔子的牌子。20世紀下半葉，大陸「文化大革命」運動興起，
孔子又被拉出來批鬥，全民參與，簡直是被批得體無完膚，一錢不值。
21世紀伊始，大陸經濟騰飛，在大喊「民族復興」、「文化復興」的同
時，孔子的牌子又被抬了出來，出現了全民讀《論語》的奇觀。如果孔

子九泉之下有知，不知是感到欣慰，還是感到悲哀？

上引一段文字，魯迅談到的正是孔子在 20 世紀 30 年代的悲哀。魯迅此文「發表於 1935 年，其時正是日本為了侵略中國、稱霸亞洲，鼓吹用『孔子之教』建立『大東亞新秩序』的目的而在東京等地大建孔廟和國民黨政府為了維護自己的統治地位而下尊孔令大力提倡孔教的時代，他們都是為著自己特定的目的而將孔老夫子視作敲門磚而利用。此文的寫作正是感此而加以辛辣諷刺的。」[49]在諷刺日本人和國民黨政府的尊孔目的時，魯迅特別提到了孔子的形象：「這位先生是一位很瘦的老頭子，身穿大袖口的長袍子，腰帶上插著一把劍，或者腋下挾著一枝杖，然而從來不笑，非常威風凜凜的。」

眾所周知，孔子是兩千多年前的人物，誰也沒見過他長成什麼樣子。因此，魯迅這裏言之鑿鑿、繪聲繪色地勾勒出的孔子形象，並非歷史上真實的孔子形象，而是作者「在外界刺激物（日本建孔廟、國民黨政府下尊孔令等事件）的影響下，在大腦中對過去存儲的若干表像（即過去感知過的事物形象——如在《孔子家語》中、《清議報》上和漢朝墓石上的孔子畫像等）進行加工改造而形成的新的形象」。[50]這一形象，由於是作者運用「示現」表達法中的「追述示現」手段來展現的，將兩千多年前的孔子之衣著行止描繪得非常細緻逼真，讀之讓人有一種時光倒流的感覺，仿佛回到兩千多年前的春秋時代，親眼目睹到孔子的音容笑貌。很明顯，這樣的表達是具有形象性、生動性與新穎性的，讀之必然讓讀者留下深刻印象。

5. 門前再挖一個大大的荷塘，一荷塘的唐宋歲月：女作家的夢幻人生

買缸不成，就養荷在心裏。

給自己許一個夢。好好的給上帝做工，有一天攢點錢給自己買塊小小的地，一片小小的山坡開滿野杜鵑、野百合，小小的溪流兩岸是賽似白雪的薑花，小小的樹林是專門給鳥唱歌用的。門前再挖一個大大的荷塘，一荷塘的唐宋歲月。

蓋三、兩間小屋，一間自己住，其餘的留給朋友，門也不必上
鎖，朋友想來就來，想走就走，主客兩便。

夏天的時候，就來一次荷花小聚吧！剛出水的的新鮮蓮子湯，
冰鎮藕片，荷葉蒸肉，溫一壺花雕，飲一天星月，醉它個胡天
胡帝，不知今夕何夕。

————杏林子《重入紅塵》

唐代大詩人在「安史之亂」後，曾寫有《憶昔》一詩，深情緬懷「開
元盛世」道：

憶昔開元全盛日，小邑猶藏萬家室。稻米流脂粟米白，公私倉
廩俱豐實。九州道路無豺虎，遠行不勞吉日出。齊紈魯縞車班
班，男耕女桑不相失。宮中聖人奏雲門，天下朋友皆膠漆。百
餘年間未災變，叔孫禮樂蕭何律。……

這種稻米流脂、公私俱實的小康社會，這種男耕女桑、天下一家的
和諧世界，不要說讓「安史之亂」後的唐人緬懷不已，就是今天邁入了
所謂「地球村」時代的我們也會心生豔羨，嚮往不已。

不過，文學畢竟是文學。文學雖是現實生活的一面鏡子，但有時候
照出的並不是現實生活的真實，而是某些虛幻之象。從某種角度看，文
學很多時候是人類靈魂的「麻沸散」，是醫治人類傷痕累累的心靈的「創
可貼」（band-aid）。文學給人以理想，給人以安慰，讓生活並不如意的
人們精神有個寄託。杜甫的《憶昔》詩所寫的「開元盛世」是否真的就
是那樣，而沒有詩人的幻想摻雜其中？很難講。因為生於和平時代，人
們並不覺得和平時代的生活有什麼可貴；而身在戰亂中的人，則往往會
對逝去的和平及其和平時代的平淡生活倍加珍惜和無限嚮往。因此，從
某種程度上說，杜甫《憶昔》詩所描寫的「開元盛世」景象也多少是有
虛幻的成分在其中，這是可以理解的。以此度之，上引杏林子《重入紅
塵》中一段文字對臺灣社會的那種浪漫、自由、優裕的生活境界的描寫，
恐怕更是讓人不敢信以為真了。

是的，對於杏林子筆下的臺灣生活境界，我們只能當文學讀，並非「生活的真實」。就我們所瞭解的臺灣社會，人民生活的優裕程度還不會達到杏林子所寫的程度；在臺灣生活的作家也不會有足夠的經濟實力，「給自己買塊小小的地，一片小小的山坡開滿野杜鵑、野百合，小小的溪流兩岸是賽似白雪的薑花，小小的樹林是專門給鳥唱歌用的。門前再挖一個大大的荷塘，一荷塘的唐宋歲月」；就臺灣現實的治安情況看，要想達到杏林子筆下的境界：「蓋三、兩間小屋，一間自己住，其餘的留給朋友，門也不必上鎖，朋友想來就來，想走就走，主客兩便」，恐怕一時還難以做到。

既然做不到，那麼杏林子為什麼還要這樣寫呢？仔細閱讀，我們就會發現，原來杏林子筆下的這些景象是她許下的一個「夢」。雖然這種生活境界在作者自己和作者所生活的現代大都市臺北都是不可能實現的，但是，「開滿野杜鵑、野百合」的「小小的山坡」，「小小的溪流兩岸是賽似白雪的薑花」，鳥兒在樹上唱歌，門前荷塘開滿荷花，不上鎖的小屋，夏天吃新鮮蓮子湯、冰鎮藕片、荷葉蒸肉，星月下飲酒大醉等等情事，卻是人們日常生活中所常見的。「表達者將腦際中存儲的凡此種種生活中的表像經過加工組合成了上文中所呈現的新形象，這就構成了上述的懸想示現修辭文本。」[51]這一文本的建構，「由於所呈現的事象來源於現實生活，而又不同於現實生活，所以就在表達上有鮮明的形象性、生動性和新穎性的特點；在接受上，由於文本所呈現給接受者的是既熟悉又陌生的事象，就極大的引發出接受者文本解讀接受的興味，並誘導其從文本所提供的事象進行再造性想像或創造性想像，複現出表達者意念中所構擬的理想境界，獲取一種文本接受解讀中的審美享受。」[52]理解到這一層，那我們就會明白為什麼有那麼多讀者喜歡看杏林子作「夢」，明白文學作品中的「烏托邦」境界為什麼會成為人們追尋的精神家園。

6.那時候必然也是一個久雨後的晴天：張曉風遠古的回憶

我悠然地望著天，我的心就恍然回到往古的年代，<u>那時候必然</u>

也是一個久雨後的晴天，一個村野之人，在耕作之餘，到禾場上去曬太陽。他的小狗在他的身旁打著滾，弄得一身是草。他酣然地躺著、傻傻地笑著，覺得沒有人經歷過這樣的幸福。於是，他興奮起來，喘著氣去叩王室的門，要把這宗秘密公佈出來。他萬萬沒有想到所有聽見的人都掩袖竊笑，從此把它當作一個典故來打趣。

——張曉風《畫晴》

幸福是什麼？

　　現代人的幸福感已經鈍化了，已經不知道什麼叫「幸福」了。所以，世界各國對都市人群的「幸福指數」調查，結果是大都市的人特別是白領階層，其「幸福指數」是很低的。而「幸福指數」高的，則是那些低層的民眾。為什麼會這樣呢？在中國大陸有句流行語，說「花兩個小時打扮去飯店吃頓飯，叫生活；花五分鐘在路邊攤吃碗飯，叫活著」。前者是中產階級以上人士的生活境界，後者是社會下層民眾的生活境況。那麼，哪種境界「幸福指數」高呢？很明顯，前者「幸福指數」低，因為過於講究，累。不就吃頓飯嗎？費那麼大事，能有快感嗎？後者「幸福指數」高，因為爽。吃飽就好，鼓腹而歌，何嘗不是一種幸福？

　　再看我們的古人。晉代詩人陶淵明說：「俯仰終宇宙，不樂複何如？」（《讀〈山海經〉十三首》）你看，陶淵明望天，看看地，與大自然融為一體，什麼要求也沒有，他就很快樂了。哪像我們現代人，坐飛機，乘遊艇，到異國他鄉看風景，結果還是沒找到快樂。李白有詩曰：「長風萬里送秋雁，對此可以酣高樓」（《宣州謝朓樓餞別校書叔雲》）你看，李白秋日端杯酒，站在高樓上，吹著秋風，看著北雁南飛，就很快樂了。哪像我們現代很多人，住著高樓大廈，出入賓士、寶馬，他還整天心思重重，愁容滿面。宋代詞人晏幾道有詞云：「今宵剩把銀釭照，猶恐相逢是夢中。」（《鷓鴣天》）你看，人家一對情人久別重逢，驚喜成那個樣子，多有幸福感？而我們現代人呢？很多人家中有如花美眷，卻還要在外拈花惹草，徹夜不歸，讓他的妻子「夜已深，還在

燈下數傷痕」。夫妻的恩愛何在？婚姻的幸福感何在？

　　由上所述，幸福是什麼，已是不言而喻了。幸福在哪里？我們大可不必刻意去尋找，它就在我們的日常生活中。人的欲望越少，要求越低，就越能體會到幸福的滋味。簡單的快樂，就是幸福。我們的古人早就懂得這個道理了，所以他們的生活品質比我們好，幸福指數比我們高。不是嗎？看看上引張曉風《畫晴》一文中所寫的那位滿頭大汗叩王室大門報告幸福秘密的農人，我們對於「幸福」的含義也就「知過半」矣。

　　《畫晴》一文中寫到的那位古代農人，作者將其如何發現幸福秘密，又如何叩報王室而被他人譏笑的情節寫得栩栩如生、活靈活現，讀之讓人如臨其境，如見其人，如聞其聲。但實際上，作者所寫的這一系列生動的細節都並非作者所親眼目睹，而是根據流傳的典故想像加工出來的，是我們上面所說的「示現」修辭文本（屬於「追述的示現」）。這一修辭文本的建構，「由於表達者用以建構文本的若干表像（故事中的生活場景）都是人們熟悉的具象，但組合成的新形象（故事情節）則與人們日常所見不同，是熟悉而陌生的新具象，時代差也相當大，由此形成了文本表達上突出的形象性、生動性和新穎性的特點；在接受上，由於文本所具之形象性、生動性和新穎性的特質，極易引發接受者文本接受解讀時經由文本語言文字的刺激而進行再造性或創造性想像，依託自己的生活經驗而在大腦中複現或創造出同於或異於表達者所建構的修辭文本的新形象新意境，不自覺中與表達者融為一體，進入表達者的想像世界，從而獲取一種文本解讀接受的心理快慰和審美享受」，⑤領悟到一種人生智慧與生活哲理：幸福只在簡單的日常生活中，不必刻意追求，只要用心體會即可得之。

四、移花接木，再綻奇葩：移就的表達力

　　語言的最大功用，就在於能夠讓人們相互之間進行資訊交流和思想

情感溝通。但是，客觀事物是非常複雜的，因此語言在履行其交際功能時就有其局限性。漢語裏有「言不盡意」、「言不由衷」等說法，說的正是用語言表情達意面臨的困境。

　　用語言表達人類豐富的思想情感，描繪說明紛繁複雜的客觀事物，雖然局限性是客觀存在的，但只要表達者充分發揮創意造言的智慧，再複雜的思想情感，再紛繁的客觀世界，也是可以淋漓盡致地予以表現的。比方說，要表達人們特定情境下那種意識裏物我不分的思想情感狀態，可能就要面臨語言文字的困境。那麼，如何「狀難寫之景，如在目前」，「寫難盡之意，盡在筆下」，就需要我們發揮創意造言的智慧了。

　　根據先賢往哲創意造言的經驗，其實要臻至「狀難寫之景，如在目前」、「寫難盡之意，盡在筆下」的境界，也並非不可能。比方說，運用「移就」表達法，就有很好的效果。

　　所謂「移就」，是指在特定情境下的一種超常語言匹配的表達手法。它往往是通過移植人類的某些性狀於非人或無知的事物身上，以此凸顯人類特殊情感狀態下那種「物我一同」的心理狀態。以「移就」表達法建構的文本，我們稱之為「移就」修辭文本。在我們的日常語言表達中或是文學作品中，都能經常聽到或看到諸如「快樂的鳥」、「憤怒的大海」、「寂寞的庭院」、「無情的洪水」，以及「怒髮上沖冠」（《史記・藺相如列傳》）、「寂寞富春水」（柳宗元《哭連州淩員司馬》）、「醉鞍誰與共聯翩」（陸遊《過採石有感》）等說法或寫法。這些說法或寫法，就是上面我們所說的「移就」修辭文本。

　　那麼，這樣的修辭文本是怎麼建構出來的呢？從心理學上看，這種修辭文本的建構，「一般多是文本建構者（表達者）在凝神觀照或思索中我的情趣和物的情趣發生了往復回流，並在文本建構者特定的強烈情緒情感狀態的主導下使物的情趣隨著我的情趣而流轉，以致非人的或無知的事物遂有了人之情態性狀。這與上面我們所說的比擬修辭文本建構一樣，也是移情心理作用的結果。」⑭

　　以「移就」表達法建構的修辭文本，一般說來，「在表達上因非人的或無知的事物具有了人之生命情態，因而文本的語言文字便別添了幾

多的生動性、形象性的特質，文本更具引人入勝的藝術感染力；在接受上，由於修辭文本的建構將物我貫通交融為一體，文本的生動性、形象性特質易於使接受者在文本解構欣賞中受到情緒感染，從而在表達者所建構的修辭文本的導引下經由文本的語言文字而產生與表達者文本建構時逆向的移情心理作用，進入與表達者修辭文本建構時凝神觀照、物我同一的相同情感情緒狀態，由此達到與表達者思想情感的共鳴，並經由文本的解構欣賞而獲取一種美的享受。」(55)

正因為「移就」表達法有上述獨特的表達力，因此古今文學作品中運用這種表達法建構的修辭文本就特別多。下面我們從古今文學作品中予以舉例，以見其獨到的表達力。

1. 平林漠漠煙如織，寒山一帶傷心碧：傷心的李白

平林漠漠煙如織，寒山一帶傷心碧。暝色入高樓，有人樓上愁。

玉梯空佇立，宿鳥歸飛急。何處是歸程？長亭連短亭。

——唐・李白《菩薩蠻》

上引這首詞，在中國詞史上是非常著名的。但是，關於它的作者及其某些詞句的理解，歷來存在很多爭議。

在作者方面，主要有兩派觀點。一派認為此詞不是李白所作。明人胡應麟《少室山房筆叢》卷四十一《莊嶽委談下》疑為「晚唐人詞，嫁名太白。」現代學者也有人認為此詞非李白所作。從詞的發展來考察，他們認為「中唐以前，詞尚在草創期，這樣成熟的表現形式，這樣玲瓏圓熟的詞風，不可能是盛唐詩人李白的手筆。」(56)還有學者從《菩薩蠻》的詞調在李白時代還不存在這個角度論證，說明此詞不是李白所作。(57)另一派認為此詞是李白所作。如北宋釋文瑩《湘山野錄》卷上云：「此詞不知何人寫在鼎州滄水驛樓，復不知何人所撰。魏道輔見而愛之。後至長沙，得古集於子宣內翰家，乃知李白所作。」南宋黃升編此詞入《唐宋諸賢絕妙詞選》，不僅認定此詞為李白所作，而且謂之為「百代詞曲之祖。」現代也有學者認定此詞是李白所作。他們認為，此詞雖表現形

式成熟，但不能就此斷定不是盛唐的李白所作。指出：「敦煌卷子中《春秋後語》紙背寫有唐人詞三首，其一即《菩薩蠻》，亦頗成熟，雖無證據斷為中唐以前人所作，亦難以斷為必非中唐以前人所作，而且，在文學現象中，得風氣之先的早熟的果子是會結出來的。」[58]認為「李白同時人、玄宗時代的韋應物既然能寫出象《調笑令》（『胡馬，胡馬』）那樣的小詞，為什麼李白就偏偏辦不到呢？」[59]

在詞句方面，有學者認為詞上闋中的「傷心碧」之「傷心」不是常規的形容詞「傷心」。指出：「『傷心』在這裏，相當於日常慣語中的『要死』或『要命』。現在四川還盛行這一語彙。人們常常可以聽到『好得傷心』或『甜得傷心』之類的話，意即好得要命或甜得要死。這『傷心』也和上海話中『窮漂亮』『窮適意』的『窮』字一樣，作為副詞，都與『極』同義。『傷心碧』也即『極碧』。」[60]這種說法好像有點道理，但也只是「一家之言」。另外，用現代四川方言來理解唐代四川方言，是否符合歷史語言學的原則，是否真能反映歷史的真實，也是值得深思的。

關於以上爭議，孰是孰非，我們還可以繼續討論。但說此詞是「百代詞曲之祖」，好像古今學者都無疑義。因為就這首詞本身來看，它寫旅人思鄉心態的逼真、黃昏懷人心情的真切，確實都是深切感人的。特別是「寒山一帶傷心碧」一句創意造言的形象新穎，更是讓千百年來的無數讀者為之掉頭苦吟。因此，「從藝術上看，謂之『百代詞曲之祖』也未嘗不可。」[61]

那麼，為什麼「寒山一帶傷心碧」一句能博得千百年來無數讀者為之掉頭苦吟呢？如此獨特的表達魅力又是從何而來呢？

其實，我們只要仔細分析一下這句詞創意造言的特點，就會發現原來它是一個運用了「移就」表達法的修辭文本。我們都知道，「山」是無生命的非人之物，當然不會具備生命體所特有的體感「寒」；「碧」亦非人類，只是表示顏色（碧綠色）的一種抽象概念，當然也不會像有情感的人類一樣有「傷心」的情緒狀態。但是，在上引詞句中，詞人卻賦予「山」有「寒冷」之體感，「碧」有「傷心」之情緒。這種表達看

似不合邏輯，但實則是有心理學上的理據。詞人之所以寫出「寒山一帶傷心碧」這種句子，乃是詞人「在思鄉之愁緒情態下凝神觀照異鄉山水景物中產生了移情心理作用，我的情趣與物的情趣出現了往復回流，並且在我的強烈思鄉而窮途無歸的悲傷情緒的主導下使物的情趣隨著我的情趣而流轉，以致非人無知的事物遂有了『寒』、『傷心』等人的生命情態。」⑫由於詞人的創意造言突破了語言表達的常規模式，因此「寒山一帶傷心碧」這一修辭文本，「從表達上看，因詞人賦予無知非人的『山』、『碧』以『寒』、『傷心』等人的生命情態，將人的抽象情感寫活，文本的語言文字便頓然添出許多的生動性、形象性特質，整個修辭文本也就更具引人入勝的藝術感染力；從接受上看，由於修辭文本建構者──詞人將物我打通，我和物的情態性狀貫融一體，使接受者易於被這種生動形象的修辭文本所感染，並會自然而然地在修辭文本的解讀欣賞中經由文本的語言文字而產生與詞人文本建構時逆向的移情心理作用，進入與詞人修辭文本建構時凝神觀照、物我同一的相同情感情緒狀態──即見山而渾覺山與我懼寒，見綠而覺綠與我俱生傷心之感觸，由此達到與詞人思想情感的共鳴」，⑬從而深切體認到一個長年在外的遊子所特有的那份「獨在異鄉為異客」的濃濃鄉愁，深深體味出一個獨自憑欄、望穿秋水的少婦寂寞無助的情感苦痛。

2. 行宮見月傷心色，夜月聞鈴腸斷聲：癡情唐明皇

> 蜀江水碧蜀山青，
> 聖主朝朝暮暮情。
> <u>行宮見月傷心色，</u>
> <u>夜雨聞鈴腸斷聲。</u>

──唐·白居易《長恨歌》

唐明皇與楊貴妃的愛情故事，在歷史學家眼裏是大唐王朝的一場災難；但在文學家的眼裏，卻是一個感天動地、纏綿淒美的愛情神話。

上引詩句寫楊貴妃馬嵬坡賜死後，唐明皇入蜀時的心情。雖僅是二

十多字的寫景敘事之筆，卻寫盡了一代多情帝王唐明皇對其妃子楊玉環的無限懷念之情，讀之讓人為之深切感動，情不自禁地要為這位「要美人不要江山」的荒唐之君灑一掬同情的熱淚。

那麼，這幾句詩何以有如此感人的力量呢？

無他。全賴「移就」表達法運用得好。

我們都知道，「月色」是個客觀的東西，不論是何人在何種情境下觀賞，從邏輯上說都是一樣的，應該不會有什麼異樣的感覺。但是，在入蜀避難的唐明皇眼裏，這恒古不變的「月色」，他卻看出了不一樣來：「行宮見月傷心色」。夜裏的雨聲，風中的鈴聲，都是人們習以為常的自然現象，但是，在輾轉反側、夜不成寐的唐明皇的耳中，卻有不一樣的感覺：「夜雨聞鈴腸斷聲」。很明顯，詩人這是有意將人類「傷心」、「斷腸」等情緒心理移屬於非人的「月色」與「鈴聲」，屬於「移就」表達法。以這種表達法建構的修辭文本「行宮見月傷心色，夜雨聞鈴腸斷聲」，由於在邏輯與語法上都突破了漢語表達的規範，這就會使讀者在閱讀時產生疑惑，引發注意，並進而思索思考，從而加深對文本的印象，理解詩人如此表達的深刻用意：以此超乎尋常的表達凸顯唐明皇在失去楊貴妃後那種深切悲傷的心情與須臾難忘昔日恩愛情侶楊玉環的無限懷念之意。如果不以「移就」表達法予以表達，而是用常規的句法來表現，說成「行宮見月亦感傷，夜雨聞鈴眠不得」，雖然意思表達得很清楚，但是作為詩句來讀，文本就少了形象性與含蓄性，也就是沒了「詩味」。

可見，上引二句「行宮見月傷心色，夜雨聞鈴腸斷聲」，之所以有獨特的表達力，讓人有味之不盡的感覺，正是因為「移就」表達法從中助成。熟悉文學創作規律者都知道，文學作品中運用「移就」表達法是一種常見現象。特別是在中國古典詩歌創作中，「移就」表達法的運用則更是「司空見慣尋常事」。事實上，很多中國古典名句，都是詩人在「凝神觀照」、「物我一同」的「移情」心理作用下，通過「移就」表達法創造出來的。朱光潛先生曾經說過：「大地山河以及風雲星斗原來都是死板的東西，我們往往覺得它們有情感，有生命，有動作，這都是

移情作用的結果。比如雲何嘗能飛？泉何嘗能躍？我們卻常說雲飛泉躍。山何嘗能鳴？谷何嘗能應？我們卻常說山鳴谷應。詩文的妙處往往都是從移情作用得來。例如『天寒猶有傲霜枝』句的『傲』，『雲破月來花弄影』句的『弄』，『數峰清苦，商略黃昏雨』句的『清苦』和『商略』，『徘徊枝上月，空度可憐宵』句的『徘徊』、『空度』、『可憐』，『相看兩不厭，惟有敬亭山』句的『相看』和『不厭』，都是原文的精彩所在，也都是移情作用的實例。」認為人在聚精會神的觀照中，自己的情趣往往會與他所觀察的對象物的情趣發生往復回流，「有時物的情趣隨我的情趣而定，例如自己在歡喜時，大地山河都隨著揚眉帶笑，自己在悲傷時，風雲花鳥都隨著照黯淡愁苦。惜別時蠟燭可以垂淚，興到時青山亦覺點頭。有時我的情趣也隨物的姿態而定，例如睹魚躍鳶飛而欣然自得，對高峰大海而肅然起敬，心情濁劣時對修竹清泉即洗刷淨盡，意緒頹唐時讀《刺客傳》或聽貝多芬的《第五交響曲》便覺慷慨淋漓。物我交感，人的生命和宇宙互相回還震盪，全賴移情作用。」⑥可見，「移情」心理作用下的「移就」表達法，確實是詩歌語言表達中創造「詩味」的重要而有效的手段，是詩歌表達力的源泉之一。

3. 寂寞梧桐深院，鎖清秋：寂寞李後主

> 無言獨上西樓，月如鉤。<u>寂寞梧桐深院</u>，鎖清秋。
> 剪不斷，理還亂，是離愁；別是一般滋味，在心頭。
>
> ——南唐・李煜《烏夜啼》

眾所周知，文學是語言的藝術。朱光潛先生說：「文學的媒介是語言文字。語言文字的創造和發展往往與藝術很類似。照克羅齊看，語言自身便是一種藝術，語言學和美學根本只是一件東西。不說別的，單說語言文字的引申義。在各國語言文字中引申義大半都比原義用得更廣。引申義大半起源於類似聯想和移情作用，尤其是在動詞方面。例如『吹』、『打』、『行』、『走』、『站』、『誘』等原來都表示人或其他動物的動作，現在我們可以說『風吹雨打』、『這個辦法行』、『電

走了』、『車站住了』、『花香誘蝶』等等。古文中引申義更多，例如『子路拱之』的『拱』，引申為『眾星供北辰』的『拱』，『招我以弓』的『招』引申為『言易招尤』的『招』，『鯉趨而過庭』的『趨』引申為『世風愈趨愈下』的『趨』，『我欲仁斯仁至矣』的『欲』引申為『星影搖搖欲墜』的『欲』。這些引申義現在已用成習慣，我們不得覺其新鮮，但是創始者創一個引申義時，大半都帶有幾分藝術的創造性。整個的語言的生展就可以看成一種藝術。」⑥

確實是這樣，我們看許多文學作品特別是中國古典詩詞，常常會為作家創意造言的智慧所驚歎，為其「藝術創造性」的語言表達所折服。如上引南唐後主李煜《烏夜啼》一詞，其中就有很多具有「藝術創造性」的語言表達。「剪不斷，理還亂，是離愁」的設喻寫意，將無形之愁比作有形之絲，化抽象為具象，寫盡了一位亡國帝王的無限哀愁，讀之讓人為之浮想聯翩，感慨萬千。而「寂寞梧桐深院，鎖清秋」一句，則「拈連」與「移就」表達法並用（「寂寞」與「梧桐」、「深院」匹配，是「移就」；說「（鎖）深院」而連及「鎖清秋」，是「拈連」），將一位被囚禁的帝王內心的寂寞孤獨寫得淋漓盡致。

《烏夜啼》一詞，是詞人國亡被囚於北宋都城汴梁時所作，它「不僅寫盡了古往今來在外遊子的思鄉之苦，更兼詞人是個被囚的亡國之君，因此思鄉之苦情中更包蘊了一般人所無法體認到的刻骨銘心的亡國之恨，所以全詞讀來倍使人感到淒涼憂傷，有無限的藝術感染力。」⑥⑥前面我們已經說過，這首詞之所以有如此的表達力與感染力，除了設喻思路的新穎獨到以及拈連表達的自然貼切外，還與詞人運用「移就」表達法的成功巧妙有關。

我們都知道，「梧桐」是植物，「深院」是房舍，二者皆非有情感的人類，自然不會有「寂寞」的情感體驗。但是，詞人卻賦予二者以人類的情感性狀（「寂寞」），並在組詞成句時異乎尋常地突破漢語表達的邏輯與語法規則，將「寂寞」與「梧桐」、「深院」相匹配，從而建構出「寂寞梧桐深院」這一獨特的文本。很明顯，這是詞人運用「移就」表達法的結果。這一文本的建構，雖然從邏輯與語法上看是「悖理」、

「違法」的，但是從心理分析的角度看，則有其合理性。它是詞人李煜「在亡國之恨與思念鄉國的雙重痛苦情緒下凝神觀照自己被囚的庭院及院中的梧桐樹等景物中產生了移情心理作用，我的情趣與物的情趣出現了往復回流，並且在我的強烈的懷鄉念國的情感情緒主導下使『深院』、『梧桐』等非人無知的事物有了人所特具的生命情態——『寂寞』的情感體驗。」[67]正因為如此，「寂寞梧桐深院」的特異句法才顯得「無理而妙」，讀之讓人更覺意味無窮。因為從表達上看，非人無知的「梧桐」、「深院」被人格化，具有了人類所特有的生命情態（有「寂寞」的情感體驗），「使抽象的情感描寫具體化，文本的語言文字也由此添出了幾許的生動性、形象性的特質，整個修辭文本的藝術感染力也得到了提升」[68]；而從接受上看，「由於詞人建構修辭文本時將物我貫通交融為一體，物我情態渾然難分，接受者易於受其生動形象的修辭文本所感染，自然會在文本解讀欣賞中經由修辭文本的語言文字產生與詞人修辭文本建構時逆向的移情心理作用，進入與詞人修辭文本建構時凝神觀照、物我同一的相同情感情緒狀態——即『庭院』、『梧桐』與我渾然無分，俱感深深『寂寞』之情」[69]由此，詞人意欲傳染給讀者的哀傷情緒，以及意欲引發讀者情感共鳴的目標，都在「寂寞梧桐深院」一句中得以實現。從創意造言的角度看，這樣的表達明顯帶有「幾分藝術的創造性」，既增加了作品的「詩味」，又提升了讀者的接受興味。從「效果論」的角度看，這樣的表達無疑使作品的審美價值得到了大大提升。

4. 悲慘的皺紋，卻從他的眉頭和嘴角出現：悲天憫人的魯迅

> 她嚴肅地說：「你的父親原是一個鑄劍的名工，天下第一。……費了整三年的精神，煉成兩把劍。
>
> 「當最末次開爐的那一日，是怎樣駭人的景象呵！嘩啦啦地騰上一道白氣的時候，地面也覺得動搖。那白氣到天半便變成白雲，罩住了這處所，漸漸現出緋紅顏色，映得一切都如桃花。我家的漆黑的爐子裏，是躺著通紅的兩把劍。你父親用井華水

慢慢地滴下去，那劍嘶嘶地吼著，慢慢轉成青色了。這樣地七
日七夜，就看不見了劍。仔細看時，卻還在爐底裏，純青的，
透明的，正像兩條冰。

「大歡喜的光彩，便從你父親的眼睛裏四射出來：他取起劍，
拂試看，拂試者。然而悲慘的皺紋，卻從他的眉頭和嘴角出現
了。……『你只要看這幾天的景象，就明白無論是誰，都知道
劍已煉就的了，』他悄悄地對我說。『一到明天，我必須去獻
給大王。但獻劍的一天，也就是我命盡的日子。怕我們從此要
長別了。』……

——魯迅《故事新編·鑄劍》

這段文字，大家都不會陌生，它是魯迅歷史小說《鑄劍》（發表時
原名《眉間尺》）中的片斷。小說寫鑄劍工干將鑄劍成功而被國王殺害，
其子眉間尺為父報仇，最後在黑衣人的幫助下完成了心願。小說取材於
《列異傳》（託名三國魏文帝曹丕）、《搜神記》（東晉幹寶）等所記
載的「三王塚」的故事並加以藝術創造，是魯迅作品中非常奇特的一種。

上引一段文字，是寫干將之妻向其子眉間尺述說其父劍成身亡的原
因及其經過。這段文字寫得文從字順，沒有什麼不好懂的地方，但其中
有一句「悲慘的皺紋，卻從他的眉頭和嘴角出現了」，會讓讀者感到困
惑不解。眾所周知，「『皺紋』不是人，它是肌肉運動所產生的皮膚表
面的堆積，它不可能有『悲慘』這種情感情緒。」[70]但是，為什麼魯迅筆
下卻有了「悲慘的皺紋」這種說法呢？難道是魯迅寫錯了？肯定不是這
樣。仔細分析上下文，我們便會發現，這是魯迅有意突破漢語表達的邏
輯與語法規約，以「移就」表達法建構起來的修辭文本。它是「作家敘
事時沉浸於自己所塑造的人物命運之中，在凝神觀照敘寫人物命運處境
時產生了移情心理作用，我的情趣和物的情趣出現了往復回流，並且在
我的極度悲哀的情緒主導下使物的情趣隨我的情趣而流轉，於是非人無
知的『皺紋』便有了人的生命情態──『悲慘』的情緒情感表現。」[71]正
因為如此，這一修辭文本在表達上就有了化抽象為具象的效果，原本不

可揣摸的人物心理活動也得以洞見；同時，「修辭文本的語言文字也由此添出了幾許的生動性、形象性的特質，從而使修辭文本有了更強的藝術感染力」。⑫而從接受上看，由於文本是作者「移情」心理狀態下的產物，它將物我兩者之間的界限打通，讓「我的情趣」與「物的情趣」貫融一體，這就很容易使讀者在如此生動形象的文本感染下，「經由作家建構的修辭文本的語言文字而產生與作家文本建構時逆向的移情心理作用，進入與作家文本建構時凝神觀照、物我同一的相同情感情緒狀態——我即皺紋，皺紋即我，物我兩難分，俱在悲慘中」。⑬由此，作者與讀者的思想情感就形成了共鳴。讀者在理解作者表意企圖的同時，也經由作者所創造的文本再度發生了一次「移情」心理作用，仿佛化身為文本中的悲劇人物，從而在文本解構接受中獲得一種美的享受：一種悲情人生的體驗。

5. 吃了幾顆疲乏的花生米，灌幾壺冷淡的茶：錢鐘書筆下的世態人情

明天早上，辛楣和李梅亭吃了幾顆疲乏的花生米，灌幾壺冷淡的茶，同出門找本地教育機關去了。

——錢鐘書《圍城》

許多文學作品之所以能感人，就在於作家往往有化平淡為生動的手筆，有推己及人、推己及物的聯想想像能力。

化平淡為生動，有很多修辭技巧可以借鑒；推己及人的聯想能力，也就是平常我們所說的「將心比心」，一般正常人都有這個思維能力。作家在這方面的能力，也只是比平常人要略勝一籌而已，因為觀察生活、觀察人物乃是他們寫作的基本功課。推己及物的想像能力，也就是我們古人所說的「體物」能力。眾所周知，無生命的事物，要想寫活它們，那是非常不易的。但是，事實上古往今來的許多作家卻有很多人在這方面做得非常好。這是為什麼呢？無他。乃因他們善於「感到裏面去」，「把我的情感移注到物裏去分享物的生命。」⑭用德國哲學家黑格爾（Hegel）的話說，叫做：「藝術對於人的目的在讓他在外物界尋回自我。」⑮

而德國的另一位哲學家洛慈（Lotze）在他的《縮形宇宙論》（或譯成《小宇宙論》）裏對此說得更清楚：「凡是眼睛所見到的形體，無論它是如何微瑣，都可以讓想像把我們移到它裏面去而分享它的生命。這種設身處地地分享情感，不僅限於和我們人類相類似的生物，我們不僅能和鳥鵲一齊飛舞，和羚羊一齊跳躍，或是鑽進蚌殼裏面，去分享它在一張一翕時那種單調生活的況味，不僅能想像自己是一橡樹，享受幼芽發青或是柔條臨風的那種快樂；就是和我們絕不相干的事物，我們也可以外射情感給它們，使它們別具一種生趣。比如建築原是一堆死物，我們把情感假借給它，它就變成一種有機物，楹柱牆壁就儼然成為活潑潑的肢體，現出一種氣魄來，我們並且把這種氣魄移回到自己的心中。」⑯這話的意思，就是後來美學上所說「移情作用」論。

上引一段文字，是錢鐘書小說《圍城》中的一個片斷。雖然僅僅幾十個字，但一讀卻讓人印象深刻，覺得鮮活生動無比。究其原因，正是由於作者錢鐘書善於「體物」，善於「把我的情感移注到物裏去分享物的生命」的結果。

讀過《圍城》者都知道，上引這段文字，寫的是這樣一件事：趙辛楣、方鴻漸、李梅亭等一行五人，在前往國立三閭大學就職的途中，因半途路資耗盡，打電報讓校長高松年匯來一筆款子，卻因找不到熟人擔保而不能從郵局領出。趙、李二人為此奔走多日，不僅求助無門，而且還嘗盡了在異鄉被人冷落的滋味。這個故事情節很簡單，如果直筆敘述出來，也沒什麼值得讀者回味的地方。但是，作者錢鐘書沒有直筆敘事，而是運用「移情作用」的心理學原理，以「移就」表達法表而出之。

眾所周知，「疲乏」、「冷淡」，都是人的生命體驗，「花生米」與「茶」皆為無知非人類的事物，自然不可能有「疲乏」、「冷淡」等感受。然而，作者錢鐘書卻突破漢語表達的邏輯與語法規約，寫出了諸如「疲乏的花生米」、「冷淡的茶」這種超常的句子，這明顯是一種修辭行為，是將人的性狀移注於物的「移就」表達法。這種表達雖「悖理」、「違法」，但在表達上卻有獨特的效果。因為「花生米」與「茶」被人格化，它們便具有了人的生命情態。這樣，「一方面使修辭文本的

語言文字別添了許多的生動性、形象性的特質，另一方面也於生動形象
的語言文字中強調凸顯出趙、李二人身心疲乏、備感人情冷淡的情緒感
受，使修辭文本具有了更強的藝術感染力」。[77]而從接受上看，「由於作
家所建構的修辭文本是將物我打通，物的情趣與我的情趣融為一體而不
可分，這就易使接受者在文本解讀欣賞中經由文本生動形象的語言文字
而產生與作家文本建構時逆向的移情心理作用，進入與作家修辭文本建
構時凝神觀照、物我同一的相同情感情緒狀態——即物我不分，身心麻
木到不知是人感到疲乏和冷淡，還是花生米和茶感到疲乏和冷淡的忘情
狀態，由此達到與作家的思想情感共鳴」。[78]也就是說，經由作者所創造
的修辭文本，讀者在解構欣賞中可以獲得一種美感享受：一種源於文本
解構欣賞中體會到的「世態炎涼」的苦澀人生經驗。

五、五官感覺的交響曲：通感的表達力

　　說寫表達中，臻至「狀難寫之景，如在目前」的境界，除了通過上
述「比喻」、「比擬」、「示現」、「移就」等表達法可以助成外，「通
感」表達法的有效運用，也有很好的表達力和意想不到的獨特效果。

　　在論述「通感」表達法的表達力之前，我們有必要先簡要介紹一下
「通感」的概念及其含義。

　　「通感」，是一個心理學上的術語，指的是一種重要的心理現象，
是「聯想」的一種特殊形式。如果再說得具體點，就是指「五官感覺在
感受中互相挪移，各感官交相為用，互換該官能的感受領域」。[79]我們都
知道，「本來，人的各種感覺器官對於外物的感知是各有所司的，如耳
主聽聲，眼主看形，鼻主嗅味等等」。[80]這就像《莊子・天下》篇所言：
「譬如耳目鼻口，皆有所明，不能相通。」意思是說，「各種感覺器官
是有分工的，我們不能把它們混在一起。」[81]不過，事物總是具有兩面性
的，這一點我們必須要有足夠的認識。著名美學家蔣孔陽先生曾經指出：

「人是一個有機的生命整體。各種感覺器官雖有分工，但它們之間並不是相互割裂，互不相通。以為光線或聲音，可以單獨地或純粹地被視覺或聽覺所感知，而不和其他方面的感官發生關係，這是不可能的。根據心理學家的實驗，給人戴上一副光線顛倒的眼鏡，於是整個世界在他面前顛倒過來了。視覺發生了這一變化，他的其他感官也隨之發生混亂。腳老是踩不到要走的地方，手老是摸不到要摸的地方。等過了一個禮拜，受驗者習慣了，各種感官配合好了，一切似乎正常了。這時，再把他的眼鏡取掉，恢復他原來的正常狀態。但是，他卻重新經歷一次混亂的狀態，他因為已經習慣於把不正常當成正常，所以正常反而成了不正常。要經過一段時間，他的各種感官才會恢復正常，重新協調。因此，一種感官的變化，常會引起其他感官的變化。我們平時是在大腦神經中樞分析器的指揮下，同時發揮各種感官的作用，相互協作，相互溝通，然後才能生活和工作的。這樣，各種感官不僅有區別、有分工，它們之間還有協作，還有相互的影響和相互的溝通，這就是通感。」⑧正因為如此，「通感」還有一個別稱，叫做「聯覺」。

作為一種重要的心理現象，「通感」的發生是有其特定的生成機制的。就目前學術界的共識看，一般都認為「通感」心理現象的發生，「是大腦皮層各區域之間通過縱橫交錯的神經通道所形成的內在聯繫和複雜的對應關係，是各種分析器在經驗中所建立的特殊聯繫的結果。人的各種感官及其縱向聯繫的大腦皮層相關區域原是各司其職的，某一感官的感覺原是一種單向性的印象。如刺激物作用於視感官，通過傳入神經傳導到大腦皮層視覺中樞和視覺性語言中樞，產生視覺反應，形成視覺形象，不會產生聽覺的或其他感覺的反應。但是，由於大腦皮層是種有層次、成系統的整體結構，各區域之間既有分工，又有橫向的聯繫，並且可以互相作用、相互啟動。當某一感官接受刺激，將信息通過傳入神經傳導到大腦皮層的相應部位後，不僅使該區域發生興奮、運動，也不僅調動該區域原已貯存的信息，引起相應的反應，而且還通過大腦皮層內部的神經通道，橫向地向其他區域伸展，使其他相關的區域也興奮、運動起來，激起相應的興奮線，並且還使其他區域的神經聯繫也復活起來，

共同參與反應，於是由一種感覺、知覺引起多種感覺、知覺，由大腦皮層某一區域的興奮引起其他區域的同時興奮，或某一區域的興奮由其他區域的興奮而得到加強，通感、聯覺也就此產生。所以，通感是被大腦皮層內部的橫向聯繫決定的，是大腦皮層各區域間相互作用，同時興奮的結果。」[83]

　　所謂「通感」表達法，是指「人們日常生活中視覺、聽覺、觸覺、嗅覺、味覺等各種感覺往往可以有彼此交錯相通的心理經驗，於是，在說寫上當表現屬於甲感覺範圍的事物印象時，就超越它的範圍而描寫成領會到的乙感覺範圍的印象，以造成新奇、精警的表達效果。如有些聲音給人『明亮』或『甘甜』的感覺，有些顏色引起『冷』或『暖』的感覺。憑藉通感，藝術家可以突破對事物的一般經驗的感受，而獲得更精深微妙的體會，從而探尋到清新奇異的表現形式。」[84]而以「通感」表達法建構的文本，我們一般稱之為「通感」修辭文本。

　　由於「通感」修辭文本的建構，是「基於人們日常生活中的各種感覺的交錯相通的心理經驗，是表達者以此為憑藉努力突破常規語言表達模式而尋求新異、生動、精警的表達效果，以此提升接受者文本接受的興趣，激發出接受者的豐富聯想，從而加深對其所建構的修辭文本的印象和理解程度，提高修辭文本的審美價值的一種心理期望表現。」[85]因此，一般說來，運用「通感」表達法建構的修辭文本，「在表達上，具有十分鮮明的新異、生動、精警的獨特效果；在接受上，深具引人入勝、令人回味，拓延接受者思維聯想空間，豐富和提升修辭文本內涵和審美價值的效果。」[86]

　　正因為「通感」表達法是文學創作的重要手段之一，而且有獨特的表達效果，所以在古今文人筆下，「通感」修辭文本的建構屢見不鮮。下面我們就從古今文學作品中予以舉例，並分析其獨特的表達力。

1. 霜重鼓寒聲不起：李賀耳中的鼓聲

　　黑雲壓城城欲摧，
　　甲光向日金鱗開。

角聲滿天秋色裏，

塞上燕脂凝夜紫。

半卷紅旗臨易水，

霜重鼓寒聲不起。

報君黃金臺上意，

提攜玉龍為君死。

　　　　　　　　　——唐‧李賀《雁門太守行》

　　上引這首詩，是「寫唐朝將士在邊遠苦寒的危城中作艱難卓絕的堅守之動人情景，表達了詩人對保疆衛國的忠勇將士的高度崇敬之情。」⑧詩的本事，已不可考。清人王琦《李長吉歌詩匯解》有云：「按《樂府詩集》，《雁門太守行》乃《相和歌‧瑟調》三十八曲之一，古詞備述洛陽令王渙德政之美，而不及雁門太守事，所未說也。若梁簡文帝之作，始言邊城征戰之思，長吉所擬，蓋祖其意。」但是，也有現代學者認為，此事所寫當有所本。指出：「李賀生活的時代藩鎮叛亂此伏彼起，發生過重大的戰爭。如史載，元和四年（809），王承宗的叛軍攻打易州和定州，愛國將領李光顏曾率兵馳救。元和九年，他身先士卒，突出、衝擊吳元濟叛軍的包圍，殺得敵人人仰馬翻，狼狽逃竄。」並據此認為，「從有關《雁門太守行》這首詩的一些傳說和材料推測，可能是寫平定藩鎮叛亂的戰爭。」⑧

　　關於這首詩所寫內容是否所有本，其實並不重要。重要的是，這首詩在唐人寫戰爭的詩作中非常有名，卻是事實。歷代學者對於這首詩都有評論，而且還出現了爭論。如關於詩的開頭兩句，宋人王安石是持批評態度，說「此兒誤矣！方黑雲壓城，豈有向日之光也？」而明人楊慎則說：「予在滇，值安鳳之變，居圍城中，見日暈兩重，黑雲如蛟在其側，此信賀之詩善狀物也。」批評王安石是「宋老頭巾不知詩」。（見《升庵詩話》）至於此詩的藝術特色，有學者評論說：「一般說來，寫悲壯慘烈的戰鬥場面不宜使用表現穠豔色彩的詞語，而李賀這首詩幾乎句句都有鮮明的色彩。其中如金色、胭脂色和紫紅色，非但鮮明，而且

穠豔，它們和黑色、秋色、玉白色等等交織在一起，構成色彩斑斕的畫面。詩人就像一個高明的畫家，特別善於著色，以色示物，以色感人，不只勾勒輪廓而已。他寫詩絕少運用白描手法，總是借助想像給事物塗上各種各樣新奇濃重的色彩，有效地顯示了它們的多層次性。有時為了使畫面變得更加鮮明，他還把一些性質不同甚至互相矛盾的事物糅合在一起，讓它們並行錯出，形成強烈的對比。例如用壓城的黑雲暗喻敵軍氣焰囂張，借向日之甲光顯示守城將士雄姿英發，兩相比照，色彩鮮明，愛恨分明。」[89]這種分析誠然不錯，可惜遺漏了重要的一點，這就是此詩善於運用「通感」表達法摹情寫物的特色。

　　在這首短短八句五十六字的詩中，詩人共建構了兩個「通感」修辭文本：一是「黑雲壓城城欲摧」，二是「霜重鼓寒聲不起」。「前者是極寫戰爭氣氛的緊張，後者是渲染戰爭環境的艱苦和暗示戰爭失利的淒慘」。[90]我們都知道，「雲」是視覺形象，「壓」是觸覺之感。詩人說「黑雲壓城城欲摧」，這明顯是「根據日常生活的心理經驗將視覺和觸覺打通的結果」。[91]我們也知道，「霜」是視覺感知的對象，「鼓聲」是聽覺感知的結果，而「重」和「寒」則皆為觸覺的感知。詩人說「霜重鼓寒聲不起」，這分明是「將視覺、聽覺、觸覺三者打通融貫一氣的產物」。[92]由此可見，「黑雲壓城城欲摧」與「霜重鼓寒聲不起」二句，是詩人基於「日常生活中有視覺、聽覺、觸覺三者交通的心理經驗」而建構起來的「通感」修辭文本。這種文本的建構，從詩人的角度看，它是「基於一種努力突破語言表達的邏輯常規模式以求新異、生動、精警的表達效果，引發接受者的接受興味，從而深刻理解其文本建構的內涵用意，提升修辭文本的審美價值之心理預期」。[93]那麼，詩人的這種心理預期是否已經達到了呢？關於這一點，我們可以從文本表達與接受兩個方面來看。「從表達上看，視覺形象的『黑雲』與觸覺體驗上的『壓』貫通一氣，形象地再現了將士們所守之城的危急狀態，突出了未曾開戰便見殘酷艱苦的戰爭性質；視覺形象上的『霜』與觸覺體驗上的『重』的交錯相通、聽覺形象上的『鼓聲』與觸覺體驗上的『寒』的貫通交纏，含蓄而突出地呈現了戰地的艱苦環境和將士們戰爭失利後的淒慘心情。

這樣，兩個修辭文本在表達上便鮮明地凸顯出了生動、精警的效果。從接受上看，由於詩人所建構的上述兩個修辭文本，是將視覺、聽覺、觸覺三者各個糾結貫通一氣，接受者在文本接受解讀中會為文本的違悖邏輯情理而困惑，進而引發文本接受、探索的興味，拓展開思維聯想的空間，並憑藉自己的生活經驗補充、豐富修辭文本所描寫的內容，勾勒出更加波瀾壯闊的戰爭場面和殘酷的戰鬥情景，從而在客觀上提升了修辭文本的審美價值」。[94]由此，在最大限度內，讓讀者充分領會到詩人文本建構的深刻用意：孤軍堅守危城是何等艱難，短兵相接的戰爭是多麼的殘酷，將士們為國英勇獻身的思想境界是多麼的崇高！

2. 波心蕩、冷月無聲：姜夔眼中的秋月

> 淮左名都，竹西佳處，解鞍少駐初程。過春風十里，盡薺麥青青。自胡馬窺江去後，廢池喬木，猶厭言兵。漸黃昏，清角吹寒，都在空城。
> 杜郎俊賞，算而今，重到須驚。縱豆蔻詞工，青樓夢好，難賦深情。二十四橋仍在，波心蕩、冷月無聲。念橋邊紅藥，年年知為誰生？
>
> ——宋·姜夔《揚州慢》

上引這首詞，是南宋詞人姜夔於宋孝宗淳熙丙申（1176）至日過揚州時所作。這時，距金主完顏亮南犯已經整整十五年。駐馬揚州，詞人「感懷揚州昔日的繁華和南宋建炎三年（1129）和紹興三十一年（1161）兩次被金人洗劫焚掠一空後的慘景，撫今追昔，寄予了無限的傷亂之情。」[95]對於此，作者在詞的小序中說得非常清楚：「淳熙丙申至日，予過揚州，夜雪初霽，薺麥彌望。入其城則四顧蕭條，寒水自碧。暮色漸起，戍角悲吟。予懷愴然，感慨今昔，因自度此曲，千岩老人以為有黍離之悲也。」全詞除了抒發對昔日「春風十里揚州路」的繁華的懷念和對今日「國破山河殘」的哀傷之情外，「也深刻地反映了作者對當時的社會政治的認識和態度。含蓄蘊藉地批判了南宋統治者實行的苟安江左

的政策。」⑯

　　這首詞除了思想深刻，有發人深省的震撼力外，在創意造言方面也有令人印象深刻的地方。其中，最突出的有兩處：一是詞上闋的「漸黃昏，清角吹寒，都在空城」一句，二是詞下闋的「二十四橋仍在，波心蕩、冷月無聲」一句。前句的「清角吹寒」，將「清角（之聲）」與「寒」匹配，明顯突破了漢語表達的邏輯與語法規約，看起來是「悖理」、「違法」之言，令人不可理喻。其實，這是詞人將聽覺與觸覺打通融貫一體的結果（「清角」指「號角聲」，是聽覺形象；「寒」則是一種體感，是觸覺感知），屬於典型的「通感」表達。後句的「冷月無聲」，將「月」與「冷」、「聲」搭掛組合，亦是「悖理」、「違法」的異常表達，令人為之困惑。其實，這也是「通感」表達法的運用。不過，相較於前句，此句在「通感」表達上更為複雜。它既將聽覺與觸覺打通（「無聲」是聽覺感知的結果，「冷」是觸覺體驗），又牽連上視覺（「月」是視覺形象）。由此形成了聽覺、視覺、觸覺三者融貫一體的聯覺形象。那麼，詞人為什麼會創造出這樣多種感覺相貫通的「通感」修辭文本呢？究其原因，恐怕既與詞人日常生活中有聽觸覺、視觸覺交互溝通的心理經驗有關，還與詞人創意造言的努力目標有關。這個目標便是，詞人試圖通過「通感」表達法，以突破漢語表達的邏輯與語法規約的形式，「求得表達的生動、新異、精警之效果，激發接受者文本接受、探索的興味，引導接受者對其所建構的修辭文本的深刻用意作深入的把握」。⑰

　　結合整首詞的內容，分析這兩個「通感」修辭文本，我們不難發現，詞人上述創意造言的努力目標是實現了。因為這兩個「通感」修辭文本的建構，從表達上看，由於詞人將聽覺感知的「角聲」與觸覺體驗的「寒」，將視覺形象上的「月」與觸覺體驗上的「冷」及聽覺感知上的「無聲」，都一一打通貫融，這「不僅生動地凸顯出詞人睹廢城而心淒切的情感體驗，而且文本表達上也別添了新異、精警的效果」。⑱從接受上看，由於詞人建構的文本將聽覺與觸覺、聽覺與視覺及觸覺各各貫通交融在一起，組配出的「清角吹寒」、「冷月無聲」，有違漢語表達的

語法規則,「突破了人們慣常的語言搭配的邏輯定式,這就使接受者在文本接受時發生理解上的困惑,從而自然引發出其文本接受中的探索解惑興味,拓展開思維聯想的空間」,⑨⑨從而在詞人所建構的文本基礎上,「運用自己的生活經驗去補充、豐富原文本的內容,勾勒出自己所實際不曾見過的也是與表達者文本中所描繪出的揚州有別的繁華的昔日圖畫和淒慘敗落的今日情景,從中對比聯想,生發出無限的感時傷亂情懷,從而加深對表達者文本建構真實用意的理解把握」,⑩⑩即在今昔情境對比中,「不著一字」地批判了南宋統治者不思進取、無意恢復中原的苟且偷安作為。

3. 雪下面還有冷綠的雜草:魯迅筆下的雪草

> 江南的雪,可是美豔之至了。那是還在隱約著的春的消息,是極壯健的處子的皮膚。雪野中有血紅的寶珠山茶,白中隱青的單瓣梅花,深黃的磬口的臘梅花;雪下面還有冷綠的雜草,蝴蝶確乎沒有,蜜蜂是否來采山茶花和梅花的蜜,我可記不真切了。但我的眼前仿佛看見冬花開在雪野上,有許多蜜蜂忙碌地飛著,也聽得見他們嗡嗡地鬧著。在這片蘊藏生機與春意的雪景中,有小孩子在大人的幫助下雕塑雪羅漢的場景,整個雪景充滿了生機與歡樂。
>
> ——魯迅《雪》

　　上引一段文字,是魯迅散文《雪》中的片斷,寫記憶中江南的雪,讀之讓人仿佛有一種身臨其境,如睹其景的感覺。因此,歷來許多文學評論家與讀者都特別欣賞,認為這是魯迅作品中非常特別的類型,帶有一種中國古典詩詞的意境。特別是其中的一句「雪下面還有冷綠的雜草」,則更令人玩味,覺得意趣無窮。

　　那麼,這句寫景的文字為何這樣具有魅力呢?

　　無他。乃是作者運用「通感」表達法較為成功的結果。

　　我們都知道,「冷」是一種體感經驗,屬於觸覺感知;「綠」是一

種顏色，是眼睛感知的結果，屬於視覺感知。從人的感覺器官的分工來說，「冷」、「綠」兩種感知是互不聯屬的。可是，在實際的生活經驗中，人們卻常常會有視覺與觸覺、視覺與聽覺等多種知覺交互溝通的心理經驗，這是一種普遍的心理現象，亦即前面我們說過的「通感」。「通感」既然是人類一種普遍的心理現象，那麼就必然在人類語言活動中有所體現。因為「語言是思維的工具」，是「思想的直接現實」。在漢語辭彙庫中，我們經常會發現諸如「熱鬧」、「尖叫」、「清香」、「甜美」、「圓潤」等詞語。這些詞語的出現並非偶然，都是人們在語言表達中經由「通感」的心理經驗而創造出來的。對此，錢鍾書先生曾經作過這樣的闡釋：「在日常經驗裏，視覺、聽覺、觸覺、味覺往往可以彼此打通或交通，眼、耳、舌、鼻、身各個官能的領域可以不分界限。顏色似乎會有溫度，聲音似乎會有形象，冷暖似乎會有重量，氣味似乎會有鋒芒。諸如此類在普通語言裏經常出現。譬如我們說『光亮』，也說『響亮』，把形容光輝的『亮』字轉移到聲響上去，就仿佛視覺和聽覺在這一點上無分彼此。又譬如『熱鬧』和『冷靜』，那兩個成語也表示『熱』和『鬧』、『冷』和『靜』在感覺上有通同一氣之處，牢牢結合在一起；因此，范成大《百湖詩集》卷二九《親鄰招集，強往即歸》可以來一個翻案：『已覺笙歌無暖熱，仍憐風月太清寒。』我們說紅顏色比較『溫暖』，而綠顏色比較『寒冷』，──只要看『暖紅』、『寒碧』那兩個詩詞套語，也屬於這一類。培根曾說，音樂的聲調搖曳（the quavering upon a stop in music）和光芒在水面上浮動（the playing of light upon water）完全相同，『那不僅是比喻（similitudes），而且是大自然在不同事物上所印下的相同的腳跡（the same footsteps of nature，treading or printing upon several subjects or matters）。』那可以算是哲學家對通感的巧妙描寫。」[20]由此可見，無論是在漢語中，還是在其他語言中，語言表達與文學創作中運用「通感」表達法來狀物摹情乃是普遍現象。

瞭解到這一層，我們對上引魯迅《雪》文中的句子「雪下面還有冷綠的雜草」，其在創意造言上的表現就能了然於心了。魯迅之所以將「冷綠」與雪下的「雜草」相匹配，正是因為他日常生活中有視覺與觸覺相

互溝通交融的心理經驗。於是,在凝神觀照記憶中的江南之雪時,出現了物我往復回流的現象,「我」對雪的觸覺感知「冷」不自覺地與雜草的視覺形象「綠」聯通貫融,由此創造出「雪下面還有冷綠的雜草」這樣一個「通感」修辭文本。這一文本,由於在表達上突破了常規的漢語表達的邏輯與語法規約,表達形式上有新異性的特質,因此就極易在讀者的文本解讀欣賞中受到關注。而當讀者經由文本的語言文字的「媒合作用」進入作者創作時「通感」生成的思維狀態,就會產生一種身臨其境的感覺,仿佛如睹雜草之「綠」,如感冰雪之「冷」。由此,在文本解讀欣賞中獲得更多的審美享受。

4. 水卻儘是這樣冷冷地綠著:朱自清的秦淮河水

> 這時正是盛夏。我們下船後,藉著新生的晚涼和河上的微風,暑氣已漸漸消散;到了此地,豁然開朗,身子頓然輕了——習習的清風荏苒在面上,手上,衣上,這便又感到了一縷新涼了。南京的日光,大概沒有杭州猛烈;西湖的夏夜老是熱蓬蓬的,水像沸著一般,秦淮河的水卻儘是這樣冷冷地綠著。任你人影的憧憧,歌聲的擾擾,總像隔著一層薄薄的綠紗面冪似的;它儘是這樣靜靜的,冷冷地綠著。
>
> ——朱自清《槳聲燈影裏的秦淮河》

南京的秦淮河,就如杭州的西湖一樣,自古以來就是文人的最愛。這裏有很多文人的風流韻事,也有很多歌風弄月的詩章;這裏有達官貴人陶醉於山水之間的快樂,也有風塵女子承歡賣笑的辛酸……

秦淮河是一條人文歷史的河,也是一條風光景觀的河。雖然在知名度方面,秦淮河不及西湖,但它的風光,特別是夜景,則絲毫不輸給西湖。謂予不信,請讀朱自清《槳聲燈影裏的秦淮河》,相信你會為秦淮河而著迷。

上引一段文字,是朱自清寫秦淮河夏夜風韻的片斷,雖然著墨不多,但已讓人對秦淮河的夏夜生出了無限的憧憬之情。特別是其中的兩句

（「秦淮河的水卻儘是這樣冷冷地綠著」、「它儘是這樣靜靜的，冷冷地綠著」），寫到秦淮河的河水，則更讓人印象深刻，遐思無盡。

那麼，這兩句何以有如此的表達力呢？

無他。乃因作者運用「通感」表達法相當成功。

我們都知道，「冷」是一種觸覺感知，「綠」是一種視覺感知。因此，在一般情況下，這兩種知覺不會彼此交通混雜。如果用語言形容河水，我們要麼說「冰冷的河水」，要麼說「青綠的河水」，而不會說「河水冷冷地綠著」。因為用「冷冷」修飾「綠」，這在漢語表達中既不合邏輯，也不合語法。然而，作者就是明明白白地這樣寫了，而且還重複地寫了第二次。這說明作者這樣寫不是無意間的誤寫，而是有意而為之的修辭行為。從心理學的角度分析，這是作者在凝神觀照秦淮河水時，意識中出現了物我往復回流的現象，「物的情趣」（秦淮河水）隨著「我的情趣」（夜涼的感知）而流轉，並因為日常生活中有視覺與觸覺交互溝通的心理經驗，遂在「通感」心理作用下建構出上述兩個「通感」修辭文本。

這兩個「通感」修辭文本的建構，從表達上看，由於作者將觸覺的「冷」與視覺的「綠」打通貫融為一體，在語言表達形式上直接讓「冷冷」做了「綠」的修飾語，這就使抽象概念的「綠」有了具象的特性，表達上就有化抽象為具象的效果，文本就顯得形象性增強；在接受上，由於「冷冷地綠著」突破了漢語表達的邏輯與語法規約，作為文本刺激物，就有了新異性的特質，因而就極易引發讀者的注意，從而加深對文本的印象與對文本意涵的深刻理解。由此可見，「冷冷地綠著」不是一個犯有語法或邏輯錯誤的句子，而是作者創意造言的修辭文本，對於表現夏夜秦淮河水清綠涼爽的特點起了非常好的作用。

5. 綠色的風，帶著薄荷般的清涼：杏林子臉上吹著的風

在山上住了將近十年，十年的歲月如一溜煙雲。愈來愈怕下山，愈來愈怕去面對那個煩囂喧鬧的城市，每去一趟臺北，就急急想逃回來，車子只要一彎上青潭的路，一看到我的山，我的心

便歡喜跳躍。

而綠色的風，帶著薄荷般的清涼。

　　　　　　　　　　　　——杏林子《重入紅塵》

　　文學作品要想有引人入勝的表達效果，作者就必須要有創意造言的智慧。

　　上引一段文字，是臺灣女作家杏林子《重入紅塵》中的片斷。「此文是抒寫現代都市人熱愛自然、渴望回歸大自然的真切情感。」⑩我們所引的這一段，既是文章的起首部分，也是揭示全文主旨的關鍵字。其中，「綠色的風，帶著薄荷般的清涼」一句，尤能凸顯這一全文主旨，也最能體現作者創意造言的智慧，因此讀來格外耐人尋味。

　　那麼，這句話何以有如此的表達力呢？

　　原來作者這裏運用了「通感」表達法。

　　我們都知道，「風」是由空氣流動所形成的，對「風」的感知乃是觸覺器官的職能。而「綠色」則是一種顏色，是人的視覺感知。也就是說，「風」與「綠色」是互不聯屬的兩種知覺。但是，在作者筆下，這兩種本來互相區隔的知覺卻被揉合到一起，並以「綠色的風」這一語言形式予以表現。這種表達，很明顯是基於作者日常生活中觸覺與視覺交互溝通的心理經驗而建構起來的，是一種「通感」修辭文本。

　　這一修辭文本的建構，從表達上看，視覺感知的「綠色」與觸覺體驗的「風」相匹配，既有化抽象為具象的效果，又使文本彰顯出新異、精警的魅力。從接受上看，由於「綠色的風」這一表達形式突破了漢語表達的邏輯與語法規約，這就使作為「刺激物」的文本有了新異性的特質，容易引發讀者的注意。同時，還會讓讀者「由這一語言表達方式的違悖邏輯的特點而生發出困惑，從而激發出其文本接受解讀中的探索解惑興味，拓展開思維聯想的空間，運用自己的生活經驗，補充、豐富表達者所建構的原文本的內容意象」，⑩從而產生「一千個讀者有一千種解讀」的效應，複現出一幅幅生機盎然、綠意無限的山中景致圖，讓讀者在文本解讀中體驗到一種悠閒山居生活的自然天趣。

　　由此可見，善於運用「通感」表達法，對於提升文學作品的魅力是助益甚大的。事實上，古今中外許多優秀作家所創作出來的優秀作品，都與善用「通感」表達法有關。如宋代作家宋祁的《玉樓春》中有「綠楊煙外曉寒輕，紅杏枝頭春意鬧」二句，歷代學者與文人都對之讚不絕口。其實，這兩句都是詩人運用「通感」表達法建構出來的。前句的「綠楊如煙」是視覺形象，「寒」和「輕」則都是觸覺感知（前者是溫度覺，後者是重量覺）。後句的「紅杏盛開」是視覺形象，「鬧」則是聽覺感知。但是，詩人在表現花紅柳綠、春光無限的意境時，卻不循規蹈矩地按照漢語表達的邏輯與語法規約遣詞造句，而是基於日常生活中有視覺與觸覺、視覺與聽覺交互溝通的心理經驗，將各種知覺融貫為一體，並以「悖理」、「違法」的語言形式予以呈現。由此，不僅使詩句有了化抽象為具象的效果，詩句的形象性、生動性大大增強；而且還讓讀者在解讀文本時有了更多的想像空間，從而大大提升了文本的審美價值。又如宋代女詞人李清照《浣溪沙》詞有云：「小院閑窗春色深，重簾未卷影沉沉，倚樓無語理瑤琴。」《小重山》詞有云：「花影壓重門，疏簾鋪溶月，好黃昏。」也是很有名的「通感」修辭文本，它們都是「由對花影的視覺光波感引起『沉沉』的重量感，並由重量感再轉為壓迫感」而建構出來的。⑩另外，反映在漢語中的一些綜合辭彙如「熱鬧」、「冷靜」、「響亮」、「甜美」、「圓潤」等等，也是由不同知覺交互溝通形成的，亦屬於「通感」表達法的運用。

注釋

① 吳禮權《現代漢語修辭學》第 101 頁，復旦大學出版社，2006 年 11 月。

② 林語堂《中國人》（郝志東等譯）第 62 頁，浙江人民出版社，1988 年 10 月。

③ 吳禮權《現代漢語修辭學》第 101 - 102 頁，復旦大學出版社，2006 年 11 月。

④ 林語堂《中國人》（郝志東等譯）第 66 - 67 頁，浙江人民出版社，1988 年 10 月。

⑤ 吳禮權《現代漢語修辭學》第 64 頁，復旦大學出版社，2006 年 11 月。

⑥ 陳望道《修辭學發凡》第 72 頁，上海教育出版社，1997 年 12 月版。

⑦ 吳禮權《現代漢語修辭學》第 64 - 65 頁，復旦大學出版社，2006 年 11 月。

⑧ 吳禮權《現代漢語修辭學》第 65 頁，復旦大學出版社，2006 年 11 月。

⑨ 吳禮權《現代漢語修辭學》第 66 頁，復旦大學出版社，2006 年 11 月。

⑩ 譚永祥《漢語修辭美學》第 285 - 286 頁，北京語言學院出版社，1992 年 12 月。

⑪ 吳禮權《現代漢語修辭學》第 67 頁，復旦大學出版社，2006 年 11 月。

⑫ 《文學報》1982 年 10 月 14 日第 2 版，轉引自譚永祥《漢語喻修辭美學》第 287 頁，北京語言學院出版社，1992 年 12 月。

⑬ 吳禮權《語言策略秀》第 21 - 22 頁，上海文化出版社，2008 年 6 月。

⑭ 吳禮權《語言策略秀》第 22 頁，上海文化出版社，2008 年 6 月。

⑮ 吳禮權《語言策略秀》第 22 頁，上海文化出版社，2008 年 6 月。

⑯ 吳禮權《語言策略秀》第 20 頁，上海文化出版社，2008 年 6 月。

⑰ 吳禮權《修辭心理學》第 176 頁，雲南人民出版社，2002 年 1 月。

⑱ 陳望道《修辭學發凡》第 117 頁，上海教育出版社，1997 年 12 月版。

⑲ 吳禮權《修辭心理學》第 176 - 177 頁，雲南人民出版社，2002 年 1 月。

⑳ 《唐詩鑒賞辭典》第 355 頁，上海辭書出版社，1983 年 12 月。

㉑ 吳禮權《修辭心理學》第 179 頁，雲南人民出版社，2002 年 1 月。

㉒ 吳禮權《修辭心理學》第 179 - 180 頁，雲南人民出版社，2002 年 1 月。

㉓ 吳禮權《修辭心理學》第 178 頁，雲南人民出版社，2002 年 1 月。

㉔ 吳禮權《修辭心理學》第 178 頁，雲南人民出版社，2002 年 1 月。

㉕ 吳禮權《修辭心理學》第 178 - 179 頁，雲南人民出版社，2002 年 1 月。

㉖ 沈謙《林語堂與蕭伯納——看文人妙語生花》第 49 頁，臺灣九歌出版社，1999 年 3 月。
㉗ 吳禮權《語言策略秀》第 37 頁，上海文化出版社，2008 年 6 月。
㉘ 沈謙《林語堂與蕭伯納——看文人妙語生花》第 48 頁，臺灣九歌出版社，1999 年 3 月。
㉙ 沈謙《林語堂與蕭伯納——看文人妙語生花》第 54 頁，臺灣九歌出版社，1999 年 3 月。
㉚ 吳禮權《修辭心理學》第 181 頁，雲南人民出版社，2002 年 1 月。
㉛ 吳禮權《修辭心理學》第 181 頁，雲南人民出版社，2002 年 1 月。
㉜ 吳禮權《修辭心理學》第 181 頁，雲南人民出版社，2002 年 1 月。
㉝ 吳禮權《修辭心理學》第 181 － 182 頁，雲南人民出版社，2002 年 1 月。
㉞ 陳望道《修辭學發凡》第 124 頁，上海教育出版社，1997 年 12 月版。
㉟ 陳望道《修辭學發凡》第 124 頁，上海教育出版社，1997 年 12 月版。
㊱ 陳望道《修辭學發凡》第 124 頁，上海教育出版社，1997 年 12 月版。
㊲ 陳望道《修辭學發凡》第 124 － 125 頁，上海教育出版社，1997 年 12 月版。
㊳ 吳禮權《修辭心理學》第 93 頁，雲南人民出版社，2002 年 1 月。
㊴ 吳禮權《修辭心理學》第 94 頁，雲南人民出版社，2002 年 1 月。
㊵ 吳禮權《修辭心理學》第 94 頁，雲南人民出版社，2002 年 1 月。
㊶ 吳禮權《修辭心理學》第 94 頁，雲南人民出版社，2002 年 1 月。
㊷ 朱東潤主編《中國歷代文學作品選》中編第二冊第 452 頁，上海古籍出版社，1982 年 2 月。
㊸ 吳禮權《修辭心理學》第 56 － 57 頁，雲南人民出版社，2002 年 1 月。
㊹ 沈謙《修辭學》第 205 頁，臺灣空中大學印行，1996 年。
㊺ 朱東潤主編《中國歷代文學作品選》中編第一冊第 86 頁，上海古籍出版社，1980 年 1 月。
㊻ 吳禮權《修辭心理學》第 95 頁，雲南人民出版社，2002 年 1 月。
㊼ 吳禮權《修辭心理學》第 95 － 96 頁，雲南人民出版社，2002 年 1 月。
㊽ 吳禮權《修辭心理學》第 96 頁，雲南人民出版社，2002 年 1 月。
㊾ 吳禮權《修辭心理學》第 97 頁，雲南人民出版社，2002 年 1 月。
㊿ 吳禮權《修辭心理學》第 97 頁，雲南人民出版社，2002 年 1 月。
(51) 吳禮權《現代漢語修辭學》第 92 頁，復旦大學出版社，2006 年 11 月。

㉒ 吳禮權《現代漢語修辭學》第 92 頁，復旦大學出版社，2006 年 11 月。

㉓ 吳禮權《現代漢語修辭學》第 90 頁，復旦大學出版社，2006 年 11 月。

㉔ 吳禮權《修辭心理學》第 184 頁，雲南人民出版社，2002 年 1 月。

㉕ 吳禮權《修辭心理學》第 184 頁，雲南人民出版社，2002 年 1 月。

㊌ 《唐宋詞鑒賞辭典》第 4 頁，上海辭書出版社，1988 年 4 月。

㊍ 《唐宋詞鑒賞辭典》第 4 頁，上海辭書出版社，1988 年 4 月。

㊎ 《唐宋詞鑒賞辭典》第 4 頁，上海辭書出版社，1988 年 4 月。

㊏ 《唐宋詞鑒賞辭典》第 5 頁，上海辭書出版社，1988 年 4 月。

㊐ 《唐宋詞鑒賞辭典》第 5 頁，上海辭書出版社，1988 年 4 月。

㊑ 吳禮權《修辭心理學》第 184 － 185 頁，雲南人民出版社，2002 年 1 月。

㊒ 吳禮權《修辭心理學》第 185 頁，雲南人民出版社，2002 年 1 月。

㊓ 吳禮權《修辭心理學》第 185 頁，雲南人民出版社，2002 年 1 月。

㊔ 朱光潛《朱光潛美學文集》第一卷第 41 頁，上海文藝出版社，1982 年 2 月。

㊕ 朱光潛《朱光潛美學文集》第一卷第 44 頁，上海文藝出版社，1982 年 2 月。

㊖ 吳禮權《修辭心理學》第 186 頁，雲南人民出版社，2002 年 1 月。

㊗ 吳禮權《修辭心理學》第 186 頁，雲南人民出版社，2002 年 1 月。

㊘ 吳禮權《修辭心理學》第 186 頁，雲南人民出版社，2002 年 1 月。

㊙ 吳禮權《修辭心理學》第 186 頁，雲南人民出版社，2002 年 1 月。

㊚ 吳禮權《修辭心理學》第 187 － 188 頁，雲南人民出版社，2002 年 1 月。

㊛ 吳禮權《修辭心理學》第 188 頁，雲南人民出版社，2002 年 1 月。

㊜ 吳禮權《修辭心理學》第 188 頁，雲南人民出版社，2002 年 1 月。

㊝ 吳禮權《修辭心理學》第 188 頁，雲南人民出版社，2002 年 1 月。

㊞ 轉引自朱光潛《朱光潛美學文集》第一卷第 40 頁，上海文藝出版社，1982
年 2 月。

㊟ 轉引自朱光潛《朱光潛美學文集》第一卷第 40 頁，上海文藝出版社，1982
年 2 月。

㊠ 轉引自朱光潛《朱光潛美學文集》第一卷第 40 頁，上海文藝出版社，1982
年 2 月。

㊡ 吳禮權《修辭心理學》第 189 頁，雲南人民出版社，2002 年 1 月。

㊢ 吳禮權《修辭心理學》第 189 頁，雲南人民出版社，2002 年 1 月。

㊣ 李定坤《漢英辭格對比與翻譯》第 123 頁，華中師範大學出版社，1994 年

　　11 月。

⑧⓪ 吳禮權《修辭心理學》第 266 頁，雲南人民出版社，2002 年 1 月。

⑧① 蔣孔陽《美學新論》第 297 頁，人民文學出版社，1993 年 9 月。

⑧② 蔣孔陽《美學新論》第 297－298 頁，人民文學出版社，1993 年 9 月。

⑧③ 邱明正《審美心理學》第 220－221 頁，復旦大學出版社，1993 年 12 月。

⑧④ 《辭海》（縮印本）第 1188 頁，上海辭書出版社，1990 年 12 月。

⑧⑤ 吳禮權《修辭心理學》第 270 頁，雲南人民出版社，2002 年 1 月。

⑧⑥ 吳禮權《修辭心理學》第 270 頁，雲南人民出版社，2002 年 1 月。

⑧⑦ 吳禮權《修辭心理學》第 271 頁，雲南人民出版社，2002 年 1 月。

⑧⑧ 《唐詩鑒賞辭典》第 1001 頁，上海辭書出版社，1983 年 12 月。

⑧⑨ 《唐詩鑒賞辭典》第 1002 頁，上海辭書出版社，1983 年 12 月。

⑨⓪ 吳禮權《修辭心理學》第 271 頁，雲南人民出版社，2002 年 1 月。

⑨① 吳禮權《修辭心理學》第 271 頁，雲南人民出版社，2002 年 1 月。

⑨② 吳禮權《修辭心理學》第 271 頁，雲南人民出版社，2002 年 1 月。

⑨③ 吳禮權《修辭心理學》第 271 頁，雲南人民出版社，2002 年 1 月。

⑨④ 吳禮權《修辭心理學》第 271 頁，雲南人民出版社，2002 年 1 月。

⑨⑤ 吳禮權《修辭心理學》第 272 頁，雲南人民出版社，2002 年 1 月。

⑨⑥ 吳禮權《修辭心理學》第 272 頁，雲南人民出版社，2002 年 1 月。

⑨⑦ 吳禮權《修辭心理學》第 272－273 頁，雲南人民出版社，2002 年 1 月。

⑨⑧ 吳禮權《修辭心理學》第 273 頁，雲南人民出版社，2002 年 1 月。

⑨⑨ 吳禮權《修辭心理學》第 273 頁，雲南人民出版社，2002 年 1 月。

⑩⓪ 吳禮權《修辭心理學》第 273 頁，雲南人民出版社，2002 年 1 月。

⑩① 吳禮權《修辭心理學》第 269 頁，雲南人民出版社，2002 年 1 月。

⑩② 吳禮權《修辭心理學》第 274 頁，雲南人民出版社，2002 年 1 月。

⑩③ 吳禮權《修辭心理學》第 274 頁，雲南人民出版社，2002 年 1 月。

⑩④ 邱明正《審美心理學》第 215－216 頁，復旦大學出版社，1993 年 12 月。

第四章
含不盡之意，見於言外

　　語言表達，能夠做到「明白達意」、「清楚表情」，固然是一種很高的境界了。但是，在現實生活中，無論是口頭表達還是書面表達，有時候「講清楚」、「說明白」，卻並沒有什麼好處，反而不如吞吐其詞、模棱兩可的表達更能取得較好的交際效果。謂予不信，在此先說兩個例證。

　　據說，古代有三個書生進京趕考，路上借宿一座寺廟。一日，三人聽說廟裏的住持道行很深，能察人而卜未來，於是就一起去請大和尚幫助預測一下此次進京趕考的結果。見到住持，三人請教誰能考中進士。住持半日無語，良久，徐徐伸出一個指頭。三人不明白什麼意思，就追問和尚。但和尚不論三人如何糾纏，就是金口不開。後來，三人進京考完後，放榜時一齊中了。當三人額手相慶時，突然想起和尚的一個指頭，頓時明白了其中的禪意：原來和尚的一個指頭，表示的是「一起中舉」。

　　其實，這三個考生的理解都錯了。和尚其實沒有那麼神，只是他比較聰明，有表達的智慧。他明白預測考試結果是不可能的，所以他不用語言來表達，而是用手勢語。更妙的是，他的這個手勢語又是一個有多義性的手勢。他伸出一個手指，既可以理解成「三人一齊考取」，也可以理解為「三人中有一人考取」，還可以理解為「三人中有一人考不取」或是「三人一個也考不取」。因為一個手指模糊地概括了考試結果的所有可能性，所以他就可以無往而不利了。

　　中國古代的和尚，很多是很有學問，很有智慧的。但是，其中也不乏濫竽充數者。明人樂天大笑生《解慍編・不語禪》一則就講述過這樣的故事：

一僧號不語禪，本無所識，全仗二侍者代答。適遊僧來參問：
「如何是佛？」時侍者他出，禪者忙迫無措，東顧西顧。又問：
「如何是法？」禪不能答，看上又看下。又問：「如何是僧？」
禪無奈，輒瞑目矣。又問：「如何是加持？」禪但伸手而已。
游僧出，遇侍者，乃告之曰：「我問佛，禪師東顧西顧，蓋謂
人有東西，佛無南北也；我問法，禪師看上看下，蓋謂法是平
等，無有高下也；我問僧，彼且瞑目，蓋謂白雲深處臥，便是
一高僧也；問加持，則伸手，蓋謂接引眾生也；此大禪可謂明
心見性也。」侍者還，禪僧大罵曰：「爾等何往？不來幫我。
他問佛，教我東看你又不見，西看你又不見；他又問法，教我
上天無路，入地無門；他又問僧，我沒奈何，只假睡；他問加
持，我自愧諸事不知，做甚長老，不如伸手沿門去叫化也罷。」

這個故事中的「不語禪」和尚，雖然既無學問，也無道行，但是他
卻能當住持，這也許讓人覺得奇怪。其實，讀了這則故事，你就不會奇
怪了。因為他是個聰明人，是個擅長裝神弄鬼者，所以他能當領導。同
時，他也是個明白人，知道自己的底細，有自知之明。所以，對於外來
「取經」、「討教」的雲遊僧的提問，採取一言不發的態度予以回避。
結果，真的讓他揚長避短，蒙混過關了。如果他對於雲遊僧的提問實話
實說，那結果就可想而知了，不僅被人看不起，還會連累整個寺廟在佛
教界的學術地位與社會影響。

由上述兩個例子來看，我們可以明白這樣一個道理：語言表達活動
中，並不是所有的意思都要講清楚、說明白。有時，有些話不能明說，
明說了會犯忌，讓受交際者情緒或情感受傷；有時，有些文字表達不
能言盡意盡，那樣讀者會覺得沒有回味的餘地，閱讀就沒有積極性。因
此，在語言表達中，適應特定的情境和表達需要，以「吞吐其詞」、「模
棱兩可」的語言或文字將所要表達的意思作適度的表達，反而會有一種
「言有盡而意無窮」的效果。

「講清楚」、「說明白」，雖然也是一種很高的表達境界，但並不

是任何情況下都適用。即使「講清楚」、「說明白」是最高的表達境界，我們也無力達到這個目標。因為語言達意傳情的能力也是有限的，漢語中有「詞不達意」、「言不盡意」、「言不由衷」等成語，說的都是語言表達的局限性。既然語言有自身的局限性，那麼我們不如利用這個特點，在表達中遵循「揚長避短、留有餘地」的原則，讓接受者積極參與文本語義建設，這樣效果會更好。古人所說的「含不盡之意，見於言外」，追求的正是這種境界。

「含不盡之意，見於言外」，雖然是我們古人一直推崇的表達境界，不易達到；但是，如果我們掌握一定的表達法，這種表達境界也不是那麼高不可攀的。

下面我們就介紹幾種自古及今都行之有效的表達法。希望通過具體文本的分析，讓大家從中得到些啟發，並迅速掌握其要領，以便在口頭或書面表達中予以自覺運用，從而取得立竿見影的效果。

一、不著一字，盡得風流：留白的表達力

「含不盡之意，見於言外」的境界，有許多語言表達法可以臻至。比方說，「留白」表達法就是非常有效的一種。

所謂「留白」表達法，是指在特定情境下對於某種情感或某種意思，「一時說不清楚，或是說清楚了反倒不如不說清楚的好，而有意地留下空白，讓接受者盡情發揮想像力和理解力加以填補」的一種語言表達手段。①以「留白」表達法建構的文本，我們稱之為「留白」修辭文本。

「留白」修辭文本的建構，從表達上看，「頗有一種『此時無聲勝有聲』、空谷傳音倍分明的效果」。②從接受上看，「儘管由於語句表達的一些必要成分的省略而增加了接受者文本解讀的困難，也就是說，表達者所建構的修辭文本的辭面意與其所要表達的內在意還有一些『距離』，但是由於有一定的語境作背景，省去的部分實際上於聽讀者來說

並不會帶來太大的困難，他們完全可以在理解時自行補上，而當接受者通過努力補出了文本中省去的成分而洞悉了全文本的真意後，他就會情不自禁地有一種解讀成功的心理快感生發出來，從而加深了對修辭文本的印象，並從文本接受中獲取了一種接受解讀的審美情趣。」③

正因為「留白」表達法有如此獨特的表達力，因此自古及今運用者賡續不絕。下面我們就從古今文學作品中予以舉例，以見其具體的表達魅力。

1. 劉邦的心意：諸君必以為便便國家……

> 正月，諸侯及將相相與共請尊漢王為皇帝。漢王曰：「吾聞帝賢者有也，空言虛語，非所守也，吾不敢當帝位。」群臣皆曰：「大王起微細，誅暴逆，平定四海，有功者輒裂地而封為王侯。大王不尊號，皆疑不信。臣等以死守之。」漢王三讓，不得已，曰：「諸君必以為便，便國家。」甲午，乃即皇帝位汜水之陽。
>
> ——漢・司馬遷《史記・高祖本紀》

上引一段文字，說的是西元前 202 年，劉邦打敗項羽後，各路諸侯及功臣勸進劉邦當皇帝。劉邦雖是地痞無賴出身，卻還有自知之明。他怕自己出身低微被人拿來說事，就以「聞帝賢者有也」相推讓。其實，大家都懂他的心。如果他不想當皇帝，何必苦苦與項羽相爭多年，甚至連妻兒老父都不要呢？如果他沒當天下老大的野心，當年項羽封他當漢中王，他在漢中好好呆著不就得了？他不「明修棧道，暗度陳倉」，天下豈不早就太平無事了？正因為大家都知道他想當皇帝，所以聲言「臣等以死守之」，目的是以堅決的態度給他鋪一個臺階，讓他名正言順、冠冕堂皇地坐上皇位。結果，不出所料，沒等諸侯將相們真的以死相諫，他就迫不及待地答應了，並且很快就舉行了登基大典。

司馬遷的這段歷史記載，雖寥寥幾筆，不足百字，但卻是《史記・高祖本紀》中非常精彩的筆觸所在，成為千古以降廣為傳誦的經典文本。

那麼，這段文字何以有如此的表達魅力呢？

　　仔細分析，我們便會發現，這段文字最精彩的關鍵點，其實就是劉邦的一句話「諸君必以為便，便國家」。嚴格說來，它算不得一句話，而是半句話。如果完整的說，應該是「諸君必以為便，便國家，吾則為之」。那麼，為什麼劉邦不把一句話說完整呢？這就是劉邦的聰明過人處，也是司馬遷寫史的高明處。劉邦這句話運用的就是前面我們所提到的「留白」表達法。「諸君必以為便，便國家」，就是一個「留白」修辭文本。這一文本的建構，「從表達上看，雖省略了要說的最關鍵的話『我就當皇帝帝吧』，但卻『此時無聲勝有聲』，含蓄蘊藉，既事實上表達了自己的願望，又保持了自己的那份矜持；從接受上看，由於表達者沒有說出想說的核心內容，這就給接受者——勸進的一批將領的解讀接受造成了困難，但是接受者不是根本無法解讀，而是只需對表達者劉邦所提出的前提——『諸君必以為便國家』，進行簡單的推理，就便意會到表達者表達的真意所在了，由此接受者在瞭解了劉邦的心意後，便會由衷地生發出一種文本解讀成功的心理快慰——即為自己摸准了上峰的心理而及時勸進而得意。」④讀過《史記》者都明白，太史公在《高祖本紀》的字裏行間不乏對劉邦為人的微辭。但是，從太史公記述劉邦在諸多重大歷史事件發生時的決斷來看，讓人不得不承認他是天生的領袖人才；從面對諸侯將相勸進而表現出的進退有據的表演看，特別是那句半推半就的話來看，我們都不得不佩服其高超的語言表達能力。

　　不過，這裏還要交待一句。「諸君必以為便便國家」這句話，雖然是劉邦創意造言的智慧，但也可從中看出太史公的表達智慧。按照一般史家記述歷史人物語言的慣例，太史公完全可以將這句話中多出的一個「便」字刪除。但是，太史公沒有這樣做。這是為什麼呢？這就是太史公的高明之處了。他這樣記述劉邦的話，用的是另一種表達法，叫做「飛白」（即明知其錯而故意直錄，以突顯說話人當時的神態與形象）。通過直錄劉邦當時口吃的話語，生動地再現了劉邦說話時那種激動得語無倫次的真實形象，從而從心理描寫上再現了劉邦迫不及待想當皇帝的心態。雖然是有意貶斥劉邦，但卻「不著一字」，誠是「春秋筆法」的最好範例。

2. 崔鶯鶯的心願：此一炷香，願中堂老母百年長壽；此一炷香……

> 鶯鶯焚香祝拜道：「此一炷香，願亡父早升天界；此一炷香，
> 願中堂老母百年長壽；此一炷香，……」
>
> ——元・王實甫《西廂記・酬韻》

讀《詩經》，我們都不會遺漏其中的《召南・野有死麕》一篇：

野有死麕，白茅包之。有女懷春，吉士誘之。林有樸樕，野有死鹿，白茅純束。有女如玉。舒而脫脫兮，無感我帨兮，無使尨也吠。

這首詩寫的是一個青年獵人在山中打到了一隻大獐子，把它送給他所追求的姑娘作為信物。詩中所寫的姑娘與小夥子都非常淳樸，他們追求愛情沒有什麼忸怩作態的嬌羞，就是自然真情的流露。姑娘到了婚配年齡，春情發動，自然就懷春。小夥子看見姑娘長得美，情感就會衝動。為了表達自己的一片心意，就將剛剛打死的一隻大獐子送給姑娘作為見面禮。讀這首詩，仿佛讓人有一種時光倒流的感覺，讓我們重新回到人類那淳樸自然的時代：心中有愛喊出來，多好啊！

上引《西廂記》中的崔鶯鶯與張生相愛，情況可就不同了。張生不是山裏漢子，而是進京趕考的書生，是孔孟的信徒，而且他生活的時代也不是遠古，而是儒教思想滲入人們特別是讀書人血液中的時代；崔鶯鶯也不是鄉間淳樸的少女，她是相國府中的千金小姐，也是知書達理的大家閨秀。因此，他們心中有愛就不能喊出來了。不僅不能喊，還得壓抑著。上引文字中寫崔鶯鶯焚香禱告，許下三個願望，第一、二兩個願望都明說出來了，可是第三個願望卻沒說出口，正是因為上述原因。

崔鶯鶯與張生雖是王實甫戲曲作品中的人物，但也是現實生活中的人物，因為文學是社會生活的一面鏡子，是對社會生活的一種反映。崔鶯鶯的禱祝語「此一炷香，願亡父早升天界；此一炷香，願中堂老母百年長壽；此一炷香，……」，明顯是一句沒有說完的願景表達。那麼，作者王實甫為什麼不讓崔鶯鶯把話說完整呢？仔細分析一下，我們便會發現，這是作者塑造人物形象的需要。因為崔鶯鶯是作者所著力塑造的

一個大家閨秀形象，必須具備溫柔而又含蓄的性格特點。正因為這個原因，作者這裏特意讓作品中的人物崔鶯鶯在焚香禱告時運用了「留白」表達法，建構出一個「留白」修辭文本。這一文本的建構，從表達上看，表意顯得婉轉含蓄，符合說話人相國千金、大家閨秀的身份，突顯了封建時代女子嬌羞含蓄的形象特徵；從接受上看，由於作者沒有讓作品中的人物崔鶯鶯將第三個願望說出來，讓接受者在文本接受時產生了遺憾與好奇，這就反而促使他們生發出探索尋隱的興味。借助於上下文語境，接受者一旦解讀出這留空未說的第三個心願後，就會從內心生發出一種解讀成功的喜悅，由此也加深了對作者所建構的這個「留白」修辭文本的印象。相反，如果作者讓崔鶯鶯的禱告不採用「留白」表達法，而是直話直說，那麼接受者在文本解讀中也就失去了探索的興趣，文本的審美價值也就大打了折扣。同時，真的這樣表達，從文學作品塑造人物形象的要求來看，也不符合「生活的真實」原則。如此，這個人物形象必然是蒼白無力的，不會讓人有什麼深刻印象。

3. 魯四老爺的牢騷：不早不遲，偏偏在這時候——

> 傍晚，我竟聽到有些人聚在內室裏談話，仿佛議論什麼事似的。
> 但不一會，說話聲也就止了，只有四叔且走而又高聲的說：
> 「不早不遲，偏偏要在這時侯，──這就可見是一個謬種！」
> 　　　　　　　　　　　　　　　　　　──魯迅《祝福》

上引一段文字，是魯迅小說《祝福》中的一個片斷，寫魯四老爺家以前所雇傭過的幫傭祥林嫂在大年夜突然死去，魯鎮的人們為此議論紛紛。雖然沒人敢把此事告知魯四老爺，但他還是從家人的竊竊私語中探知了內情，於是也發表了一通議論：「不早不遲，偏偏要在這時侯，──這就可見是一個謬種！」

這通議論，從語法上看是個語法成份殘缺的句子，句子的關鍵部分，即謂語動詞「死」沒有說出來。那麼，魯四老爺為什麼不說「死」，而採用留空不說的「留白」表達法來發表自己對祥林嫂「死得不是時候」

的不滿之情呢？這裏既與人類對於死有一種與生俱來的恐懼心理有關，也與中國社會的風俗習慣及漢民族人的語言心理有關。在漢語裏，對於「死」的概念，我們的祖先創造了很多諱飾語。如說帝王之死叫做「駕崩」、「賓天」、「晏駕」、「棄天下」、「棄群臣」等，說士大夫之死叫「不祿」、「棄祿」、「撤瑟」、「梁摧」、「梁壞」等，說文人之死叫「地下修文」、「玉樓赴召」、「星隕」、「哲萎」等，說女子之死叫「香消玉隕」、「蕙損蘭摧」、「玉碎珠沉」等，說妻子之死叫「斷弦」，說將士戰死沙場叫「裹革」，說父母之死叫「見背」，為國而死叫「殉國」或「殉難」，說一般人的死叫「背世」、「百年」、「不諱」、「長歸」、「違世」等等，即使是罵人或自貶，也不直接說「死」字，而是說「填溝壑」等。至於道家與佛家，也有對於「死」的諱飾語。如道家說「死」叫做「蟬蛻」、「登仙」、「遁化」、「返真元」、「歸道山」、「化鶴」、「羽化」、「雲歸」等等，佛家則有「登蓮界」、「歸寂」、「歸西」、「寂滅」、「涅槃」、「圓寂」、「坐化」等等說法。現代人雖然比古人對於生死問題要曠達得多，但是在語言表達中仍然對「死」的概念有所諱飾。如說思想家之死是「思想家停止了思想」，說音樂家之死是「生命劃上了休止符」，說一般人之死叫「走了」、「過去了」、「心臟停止了跳動」，即使罵人也有諱飾的說法，如「翹辮子」、「伸腿」等。

上引文字中，魯四老爺之所以說到「死」而留空不說，正是與中國社會自古以來的風俗習慣及漢民族人的語言心理有關。另外還有一點，中國人在過年或喜慶之日是忌說不吉利之事的，如果迫不得已而無法回避，也要想方設法予以諱飾。正因為如此，小說中的魯四老爺在發表議論，批評祥林嫂「死的不是時候」時，為了避免觸犯傳統的禁忌，就有意採用了「留白」表達法。通過建構「不早不遲，偏偏要在這時候，——這就可見是一個謬種！」這一文本，婉約隱晦地表達了自己對於祥林嫂「死的不是時候」的不滿之情。這樣的表達，既避免了觸忌犯諱，拂逆國人傳統的禁忌心理，又顯得含蓄得體，符合魯四老爺是個讀書人的身份。從文本接受的角度看，雖然將「死」留空不說，可能會讓讀者一

時產生困惑，但憑藉上下文語境，讀者並不難解讀被留空未說的關鍵字。一旦解讀成功，讀者就會有一種成功的快慰。這樣，無疑是提高了讀者文本解讀的興味，也提升了文本的審美價值。

4. 李教授的條件：除非學校照他開的價錢買他帶的西藥——

> 鴻漸問梅亭的事怎樣了的。辛楣冷笑道：「高松年請我勸他，糾纏了半天，他說除非學校照他開的價錢買他帶的西藥——唉，我還要給高松年回音呢。我心上牽掛著你的事，所以先趕回來看你。」
>
> ——錢鐘書《圍城》

眾所周知，由於儒家「重義輕利」思想的影響，中國傳統士大夫與讀書人向來是羞於談錢的。如《晉書·王衍傳》記載，王衍官做得很大，家裏也很有錢，但是他生平口不言錢。他的妻子是個財迷，是個唯利是圖、俗不可耐的俗物。王衍打心眼裏看不起她。但是，他的妻子也很看不起他，覺得他假清高。於是，有一天晚上趁王衍睡著了，叫奴婢用錢將他的床圍起來，讓他第二天早上起不了床，看看他還說不說「錢」字。結果，第二天王衍起床時還是沒說，只是叫奴婢們「舉阿堵物卻」，意思是說「把這些個東西搬開。」到近現代，中國的知識份子雖然做不到王衍這一步，但大家彼此之間似乎都還有一種默契，就是絕口不提「錢」字。如果是畫家或書法家，別人買他的書畫，給他的錢不叫「錢」，而叫「潤筆」或「筆潤」；如果是名家，別人請做學術演講，所給的報酬，那也不叫「錢」，叫做「車馬費」。如果有人口出「錢」字，大家就會覺得你「俗不可耐」，不是雅人，下次就不跟你玩了。就是到了民國時代，雖然風氣漸開，但知識份子提到錢，還是「猶抱琵琶半遮面」，不好意思明言。

上引《圍城》中的一段文字，說的就是這種情形。李梅亭在上海時，三閭大學校長高松年就答應聘他為中國文學系的主任。可是，當李梅亭不遠千里，輾轉來到三閭大學後，才知道中國文學系主任的位置已經被

先到一步的汪處厚搶走了。李梅亭又急又氣，就找趙辛楣傳話給高松年，讓他想辦法補救，並暗示學校可以按照他出的價錢買他從上海帶來的西藥，用經濟補償他的官位。雖然李梅亭是從十里洋場上海灘來的，沾染了不少商人的銅臭味，但他畢竟是個知識份子，所以儘管是托趙辛楣傳話，但並沒有將自己的意思完全說出來，只是說「除非學校照他開的價錢買他帶的西藥。」這話實際上是個沒說完的半截子話，是李梅亭運用「留白」表達法建構的修辭文本。它是以所提出的前提條件「除非學校照他開的價錢買他帶的西藥」，讓聽話人高松年校長由此推論出在此前提條件下的結論：「否則，對於高松年許諾給他中國文學系主任位置而不兌現的行為進行追究」。由於李梅亭在表達自己條件時沒有將要表達的內容說出來，而只是提出前提條件讓高松年去進行邏輯推理。因此，就避免了威脅校長的嫌疑，給未來事情的解決留下了轉圜的餘地。就表達的層面看，這樣的說法，明顯有婉約蘊藉的韻味，突顯了李梅亭作為一個文人、大學教授所應有的君子風範與溫文爾雅的風度。就接受的層面看，由於李梅亭的條件是以「留白」表達法提出的，語義表達比較隱晦，但是接受者高松年校長畢竟也是個大學教授，自然有足夠的邏輯推理能力，即能夠從李梅亭提出的前提條件，洞悉他實際要達到的目的（以藥換錢，以作補償）。同時，李梅亭的話說得婉轉，還會讓高松年覺得李給他這個一校之長留了面子。這樣，在一定程度上就使高松年作為一校之長的自尊心得到了滿足，從而能夠原諒李梅亭話中暗含的威脅含義，進而能夠心平氣和地看待李梅亭提出的條件。事實證明，後來高松年不僅滿足了李梅亭以藥換錢的要求，還給了他一個大學訓導長的好位置。可見，李梅亭的表達力真的沒話說。

5. 小莉的情書：萌哥，你好！也聽說……是嗎？如果是……，我也想……

> 我與她曾八年同窗，此期間接觸很少，相遇時也只打個招呼，
> 點點頭。我們都很年輕，躊躇滿志而又矜持驕傲。

後來，我們都踏上了工作崗位。時光悠然逝去，我成了大小夥子。偶然的機會我得知她仍然是個老姑娘。於是我冒昧給她去一封信：

小莉：你好！聽說……對嗎？若真的話，我想……

　　　　　　　　　　　　你的同學　萌雅

過了 15 天，我終於收到她的回信：

萌哥：您好！也聽說……對嗎？若是的話，我也想……

　　　　　　　　　　　　你的小妹　莉

這就是我的初戀。

　　　　——萌雅《初戀》，《月老報》1986 年第 16 期

讀過《孟子》的人，都會清楚地記得告子所說的一句名言：「食、色，性也」（《孟子‧告子上》）。意思是說，吃飯、做愛，都是人的天性。公開承認男女性愛的合理性。

如果我們讀過《禮記》，在《禮運》篇中，我們還能找到孔老夫子與此相類似的觀點：「飲食男女，人之大欲存焉。」也是對男女性愛之事持自然、開放、達觀的態度。

既然聖人都說了，男歡女愛是天經地義的事，那麼怎麼中國自古及今對於男女之事諱莫如深呢？甚至連男女彼此相愛時，也是不好意思將心思說出來。這又是為什麼呢？其實，瞭解中國思想史者都知道，中國人特別是漢民族人「由於實踐理性對情感展露經常採取克制、引導、自我調節的方針，所謂以理節情，『發乎情止乎禮義』，這也就使生活中和藝術中的情感經常處在自我壓抑的狀態中，不能充分地痛快地傾泄出來。」⑤正因為如此，「漢民族的心理結構較之西方民族的坦露、直率、幽默的特徵，則明顯地表現為含蓄、深沉的特點。」⑥僅以男女情感的表達來看，中國人與西方人就有很大差異。如《詩經》開卷第一篇《周南‧關雎》一詩，「描寫一個多情的男子思慕一位窈窕淑女，並設法去追求她。但是，『寤寐思服』的『窈窕淑女』雖然是他的『好逑』，卻『求之不得』，只能『悠哉悠哉，輾轉反側』。雖然徹骨的相思之苦終於使

他鼓起了追求的勇氣，但也只是採取『琴瑟友之』、『鐘鼓樂之』等含蓄委婉的方法。」⑦而德國詩人歌德在《迷你娘》一詩中所描寫的男子，則對他所追求的女子發出了熱烈、大膽的愛之吶喊：「我心愛的人兒，我要與你同往！」兩相比較，「漢族人的含蓄、內向、深沉的民族心理特點便昭然可見了。」⑧

不過，應該指出的是，中國人儘管受儒家思想的約束和「實踐理性」的影響，在情感展露上顯得比較壓抑，但是中國人民有智慧。所以，中國的男人不愁討不到老婆，中國的女人不愁找不著老公。

不是嗎？上引這則現實生活中的故事，就足以證明這一點。

故事中的萌雅與小莉，因種種緣故而成為「男大難娶」、「女大難嫁」的婚姻「困難戶」。但是，當二人彼此瞭解到對方的情況後，彼此都有相愛的意思。但是，如何表達呢？卻又成了難題。因為他們二人以前都很驕傲、矜持，現在竟然成了娶不到、嫁不掉的人，這更成了彼此表白愛意的心理障礙。不過，最終還是由男方萌雅勇敢地邁出了第一步，給小莉寫了一封信，表白了自己的心意。小莉雖然心裏也願意，但作為女性，她的分寸拿捏得很好，收到信十五天后才給萌雅回信，表現了她被動而審慎的心態和作為女子應有的矜持。

讀了這則故事，恐怕很多人不是佩服萌雅與小莉的勇敢與機智，而是佩服他們的語言表達智慧。對於中國人最難啟齒的男女情感問題，他們都沒有用千言萬語來表白，而只是用了十個字和十一個字的一封信就把自己的心聲表達出來，而且效果奇好，真可謂是一字千金。如果套用經濟學的術語說，那是以最少的投入獲得了最大的利潤。萌雅短短十個字，討得一個如花似玉的老婆；小莉短短十一個字，釣到了一個稱心如意的郎君，豈非世界上最合算的生意？

那麼，二人的兩封短信何以有如此的表達力呢？

無他。「留白」表達法運用得好。

萌雅的情書與小莉的情書，雖然對於表達情感意願的關鍵字都未置一詞，僅以省略號予以處理，但是這種表達卻「此時無聲勝有聲」，寫盡了二人心照不宣而又非常敏感的內心世界，真可謂達到了「不著一字，

盡得風流」的崇高境界。如果不以「留白」表達法，而是實話實說，結果必以失敗而告終，二人不但做不成夫妻，恐怕連同學關係、朋友關係也難以為繼了。試想，如果萌雅的求愛信這樣寫：「小莉：你好！聽說你還沒找到男朋友（沒結婚），對嗎？若真的話，我想做你的男朋友（與你結婚）」，那麼小莉讀了這樣的求愛信會怎麼想？她一定認為這是萌雅在侮辱她，認為她是沒人要的老姑娘，要他這個老同學來救濟。這樣，豈非讓本已心靈脆弱的小莉感情很受傷嗎？即使她有心要嫁萌雅，也一定會賭氣不嫁。又試想，如果小莉的回信這樣寫：「雅哥：你好！也聽說你還沒結婚，對嗎？若真的話，我想嫁給你」，那麼萌雅讀了又怎麼想？肯定認為小莉這是在可憐他，或是認為小莉猴急要嫁人，那樣豈不讓萌雅看不起小莉了嗎？

　　由此可見，就萌雅與小莉二人特有的情況看，二人的情書無論怎麼寫，都不會比採用「留白」表達法效果好。也就是說，上引二人的情書表達，算得上是最經典恰當的表白了。

二、羚羊掛腳，無跡可尋：折繞的表達力

　　「含不盡之意，見於言外」的境界，除了上面所說的「留白」表達法可以臻至，還有其他多種表達法也能及此。比方說，中國人自古及今最喜歡運用的「折繞」表達法，就是其中之一。

　　所謂「折繞」表達法，是指「一種將本該一句話即可直說明白、清楚的，卻為著委婉含蓄的目的，故意繞著彎子，從側面或是用烘托法將本事、本意說將出來，讓人思而得之的」語言表達手段。⑨以「折繞」表達法建構的文本，我們一般稱之為「折繞」修辭文本。

　　「折繞」修辭文本的建構，一般說來，「表達上有一種婉轉深沉、餘味曲包的妙趣；接受上，由於表達者在文本語意的表達與接受之間製造的『距離』，增添了接受者文本解讀的困難，但是一旦接受者經過努

力破除瞭解讀的阻障而洞悉了修辭文本的真意後，便會情不自禁地生發出一種文本破譯成功的喜悅心理，從而加深對修辭文本主旨的理解認識。而修辭文本作為一種審美對象，其審美價值也就由此大大得以提升了」。⑩特別值得一提的是，在日常口語或是外交語言中，這種表達法尤其有用武之地。

前文我們說過，中國人有一種崇尚含蓄蘊藉的民族心理，因此表情達意常常喜歡迂回曲折，不喜歡直來直去。又因為中國人好面子，所以無論是批評別人或是責難他人，都會考慮到對方的面子問題，因此不會把話說得太白，即使是給對方留下一絲絲面子，也是好的。民間有俗語說：「三線留一線，日後好見面」，說的正是這個道理。

正因為如此，「折繞」表達法的運用自古及今從未有過中斷。下面我們從古今文獻或文學作品中予以舉例，並略加分析，以見其獨特的表達力。

1.晏子的提問：古者明王聖主，其肢解人，不審從何肢解始也？

> 齊有得罪於景公者，景公大怒。縛置之殿下，召左右肢解之，敢諫者誅。晏子左手持頭，右手磨刀，仰而問曰：「古者明王聖主，其肢解人，不審從何肢解始也？」景公離席曰：「縱之，罪在寡人！」
>
> ——漢・韓嬰《韓詩外傳》

春秋時代的齊國，之所以能成為一個稍有規模的諸侯國，那是因為當時的齊國有能臣、忠臣。比方說，齊景公時代的晏子，就是歷史上鼎鼎有名的人物。

上引一段文字，說的就是能臣晏子之能。當時有一個人得罪了齊景公，景公脾氣很大，喝令左右將那個不知死活的傢夥縛置於大殿，並準備處以肢解之刑。也許是因為心虛，齊景公有言在先，不讓臣下提意見。明言誰敢諫止，就殺無赦。面對這種情況，大家都束手無策，只好眼睜睜地看著齊景公胡作非為了。但是，晏子作為一國之相，不能這樣「行

政不作為」，他必須制止景公的這種無道之舉。可是，景公在氣頭上，又不能硬來。於是，他靈機一動，用了一個「順水推舟」之策，順著景公的意思，左手按住那個人的頭，右手磨刀，儼然景公的幫兇。雖然在磨刀，但晏子卻並沒有真殺，而是仰頭故意問了景公一個問題，看似有禮貌地請示國君，實則要他考慮一下事情的影響，改變決定。結果，一個問題提出，不僅讓景公放了那個人，還讓景公自己主動認了錯。

那麼，晏子說的這句話何以有如此獨特的表達力呢？

原來，他是運用了「折繞」表達法。

晏子所說的這句話：「古者明王聖主，其肢解人，不審從何肢解始也」，表面是一個彬彬有禮的提問，意思是說：「古代的明王聖主，他們對臣下實施肢解之刑，不知道是從哪里開始？」態度與口氣都符合做臣下的身份，讓齊景公絲毫感覺不到這話是在勸諫他不要殺人，不要行肢解酷刑。但是，齊景公並不是一個昏君。他還算是一個相當開明的君主，聽明白了晏子這句綿裏藏針的話。它實則隱含了一個邏輯推理，讓他選擇：「如果說不出古代明王聖主行肢解之刑的方法，那麼說明古代明王聖主就沒有實行過這種酷刑；如果想做明王聖主，青史留名，那麼就不要行此酷刑。」正因為問題提得巧妙，就好像做了一個球拋給了景公，讓他接住。最終，正如晏子所料，景公審時度勢，權衡利弊，在追求身後之名的心態下做出了選擇：要做明王聖主，不做昏君暴君。於是，那個本要被肢解的人得救了。

由此可見，在中國古代做臣下的對國君盡忠當然非常重要，但是盡忠要為報國。而報國則需要智慧，不是愚忠。晏子的高明之處，就在於他忠君報國是講究方法的，諫說君王是講究策略的。

說起晏子諫說君王講究策略，又讓我們想起《晏子春秋》所記載的另一則故事：

> 景公飲酒，七日七夜不止，弦章諫曰：「君從欲飲酒七日七夜，章願君廢酒也！不然，章賜死。」晏子入見，公曰：「章諫吾曰；『願君之廢酒也！不然，章賜死。』如是而聽之，則臣為

制也；不聽，又愛其死。」晏子曰：「幸矣，章遇君也！今章遇桀紂者，章死久矣。」於是公遂廢酒。

　　這段文字講的也是晏子救人的故事，運用的同樣也是「折繞」表達法。

　　對於齊景公縱酒荒政，弦章出於對景公的愛護和對齊國的責任，勇敢提出諫議。可是，由於弦章進諫沒有講究方法，語言表達沒有藝術性，結果不僅諫止無果，還面臨了殺頭之難。因為在景公看來，做臣下的可以對國君提意見，但是不能用威脅的口吻（弦章說：希望您把酒戒掉，要不然就把我殺了）。但是，他也知道，如果就因為弦章說話不合君臣之禮就殺了他，那也不是對待忠臣之道。所以，當晏子進見時，他就道出了自己兩難選擇的苦衷。晏子雖然心知景公對自己很尊重，願意聽取他的意見，但是他明白君臣之間的分際，所以他選擇了「折繞」表達法，建構了一個「折繞」修辭文本：「幸矣，章遇君也！今章遇桀紂者，章死久矣。」意思是說，弦章好福氣，遇到了一個明君；要是遇到夏桀、商紂那樣的暴君昏君，早就沒命了。這話聽起來是在讚揚景公是個明君，實則隱含了另一層邏輯推論在裏面：「如果您想做一個背負千古罵名的暴君昏君，那麼你就殺了弦章。如果您想青史留名，做個聖主明君，那麼您就放了弦章。」因為晏子瞭解景公，他還不是一個昏庸之人，相信他有這個邏輯推理能力，能夠聽懂自己的話中之話和弦外之音。結果，真如晏子所料，問題圓滿解決，又一條鮮活的生命得救了。

2. 長孫皇后的賀辭：妾聞主明臣直，今魏徵直，由陛下之明故也。妾敢不賀！

> 　　上嘗罷朝，怒曰：「會須殺此田舍翁！」后問誰。上曰：「魏徵每廷辱我！」后退具朝服，立於庭。上驚問其故。后曰：「妾聞主明臣直，今魏徵直，由陛下之明故也。妾敢不賀！」上乃悅。

——宋·司馬光《資治通鑑》卷一九四

　　唐太宗李世民，在中國歷史上口碑甚好，有開明君主之稱。在他治下的唐朝，不僅國力空前強盛，而且政治清明，「貞觀之治」的輝煌歷史，更讓無數歷史學家津津樂道。不過，應該指出的是，這輝煌的業績也並不是靠李世民一人就能創造，而是凝聚了許多唐初開國功臣的血汗，是這些賢臣輔佐有力的結果。「在這些賢臣中，尤以魏徵最為有名。唐太宗即位之初任命他為諫議大夫，貞觀三年為秘書監，參預朝政。後一度任侍中，封鄭國公。一生曾先後向唐太宗忠言直諫二百餘事，以犯顏直諫而聞名。曾上太宗《十思疏》，太宗以之為座右銘。太宗是個明君，常常能夠深察魏徵的忠心，所以能聽得進他的直諫，也十分倚重他。魏徵死後，太宗十分悲傷，認為失去『人鑑』。」⑪

　　儘管唐太宗非常開明，也非常倚重魏徵，但有時君臣之間也不免會有矛盾或不愉快發生。如上引文字所記的一段歷史就說明了這一點。一次，在朝堂之上，魏徵又犯顏直諫，很讓太宗面子上過不去。太宗雖然頗有察納雅言之量，但他畢竟也是人，當皇帝時間久了，聽慣了順耳話，逆耳之言聽起來總覺得不舒服。雖然在朝堂之上不便發作，但退朝回到後宮，太宗還是忍不住恨恨地罵道：「會須殺此田舍翁！」用今天的話來說，就是「總有一天要把這個鄉巴佬給殺了！」說這話時，正好被長孫皇后聽到了。長孫皇后就關心地問起緣故。得知原委後，長孫皇后悄悄退下，換了一身出席大典的禮服出來。太宗看到皇后無緣無故地穿起禮服，覺得很奇怪，乃問其故。長孫皇后遂不慌不忙地回答道：「妾聞主明臣直，今魏徵直，由陛下之明故也。妾敢不賀！」意思是說，「我聽說國君聖明，臣下正直。而今魏徵這樣剛直，這都是因為您開明聖明的緣故。君明臣直，乃天下大治的基礎，臣妾怎敢不向皇上道賀呢？」一席話，說得太宗心中的陰霾盡掃，頓時高興起來。

　　那麼，長孫皇后何以寥寥幾句話，就把太宗與魏徵君臣不和的矛盾解開，並且還讓太宗立即高興起來呢？她的這幾句話何來如此魅力呢？

　　無他。乃是長孫皇后善用「折繞」表達法也。

　　眾所周知，在中國封建時代，女人不能干政乃是鐵律。長孫皇后的聰明之處在於，她善於規避責任，消除嫌疑。她問太宗為什麼不高興，

這是妻子關心丈夫的表現，不算干政。而當太宗說出與魏徵在朝堂之上鬧得不愉快之事時，則就涉及到了政治。如果就此問題，長孫皇后發表了自己的意見，那就是屬於干政了。這樣，她想保住魏徵的善意不僅達不到，恐怕還要背上女人干政的罪名而受到懲罰。長孫皇后的明智在於，她心裏已經打定主意：這次一定要干政，但是不能授人以把柄。在此思想原則指導下，她通過異乎尋常的舉動（即突然改穿禮服出見），引發太宗的好奇發問，然後順水推舟地回答問題，水到渠成地完成她想達到的進諫目標：勸說太宗不能殺魏徵，要留剛正之臣在朝。果然不出所料，當她穿出禮服的那一刻，太宗已然入了她的套。最終，她借答話的機會不著痕跡地說出了自己的意見。

由於長孫皇后的意見採用了「折繞」表達法，先提出一個預設前提：「主明臣直」，然後根據這個前提，將太宗定位為「明君」，然後順水推舟地將魏徵定位為「直臣」。這樣，以「理」說事，就讓太宗無可辯駁，也讓他失掉了殺魏徵的「合理性」。這是表層的語義，深層的語義則是：如果太宗承認自己是「明君」，那麼在「主明臣直」的前提下，就得承認魏徵是「直臣」。既是「明君」，那麼就不能殺「直臣」。

長孫皇后的這番話，雖然聽起來有些繞，但效果卻是非常好。就像下象棋一樣，以「主明臣直」的招幌開道，通過推許太宗是「明君」，不露痕跡地將了太宗一軍，讓他無法再殺「直臣」魏徵。同時，由於話說得繞，表意迂迴曲折，這就給太宗的解讀留下了回味的空間，同時也給她自己推卸「女人干政」的罪名留夠了迴旋的餘地。

由此可見，長孫皇后的話確實是高明的，表達力確實是很強的。歷史學家推許她，看來也確實是有道理的。

3. 李清照的病因：新來瘦，非關病酒，不是悲秋

> 香冷金猊，被翻紅浪，起來慵自梳頭。任寶奩塵滿，日上簾鉤。
> 生怕離懷別苦，多少事、欲說還休。新來瘦，非關病酒，不是
> 悲秋。
>
> ——宋・李清照《鳳凰臺上憶吹簫》

　　日常生活中，我們常聽老百姓說這樣一句話：「有話照說，有屁照放。」

　　其實，在中國社會，不但人們有屁不敢照放（因為中國人好面子），就是有話也是不敢照說的。這一點，眾所周知，無庸贅言。

　　如果說在政治高壓的情勢下，老百姓不敢議論政治，只能「道路以目」的話，那麼表達男歡女愛的感情，總該沒問題了吧。

　　可是，在中國還是做不到。

　　那麼，為什麼會這樣呢？說起來，這都要怪儒家思想的影響。前文我們曾經說到，由於儒家思想的影響，中國人在情感展露方面總是採取抑制的態度。所以，中國人自古以來就給人一種印象：假正經，偽道學。現實生活中，許多人都是兒孫滿堂，達官貴人則妻妾成群。可是，他們就是從來不說一個「愛」字。中國民間有句話，叫做「愛在心裏口難開」，說的正是中國人在男女問題上的內向性格特徵。前些年，大陸女作家池莉寫了一本小說，書名叫做《有了快感你就喊》。很多人都不知道寫的是什麼內容，卻都蜂湧而入大小書店搶購這本小說。這種現象，從社會學的角度看，正好折射出中國人在男女問題上壓抑已久、在情感展露方面克制太多的心態。

　　其實，現在的中國，在男女問題上已經算是風氣相當開放的了。比起我們的古人來，那簡直不可同日而語了。要說性壓抑和情感壓抑，我們的古人才是體會最深的。比方說，宋人李清照是個多愁善感的女詞人，感情非常細膩，她跟丈夫趙明誠非常恩愛，但卻聚少離多，其間的相思之苦自然是可以想見的。但是，她並沒有「有了相思就大喊」。那麼，她是怎麼表達的呢？讀了上引一首詞，就會明白她是如何表達感情的。

　　李清照的這首《鳳凰臺上憶吹簫》，是寫與丈夫趙明誠夫妻離別之情感苦痛，但是表意卻非常婉轉。上引文字是這首詞的上闕，其中末三句的表達尤其令人味之無窮，可謂達到了「不著一字，盡得風流」的境界。

　　那麼，這三句何以有如此的表達力呢？

　　原來它是運用了「折繞」表達法。

「新來瘦，非關病酒，不是悲秋」，這三句話在文字上並沒有什麼難理解的，意思是說：「最近我人消瘦了，不是因為貪杯而生病，也不是感秋傷懷之緣故。」那麼，到底是什麼原因呢？「封建時代的女子，特別是一個女文人，除了病酒，悲秋，還會因什麼事而消瘦呢？接受者排除了上述兩個原因後，很容易就會推理得出詞人所說的真正原因是『相思』。儘管這種曲折迂回的寫法會給接受者的理解接受帶來些阻障，但是卻增加了表達的婉約蘊籍、餘味曲包的效果，提升了接受者的解讀興味，使詞作更具審美價值。如果詞直白地說：『自從離別後，相思人消瘦』，或是更世俗點說：『老公啊，我想死你了！』那麼，這首詞也就如同白水一杯，不復有令人品味咀嚼，回味無窮的美感效果了。」⑫由此可見，李清照的「新來瘦，非關病酒，不是悲秋」，不是跟丈夫趙明誠玩「捉迷藏」的無聊文字遊戲，而是一種為了提升作品表達力的修辭文本，是為了營構其「婉約」詞風的需要。

4. 魯迅的遺恨：衙門裏的人物，穿布衣來的，不上十天也大概換上皮袍子了

> 我們便到街上去走了一通，滿眼是白旗。然而外貌雖如此，內骨子是依舊的，因為還是幾個舊鄉紳所組成的軍政府，什麼鐵路股東是行政司長，錢店掌櫃是軍械司長……這軍政府也到底不長久，幾個少年一嚷，王金發帶兵從杭州進來了，但即使不嚷或者也會來。他進來以後，也就被許多閒漢和新進的革命黨所包圍，大做王都督。在衙門裏的人物，穿布衣來的，不上十天也大概換上皮袍子了，天氣還並不冷。
>
> ——魯迅《范愛農》

現在大家在談論政治時，都會說一句話：「權力導致腐敗」。隨著中國民智漸開，現在談論政治體制改革的必要性時，學者們都有一致的認識，權力會產生腐敗，絕對的權力會產生絕對的腐敗。失去監督的權力，將會如脫韁的野馬，其結果將是不可想像的。

這種認識，揆之目前鮮活的現實以及一樁樁一件件已經曝光的官員腐敗案，讓人更是印象深刻。其實，追溯歷史，這種認識更是讓人覺得是顛撲不破的真理。不是嗎？請看魯迅寫滿清政權崩解，中華民國初建時的官場。

上引一段文字，是魯迅悼念逝世的好友范愛農而作的《范愛農》一文中的片斷，其中就寫到民國初建、新舊體制轉接時的官場腐敗情形。這段文字，總的意思是批評辛亥革命不徹底。末四句「在衙門裏的人物，穿布衣來的，不上十天也大概換上皮袍子了，天氣還並不冷」，則是揭露新政權初建時官場中人物普遍腐敗的情形。但是，魯迅沒有直接以憤激的文字予以譴責，而是以「折繞」表達法，極盡諷刺之能事，在「不著一字」中揭示了「權力產生腐敗」這一官場潛規則。

魯迅以「折繞」表達法建構的修辭文本「在衙門裏的人物，穿布衣來的，不上十天也大概換上皮袍子了，天氣還並不冷」，雖然意在諷刺新政權的官員蛻化變質之快，但辭面上則沒有明言。「而是通過服飾的變化來暗示，因此文本在表達上就顯得相當委婉含蓄，但諷刺意味一點沒少；從接受上看，由於表達者文本語意表達的曲裏拐彎，接受者要破譯其真實內涵，就必須費些心力。而當他們經過努力而破譯出表達者所意欲表達的內涵後，便會自然從心底生發出一種文本解讀的心理快慰，從而加深對修辭文本的印象和對文本主旨的理解認識——即表達者對辛亥革命不徹底性的痛心疾首之情。同時，文本含義的深藏不露，也使接受者的文本接受有了咀嚼回味的空間，這在客觀上又大大提升了修辭文本的審美情趣。」⑬

魯迅的作品很多，但無論是批評政府，還是打筆墨官司罵人，都體現了一個共同的語言風格特徵：含蓄深沉，諷味十足。這一風格的形成當然是有多方面的因素，但是，其中與他喜歡運用「折繞」表達法肯定幹係甚大。

5. 梁實秋的幽默：那你就把下半杯幹了！

1981 年，梁老八十誕辰，詩人瘂弦請了一桌壽宴，我有幸忝列末席，但不幸的是平生酒量太差，只好向他告饒：「梁老，我酒量太差，只能幹半杯，您隨意！」梁老面露詭譎的微笑：「<u>那你就把下半杯幹了</u>！」

——沈謙《梁實秋的流風餘韻》

中國人愛喝酒，在全世界都是有名的。但是，很多人喝酒都是沒有品位的。《水滸傳》裏的梁山英雄都是「大碗喝酒，大塊吃肉」，顯得豪放。所以，在中國北方，大家都是以「大碗」或「大杯」（至少是「大口」）喝酒為風尚。如果是喝「燒刀子」，大碗或大杯也就罷了，因為那種高粱酒也不值什麼錢，喝得起，只要你有酒量。可是，有些人喝 XO 等西洋進口的葡萄酒，也是來大杯的。那種一瓶數千上萬元的洋酒，洋人是小口小杯一點一點啜，他們叫「品」。而我們有些中國人卻以大杯牛飲，除了讓洋人吃驚，暗叫「沒品位」外，還會生出許多疑問來：「難道中國人那麼富？」「難道花的不是自己的錢？」其實，洋人還真猜得對，掏自己錢喝的人，是沒文化沒品位的暴發戶，大口喝洋酒是顯擺：「俺有錢！」不掏錢喝酒者，是官員，用的是公帑，喝的是人民的血汗，價錢多少關他什麼事？

不過，話又說回來，中國人雖然喝酒沒品位，但卻喝酒有文化。很多地方都有自己的勸酒令。如強勸他人喝酒時，有口號說：「感情深，一口悶」。如果被勸者不一口喝幹，那麼就證明你跟敬酒者關係不好，他會質問你：「大哥，你看不起俺？」話說得這麼重，那被勸者只好閉上眼睛一口悶幹了。當然，也有巧舌如簧者，他則另有說辭：「感情好，能喝多少是多少」，巧妙地擋回敬酒者的強勸。但是，遇到那些把肉麻當有趣者，再會說話者也擋不住對方的勸酒。比方說，有人說：「激動的心，顫抖的手，給您敬上一杯酒」，這時，你能不喝？

當然，這些都是俗人的酒文化，文人雅士的酒文化則就不同了。如《紅樓夢》與《品花寶鑒》中都有老爺或小姐行酒令的，那是用詩詞。我們現代的文人，雖然不再用詩詞行酒令了，但是喝酒還是有說辭的。

比方說，上引一段文字寫臺灣學者沈謙給梁實秋先生敬酒的故事，就是文人間的喝酒佳話。

梁實秋先生是文學大師，八十大壽，臺灣藝文界擺酒慶賀，那是自然之事。既是慶賀，眾人要敬壽星的酒，那也是情理之中的事。文章作者沈謙當時還在師大讀書，能參與作陪，向梁實秋先生敬酒以表達晚輩的敬意，當然更是情理之中的事。可是，敬酒者「心有餘而力不足」，只得有言在先，以喝半杯告饒。對於後生沈謙的說辭，梁先生可以有兩種回應：一是寬厚地同意，二是不同意，據禮說理，要求沈謙既然要敬酒就得乾杯。但是，出人意料的是，這兩種應對方法梁實秋先生都沒有運用，而是輕描淡寫地說了一句話，就讓不勝酒力的敬酒者沈謙愉快地喝下了全杯。

那麼，梁實秋先生的這句話何以有如此的表達力呢？

原來，他是運用了「折繞」表達法。

「那你就把下半杯幹了」，這句話，表面好像是同意敬酒者沈謙喝半杯了事，實際則不然。因為它另藏玄機，是繞著彎子要沈謙喝完一整杯。「因為要喝『下半杯』自然要先喝掉『上半杯』，這是很簡單的邏輯推理，沒有人不懂，但是就是很少有人想到這樣折繞地表達，強人喝酒既婉轉又幽默生動，令被強酒者沈謙啞口無言，只能喝下全杯，但是應該說是以愉快的心情喝下去的，酒宴也由此平添幾多的情趣。如果梁先生用常規說法來表達，儘管沈謙也會喝，但總不會太愉快的。」⑭可見，梁實秋先生不僅創作的作品有魅力，就是喝酒「說酒話」，也是幽默而有創意的。

三、水中著鹽，味在其中：雙關的表達力

臻至「含不盡之意，見於言外」的表達境界，除了上述「留白」、「折繞」等表達法外，日常語言表達最慣用的「雙關」法，其效果也是

非常好的。

　　所謂「雙關」表達法，是指「利用語音的相同或相近的條件，或是利用詞語的多義性來營構一語而有表裏雙層語義」的一種語言表達法。⑮「雙關」表達法，一般說來可以分為三類：一是「諧音雙關」，即利用漢語中聲音相同或相近的字詞，構成表裏各不一致的兩層語義。如唐人溫庭筠《新添聲楊柳枝辭》「一尺深紅蒙曲塵，天生舊物不如新。合歡桃核終堪恨，裏許元來別有仁。」這首詩是寫一位女子抱怨情人背著自己別結新歡。詩的末句用的即是「諧音雙關」表達法，通過「仁」與「人」聲音相同的關係，表面是說桃核裏面還有桃仁，暗裏則說男人外面另有女人。表意婉轉，體現了「怨而不怒」的詩風。二是「語義雙關」。如上海《文匯報》曾登載一則廣告：「第一流產品，為足下增光」，是為皮鞋油所做的廣告。其中「足下」一詞，表面是說用了這個鞋油，皮鞋（足下）會很光亮；暗裏是說，用了此鞋油，會給穿鞋者（「足下」是對人的敬稱）形象增添光彩。一語雙關，耐人尋味。三是「對象雙關」。日常生活中我們常見人「指桑罵槐」的說話，用的正是「對象雙關」法。如有人說「你這個不懂事的畜生！」表面是罵豬、狗等動物，實際是罵他所罵的人。這種表達，因為有特定的語境作背景，語義表達實際上非常清楚，聽話人一聽就知，但卻不給別人留下把柄。

　　運用「雙關」表達法建構的文本，我們稱之為「雙關」修辭文本。這種修辭文本的建構，由於「一語而具表層與深層兩重意義，所以在表達上顯得內涵豐富而婉轉蘊藉，別有一種秘響旁通的獨特效果；在接受上，由於文本的一語雙關，文本語義的深層與表層有一定的『距離』，給接受者的接受留足了回味咀嚼的空間，從而大大提高接受者文本接受的興味和文本的審美價值。」⑯

　　正因為「雙關」表達法有較突出的表達力，所以自古及今，人們在表情達意時都自覺或不自覺地運用這種表達法，以期使自己的情感表達更趨圓滿，思想表達更趨穩密。

　　下面我們就從古今人們的語言實踐中予以舉例，並分析其表達效果。

1.相君之背，貴乃不可言：蒯通為韓信相面

齊人蒯通知天下權在韓信，欲為奇策而感動之。以相人說韓信
曰：「僕嘗受相人之術。」韓信曰：「先生相人如何？」對曰：
「貴賤在於骨法，憂喜在於容色，成敗在於決斷，如此參之，
萬不失一。」韓信曰：「善！先生相寡人何如？」對曰：「願
少間。」信曰：「左右去矣！」通曰：「相君之面，不過封侯，
又危不安；相君之背，貴乃不可言。」

——漢・司馬遷《史記・淮陰侯列傳》

上引這段文字，是記蒯通企圖說服韓信自立而逐鹿天下之事。

蒯通，齊人。雖自稱為相士，實則為策士，是戰國時代的縱橫家之
類。在秦末亂世，他不僅抱負萬丈雄心，而且腹有雄兵百萬，計謀超人。
秦二世元年八月，大楚王陳涉授命武臣攻取趙地。蒯通遊說範陽縣令徐
公投降武臣，使武臣不戰而下三十餘城。漢四年十月，韓信受劉邦之命
攻伐齊國。然而，兵未發而聞酈食其已遊說齊王投降。正當韓信猶豫不
決之際，蒯通為韓信出謀劃策，鼓動韓信出兵偷襲齊國，結果一舉破齊，
攻佔了齊國之都臨淄。有了齊地，韓信遂有了更大的政治資本，結果逼
得劉邦不得不封之為齊王。上引一段文字所說的故事，正是發生在韓信
被封為齊王之後。當時，漢王劉邦勢力雖大，但項羽勢力尚存。當劉邦
被楚圍困於滎陽，形勢緊急時，項羽遣盱眙人武涉往說韓信：「天下共
苦秦久矣，相與戮力擊秦。秦已破，計功割地，分土而王之，以休士卒。
今漢王復興兵而東，侵人之分，奪人之地，已破三秦，引兵出關，收諸
侯之兵以東擊楚，其意非盡吞天下者不休，其不知厭足如是甚也。且漢
王不可必，身居項王掌握中數矣，項王憐而活之，然得脫，輒倍約，復
擊項王，其不可親信如此。今足下雖自以與漢王為厚交，為之盡力用兵，
終為之所禽矣。足下所以得須臾至今者，以項王尚存也。當今二王之事，
權在足下。足下右投則漢王勝，左投則項王勝。項王今日亡，則次取足
下。足下與項王有故，何不反漢與楚連和，參分天下王之？今釋此時，

而自必於漢以擊楚，且為智者固若此乎！」武涉所說雖然句句在理，但韓信剛剛受過漢王劉邦之封，遂回絕武涉曰：「臣事項王，官不過郎中，位不過執戟，言不聽，畫不用，故倍楚而歸漢。漢王授我上將軍印，予我數萬眾，解衣衣我，推食食我，言聽計用，故吾得以至於此。夫人深親信我，我倍之不祥，雖死不易。幸為信謝項王！」武涉無奈，只得快快而去。蒯通知天下情勢盡在韓信掌握之中，遂在武涉離去後，立即設計策反韓信，意欲使韓信自立，既不從屬於楚，也不隸屬於漢。待楚漢相爭兩敗俱傷之時，再一舉而收其利，囊括天下而王之。蒯通此計，雖著眼於韓信前程，但也有自己個人的利益在其中。只要此計成功，韓信得天下，他便是一人之下、萬人之上的開國之相了。

那麼，怎樣才能策反說服韓信呢？蒯通「為奇策而感動之」的「奇策」又是什麼呢？讀了太史公的記載，我們這才知道，蒯通的「奇策」不過是當時方術之士的老套：相面。但是，這個老套對韓信卻很有效。韓信一聽相面，立即聽從蒯通之請，摒退所有侍從，讓蒯通得以從容說出他的相面之辭：「相君之面，不過封侯，又危不安；相君之背，貴乃不可言！」

這番相面說辭，表面看來好像並沒有什麼，實則暗藏玄機、意味深長。為什麼這麼說呢？因為它是一個運用了「雙關」（「語義雙關」）表達法的修辭文本，表層語義是說：「根據您面相觀察，您最多也只是個封侯的命，而且還危而不安；但是，從您的背部骨相觀察，那就貴不可言了。」深層語義則是說：「您聽命於漢王，至多不過封侯，而且會因功高震主而有性命之虞；如果你背棄漢王而自立，那麼您就是天下之至尊。」可見，這番相面辭的玄機和關鍵只在一個詞「背」。因為在漢語裏，「背」有兩個語義：一是指「背部」，二是指「背棄」。蒯通的相面之辭，巧妙之處正是巧妙地利用了漢語「背」有二義的條件，一語雙關地道出了自己想要表達的意思。但是，卻又不著痕跡，讓人抓不住把柄。即使韓信翻臉不認人，不聽他的策反建議，也無法治罪於他。因為屆時他可以說自己所說的「背」是指「背部」，承前句所說「相君之面」的「面」而來，沒有別的意思。事實上，韓信是個聰明人，他聽出

了蒯通的玄外之音，既沒有怪罪蒯通的策反，但也沒有聽從蒯通的建議。結果，雖然讓蒯通沒做成大買賣，成為開國之相，但他也因此錯失了一次絕無僅有的歷史機遇，以致「天與不取，反獲其咎」，最終在劉邦坐穩天下後被呂后設計處死，應了那句「高鳥散，良弓藏，狡兔盡，走狗烹」的古語，良可歎也！

中國自古以來便有一種「以成敗論英雄」的歷史觀，但是，對於蒯通的上述遊說語我們不能以成敗論之。因為就語言表達技巧來說，蒯通的遊說語無疑是最高明的，其表達力也是最顯著的。雖然表達者蒯通最終沒能讓接受者韓信接受自己的策反建議，但起碼沒讓韓信因此而治罪於他。策反他人不成仍能全身而退，這何嘗不是一種崇高的境界？

2. 東邊日出西邊雨，道是無晴還有晴：戀人間的心靈密碼

> 楊柳青青江水平，
> 聞郎江上唱歌聲。
> 東邊日出西邊雨，
> 道是無晴還有晴。
>
> ——唐·劉禹錫《竹枝詞》二首之一

前文我們說過，中國人在情感展露方面比較內斂、克制，尤其是男女之情的展露則更顯含蓄蘊藉。正因為如此，自古以來我們都能看到中國的青年男女在向對方表達情感時總是遮遮掩掩、羞羞答答。即如上引劉禹錫所寫唐代西南地區青年男女以唱歌來表達情感來看，也鮮明地突顯了這一心理。

男歡女愛，乃是天然之事。既然愛上對方，就應該大膽地說出來。但是，詩中所寫的那位女子與男子卻沒有這樣。男的在河中撐船劃槳，女的在河岸窺望。二人互不見面，卻心中惦記著對方。那麼，如何傳情？唱歌。唱歌唱什麼呢？唱「我愛你，我的心肝」，還是唱「冤家，你可知道俺想你」？詩人並沒有安排男女主人公如此坦誠地表達，因為這種表達不符合中國人表情達意的傳統習慣。為此，詩人除了以敘事寫景來

側面鋪寫男女主人公的心理以外，還在末一句運用了「雙關」表達法。「道是無晴還有晴」中的「晴」，從上下文語境看，它「一面關顧著上句『東邊日出西邊雨』，說晴雨的晴，意思是照言陳（就是語面的意思）說『道是無晴還有晴』，一面卻又關顧著再上一句『聞郎江上唱歌聲』，說情感的情，意思是照意許（就是語底的意思）說『道是無情還有情』。」「眼前的事物『晴』實際是輔，心中的所說的意思『情』實際是主」。⑰也就是說，詩句中「晴」字之用，乃是通過漢語字詞的諧音關係，既關合了陰晴之「晴」，又關合了感情之「情」，從而使一句詩同時兼具表裏雙層語義。「表層語義是寫這樣的一個場景：江上，楊柳青青，濃蔭夾岸，一清純美女子江堤上邊行進邊歌唱；江中，波瀾不驚，江面一平如鏡，一英俊少年郎邊撐船邊歌唱。江面之東陽光燦爛，江面之西小雨如麻，讓人分不清到底是晴天還是雨天。深層語義則是寫了這樣一個情景：一對有情青年男女，一個在江堤上，柳蔭後，面不露，歌聲揚；一個在江心，立船頭，對江岸，高聲唱。雖然不見面，彼此歌聲訴衷腸：想你想得我瘋狂，俏冤家，你為何把哥（妹）折磨煞。」⑱應該說，劉禹錫這首仿民歌的小詩之所以能夠千百年來為人所傳誦，當與末一句「雙關」表達法的巧妙運用密不可分。經由語音上的相似關係，並借助語境的幫助，「晴」、「情」巧妙而自然的扭結搭掛到一起，從而使短短的七言詩句兼具表裏雙重語義，既豐富了詩句的內涵，又在「不著一字」中寫盡了男女主人公相愛相戀而又羞羞答答的情態，讓人不禁觸發無盡的聯想想像，文本也頓添了一種「味之無窮」的審美價值。

3. 但問意如何，相知不在棗：相見恨晚的情話

> 於是五嫂遂向果子上作機警曰：「但問意如何，相知不在棗。」
>
> 十娘曰：「兒今正意蜜，不忍即分梨。」
>
> 下官曰：「勿遇深恩，一生有杏。」
>
> 五嫂曰：「當此之時，誰能忍柰！」
>
> 十娘曰：「暫借少府刀子割梨。」

僕詠刀子曰：「自憐膠漆重，相思意不窮。可惜尖頭物，終日在皮中。」

十娘詠鞘曰：「數捺皮應緩，頻磨快轉多。渠今拔出後，空鞘欲如何！」

……

僕詠酒杓子曰：「尾動惟須急，頭低則不平。渠今合把爵，深淺任君情。」

十娘即詠盞曰：「發初先向口，欲竟後升頭；從君中道歇，到底即須休。

——唐·張鷟《遊仙窟》

上引一段文字，乃唐代才子張鷟（字文成）小說《遊仙窟》中的片斷。

《遊仙窟》一書，「採用第一人稱敘事，記述張文成奉使河源，道中夜投一大宅，乃是仙窟，得逢二絕色女子十娘、五嫂，與之歡宴飲樂，以詩相調，止宿而別。」「由於《遊仙窟》所描寫的是人們所十分樂道的戀愛故事，加之張文成的優美文筆，使它成為一時傳誦之作。兩《唐書》記載『新羅、日本使至，必出金寶購其文』，以至《遊仙窟》在唐開元年間就流傳到日本，並且在古代日本文學界成為一本很流行的讀物，甚至還出現了注釋其文的著作。據日本人鹽穀溫所寫的《中國文學概論講話》說，日本紫式部所創作的日本第一部小說《源氏物語》亦是受其影響而作。可見，其在日本的影響之大。另外，在日本還有一種傳說『言作者姿容清媚，好色多情，慕武則天后而無由通其情愫，乃為此文進之。』由於作者與武則天為同時代人，且作者與武后皆為當時風流人物，故此中國古代亦多有謂此作是影射作者與武后戀愛的故事，帝后之尊猶若仙界，故托仙女以寄其情意。雖然我們目前還不能肯定《遊仙窟》是否真是影射作者與武后的戀愛故事而作，但這確是一部頗為生動的『情怪』類小說。」[19]

其實，《遊仙窟》不僅是一部生動的言情小說，更是中國文學史上

較早的色情小說。其文筆的生動浮豔，由上引一段對話即可窺其全豹。不過，應該指出的是，小說雖然文筆浮豔，但表達上尚有含蓄蘊藉之韻致。小說中的人物在以言語調情時，都沒有直白本意，而是運用了「雙關」（諧音雙關）表達法。五嫂所說的「但問意如何，相知不在棗」，以「棗」諧「早」；十娘所說的「兒今正意蜜，不忍即分梨」，以「梨」諧「離」；作者的回答「勿遇深恩，一生有杏」，以「杏」諧「幸」。這些表裏雙關的表達，雖然語義內涵並不難破解，但表達上仍不失含蓄婉約的韻致，給讀者的文本閱讀解構留下了想像回味的空間。至於五嫂的收結語「當此之時，誰能忍柰」，雖然骨子裏非常淫蕩，但在表達上仍不失溫文爾雅、深文隱蔚的風韻。「柰」是果實名（左思《蜀都賦》有「素柰夏成」之句，謂白柰果夏季成熟），但在五嫂的話中，「柰」明顯不是指果實之「柰」，而是指忍耐之「耐」。是利用「柰」、「耐」的諧音關係而作的表達，婉約地再現了五嫂那迫不及待的淫欲之情。但由於運用了雙關表達，表意上顯得半遮半掩，猶如一個赤裸的美女披著一層薄紗，讀之讓人生出無限的遐想與想像。

利用「諧音雙關」表達法寫色情內容，是張文成《遊仙窟》的一大特色。但是，這並不意味著這只有張文成一人才能做得到。現代人在此方面，則有更好的表現。如大陸有手機短信（臺灣叫「簡訊」）曰：「領導要善解人衣，把握雞遇，深入裙中，辦事要深入淺出，堅持不泄，急裙中之所急，與裙中共性福，最終掀起裙中性高潮。」這則黃色簡訊，運用的正是「諧音雙關」表達法（「善解人衣」諧「善解人意」，「把握雞遇」諧「把握機遇」，「深入裙中」諧「深入群眾」，「堅持不泄」諧「堅持不懈」，「急裙中之所急」諧「急群眾之所急」，「與裙中共性福」諧「與群眾共幸福」，「最終掀起裙中性高潮」諧「最終掀起群眾新高潮」）其間的意蘊頗是令人玩味，讀者自可意會。

4. 自恨無媒出嫁遲，老來方始遇佳期：曹衍的求官申請

曹衍，衡陽人。太平興國初，石熙載尚書出守長沙，以衍所著

《野史》繳薦之，因得召對。袖詩三十章上進，首篇乃《鷥
鷥》、《貧女》兩絕句，蓋托意也。……《貧女》云：「自恨
無媒出嫁遲，老來方始遇佳期。滿頭白髮為新婦，笑殺豪家年
少兒。」太宗大喜，召試學士院，除東宮洗馬，監泌陽酒稅。

——宋·吳曾《能改齋漫錄》卷十一

　　在中國古代，特別是唐宋以降，讀書人要想走上仕途，實現自己的
理想，只有兩條路可走：一是參加科舉，憑自己的本事取得功名；二是
憑關係或有力量的人推薦，皇帝開恩，破格錄用。

　　上引故事中的曹衍，之所以能走上仕途，走的正是上述第二條路線。
在北宋太宗時代，曹衍雖也算得上是個飽學之士，但因種種原因而一直
未能走上仕途，大有懷才不遇的抑鬱感。不過，還算他運氣不錯，他有
一位在朝中做大官的朋友石熙載。石熙載在太宗朝官至尚書，後出任長
沙太守。離京赴任前，石熙載特意向宋太宗推薦曹衍，並以曹衍所著的
《野史》呈請太宗御覽。太宗讀之，頗有興趣，遂破例召見了曹衍。晉
見之日，曹衍攜詩三十首呈獻太宗。所作多是托物言志，其中《貧女》
詩有云：「自恨無媒出嫁遲，老來方始遇佳期。滿頭白髮為新婦，笑殺
豪家年少兒。」太宗讀之，龍顏大悅。於是，決定破例在學士院召見了
曹衍，並考較了他的才能，頗是滿意，遂授之以東宮洗馬（東宮官屬，
太子出而為前導），並監泌陽酒稅。

　　那麼，曹衍為什麼能以一首《貧女》詩而博得太宗歡心，並進而加
官進爵呢？

　　無他。乃因作者「雙關」表達法運用得當之故也。

　　作為一個由「雙關」表達法建構的修辭文本，《貧女》詩表面說的
是「姑娘無媒，老而不嫁的苦惱」與「偶得機遇而嫁得如意郎君的喜悅
之情」，深層主旨則是「指此言彼」，暗發懷才不遇的牢騷。由於運用
「對象雙關」表達法敘而出之，表意就顯得相當婉轉含蓄，語氣也「怨
而不怒」。很明顯，曹衍不直白本意，而以「雙關」表達法表白心曲，
這是有意「在自己的表達與宋太宗的解讀接受之間製造『距離』」。[20]

「事實上，表達者曹衍的這個『距離』留得相當妙，一來臣下與皇帝之間有一個身份地位的『距離』，臣下對皇上說話特別是抱怨，直白而鋒芒畢露，這是不禮貌的；二來表達者借貧女晚嫁來委婉地表達心意的主要目的是要在皇上面前露一手，使皇上知道自己確是有才，不是憑空發懷才不遇的牢騷；三來表達者委婉其辭而不直白本意，也是表明他相信皇上是有才的英主，能夠意會到其話外之音的。這實際上是對皇上才能的肯定。由於這個『距離』留得恰到好處，接受者心領神會，意會到了表達者的『言外之意』、『弦外之音』，從而在內心深處感受到一種『餘味曲包』的含蓄美。」㉑正因為如此，宋太宗才會對曹衍的《貧女》詩那麼賞識；也正因為有了太宗皇帝的賞識，曹衍才有可能在科考之外另闢出一條仕進的康莊大道，從而改變了自己的命運。

5. 向外飛則四國來朝，向裏飛則加官進祿：優伶的雙簧表演

> 元妃勢位熏赫，與皇后侔矣。一日章宗宴宮中，優人玳瑁頭者
> 戲於前。或問上國有何符瑞。優曰：「汝不聞鳳凰見乎？」其
> 人曰：「知之而未聞其詳。」優曰：「其飛有四，所應亦異：
> 若向上飛則風雨順時；向下飛則五穀豐登；向外飛則四國來朝；
> 向裏飛則加官進祿。」上笑而罷。
>
> ——《金史·后妃傳》

中國有句古話，叫做「英雄難過美人關」。

金章宗是皇上，當然是英雄。可是，因為他是男人，所以他也是難過美人關的。

上引一段文字，寫金章宗被元妃迷惑，以致元妃恃寵橫行，勢位熏赫，大臣都要走元妃路線。這就說明，金章宗確實是沒過美人關，這才搞得元妃有勢壓皇后的結局。

眾所周知，在中國封建時代，任何政權都是家天下。江山是皇上的，與他人無幹。但是，皇上為了穩固自己的江山，需要有人給他幫忙，這就需要養一批大臣及各級官員。這些被養的大臣及各級官員，除了要幫

皇上打理日常朝政和管理天下事務，還得給皇上提意見，讓他時刻保持清醒的頭腦。雖然政權的機制是如此，但有時並不一定能順利實施。因為皇上是人，他有脾氣，有普通人都有的人性弱點。如果他要犯起糊塗來，那遠比普通人嚴重得多，因為別人不敢說他。比方說，上引故事中的金章宗，就是這樣的一個主兒。他寵愛元妃李氏，卻不按後宮規章制度辦事，結果讓李氏恃寵放縱，幾乎讓後宮綱紀蕩然無存。按說，出現了這種不正常的現象，朝廷大臣都應該及時諫止。可是，大臣們不僅不諫勸，反而迎合其意。大家為了升官發財，都紛紛走起元妃路線。

大臣走元妃路線，罔顧朝廷綱紀，不是「處江湖之遠」的普通官員所能知曉的，甚至「居廟堂之高」的朝廷大臣也未必人人都能洞悉內情。但是，後宮中的一切，卻是瞞不過宮中一幫小人物的。這幫小人物就是在宮中從事娛樂事業，專為皇上搞笑的優伶。他們有「近水樓臺先得月」的天然優勢，朝中、宮中大小事項總會被他們洞悉的。正因為如此，這才有了上引故事中諸優伶智諫金章宗的情節發生。

那麼，這些優伶如何諫勸金章宗呢？

按照封建等級制度，對皇帝的諫議權只有朝廷大臣才有，宮中優伶是完全沒有過問政治的資格，因此也就不可能有機會向皇帝提意見，指正其缺失。金章宗宮中的優伶，當然也是如此。他們既然供職於宮中，自然懂得宮中吃飯的規矩。不過，當他們看到別人都看不到的宮中內幕時，遂情不自禁地生發出「位卑未敢忘憂國」的責任感。於是，便借金章宗宮中宴樂之機，通過你唱我和的雙簧形式，巧妙地表達了自己對於朝廷大事的意見。他們所謂的「鳳凰四飛法」，其實並非事實，而是臨時編造出來的一個故事，是運用「雙關」表達法建構出來的一個修辭文本。

這個修辭文本建構的用意，重在批評與諷刺元妃李氏恃寵嬌縱、干預朝政、敗壞綱紀，而非為了逗樂金章宗。他們依次敘述鳳凰「向上飛」、「向下飛」、「向外飛」三種祥瑞，意在水到渠成、不露痕跡地自然引渡到第四種祥瑞「向裏飛」。由此通過「向裏飛」與「向李妃」語音形式上的相諧關係，實現語義上的一語雙關，即「諷刺李妃的恃寵

驕縱和朝廷官員走李妃的『夫人路線』往上爬的不良風氣」。㉒由於這層意思表達得婉約蘊藉,加上「向李飛」的寓意與前面所說「向上飛」、「向下飛」、「向外飛」明顯不協調,這讓聽者金章宗大感意外,不禁為之莞爾一笑。也正因為有了金章宗的這一笑,優伶們的諷諫風險頓時化解。由此可見,章宗對於優伶們越俎代庖的諷諫行為最終以「笑而罷」收場,全靠優伶們語言表達的智慧,全賴「雙關」表達法運用得當。如果他們直言相勸金章宗,那一定會落得個身首異處的下場,因為他們不具備諫議權,豈可僭越而干預朝政?

6. 老爺看小人是青白的,小人看老爺是糊塗的:勞動人民的語言智慧

> 一位青盲人涉訟,自訴眼瞎。官曰:「一雙青白眼,如何詐瞎?」答曰:「老爺看小人是青白的,小人看老爺是糊塗的。」
> ——清‧浮白主人所輯《笑林》

一般人都有一種錯覺,認為有表達智慧的,嫻熟表達技巧的,總會是那些有文化的讀書人或做官的老爺們。其實,情況並非如此。在中國社會底層的老百姓從來就不欠缺表達技巧,他們有時說話的表達力甚至遠遠勝過那些識文斷字者與整天打官腔的大人老爺們。

謂予不信,請看上引這則清代的民間故事。

在這則故事中,那位因眼疾而惹上官司的小百姓,就非常有表達的智慧。在被人帶到衙門見老爺時,他首先坦然承認犯錯,但是強調犯錯的原因是因眼瞎而無意為之。應該說,他這樣處理是非常恰當的。首先他給人的第一印象是態度較好,有錯就承認,不推卸責任;其次,他強調眼瞎的事實,意在否認有「犯罪故意」,給自己爭取到了一個較為有利的免責條件。如果是頭腦清醒的問案官,肯定會當場釋放這位可憐的瞎眼人。但是,不巧的是,問案的大老爺是個糊塗蛋。他不懂「青盲症」(應該是今天我們所說的「青光眼」)是怎麼回事,所以他看到那小民一雙眼睛的眼珠黑白分明,便一口咬定他是使詐,有定性他為刁民之意。如果換成其他人,肯定立即磕頭求饒,或是大聲喊冤。但是,那位眼瞎

小民則不然，他並不畏懼大老爺的權勢，從容回敬道：「老爺看小人是青白的，小人看老爺是糊塗的。」聽了這話，大老爺還有什麼話好說，除了讓他走人，別無辦法辦他。因為找不到法理依據。

那麼，這位眼瞎小民的兩句話何以有如此的表達力呢？

仔細分析一下，原來是得力於「雙關」表達法運用得當。

瞎眼小民的前一句話「老爺看小人是青白的」，運用的是「雙關」表達法中的「諧音雙關」，利用「青白」與「清白」的諧音關係，一語而兼表二義。即表面是說：「老爺您看我眼珠是黑白分明的」，深層則是說：「老爺您也覺得我是清白的」。後一句「小人看老爺是糊塗的」，運用的則是「雙關」表達法中的「語義雙關」，利用「糊塗」一詞兼有「模糊、看不清楚」和「是非不分、愚蠢」等語義，造就了一語而有表裏雙重語義的效果。表面是說：「小人眼睛不好，看不清老爺的形象」，深層則是說：「小人認為老爺是個糊塗蛋，是非不分」。這兩句話雖然內骨子裏都是在為自己辯護和指責老爺，但是由於採用「雙關」表達法，表意婉轉含蓄，讓接受者（問案老爺）可以意會其真實內涵，但卻難以抓住其諷嘲意向的把柄。可見，浮白主人之所以要記錄這則故事，就是因為他非常讚賞那位瞎眼小民的表達智慧。

7. 怎麼他說了你就依，比聖旨還快呢：林黛玉的暗語

> 這裏寶玉又說：「不必燙暖了，我只愛喝冷的。」薛姨媽道：「這可使不得：吃了冷酒，寫字手打顫兒。」寶釵笑道：「寶兄弟，虧你每日家雜學旁收的，難道就不知道酒性最熱，要熱吃下去，發散的就快；要冷吃下去，便凝結在內，拿五臟去暖他，豈不受害？從此還不改了呢。快別吃那冷的了。」寶玉聽這話有理，便放下冷的，令人燙來方飲。黛玉磕著瓜子兒，只管抿著嘴兒笑。可巧黛玉的丫鬟雪雁走來給黛玉送小手爐兒，黛玉因含笑問他說：「誰叫你送來的？難為他費心。——哪里就冷死我了呢！」雪雁道：「紫鵑姐姐怕姑娘冷，叫我送來

的。」黛玉接了，抱在懷中，笑道：「也虧了你倒聽他的話！我平日和你說的，全當耳旁風；怎麼他說了你就依，比聖旨還快呢！」

——清・曹雪芹《紅樓夢》第八回

讀過《紅樓夢》，大家都知道，薛寶釵與林黛玉是一對競爭者。

眾所周知，大凡要競爭，都是因為有利益。那麼，薛寶釵與林黛玉競爭的利益何在？不是錢，也不是不動產，只是一個位置：賈寶玉的夫人，將來主宰賈府的女主人。

既然是競爭，那麼必然就要鬥。男人的鬥，大多訴諸於武力或智謀，如曹操、劉備、孫權之爭天下，用的就是武力和智謀。至於女人的鬥，則大多體現為鬥嘴和爭風吃醋。上引一段文字中薛、林二人的競爭，就是鬥嘴與爭風吃醋。賈寶玉要喝酒，薛寶釵出於關心，勸他別喝冷的，要溫來喝。賈寶玉覺得說得有理，於是立即放下冷的，令人燙來喝。這個情節放在一般環境中，決不會引起什麼人際糾紛。但是，賈寶玉喝酒時，正好薛、林二人都在場。她們競爭的標是賈寶玉。既然寶玉聽薛寶釵的話，那麼就意味著薛寶釵贏得了寶玉之心，同時也就意味著另一個競爭者林黛玉是失敗者。這對向來自尊心特強而又敏感的林黛玉，那是很難接受的一個事實。正是基於這種不服輸的心理，林黛玉便借丫鬟雪雁來送手爐的機會，說了上述那番話，結果讓薛寶釵與賈寶玉都如骨鯁在喉，非常尷尬。

那麼，林黛玉的這番話何以有如此的表達力呢？

原來，她是運用了「雙關」表達法中的「對象雙關」手法，一語雙關，一箭雙雕。

黛玉的第一句話：「難為他費心。——哪里就冷死我了呢」，表面上好像是說：「難得紫娟為我操心，其實這麼一會兒怎麼就會冷死我呢？」實際上黛玉要表達的並不是這層意思，而是潛藏於辭面下的另一層含義：「就你寶釵會疼人，寶玉喝點冷酒，何至於那麼大驚小怪，說得後果那麼嚴重呢？」雖然這層語義才是黛玉之言所表達的真意，但由

於是採用「指此言彼」的「對象雙關」表達法，因此其諷刺寶釵多情的語義則顯得深藏不露，讓寶釵意會得到，但卻抓不住反擊的把柄。

黛玉的第二句話：「也虧了你倒聽他的話！我平日和你說的，全當耳旁風；怎麼他說了你就依，比聖旨還快呢」，這也是運用「對象雙關」。「表面是說：虧你雪雁那麼聽紫娟的話，我平時跟你說的怎麼都當了耳旁風，她說一句你就依，比領聖旨還快。實際上，這句話的深層語義則是說：虧你寶玉那麼聽寶釵的話，你怎麼不聽我的話，把我平時說的話當作耳邊風。寶釵說的，你就聽，還聽得比領聖旨都快。很明顯，黛玉這是在吃醋，在使小心眼兒，是繞著彎子挖苦寶玉對寶釵的百依百順。」㉓由於黛玉所要表達的諷意是深藏於批評雪雁話語的背面，表意非常含蓄，所以寶玉雖然也能意會得到，但同樣無法坐實其表達真意而回擊黛玉。可見，黛玉雖然是小心眼兒，性格中有很多弱點，但那張不饒人的嘴還真是厲害，即使是刻薄地諷刺人，也表現出婉約蘊藉的含蓄美。

在日常生活中，諸如林黛玉式的「對象雙關」表達法運用，我們經常見到。如目前在大陸傳播的一則手機短信（臺灣稱「簡訊」），運用的正是「對象雙關」表達法：「元旦後準備提拔年輕幹部，你的呼聲很高啊！許多女同志反映你體力好，有技巧，經驗足，擅長抓重點，堵漏洞，關鍵時刻硬得起來，她們都願意在你下面幹！」這則手機短信所要表達的真實語義何在，明眼人一看便知。但是，由於它採用「指此言彼」的「對象雙關」法表而出之，不僅淡化了文本本身的「色」彩，而且也使文本所要傳達的真實意蘊顯得更耐人尋味。

8. 蓮子心中苦，梨兒腹內酸：金聖歎父子的對話

蓮子心中苦，梨兒腹內酸。

——清・金聖歎父子聯語

這副聯語，乃明末清初著名文學家與文學批評家金聖歎與其子所作。

金聖歎，清蘇州吳縣人。本姓張，名喟。後改名金采，字若采。明朝亡覆後，再次改名為金人瑞，字聖歎。為人疏放狂傲，但才氣過人，

詩文俱佳，在明末清初的文壇上都是有聲望的。早年參加科考時因文章思想怪異而被黜革，後改名再考雖得第一名，但卻從此絕意仕進，終生以讀書著述為志。明亡清立，金聖歎更是不復有仕進之意。順治 17 年，蘇州府吳縣來了一個新縣令，名叫任維初。任氏上任後，對吳縣欠稅者課以重刑，但自己卻又私盜公糧。第二年，順治皇帝駕崩，蘇州府設靈堂哀悼三日，眾官雲集。但是，包括金聖歎在內的百余名秀才卻於第三日往孔廟哭廟。之後，又向江蘇巡撫朱國治呈狀告發縣令任維初。不意，朱、任勾結，以抗納兵餉，聚眾倡亂，震驚先帝之靈等為由，逮捕十八名秀才，並要求朝廷予以嚴懲。這被捕的十八名秀才，其中就包括了金聖歎。後來，朝廷准奏，金聖歎等被處死刑。

上引聯語，就是金聖歎在刑場上與其子訣別時二人聯對而成。金聖歎雖然英年被殺，只活了五十四歲，但是他與其子的聯語卻數百年來一直為人們所傳播並津津樂道。

那麼，這副聯語何以會讓人津津樂道呢？

對此，筆者曾經分析過其中的原因，認為「主要有三個原因。一是金聖歎視死如歸，砍頭只當風吹帽的凜然正氣令人感佩；二是金聖歎臨刑不懼，與子聯語對句，從容優雅的風度令人絕倒；三是死別憐子之情表達深沉婉約，哀而不傷，讓人益發增其悲！」。「金聖歎所出的上聯『蓮子心中苦』和其子所對的下聯『梨兒腹內酸』，如果不是在金聖歎臨刑的刑場上這一特定情境下所說，那麼這只是一個古代常見的聯語對句的文人鬥才的尋常事，我們只會讚歎他們對仗工整而已。而上述金聖歎父子的對句，明顯不是父子比才或是父試子才的行為，而是別有寄託的。金聖歎的上句『蓮子心中苦』，表層語義是陳述一個人人皆知的生活常識：蓮子的心是苦的。實際上，這層語義不是金聖歎臨刑前要對兒子說的，他要說的是：『憐子心中苦』。……他兒子的對句也不是那麼簡單的。『梨兒腹內酸』，表層語義也是陳述了一個生活常識：梨子的核是酸的。實際上，這層語義也不是他所要表達的。他真正要表達的是這樣的一個深層語義：『離兒腹內酸』，即是說：爸爸，您馬上就要離開孩兒了，心裏一定很辛酸。生離死別，是人生莫大的悲苦，呼天搶地，

捶胸頓足，將自己心中的悲苦一古腦兒的傾瀉出來，也是人之常情。而金聖歎為了保持一個漢族士大夫的民族氣節，還有盡可能多地消解兒子的悲痛，所以達觀而從容優雅地對待離世別子的悲哀，以一語雙義的聯語『蓮子心中苦』婉轉地表達了自己別子的悲切之情；而他的兒子也是善解人意，知道父親的心中悲苦，也以同樣的方法，用『梨兒腹內酸』一句對接，從父親的角度著眼，婉轉地表達了自己離父深切的悲痛。很明顯，金聖歎父子的聯語對句是極其高妙的，是一種深具魅力的表達策略，它既深切、深沉地表達了父子二人生離死別的無限悲痛之情，同時鮮明地體現了漢族士大夫視死如歸、不屈服於異族統治者的淫威，從容赴死、優雅辭世的風度。」㉔如果能理解到這一層，那麼我們就不得不感佩金聖歎及其子的表達智慧，感歎其聯語異乎尋常的表達力。

四、金玉其外，敗絮其內：諱飾的表達力

中國是一個具有悠久歷史的國度，中華文化源遠流長。但是，也正因為這個原因，中國人背負了太多的精神負擔，以至我們的說寫表達也有很多禁忌。關於這一點，我們生活於中國社會，事實上都是深有體會的。比方說，在日常生活中我們跟人交談，如果不瞭解對方的心理或背景，不經意間就可能犯了別人的禁忌。結果，重則傷了別人感情，從此結下怨恨；輕則不歡而散，朋友沒得做了。在此，我們想起了清人程世爵《笑林廣記》中「說話不利」一則所講的故事：

> 一家五十得子，三朝人皆往賀。一慣說不利之語者亦欲往。友人勸之曰：「你說話不利，不去為佳。」其人曰：「我與你同去，我一言不發何如？」友曰：「你果不言，方可去得。」同到生子之家，入門叩喜，直到入席吃酒，始終不發一言，友甚悅之。臨行，見主人致謝，曰：「我今日可一句話也沒說，我走後，你的娃娃要抽四六風死了，可不與我相干。」

　　其實，我們大家都知道，語言跟客觀實際是沒有關係的。一個人是生是死，是吉是凶，並不與別人說什麼有直接關係。但是，既然社會風俗如此，社會大眾心理如此，我們就必須「從俗」、「從眾」，在表情達意時巧妙地繞開禁忌，規避他人或社會習俗不願觸及的「難言之隱」，從而達到「含不盡之義，見於言外」的表達境界。

　　那麼，如何達到這種表達境界呢？運用「諱飾」表達法就很有效。

　　所謂「諱飾」表達法，是指說寫時「遇有犯忌觸諱的事物，便不直說該事物，卻用旁的話來回避掩蓋或者裝飾美化的」一種修辭手法。㉕運用這種表達手法建構的文本，我們稱之為「諱飾」修辭文本。這種文本的建構，在表達上，有深文隱蔚、含蓄婉轉的效果；在接受上，由於表達者在辭面上規避了敏感的禁忌概念或事物名稱，因此就讓接受者在心理上消除了抵觸情緒，從而樂於接受表達者表達的意涵。同時，由於表達者辭面上的規避，讓接受者有了憑藉特定情境而自行解讀語義的空間，在思而得之後，必然會產生一種解讀成功的快慰感。

　　「諱飾」表達法的運用，表達上有「深文隱蔚」的特點，既符合中國人的習俗心理，又有密切人際關係，提升文本審美價值的效果，因此自古及今這一表達法的運用從未在人們的說寫實踐中缺席。下面我們就看看我們的古聖今賢是如何運用這一表達法的。

1. 李密的辭職信：慈父見背，舅奪母志

> 臣以險釁，夙遭閔凶，生孩六月，慈父見背，行年四歲，舅奪母志。祖母劉愍臣孤弱，躬親撫養。臣少多疾病，九歲不行，零丁辛苦，至於成立。既無伯叔，終鮮兄弟，門衰祚薄，晚有兒息。外無期功強近之親，內無應門五尺之童，煢煢孑立，形影相弔。而劉早嬰疾病，常在床蓐。臣侍湯藥，未嘗廢離。
>
> ——晉・李密《陳情表》

上引這段文字，是晉人李密寫給晉武帝司馬炎奏章的開頭一部分。李密，一名虔，字令伯，西晉犍為武陽人。父親早亡，母何氏再嫁。

李密年幼，體弱多疾。祖母劉氏，躬自撫養。及長，李密奉事祖母甚殷。祖母有疾，則涕泣側息，未嘗解衣，飲膳湯藥必先嘗而後進。李密為人孝謹，有辯才，早年仕蜀漢為郎，屢次出使東吳。蜀漢平，泰始初，晉武帝聞其賢，詔征為太子洗馬。李密內心不願仕晉，但又不便拒絕，遂以孝養祖母為名，寫了一封《陳情表》上奏晉武帝，說明了難以從命的因由。「奏表通過講述自己人生的不幸，祖母年邁體弱、與自己相依為命的情形，情深意切地表現了一個封建時代典型的孝子賢孫的真摯感情，令晉武帝也深受感動，無法駁回他的請求，只得答應他不再出山為官的要求。」㉖

那麼，何以這封奏表能改變晉武帝的想法，讓他收回成命呢？

我們看看上引開頭一段文字，便知端的。這段文字以講述自己的悲慘身世起首，再述及祖母的養育之恩。然後再及自己體弱多病和祖母年邁孤獨的苦衷，從而自然而然地強調了自己必須孝養祖母的責任。感情真摯，言辭懇切，讀之讓人不能不為之感動。晉武帝作為一個皇帝，那就更不能不為之感動了。因為封建時代的皇帝都是強調以孝治天下的。既然現在有這樣一個堪稱孝子賢孫典範的臣子，他就沒有理由不成全他，更沒有理由逼他棄養祖母而出山為官了。

其實，這份奏表的開頭一段之所以深切感人，不僅與作者表達時感情誠摯充沛有關，也與作者表情達意的文字技巧有關。如前六句「臣以險釁，夙遭閔凶，生孩六月，慈父見背，行年四歲，舅奪母志」，全以四言成句，形式整齊，述說自己的悲情人生，哀傷淒切而又一氣呵成，猶如奔騰之江水一泄而下，讓人情不自禁地為其哀傷的情緒所感染。這六句話的意思是說：「臣乃罪孽深重之輩，早年命運坎坷，屢遭不幸。六個月大才會笑的時候，父親就死了；年方四歲，母親又改嫁了。」但是，這層意思，作者李密卻沒有這樣直接的表達，特別是說到父死母嫁之事，分別改用「慈父見背」、「舅奪母志」來表達。這樣的措辭寫給皇帝看，就顯得非常得體，表意也有深文隱蔚之妙。

那麼，這二句何以有這樣獨特的表達力呢？

無他。乃因作者李密運用了一種「諱飾」表達法。

　　眾所周知，中國人對於「死」向來都是諱莫如深的。因此，說到「死」及與「死」相關的概念或事情，大家都想方設法予以回避。回避不了，就予以美化，或換個說法。如皇帝之死叫「駕崩」、「賓天」等，士大夫之死叫「不祿」、「捐館」、「梁壞」等，文人之死叫「玉樓赴如」、「修文地下」等，女子之死叫「香消玉隕」、「蕙損蘭摧」等，將士之死叫「裹革」、「捐軀」等，普通人之死，有說「歸西」、「作古」、「長逝」、「仙逝」、「登仙」、「永別」、「長歸」、「去了」、「走了」等等，不一而足。即使是罵人或自貶，說到死的概念也仍然要避諱，如罵人叫「翹辮子」、「伸腿」等，說自己叫「填溝壑」等。可以說，中國人諱言「死」已成了一種社會習俗心理。說別人之死尚不能直言，那麼在中國封建時代講究孝道的社會環境下，對於自己父母等長輩之死，如果直言之，那就等於是大逆不道了。李密當然知道這些，所以，他在說到自己父親死亡之事時，就選擇了「諱飾」表達法，以「見背」代言之，意思是「離開了我」。這樣的表達，既是對已故父親的尊重，符合中國封建時代「為尊者諱」、「為死者諱」的傳統，同時也是對皇帝的尊重。如果一個人連自己的父親都不尊重，那麼就很難讓人相信他會尊重別人，包括皇帝。李密選擇「慈父見背」的表達，既表現了對父親的尊重，突顯了他為人孝謹的特點，同時也讓讀奏表的晉武帝避免了因言及「死」之概念而可能引發的心理不快。至於說母親的改嫁，李密的表達更是巧妙。他以「舅奪母志」來代替說明「母親改嫁」的既成事實，既給母親避了諱，又給自己回避了難堪，同時還給母親臉上貼了金（說「舅奪母志」，意謂母親有心守節，可是舅舅不好，強迫她改變了守節之志）。因為在中國古代女子都是「從一而終」的，朝廷與社會都是鼓勵女子守節。民間有俗語說「烈馬不吃回頭草，好女不嫁二夫男」，說的正是這種民族心理與習俗。父親早亡，母親改嫁，對於孤兒李密來說，都是人生莫大的不幸。但是，在表達這些不幸時卻有諸多社會習俗方面的忌諱。如果他對晉武帝實話實說，不知避諱，雖然表示了對皇帝的忠心與做人的誠實，但卻觸犯了整個民族社會的禁忌，結果必然讓晉武帝勃然大怒。而選擇諱飾表達法表達，既可以婉轉地講出

自己不幸的事實，引發晉武帝的同情，同時也讓晉武帝覺得他真是一個維護父母面子的孝子，從而不便駁回他請辭官職的要求，只能成全他這個孝子賢孫的孝行。

2. 王衍清高不言錢：舉阿堵物卻

> （衍）口未嘗言錢。（衍妻）欲試之，令婢以錢繞床使不得行。
> 衍晨起，見錢，謂婢曰：「舉阿堵物卻！」
>
> ——《晉書·王衍傳》

上引文字，是說王衍清高不言錢的故事。

王衍，是西晉權勢顯赫的大人物，曾官至尚書令等要職。他的妻子郭氏，則是晉惠帝的皇后賈南風的親戚，有左右朝廷人事的能力。除了權勢，王衍還有清名，是當時聲譽卓越的大名士。他外表俊朗，風姿綽約，才華橫溢，又精通《老》、《莊》，擅長玄談，因此成為當時朝野上下都熱烈追捧的人物。據說，他跟人清談玄理時，常手執一個白玉柄之麈，不僅風度傾人，而且素手與玉柄同色，讓人絕倒。清談間，遇有說得不妥處，他能立即改正過來。因此，時人稱之為「口中雌黃」。他自己感覺也很好，自恃聰明過人，常把自己比作子貢。他的從兄王戎，是「竹林七賢」之一，也是當時名士，以善於鑒賞人物出名。一次，晉武帝問他，王衍名氣那麼大，能跟誰相比。王戎認為，當世之人無人可比，只能跟古人相比。其實，歷史證明，王衍並沒那麼神，而只是一個徒有其名的公子哥兒，並非國家棟樑之才。晉武帝死後，惠帝即位，朝政即為皇后賈南風把持。賈氏為了鞏固自己的權位，大量殺戮朝廷棟樑名臣。結果，惹得天怒人怨，加上皇室內部矛盾加劇，最後演成了一場長達十六年之久的「八王之亂」，使西晉元氣大傷。在國家內亂，生靈塗炭的關鍵時刻，王衍雖居權力中樞，但整日清談玄理，置國家安危、人民疾苦於不顧，只為個人日後籌畫萬全之策。

因為是這樣的一個背景，所以王衍一向自視清高。特別是在錢財方面，他表現得尤其清高，從不言錢。而她的妻子郭氏則跟他不同，她是

個俗人，自恃皇后賈氏的權勢，不僅喜歡干預他人之事，作威作福，而且為了搜刮錢財而無所不為。雖然王衍打心眼裏看不起她，但她同樣也看不起王衍，認為他是假清高。為了戳穿他假清高的面具，她便設計了上引故事中的一個情節，趁他晚上入睡之機，讓家中婢女用錢把他的床圍起來，使他早上起不了床，以此逼他說出「錢」字。可是，結果呢？王衍還是沒說，只是命令婢女：「舉阿堵物卻！」輕鬆地繞過了妻子郭氏設計的陷阱。

那麼，王衍何以能避「錢」而不談，從而維護了其「口不言錢」的清高本色呢？

其實，原因很簡單，王衍只是巧妙地運用了「諱飾」表達法。

所謂「舉阿堵物卻」，意思就是「把這些個東西拿開」。「阿堵」是當時晉代方言，意思是「這」、「這個」之意，王家婢女誰都懂。雖然只是用了一個簡單的方言詞「阿堵」，但卻巧妙地借此代詞而指代了眼前堆積如山的錢。真可謂「一字值千金」！因為短短五個字，以命令的口氣從王衍的口中說出，既保持了他作為一家之主的威嚴，讓她們順從地搬走了床周圍堆積如山的錢，從而使自己從錢堆中脫困；同時，也通過「阿堵」一詞的指代作用巧妙地規避了他自己生平諱言的「錢」字，讓他妻子郭氏的伎倆無法得逞，從而維護了他作為一個封建士大夫所特有的清高脫俗的形象。前文我們雖說過王衍在治國才具與個人道德方面存在缺陷，但就語言表達來看，確有勝人一籌的才能。

3. 魯迅的情愛論：時而「敦倫」者不失為聖賢

為了「雅」，本來不想說這些話的。後來一想，這於「雅」並無傷，不過是在證明我自己的「俗」。王夷甫口不言錢，還是一個不乾不淨人物，雅人打算盤，當然也無損其為雅人。不過他應該有時收起算盤，或者最妙是暫時忘卻算盤，那麼，那時的一言一笑，就都是靈機天成的一言一笑，如果念念不忘世間的利害，那就成為「杭育杭育派」了。這關鍵，只在一者能夠

忽而放開，一者卻是永遠執著，因此也就大有了雅俗和高下之分。我想，這和時而「敦倫」者不失為聖賢，連白天也在想女人的就被稱為「登徒子」的道理，大概是一樣的。

　　　　　　　　　　　　——魯迅《且介亭雜文・病後雜談》

　　上引這段文字，是魯迅諷刺那些「口裏說的是仁義道德，心裏想的是男盜女娼」者心口不一的虛偽嘴臉。其中，有一句話特別耐人尋味：「這和時而『敦倫』者不失為聖賢，連白天也在想女人的就被稱為『登徒子』的道理，大概是一樣的」。

　　這句話，如果說得直白點，就是這樣一個意思：夫妻之間不時親熱親熱，過過性生活，這都是人之常情，也無損於聖賢之本色；但是，如果一個人連大白天都在想女人，那麼就要稱之為色鬼了。這和雅人時而打打算盤而不失之為雅人，而始終不放下算盤的則就是俗人，兩者的道理是一樣的。

　　但是，魯迅先生在表達這層意思時並沒有這樣直捷而理性的表達，而是運用了「諱飾」表達法。雖然讀者閱讀起來有些繞口，但是，作為文學作品看，卻增加了其解讀的審美價值，讓人有味之無窮的情趣。

　　眾所周知，在中國古代有一句話，叫做「不孝有三，無後為大」。即認為傳承香火、延續家族命脈乃是最大的人倫。所以，夫婦行房事不是為了生理上的快感，而是承擔家族的重任，是「敦睦人倫」的表現。正因為如此，魯迅有「時而『敦倫』不失為聖賢」的說法。但是，魯迅在說到「夫婦同房」這個意思時，並沒有直言其事，而是以「敦倫」來諱稱，這就使表達顯得婉轉含蓄。而在說到那些整天想女人的人，魯迅也沒有直言斥之為「色鬼」，而是以「登徒子」來代稱，讓人由此及彼，想到了戰國時代楚人宋玉的《登徒子好色賦》所寫登徒子與鄰家女之事。其實，「登徒子」開始並不是貶義語。「登徒」乃姓氏，「子」為古代對男子的敬稱。宋玉賦中所寫登徒子好鄰女之美色，並沒有指斥登徒子的意思，後代引申運用，遂將「登徒子」與「好色之徒」劃上了等號。魯迅這裏所運用的「登徒子」，即是後來引申出來的語義，意指「好色

之徒」。但是，由於魯迅在文字表面沒有以「色鬼」、「好色之徒」表現之，故在表達上就顯得含蓄深沉，指斥論爭對手也顯得溫文爾雅，不失君子風範。

　　其實，魯迅說到男女之事，之所以要採用「諱飾」表達法，除了上述意欲表意婉轉、彰顯君子風範的原因外，還有一個深層的文化原因。因為對於男女之事，中國人一向諱莫如深。說到男女之事，中國人總是有一種羞於啟齒的感覺。正因為如此，在漢語辭彙庫中有很多關於男女之情的委婉語。如男女性愛稱之為「春風一度」、「顛鸞倒鳳」、「衾枕之樂」、「衽席之愛」、「握雨攜雲」、「雨愛雲歡」、「枕席之事」等等，夫妻性愛叫「行房」、「行事」、「同房」、「圓房」、「為人」、「房事」、「內事」等等，私慕意中人叫「窺宋」、「窺玉」等，談情說愛叫「調風弄月」、「詠月嘲風」等，幽會密約叫「桑中之約」、「待月西廂」等，男女調情叫「撥雲撩雨」、「撩雲撥雨」、「吊膀子」等，男女偷情叫「暗度陳倉」、「盜香」、「拈花弄柳」、「拈花惹草」、「竊玉偷花」、「竊玉偷香」、「通好」、「偷歡」、「偷雞摸狗」、「招蜂引蝶」等等，嫖娼叫「傍花隨柳」、「串花家」、「打野雞」（嫖低等妓女）、「買春」、「買歡」、「買笑」、「買笑追歡」、「覓柳尋花」、「眠花藉柳」、「眠花宿柳」、「攀花折柳」、「問柳評花」、「問柳尋花」等等。這些委婉語的產生，正是漢民族人羞於言情、羞於談性的內向性民族心理特點的典型表現。

4. 台南的風俗：新廁所應該由自己人開張才有新氣象

　　三年級放寒假的時候，爸和叔叔們合資蓋了一間廁所。「落成」那天，我們幾個小孩子熱烈的討論誰應該第一個使用，六叔把我們拉開，他說他是高中生，當然是第一。他進去了，一下子又走出來，很不高興的樣子，原來，有人進去過了，六叔一口咬定是那個泥水匠，他嘀咕著說要找泥水匠算帳，……那天晚上，爸和叔叔們在院子裏聊天，聊到這件事，二叔說，<u>新廁所</u>

有外來的「黃金」，大吉大利，六叔不同意，他認為新廁所應
該由自己人開張才有新氣象，爸沒有意見。

——阿盛《廁所的故事》

這段寫台南「廁所文化」與「廁所民俗」的文字，讀來別有情趣。
其中，「新廁所有外來的『黃金』」和「他認為新廁所應該由自己人開
張才有新氣象」兩句，讀來尤其耐人尋味。

那麼，為什麼寫人們一向諱言忌說的廁所，也有如此的表達力呢？

這是因為作者運用了「諱飾」表達法，不僅將嫌忌諱說的不潔事物
與不潔之事婉轉地表達出來，而且還有化平淡為生動、化粗俗為典雅的
表達效果，讀來別有一種妙趣橫生的韻味，給人的感覺不是心理與情緒
上的不快，而是一種審美上的享受。作為文學作品看，這樣的表達無疑
是極大地提升了文章的審美價值。另外，還值得一提的是，「外來黃金」
之說，不僅巧妙地回避了人們極不願意提及的事物，而且還有化醜為美
的效果，迎合了中國人喜歡發財的心理，有討口彩的效果。假如不用「諱
飾」表達法，而是直言其事，那麼不僅文字上沒有美感，而且還會因觸
犯人們的心理與社會習俗禁忌而引發讀者情感的不快。

眾所周知，人們對排泄物等不潔事物都有著天然的嫌惡之情，不願
提及。但是，排泄乃是人類正常的生理現象。因此，從情感上說，人們
雖都不願面對或提及排泄物等不潔事物及其相關概念，但卻又不可回避。
為此，人們便在語言中運用「諱飾」表達法，對之予以規避甚至予以美
化。長此以往，其結果是在辭彙庫中逐漸積累了大批有關規避排泄物及
其相關概念的委婉語。漢語是一種具有非常悠久歷史的語言，因此在漢
語辭彙庫中，這類委婉語就尤其豐富。如說「大便」叫做「出恭」、「出
大恭」、「大溲」、「起居」、「遺矢」等，說「小便」叫做「便旋」、
「出小恭」、「起旋」、「起夜」（夜間小便）、「小解」、「小溲」、
「小遺」等。泛稱「大小便」，原來有「解手」、「解溲」、「淨手」、
「更衣」、「如廁」、「登東」、「登坑」、「放水火」（獄中犯人大
小便）等各種說法，現代則有「上洗手間」、「去盥洗室」、「上衛生

間」或「上化妝間」等更婉轉的說法。說「糞便」，則稱之為「大恭」、「大穢」、「溷汁」、「金汁」等。說「放屁」叫做「放氣」、「下氣」、「洩氣」等。說女人「月經」，則說法更多，如「潮信」、「程姬之病」、「庚信」、「癸水」、「紅」、「紅潮」、「經信」、「例假」、「入月」、「身上」、「天癸」、「信水」、「月候」、「月脈」、「月事」、「月數」、「月水」、「月信」、「子孫瑞」等等，上海方言中則有「老鬼三」、「老朋友」之說。「月經」用品，則說「陳媽媽」、「夾布子」、「騎馬布」（宋元以後俗稱女陰為「馬」）、「騎馬帶子」、「衛生帶」、「月事布」等。說男體分泌物叫做「陰精」、「走陽」等。說「眼淚」叫「紅冰」（指女子）、「目汁」、「玉汁」、「玉啼」、「玉箸」等。說「唾液」叫「芳津」、「口澤」、「生津」、「玉泉」等。說「鼻涕」叫「「鼻龍」。如此等等，不一而足。

5. 棋迷心中的痛：副帥馬曉春馬失前蹄

世界圍棋最強戰弈罷九輪，<u>副帥馬曉春馬失前蹄</u>。
——《文匯報》1995 年 1 月 13 日一則體育新聞標題

上面這則新聞標題，報導的是大陸圍棋高手馬曉春在世界圍棋賽中失利的事。

任何比賽都有輸贏，這是正常的事。圍棋只是娛樂，比賽中有輸贏更是正常，是輸是贏，其實也沒有什麼了不得。但是，比賽者輸不起，因為它攸關參賽者的名譽及面子，同時還涉及到其職業生涯。除此，既是比賽，那麼就有觀眾，就有追捧的粉絲（fans）。因此，即使參賽者輸得起，但他們的粉絲們也輸不起。

正因為如此，記者報導棋手馬曉春在世界圍棋比賽中失利的新聞時，就特別考慮到了這一點，故運用「諱飾」表達法，在據實報導馬曉春輸棋事實的同時，又巧妙地為馬曉春的輸棋作了回護。這便是通過「馬曉春」姓氏之「馬」與漢語成語「馬失前蹄」之「馬」作信手拈來的搭掛，不露痕跡地為馬曉春的輸棋作了開脫。因為「馬失前蹄」本來就是一個

委婉語，它不直說戰將無能而失敗，而歸之於馬失前蹄。正因為「馬失前蹄」有此含義，故「馬曉春馬失前蹄」之語便有了言外之意。即是說，馬曉春是有贏棋能力的，只是由於意外的因素而失利。這樣，就既讓參賽者馬曉春有了面子，也讓馬曉春的棋迷們心裏感到舒服。

我們都知道，中國人最好面子。因此，在漢語中有關失利的表達，常常都有一定的委婉語。比方說，考試失利，古代有「榜上無名」、「落榜」、「落第」、「落名」、「名落孫山」、「失桂」、「失解」（不中鄉榜）等等，現代則有「吃鴨蛋」等說法。又如，將領戰場失敗叫「馬失前蹄」、「失事」，戰敗歸降叫「束甲」。再如，官員被解職或辭職，古代叫做「返初服」、「還笏」、「還篆」、「解紱」、「解冠」、「解龜」、「解朝簪」（不做京官）、「解甲」（指武將）、「解劍」（指武將）、「解弁」、「解綬」、「解印綬」、「解纓」、「解簪」、「解篆」、「解組」、「納節」、「納祿」、「歇馬」（失官閒居）、「遺簪」、「謫仙」（降職官員）、「青衫」、「青衫司馬」（失意的官員）等等，現代則叫「下野」、「下臺」等。至於失業，則說法更多，如「炒魷魚」、「下崗」、「待業」、「待崗」、「捲舖蓋」、「歇生意」、「砸飯碗」、「走路」等等。還有說一個人處境困窘，也有專門的委婉語，如「傍人門戶」（依附他人）、「別姬」（工作受挫或失利）、「菜色」（挨餓）、「觸藩」（進退兩難）、「懷璧」（懷才遭忌）、「焦拳」（生活困頓）、「露蓋」（君王蒙塵受難）、「落馬」（選舉失敗）、「落羽」（失意）、「蒙塵」（帝王逃亡在外）、「盆覆」（沉冤莫白）、「蓬梗」（飄泊流離）、「蓬轉」（流離飄零）、「迫窄」（處境窘迫）、「秋士」（晚年不得志者）、「阮籍途」（窮愁末路）、「阮途」（窮愁末路）、「縮腹」（挨餓）、「討針線」（依附他人過活）、「退鷁」（身處逆境）、「畏景」（處困境）、「向隅」（失意、孤獨）、「屯剝」（遭遇不幸之境）、「屯坎」（遭遇困頓之境）、「屯否」（困頓不利）、「走背字」（運氣不好）、「走麥城」（陷入絕境），等等，不一而足。

五、千呼萬喚始出來，猶抱琵琶半遮面：藏詞的表達力

　　眾所周知，漢語有悠久的歷史，其間所產生的有表達力的熟語（包括成語、諺語、慣用語、歇後語等）非常多。中國文學的發展也有著悠久的歷史，其間所創造的名句也是不勝枚舉的。這些豐富的語言資源的存在，既為人們的日常語言表達提供了信手拈來的資源，也為人們更有效更圓滿的表情達意提供了條件。其中，最典型的是利用熟語或名句，可以建構一種修辭文本，從而使我們的表達別具一種「含不盡之意，見於言外」的獨特效果。建構這種修辭文本的表達法，叫做「藏詞」。

　　所謂「藏詞」表達法，是一種「將人們慣用或熟知的成語或名句的某一部分藏卻，而以其中的另一部分來替代說出」的語言表達方式。用這種表達法建構的文本，我們稱之為「藏詞」修辭文本。一般說來，這種文本的建構，「由於情意展露的半遮半掩，所以表達上便顯得婉約蘊藉；在接受上，由於表達者用藏詞的手段故意在自己的表達與接受者的接受之間製造了『距離』，接受者必須依靠自己的知識經驗去補足表達者所留下的表達空間，才能破解表達者真實的語意指向。這儘管給接受者的文本接受帶來了阻障，但一旦接受者破除了這一阻障，就會自然生發出一種解讀成功的心理快慰，獲得一種文本接受解讀中的審美享受。」㉗

　　正因為「藏詞」表達法有較好的表達力，所以在古今人們的語言實踐中，運用這種表達法表情達意的並不少。

1. 以彼行媒，同之抱布：沈約奏彈王源

　　臣謹案：南郡丞王源，忝藉世資，得參纓冕，同人者貌，異人者心，以彼行媒，同之抱布。且非我族類，往哲格言；薰蕕不雜，聞之前典。豈有六卿之胄，納女於管庫之人；宋子河魴，同穴於輿台之鬼。高門降衡，雖自己作；蔑祖辱親，於事為甚。此風弗剪，其源遂開，點世塵家，將被比屋。宜寘以明科，黜

之流伍。使已汙之族，永愧於昔辰；方媾之黨，革心於來日。
臣等參議，請以見事免源所居官，禁錮終身，輒下禁止視事如
故。源官品應黃紙，臣輒奉白簡以聞。臣約誠惶誠恐，云云。

　　　　　　　　　　　　　　——南朝・梁・沈約《奏彈王源》

　　上引這段文字，乃南朝梁著名文學家沈約向梁武帝彈劾當朝大臣王
源奏章的末一段。

　　眾所周知，「魏晉南北朝時代，是士族統治的時代，因而也是最講
門閥制度的時代。王源乃南郡丞，又是出身世代為宦的望門高族，其曾
祖王雅曾『位登八命』（即位列三公），其祖父王少卿、其父王璿亦『位
居清要』。可是王源為了錢財竟然不顧門閥制度，也全然不顧自己顯宦
的體面，而嫁女於『管庫之人』。獲得巨額聘禮後，又以此為資，為自
己納妾。為此，沈約作為梁武帝時代的朝廷重臣，官拜尚書令，爵封建
昌縣侯，自然要為朝廷的體面，為封建的禮制而擔起『衛道』的責任，
遂上書彈劾王源」。㉘

　　細讀這段彈劾王源的奏章文字，雖然明顯都在指斥王源為人的不堪，
但字面上卻是溫文爾雅。特別是「以彼行媒，同之抱布」一句，表意更
是溫婉蘊藉，既表現了士大夫儒雅的風度，又展露了才學。

　　那麼，這句話何以有如此獨特的表達效果呢？這是因為作者運用了
「藏詞」表達法的結果。

　　「以彼行媒，同之抱布」，這句話的高妙之處，乃在於借引中國古
代讀書人都熟悉的《詩經・衛風・氓》中的名句「氓之蚩蚩，抱布貿
絲」，進行掐頭去尾的改造，斷取「抱布」二字入句，從而建構出「以
彼行媒，同之抱布」這一文本。這一文本雖僅八字，但卻言簡意豐，含
而不露地指斥了王源為人之不齒。因為「氓之蚩蚩，抱布貿絲」二句的
含義誰都清楚，它「說的是一個叫氓的青年笑嘻嘻地抱著錢到集市上買
絲（『抱布貿絲』就是持錢買布之意。『布』即『布泉』，古代用作貨
幣），以作婚娶準備。娶回他心愛的姑娘後，這個笑嘻嘻的氓若干年後
又忍拋髮妻，背情別戀了。」㉙瞭解到這一層，那麼「以彼行媒，同之抱

布」一句所要表達的真意也就昭然若揭了。儘管如此，由於作者所要表達的真實含義並未寫在字面上，這就使文本在表達上顯得婉轉典雅，「在接受上也較易為局外人所認同，不至於落得個言辭過分刻薄的話柄。儘管文本的接受者（讀奏章的皇帝）對其攻擊王源的真實文本內涵心知肚明，但也不會覺得太過分，更不至於激起義憤，反而會覺得沈約有涵養，話說得婉轉含蓄，耐人尋味，罵人也有水準，從而在文本解讀接受中獲取快慰和審美情趣。」⑳如果不運用「藏詞」表達法，而是以大白話直捷地表達：「王源娶妾，行媒一如商賈」。那樣，不僅讓讀書人的斯文蕩然無存，而且還會引起讀奏章的梁武帝的反感，認為這樣激烈的言辭，不是大臣上書彈劾同僚的風範。如果梁武帝一賭氣，索性不辦王源，那沈約上書彈劾的目的豈不落空，他要為封建禮法衛道的目標豈不無由實現？

　　沈約建構的修辭文本除了上述獨特的表達效果外，還有一個高妙之處，這便是他雖指斥王源以金錢行媒，但卻沒讓金錢二字露面。之所以如此，一是為了表意的婉約含蓄，二是表現封建士大夫與讀書人「重義輕利」、「口不言錢」的清高形象。漢語中之所以有很多關於「錢」的委婉語，實際上正是中國自古及今知識份子「羞於言利」心理的表現。如古代說到「錢」，有「白水真人」（泛指錢或錢幣）、「不動尊」（泛指錢或錢幣）、「阿堵」、「阿堵君」、「阿堵物」（泛指錢或錢幣）、「方兄」、「孔方兄」（泛指錢或錢幣）、「蚨母」（泛指錢或錢幣）、「青蚨」、「青梟」、「青奴」（泛指錢或錢幣）等說法。近現代則有「白物」（銀子）、「雪花」（銀子）、「佛餅」（銀元）、「乾貨」（泛指錢或錢幣）、「鋼洋」（銀元）、「官板兒」（銅錢）、「花邊」（銀元）、「黃貨」（黃金）、「黃魚」（金條）、「輝煌」（金銀珠寶）、「龍大頭」（銀元）、「龍洋」（銀元）、「蒙古兒」（銀子）、「銀大頭」（銀元）、「銀花邊」（銀元）、「袁大頭」（銀元）、袁世凱（銀元）等說法。除此，給人的酬勞也不說錢，而是另有說法。如詩文書畫之酬叫「潤筆」或「筆潤」、「濡潤」、「潤毫」等，賞妓之錢叫「纏頭錦」、「纏頭資」、「花粉錢」等，謝媒錢叫「花封」，請

人辦事之酬叫「開手」，給醫生出診費叫「看封」，送人財禮叫「片芹」、「芹獻」，求情送禮叫「燒路頭」、「燒香」等。如此等等，不一而足。

　　其實，這些有關金錢的委婉語不僅為廣大中國知識份子使用，一般人實際上也在使用。這說明知識份子作為民眾思想的指導人，在價值觀與語言觀上都是對全民有示範作用的。

2. 盧之詩何太春日：盧思道被嘲太笨

> 隋盧思道嘗共壽陽庾知禮作詩，已成而思道未就。禮曰：「盧之詩何太春日？」
>
> ——隋・侯白《啟顏錄・盧思道》

　　上引文字是敘述盧思道與朋友庾知禮做詩競賽而被嘲的故事。

　　這位被嘲的詩人盧思道，其實並不是笨蛋，而是一個在中國文學史上非常了不得的大作家。史載，盧思道，字子行，範陽人。是「北朝三才」之一邢劭的弟子，北齊天保年間即有文名。一生歷仕北齊、北周、隋三朝，在北齊官任給事黃門侍郎，在北周官至儀同三司，遷武陽太守，隋初在文帝朝為散騎侍郎。卒於隋初（具體年代不可考）。雖然仕途頗是平順，但盧思道一生的成就並不在治國安邦方面，而是在文學上。文學史家多認為，盧思道的七言詩，在對仗上已相當工整精切，而且善於用典，語言生動流暢，已為初唐七言歌行開了先河。其代表作《鳴蟬篇》、《從軍行》，在中國文學史上都是相當有份量的名篇。前者抒寫羈旅鄉思之情深切感人，譏嘲達官貴人的筆觸辛辣而不失蘊藉之韻致，曾受北朝文壇宿將庾信的高度讚賞。後者寫征人思婦之苦情，同時揭露了邊將的卑鄙無恥之行，是一首寄意深遠的邊塞詩，對唐代邊塞詩的發展不無深刻影響。除了詩，盧思道的文也非常有名。《勞生論》、《北齊興亡論》、《後周興亡論》等，即是其代表作。前者寫北齊、北周官場人物的醜態栩栩如生、真切傳神，錢鐘書先生曾稱之為北朝文的「壓卷之作」。後二者論北齊、北周二朝滅亡之因由，不乏史家之識見。

　　雖說盧思道是個了不得的詩人，但他的詩思卻並不敏捷。上引故事就說明了這點。他與朋友庾知禮做詩比賽，庾知禮已經一首詩做好，他卻遲遲沒有寫出，結果被庾知禮嘲笑。不過，庾知禮嘲笑盧思道卻相當有水準，既調侃了朋友，卻不又傷和氣，同時還顯示了自己的才學。

　　那麼，庾知禮何來如此表達力呢？

　　無他。乃是借力於「藏詞」表達法也。

　　庾知禮所說的「盧之詩何太春日」，表面看來不合漢語句法，有點令人費解。但是，仔細一看，由「春日」二字聯想到古代讀書人都熟悉的《詩經・豳風・七月》的「春日遲遲」一句，便會恍然大悟，原來它是借引《詩經》中的句子來做文章，是一個運用了「藏詞」表達法的修辭文本，屬於「藏詞」法中的「藏尾」式。因為它借引「春日遲遲」一句的目的不是要說「春日」，而是讓接受者由「春日」聯想到其後的「遲遲」二字。雖然作者表意的取向是要用「遲遲」二字，但為了表意的婉轉，故將實際所要表達的語意「遲遲」藏去。讓接受者經由「春日」而進行由此及彼的聯想，進而解讀出其真意所在。很明顯，庾知禮的表達是成功的。雖然他取「春日遲遲」句的目的「是要取『遲遲』來嘲諷盧思道詩思太慢，但字面上卻不讓『遲遲』二字露面。這樣，表達上就顯得婉約含蓄，既達到了諷笑盧思道的目的，又不致於太露骨，同時還借此顯示了自己的才華與博學，可謂是一箭雙雕。從接受上看，儘管盧思道肯定是能破譯表達者庾知禮的文本諷笑內涵，但要稍作回味才能達到。同時由於表達者是以藏詞的手法來表意的，顯得戲而不俗，調侃而不刻薄，所以還是樂意接受的，文本接受中仍不失有一種心理快慰在。」[31]庾知禮雖然在中國文學史上沒有盧思道那樣有名，但其詩思敏捷超過盧思道卻是不爭的事實，其說笑的表達力也不輸給盧思道。由此，我們是否可以推想，歷史上的庾知禮是否也是當時文壇的一位風雲人物。不然，他何曾有機會與號稱「八米盧郎」的盧思道唱和比賽，並且還敢嘲笑他呢？

3. 君子之交淡如，醉翁之意不在：朋友間的暗語

一士人家貧，與其友上壽，無從得酒，乃持水一瓶稱觴曰：「君子之交淡如」。友應聲曰：「醉翁之意不在」。

——明‧馮夢龍《古今譚概‧巧言》

讀書人在任何時代都不會是富人。所以，自古及今，中國的讀書人都標榜自己「安貧樂道」。意思是說自己追求的是崇高的「道」，而對於錢財則視之如浮雲，甚至不屑一顧。其實，這並不是真心話，而是葡萄吃不到而說葡萄酸的心理。事實上，不管是古代，還是現代，讀書人一旦做了官，有了生財之道，恐怕很少人拒絕金錢。不過，真正的讀書人能夠做到大官，有生財機會者則並不多。因此，絕大多數不得不「安貧樂道」，過著清苦的生活。所以，日常生活中人們總有「窮書生」的說法。

上引故事中的那個士人就是這樣一個窮書生。他的好友過生日，作為好友，他總得有所表示。可是拿什麼表示呢？讀書人都崇拜李白「斗酒詩百篇」，喜歡喝幾口小酒，做幾句破詩。所以，他自然而然地想到要送朋友一瓶酒作為賀壽之禮。可是，家裏連沽一瓶酒的錢也拿不出。思來想去，他靈機一動，最後想到了一個好主意：造假，用一個酒瓶裝一瓶水。不過，這個主意雖好，但結果恐怕是「醫得眼前瘡，剜卻心頭肉」。祝壽的當日可以以水充酒糊弄過去，但事後朋友開瓶喝酒發現是水，哪豈不是連朋友都沒得做了？還好，畢竟是讀書人，雖然沒有掙錢的智慧，卻是不乏要貧嘴的智慧。到了祝壽那天，他坦然地向朋友送上了這瓶假酒，並說了半句話，結果讓朋友非常感動。

那麼，這位造假書生的半句話何以能有如此巨大的能量呢？

無他。乃是「藏詞」表達法運用得好。

那位造假書生所說的「君子之交淡如」，雖是沒說完的半截話，但在讀書人圈子裏，卻並不難懂，因為它是《莊子‧山木》篇中的名句。完整地說，它由兩句構成：「君子之交淡如水，小人之交甘如醴」，是通過對比的方式說明君子之交與小人之交的不同境界。送酒書生說的是前半句，而且還藏掉了末一字「水」。這是運用「藏詞」表達法中的「藏

尾」法，目的是要規避他難以啟齒的真相：瓶中裝的不是酒，而是「水」。由於書生巧妙地通過「藏詞」法，在引經據典中暗示出了事實的真相，同時又借此經典名句所包含的語義表達了自己的心意，說明了朋友關係的境界。結果，表達效果自然出乎意料的好，朋友不僅欣然領受了他的這瓶假酒，而且誠懇地表達了自己的感激之情：「醉翁之意不在」。

做壽朋友的這句答謝之語，其實也是非常高妙的，它同樣是運用「藏詞」法，將宋人歐陽修《醉翁亭記》中的名句「醉翁之意不在酒，在於山水之間」的後半句藏掉，並將前半句的關鍵字「酒」字也一併藏掉，從而在儒雅的談笑與酬答中不露痕跡地消解了朋友的尷尬，並巧妙地傳達出這樣一番弦外之音：「你我是君子之交，賀禮只是表達心意而已，送什麼並不重要，重要的是一份朋友情誼」。試想，本來已經非常尷尬的朋友，能聽到如此體己貼心的話，豈能不為之深深感動呢？可見，表情達意並不簡單，在特定情境下甚至是需要有特別的語言修養與高超的表達技巧的。

如果那位送假酒的書生不是巧妙地運用「藏詞」表達法，而是實話實說：「你我是好友，請原諒我的大不敬，無錢買酒，權且以水代之，以表一片心意」，那麼結果會如何？不言而喻，不僅那書生沒面子，他的朋友也很沒面子，甚至全體到場祝壽的賓客都會因此而很尷尬，祝壽的氣氛肯定會被破壞。又假如那位做壽的朋友不運用「藏詞」表達法，也是直言其事：「我們是朋友，你能光臨就是給我面子了，送不送禮，送酒還是送什麼，都不重要，情誼比天高」，那麼結果又會如何？不言而喻，那位送假酒的朋友大概只有找個地縫鑽進去了。兩相比較，我們對於這對朋友的酬答智慧與語言表達力就更清楚了。

4. 至於釋迦牟尼，可更與文藝界「風馬牛」了：魯迅批評「含淚的批評家」

胡君因為詩裏有「一個和尚悔出家」的話，便說是誣衊了普天

下的和尚，而且大呼釋迦牟尼佛：這是近於宗教家而且援引多數來恫嚇，失了批評的態度的。其實一個和尚悔出家，並不是怪事，若普天下的和尚沒有一個悔出家的，那倒是大怪事。中國豈不是常有酒肉和尚，還俗和尚麼？非「悔出家」而何？倘說那些是壞和尚，則那詩裏的便是壞和尚之一，又何至誣衊了普天下的和尚呢？這正如胡君說一本詩集是不道德，並不算誣衊了普天下的詩人。至於釋迦牟尼，可更與文藝界「風馬牛」了，據他老先生的教訓，則做詩便犯了「綺語戒」，無論道德或不道德，都不免受些孽報，可怕得很的！

——魯迅《反對「含淚」的批評家》

上引這段文字，是魯迅「批評胡夢華在批評詩人汪靜之《蕙的風》一詩之時亂攀不相干的事來指責別人的不良作風」。^㉜其中，「至於釋迦牟尼，可更與文藝界『風馬牛』了」一句，說得更是耐人尋味，大有「餘味曲包」之妙，既批評了論爭對手，又表現了自己溫文爾雅、學識淵博的文人形象。

那麼，這句話何以有如此好的表達效果呢？

原來，乃得力於「藏詞」表達法的運用。

魯迅這裏所說的「至於釋迦牟尼，可更與文藝界『風馬牛』了」，說白了，就是這樣一句話：「釋迦牟尼跟文藝界沒有關係，文藝批評只應關注文藝作品本身，不能亂攀不相干的事」。但是，魯迅沒有這樣直白的表達，而是借引「風馬牛不相及」一語來表達。我們知道，「風馬牛不相及」是一個成語，出自《左傳·僖公四年》：「四年，春，齊侯以諸侯之師侵蔡。蔡潰，遂伐楚。楚子使與師言曰：『君處北海，寡人處南海，唯是風馬牛不相及也。』」楚王派使者傳達給齊桓公的這句話，意思是說，齊楚相隔遙遠，本無山水相鄰，你們齊國為什麼要越過我們之間的諸多國家而南侵我們楚國呢？這是楚王對齊桓公糾合諸侯國借伐蔡為名南侵楚國的嚴重抗議。這句抗議，楚王運用的是「比喻」表達法，將齊楚二國比作牛馬，即使發情（服虔注：「牝牡相誘謂之風」），也

不會發生關係，以此形象地說明了兩國不應該有兵戎相見的理由。因為「風馬牛不相及」這個成語的典故及其含義在中國人人都懂，為了使這層意思表達得婉轉，作者就沒有將「風馬牛不相及」全部引出，而是斷取前一部分，將實際想表達的關鍵成分「不相及」藏掉。這樣，就創造出了一個「藏詞」修辭文本。這一文本的創造，使本來火藥味很濃的文人論爭頓時變得溫婉儒雅。因為它既批評了論敵胡夢華的所作所為，又彰顯了文藝批評與反批評應該平心靜氣進行的宗旨，同時又顯示了文人論爭應有的君子風範：溫文爾雅地待人、平心靜氣地說理。

　　我們都知道，魯迅在現代作家中是喜歡與人論爭的作家之一，但是看他與人論爭的文章則又不失溫婉的風格，這恐怕是與他善於運用「藏詞」等相關表達法有關吧。

5. 騰出位子給別人嘗嘗人之患的滋味：梁實秋有退休的自知之明

> 如今退休制度不限於仕宦一途，坐擁象比的人到了粉筆屑快要塞滿他的氣管的時候也要引退。不一定是怕他春風風人之際忽然一口氣上不來，<u>是要他騰出位子給別人嘗嘗人之患的滋味</u>。
> ──梁實秋《退休》

　　孟子有名言曰：「君子有三樂，而王天下不與存焉。父母俱存，兄弟無敵，一樂也。仰不愧於天，俯不怍於人，二樂也。得天下英才而教育之，三樂也。」（《孟子·盡心上》）意思是說，做大王，一統天下，雖然能夠耀武揚威，能夠縱心所欲，但並不是人生最高的快樂境界。對於君子來說，最高的快樂境界只有三種：一是父母健康，自己有盡孝的機會，兄弟和睦相處；二是一輩子不做傷天害理之事，仰天俯地，心中坦然；三是收天下英才於門下，按照自己的理念培養之，使之成為社會的棟樑。

　　可見，在孟子眼裏，做大王都沒有做老師好。很明顯，孟子確實是有教訓人的嗜好。不過，他也認識到好為人師是人的一個毛病。《孟子·離婁上》有云：「人之患在好為人師」。這說明他還有自知之明，腦

子非常清楚。

　　其實，「好為人師」也並不是什麼壞事。因為將自己所知道的知識無私地傳授給別人，別人做錯了什麼，給指出來讓其改正，這都是有益的。只是有一點，如果將「為人師」作為職業，那麼就要有個時限問題了，不能「生命不息，教訓不止」。也就是說，做教師得有個退出講臺的時候，不能老是佔據杏壇，不給年輕人「為人師」的機會。因為「衣服會破舊，知識也會折舊」，必須讓掌握更新知識的「人師」站上講臺教書育人，這樣社會才能一代更比一代進步。這個道理雖然簡單，但並不是所有人都明白。比方說，在中國大陸的許多大學，都存在著一種普遍的現象，許多到了退休年齡的教授都會想方設法以各種理由或利用權力不退休。像這種情況，恐怕就不是孟子「好為人師」的本意了。因為他要佔據講臺的目的不是為了教育學生，傳授知識，而是為了自己的利益。說白了，或是為了要拿全額薪水，不想拿打了折扣的退休金；或是怕退休了生活空虛，有不甘寂寞之意。這些人應該好好讀讀梁實秋先生的《退休》一文，特別是要好好領會一下上引一段文字中的最後一句：「是要他騰出位子給別人嘗嘗人之患的滋味」。

　　梁實秋先生的這句話雖然是明確倡言「教師到了一定年紀必須退休」，但是，他卻沒有如此直白地表達，而是運用了「藏詞」表達法，婉轉地宣達了這層意思。

　　那麼，這是為什麼呢？

　　無他。他是想通過借引孟子之語指明「好為人師」乃是「人之患」的道理。但是，為了表意的婉轉，他在借引孟子之語時故意運用「藏詞」法，將「人之患在好為人師」的後半截藏去。這樣，一來可以使表達顯得含蓄蘊藉，對於那些「好為人師」者少些情感上的刺激；二來隻取「人之患」，而不及後半的「好為人師」，還有強調「人之患」的意味，告誡那些不願退休的「人師」要有自知之明。可見，梁實秋先生這句話並不是隨便寫的，它是有著深刻含義的。

六、草澤藏珠：鑲嵌的表達力

　　臻至「含不盡之意，見於言外」的境界，除了上述「留白」、「折繞」、「雙關」、「諱飾」等諸種表達法以外，還有一種表達法，也能企及這種表達境界。這種表達法便是「鑲嵌」。

　　所謂「鑲嵌」表達法，「是一種為著表意的婉轉含蓄或是耐人尋味的機趣而有意將某些特定的字詞鑲嵌於語句之中」，㉝讓人通過文本分析尋而覓之、思而得之的語言表達方式。以「鑲嵌」表達法建構的文本，我們稱之為「鑲嵌」修辭文本。這種修辭文本的建構，在表達上有一種「餘味曲包」的韻致，在接受上有一種耐人尋味的機趣。

　　正因為如此，古往今來的許多文人在說寫實踐中都喜歡運用這種表達法。雖然有些不乏文字遊戲的意味，但卻都有「含不盡之意，見於言外」的表達效果。

1. 從此南徐，良夜清風月滿湖：蘇東坡為妓女脫籍

　　東坡集中有《減字木蘭花》詞云：「鄭莊好客，容我樽前先墮幘，落筆生風，籍甚聲名獨我公。高山白早，瑩雪肌膚那解老，從此南徐，良夜清風月滿湖。」人多不曉其意。或云：坡昔過京口，官妓鄭容高瑩二人嘗侍宴。坡喜之，二妓間請於坡，欲為脫籍。坡許之而終不為言。及臨別，二妓復之船所懇之，坡曰：「爾但持我此詞以往，太守一見，便知其意。」蓋是鄭容落籍高瑩從良八字也。此老真爾狡獪耶。

　　　　　　　　　　——宋・陳善《捫虱新話》下集卷之三
　　　　　　　　　　　　《東坡為鄭容落籍高瑩從良》條

　　這則故事，述說的是宋代大文豪蘇軾與兩位官妓的故事。

　　瞭解歷史者皆知，中國古代很多朝代都有蓄養官妓的風氣。官妓的來源不一，不同朝代有不同情況。有些朝代的官妓就是一般民女，有些朝代則是由犯罪官員的妻女充任的。但不管是什麼途徑進入官妓行列，

只要入了籍，一般就很難脫籍從良。上引故事中的京口名妓鄭容和高瑩，就是這樣的官妓。她們花容月貌，才華橫溢，所以深得蘇軾喜愛。雖然風月場上常與達官貴人相處，朝朝笙歌，夜夜浪漫，但她們都想脫離這種風花雪月的場所，脫籍從良，過上正常良家婦女的平淡生活。可是，既已入籍，就難以脫身了。為此，她們感到苦悶、痛苦。還好，終於有一天，她們感到有了一線希望。一次大文豪蘇軾路過京口，二位小姐陪侍學士喝酒聊天，熱情服務，談詩論文。二位小姐出眾的才貌，讓蘇學士印象非常深刻。得到蘇學士的垂青，二位小姐就動了念頭，想請蘇學士幫忙，註銷她們的官妓戶籍，以便趁著年輕從良，找個好人家結婚生子，過一個正常人的生活。二位小姐將想法委婉地說了一下，蘇學士就爽快地答應了。可是，過了好久，註銷戶口的事卻一直沒有落實。這時，鄭、高二位小姐就著急了，因為再辦不下來，那就沒機會了。因為蘇學士馬上就要離開京口了。想著自己的前途就在此一舉，二位小姐遂又硬著頭皮再找蘇學士舊話重提。蘇學士這時突然醒悟，二位小姐托辦的事情還沒辦呢，於是立即提筆寫了一張紙條，遞給二位小姐。二位小姐接紙一看，原來並不是關說太守放人的函件，而是一首詞，頓時現出了絕望之情。蘇學士見此，莞而一笑道：「爾但持我此詞以往，太守一見，便知其意。」意思是說，你們別管那麼多，拿著這首詞去找你們領導（太守），他一見就知道我的意思了。結果，當然如二位小姐所希望的那樣了。

那麼，蘇軾的這首詞何以如此法力無邊呢？

原來，蘇軾的這首詞就是一張替人求情的請托信函。他所請托太守的事就寫在詞裏，但是一般人是讀不出來的，因為它是運用了「鑲嵌」表達法。這首詞所要表達的實質內容，其實只有八個字：「鄭容落籍，高瑩從良」。但是，蘇軾並沒有直接而簡單地把這八個字寫出來。因為他知道，雖然自己文名很盛，但畢竟不是主管京口事務的官員，自己不能也沒權力下令讓太守落實「鄭容落籍高瑩從良」之事，而只能憑自己的名望，還有與太守的個人交情去說說情，求托求托。但是，求托之事是否能否辦成，他自己也沒有把握。再說，他自己是個風雅文人，為兩

個妓女請托事情，總是不好意思直說。於是，便選擇了當時文人們都喜愛的「鑲嵌」表達法，將所要請托之事（「鄭容落籍，高瑩從良」），以「嵌字」之法鑲嵌於詞中。太守當然也是風雅文士，「能夠得到東坡的贈詞，那是無上光榮的事。當然他更能解讀得出東坡詞中所囑託的事。如果能辦，太守自然就爽快地辦了；如果實在為難，太守許可權不及，不能辦，可以理解為太守不解詞作用意，也可以理解為東坡僅是贈詞，沒有求托太守什麼事，雙方都不尷尬。」㉞可見，蘇軾真是一個智慧超群、語言表達力超群的文人。宋人陳善如此津津樂道地記述他為官妓脫籍之事，正是基於對他處事智慧與語言表達力的欽佩。同時，由此例，我們也能清楚地見出「鑲嵌」表達法獨特的表達效果，運用得當，確有異乎尋常的表達力。

2. 家居青山綠水畔，人在春風和氣中：楊南峰笑裏藏刀

> 家居青山綠水畔，人在春風和氣中。
>
> ——清·褚人穫《堅瓠集》載楊南峰聯語

這副對聯是明人楊南峰所作。

楊南峰，即楊循吉（1456－1544），明代吳縣（今江蘇蘇州）人。字君謙，一作君卿，號雁村居士。成化二十年（1484）甲辰科進士，授禮部主事。未久，因病南歸，結廬支硎山下，以讀書著述為樂。正德十五年（1520），明武宗南巡。駐蹕南京時，曾召楊循吉晉見，令其作《打虎曲》，又作樂府、小令等。楊循吉見正德皇帝並無授官之意，只以俳優視之，深以為恥，遂辭歸。嘉靖中，曾獻《九廟頌》和《華陽求嗣齋儀》。晚年落寞，但更潔身自好。楊循吉既是明代著名的文學家，也是著名的藏書家。史載，楊氏性喜藏書，聞人家有異本，則必購求繕寫之。早年家境殷實，因常以鉅資求書，晚年家赤貧。生平所藏書籍達 10 萬餘卷。弘治元年（488），建「雁蕩村舍」，辟專樓藏書，號為「臥讀齋」，日在樓中讀經史。曾自作詩文描述自己的生活道：「沈疾已在躬，嗜書猶不廢。每聞有奇籍，多方必羅致。手錄兼貿人，恒輟衣食費」。

自稱藏書「小者雖未備，大者亦略全。」除了藏書，楊氏也著書立說，所著有《南峰樂府》、《東窗末藝》、《菊花百詠》、《攢眉集》、《奚囊手鏡》、《松籌堂集》等十餘種。

楊循吉雖是飽學之士，亦是才華橫溢的文學家，但是為人「性狷隘，好持人長短」。上引那副對聯，其實就是他「好持人長短」、嘲諷他人之筆。當時，吳中鄉間有一富翁，性喜附庸風雅，慕循吉之文名，遂求其為新落成的宅第寫一副對聯。循吉提筆一揮而就，富翁得之欣喜異常。後來經人指點，才知循吉罵他。

那麼，為什麼說「家居青山綠水畔，人在春風和氣中」這副對聯是罵人呢？

原來，楊循吉是運用了「鑲嵌」表達法中的「嵌字」，將「家」、「人」二字分別置於上下二句的開頭，不露痕跡地嘲諷了富翁是「僕人家風」（「家人」即「僕人」），暗指他的宅第再豪華，也只是「家人」的住所。應該說，這層意思是非常刻薄的。但是，由於楊循吉運用了「鑲嵌」表達法，所以要解讀出這層意思並不容易。因為在一般人看來，這副對聯在形式上對仗工整，在內容上意境優美，既表現了宅第優美的環境，又讚美了宅中人幸福和樂的生活，可謂是寓意非常好的對聯。那富翁得聯之所以欣喜異常，也正是因為他也是這樣理解的。而那個看出對聯罵人寓意者，瞭解那富翁的祖父曾為人僕的歷史，於是聯繫那富翁的家世，才得以破解了楊氏聯語的奧秘。雖然我們並不贊成楊氏「持人長短」的刻薄為人作風，但是就事論事，從語言表達的角度看，我們則不得不佩服他創意造言的智慧，不得不佩服他罵人高妙的表達技巧。

3. 總而言之，統而言之，不是東西：章太炎罵人天下無雙

> 民猶是也，國猶是也，何分南北？
>
> 總而言之，統而言之，不是東西！
>
> ——章太炎聯語

上引聯語是章太炎諷刺曹錕在總統選舉中賄買國會議員的無恥行徑。

選總統，在中國數千年的歷史上，那是稀罕事。因為中國自夏禹開始，便是「家天下」，從來不搞選舉（堯舜時代叫「推舉」，由部落聯盟會議推薦）。清亡，中華民國建立，才開始學習西方，搞民主選舉這一套。也許是獨裁專制統治的時間久了，中國人有些不習慣搞選舉，特別是那些封建思想嚴重的當權者更是不習慣。因為想當選，就要有民意基礎；即使選舉當選了，那還得有民主監督，做起事來，特別是做起壞事來就不自由了。所以，袁世凱白撿了一個中華民國大總統，最終還是放棄，非要冒天下之大不韙，恢復帝制，做起了皇帝。

其實，西方人搞的選舉，也不是什麼新鮮玩意，中國古代就有。撇開傳說中的堯舜時代不說，就拿漢代來說，就有這種玩意。只是那時不是人人都有權參與投票，而是由上層人士舉薦賢良方正之士出來做官，類同於今天有些國家搞的間接選舉。比方說，日本人在眾議院由眾議員投票選舉首相，就是這種性質。只是中國那時的間接選舉太腐敗，操作不透明，官職的安排實際上都是統治階層內部的分贓。所以，那時有民謠說：「舉秀才，不知書；舉孝廉，父別居」。可見，這種選舉黑暗到了什麼程度。正因為選舉不公正，所以，到了唐代就正式以開科取士為選拔官員的途徑。任何人想做官都可以，只要你有本事在考試中發揮出色，詩文寫得好，得到主考官和皇上的賞識，就有機會做官。真可謂是「朝為田舍郎，暮登天子堂」。這種選拔官員的制度，雖然與現代西方的民主選舉有些不同，不是由老百姓投票選舉，但在公正性上則是一致的。也幸虧發明了這種選舉人才的制度，中國數千年的封建統治才能穩定地維護下來。

也許是因為中國的這種選舉制度實行太久，中國人已經習慣了。因此，當西方的民主選舉制度引進中國並實行之，中國人就有些不適應了。因為中國以前開科取士，雖與西方選舉官員類似（因為考上就有官做），但什麼人做什麼官，則是由一個不需要參加科考的皇帝（中國歷朝歷代的皇位都是靠殺人的本事得來的）來任命的。因此，到了連類似於皇帝的「天下之主」（總統）也要選的時候，中國人就不習慣了，特別是那些想當「天下之主」（總統）的人就更不習慣了。於是，這就出現了前

有袁世凱的武力取之，後有曹錕的賄買得之的怪現象。

雖說中國有中國的國情，但既已實行西方的民主制度而票選總統，那麼就應該按民主制度的遊戲規則進行。因此，當北洋軍閥曹錕公開賄買國會議員而當選中華民國總統後，朝野上下就沸騰了，全國輿論一片譁然，真可謂是人神共憤。

上引章太炎《諷曹錕》的聯語，正是出現於此一特定的歷史背景下。

被魯迅譽為「革命的先驅，小學的大師」的章太炎，對於曹錕這種赤裸裸的無恥行徑已經不是憤怒，而是不屑了。所以，他沒有憤激地發表檄文討伐曹錕，而是做了一副對聯送給曹錕。看似輕描淡寫，但實際上比挖了曹氏祖墳還要讓曹氏耿耿於懷。

那麼，章太炎的這副對聯何以有如此的表達力呢？

無他。乃因章太炎「鑲嵌」表達法運用得好。它是用「鑲嵌」表達法中的「嵌字」手段，將「民國總統」四字嵌入對聯上下句的每個小句的開頭，巧妙地組接出「民國總統」這個短語，並自然與其後的「不是東西」對接，從而不露痕跡地諷嘲「曹錕不是東西」。如果章太炎不以「鑲嵌」表達法，而是直言「曹錕不是東西」，那麼就形同潑婦罵街，既失了文人風範，又減弱了攻擊的火力，同時也不易引起全國人民的興趣和更廣泛的情感共鳴。

由此可見，罵人也是不容易的。罵人要罵得好，罵得有水準，那是需要有語言修養，有表達技巧的。

4. 蘆花灘上有扁舟，俊傑黃昏獨自遊：陷盧俊義於不義的反詩

蘆花灘上有扁舟，俊傑黃昏獨自遊。義到盡頭原是命，反躬逃難必無憂。

——《水滸傳》第六十回

上引這首詩，讀過《水滸傳》者都很熟悉，是梁山泊軍師吳用所寫，意在設計陷害盧俊義，逼盧走向梁山。小說原文是這樣敘述其前後經過的：

吳用轉過前來向盧員外施禮。盧俊義欠身答著，問道：「先生貴鄉何處，尊姓高名？」吳用答道：「小生姓張，名用，別號天口：祖貫山東人氏。能算皇極先天神數，知人生死貴賤。卦金白銀一兩，方才排算。」盧俊義請入後堂小閣兒裏，分賓坐定；茶湯已罷，叫當值的取過白銀一兩，奉作命金。「煩先生看賤造則個。」吳用道：「請貴庚月日下算。」盧俊義道：「先生，君子問災不問福；不必道在下豪富，只求推算目下行藏。在下今年三十二歲。甲子年，乙丑月，丙寅日，丁卯時。」吳用取出一把鐵算子來，搭了一回，拿起運算元一拍，大叫一聲「怪哉！」盧俊義失驚問道：「賤造主何吉凶？」吳用道：「員外必當見怪。豈可直言！」盧俊義道：「正要先生與迷人指路，但說不妨。」吳用道：「員外這命，目下不出百日之內必有血光之災；家私不能保守，死於刀劍之下。」盧俊義笑道：「先生差矣。盧某生於北京，長在豪富；祖宗無犯法之男，親族無再婚之女；更兼俊義作事謹慎，非理不為，非財不取：如何能有血光之災？」吳用改容變色，急取原銀付還，起身便走，嗟歎而言：「天下原來都要阿諛諂佞！罷！罷！分明指與平川路，卻把忠言當惡言。小生告退。」盧俊義道：「先生息怒；盧某偶然戲言，願得終聽指教。」吳用道：「從來直言，原不易信。」盧俊義道：「盧某專聽，願勿隱匿。」吳用道：「員外貴造，一切都行好運；獨今年時犯歲星，正交惡限；恰在百日之內，要見身首異處。此乃生來分定，不可逃也。」盧俊義道：「可以回避否？」吳用再把鐵算子搭了一回，沉吟自語，道：「只除非去東南方巽地一千里之外，可以免此大難；然亦還有驚恐，卻不得傷大體。」盧俊義道：「若是免得此難，當以厚報。」吳用道：「貴造有四句卦歌，小生說與員外寫於壁上；日後應驗，方知小生妙處。」盧俊義叫取筆硯來，便去白壁上平頭自寫。吳用口歌四句道：盧花灘上有扁舟，俊傑黃昏獨自

遊。義到盡頭原是命，反躬逃難必無憂。當時盧俊義寫罷，吳
用收拾算子，作揖便行。盧俊義留道：「先生少坐，過午了
去。」吳用答道：「多蒙員外厚意，小生恐誤賣卦，改日有處
拜會。」抽身便起。

結果，大家都知道，就因為這四句寫在白壁上的詩，盧俊義精明一
世，謹慎一生，最終被官府逼得走投無路，放棄萬貫家財，不情不願地
上梁山入了夥。由此，吳用的如意算盤終於打著，梁山泊又多了一員大
將。

那麼，吳用的這四句詩何有如此的力量呢？

原來，他是運用了「鑲嵌」表達法，將盧俊義之名分嵌於詩的前三
句的開頭，並在第四句的開頭嵌一個「反」字，這就成了表明盧俊義要
造反的反詩「盧俊義反」。試想，在北宋末期那種社會矛盾糾結、盜匪
滿天下的情況下，公開宣言要造反，這還了得？白壁黑字，寫得明明白
白，縱使盧俊義如何了得，也是百口莫辯了。最終除了被逼上梁山，就
再無活路了。我們都知道，在中國數千年的歷史上，通過栽贓陷害別人
的事，那是不勝枚舉的。但是，通過題詩而陷人於不義，逼人走上造反
的道路，還真是少見。可是，梁山泊上的軍師吳用做到了。可見，草寇
的智慧也是不容小覷的，草寇中也有妙筆生花的文膽。

5. 雪山壓垮望夫崖，飛狐踹倒張三豐：電視臺收視率的比拚

昨天，台視舉行《雪山飛狐》試片會，會場高掛兩標語：「雪
山壓垮望夫崖，飛狐踹倒張三豐」，足可見台視企圖借《雪山
飛狐》重拾八點檔威風的決心。
　　　　——臺灣《中國時報》1991 年 3 月 14 日一則新聞報導

現代社會，幹哪一個行業都有競爭。商業上的競爭，則是無所不用
其極，所以人們常說「商場如戰場」。

也許有人會說，電視臺是搞文化的，是生產精神產品的，即使有競

爭，大概也不會像生意場上那樣充斥著銅臭味吧。其實，錯了。開辦電視臺的人也不是不食人間煙火的神仙，他們也要吃飯，所以他們也必然要想著如何賺錢。那麼，電視臺怎麼賺錢呢？只要你看過電視，你就知道，電視臺是最賺錢的機構，賺錢最直接而有效的方法就做廣告。現在，不僅播放故事性較強的電視連續劇要大量投放廣告，就是收視率較高的新聞檔節目或有人氣的談話節目，同樣也是大量插播廣告的。記得早些年，我和很多人一樣，對電視節目正常播放中突然插進的廣告大為反感。後來，看了梁實秋先生寫電視的一篇短文，才算徹底轉變了態度。梁先生在那篇短文中說，我們不應該反感電視中插播廣告，因為我們沒有反對的權利，是電視臺請我們看電視。如果沒有廣告，也就沒有電視臺的存在，沒有電視臺，也就沒人免費招待我們看電視了。看到梁先生對於電視節目中插播廣告持如此達觀的態度，從此我就徹底改變了對電視臺播放廣告的態度，甚至還喜歡上那些製作得很有藝術性的廣告。

上引新聞中，說到臺灣三大電視臺為播放黃金檔電視劇而做廣告，其實大家爭的不是各自播映的電視劇的精彩程度，而是爭奪觀眾收視率。而爭奪觀眾收視率，也就是爭奪商業利益。因為收視率越高，商業廣告的投放量就越大，電視臺的獲利就越多。當時中視正熱播電視劇《望夫崖》，華視則熱播《張三豐》。台視為了爭奪電視觀眾，因此在即將播映電視劇《雪山飛狐》的試片會上打出了廣告：「雪山壓垮望夫崖，飛狐踹倒張三豐」，其「企圖借《雪山飛狐》重拾八點檔威風的決心」昭然若揭。

最後，台視是否真的打敗中視與華視，《雪山飛狐》的收視率是否真的蓋過中視的《望夫崖》和華視的《張三豐》，我們不知道。但是，我們知道的是，台視的這則試片廣告是非常成功的，不然《中國時報》也不會專門為此作報導。

那麼，這則廣告的成功之處在哪里呢？

無他，全在運用「鑲嵌」表達法自然而巧妙。它將中視和華視播映的電視劇名稱嵌入廣告語中，將「雪山」與「望夫崖」配對，讓「飛狐」與「張三豐」比拚，表達上既顯得生動形象，機趣橫生，又在不露痕跡

中壓了中視與華視一頭，抬升了自己電視臺即將播映的《雪山飛狐》的可看性，可謂吊足了觀眾的胃口，煽起了觀眾萬丈熱情。

七、點畫之間有文章：析字的表達力

我們都知道，文字是記錄語言的符號。但是，在世界諸語言中，漢語的記錄符號——漢字，卻與其他任何語言的記錄符號不同。因為漢字不是拼音文字，而是表意文字，它是由一個個偏旁部首組合而成。正因為如此，漢字可以通過偏旁分拆或筆劃組合，產生另一個新的漢字。由此，可以表達不同的語義。因為漢字的這個特點，漢語中便有一個很特別的表達法「析字」。

所謂「析字」表達法，是一種「利用文字的組成部件的特點，分離、組合、增損，寄意寓理」的語言表達方式。㉟以這種表達法建構的文本，我們稱之為「析字」修辭文本。一般說來，這種修辭文本的建構，「在表達上，顯得婉約含蓄，表意深沉；在接受上，因有表達者所製造的表達與接受之間的距離，調動了接受者文本接受解讀的積極性，為接受者文本接受中心理快慰、美感的獲取提供了條件。」㊱正因為如此，這種表達法的運用，也能臻至「含不盡之意，見於言外」的境界，故而為古往今來的許多表達者所喜用。

1. 欲知聖人姓，田八二十一：皮日休鼓動革命的造反詩

欲知聖人姓，田八二十一。

欲知聖人名，果頭三曲律。

——唐・皮日休《打油詩》

在中國歷史上，但凡要改朝換代，以一個利益集團替代另一個利益集團時，新的利益集團都會製造輿論，從而確立造反或起事的正當性。如東漢末年張角領導的黃巾軍，他的口號是「蒼天已死，黃天當立，歲

在甲子，天下大吉」。元末劉福通起義，鼓動天下人造蒙古人的反，提出的口號是「石人一隻眼，挑動黃河天下反。」

縱覽中國歷史，似乎起事造反者都會這套伎倆。其目的就是爭取民心，爭取天下民眾的支持，策動天下對舊政權有怨恨者跟進，從而壯大造反的聲勢，為推翻舊政權增添生力軍。與其他造反者一樣，唐末的黃巢造反，也是有口號的。眾所周知，在中國文學史上，黃巢的兩首詩最為有名，一是《題菊花》：「颯颯西風滿院栽，蕊寒香冷蝶難來。他年我若為青帝，報與桃花一處開。」二是《菊花》（又題作《不第後賦菊》）：「待到秋來九月八，我花開後百花殺。沖天香陣透長安，滿城盡帶黃金甲」。這兩首詩既可以說是黃巢久蓄於胸的造反之志的表露，也是他造反的宣言與口號。只是唐朝的皇帝們沒有解讀出來，否則，或是讓他中進士、做朝官以羈縻他，或是早早撲殺他，那麼唐朝的劫難就可避免或推遲了。

如果說黃巢自己的詩還不能算是他造反（或曰革命）的宣傳口號，而只是「詩言志」的心聲的話，那上引皮日休的《打油詩》：「欲知聖人姓，田八二十一，欲知聖人名，果頭三曲律」，則就是典型的革命口號了。

不要以為寫打油詩的人都是三家村學究，是上不了臺面的人。像皮日休這樣寫打油詩的詩人，就不是這樣了。說起這個皮日休，他可不是一般人。他的學問要比黃巢好，他是考取過唐朝進士的，而黃巢則是因為沒有考中進士而怨恨造反的。史載，皮日休，唐末襄陽人。字逸少，後改襲美，自號醉吟先生、鹿門子等。懿宗咸通七年（866）應進士第落榜，第二年及第，名列進士榜末。曾任著作佐郎、太常博士。僖宗乾符二年（875）出為毗陵副使。後來因同情人民疾苦，追隨黃巢造反，在新朝大齊任翰林學士。黃巢失敗，不知所終。所作詩文自編為《皮子文藪》，內容多抨擊時弊。另有與陸龜蒙唱和的集子《松陵集》。

從上述皮日休的生平，我們就能清楚知道，皮日休是唐朝的進士，也做著李家的朝廷命官，他之所以追隨黃巢造反，乃是因為痛恨朝廷腐敗，同情人民疾苦。當黃巢揭竿而起，嘯聚山林時，他就自告奮勇地充

當起黃巢的文膽，發揮自己的專業長才，創作《打油詩》，為黃巢起事造反進行輿論宣傳。

那麼，為什麼說皮日休的這首《打油詩》是為黃巢造反而作宣傳呢？

我們仔細讀一下這首詩，就能發現問題。它是運用中國古已有之的「析字」表達法，鼓動天下人追隨黃巢造反，吹捧黃巢是聖人。詩的第二句「田八二十一」，是析分「黃」字而成。讀詩人經由「田八二十一」的筆劃組合，就能還原出「黃」字的本相。詩的第四句「果頭三曲律」，則是「巢」字拆解而成。讀詩人通過逆向還原，便知其要表達的本意是說「巢」。當讀者解讀出詩的第二、四兩句後，結合詩的第一、三兩句，便清楚明白了全詩的寓意：「黃巢是聖人」。既然黃巢是聖人，我們大家跟著他造反，那就沒錯了。因為聖人起事，乃是替天行道的行為，是服從天命。由於這一宣傳口號是通過打油詩的形式表現，這就容易為普通老百姓所瞭解，迎合草根階層的心理。因此，這首打油詩不簡單，它對於黃巢在短時間內嘯聚數十萬民眾，成為反抗唐朝政府的生力軍，從而迅速橫掃大半個中國，建立大齊政權，那是為功不小的。大家都知道槍桿子厲害，殊不知有時筆桿子的作用可能更大。皮日休的《打油詩》是這樣，漢末民謠「千里草，何青青，十日卜，不得生」（寓意：董卓不得生）也是這樣。

2. 五人張傘，四人全仗大人遮：才女作奸犯科的辯護詞

> 有三女而通於一人者，色美而才。事發到官，出一對云：「三女為姦，二女皆從長女起。」一女對云：「五人張傘，四人全仗大人遮。」官薄懲之。
>
> ——清・褚人穫《堅瓠首集》卷二《巧對》

中國自古以來就有「男才女貌」之說。意思是說，男人要有才氣，女人要有美貌。有才氣的男人配有美貌的女人，就是中國古代戲曲和小說不斷搬演的「才子佳人」了。

其實，男人愛女人之貌，女人愛男人之才，乃出於本性，自古皆然。

當然，在女人中，也不乏現實主義者，愛有貝之「財」者大有人在。不過，在讀書人眼裏，愛才的女人是比較可愛的，而愛財的女人則比較俗，讀書人對之深惡痛絕的。

上引故事中的三個女人，因為愛一個男子之才，一改女人生性好爭風吃醋的本色，三人共用一個男人。這種事，即使是現代，也是夠出格的了。在中國古代，那簡直是大逆不道，傷風敗俗到了極點，按照古代的倫理觀念，是碎屍萬段也不為過的。可是，事發見官後，大老爺卻並沒有把她們碎屍萬段，而只是略略地將她們教訓了一頓就放了。

那麼，這是為什麼呢？

無他。大老爺是男人，也是讀書人，他愛惜她們三人的才華，讚賞她們不貪財而愛才的人生態度。正因為如此，當三個女子事發到案後，大老爺不是將驚堂木拍得山響，喝令三位作奸犯科的淫婦從實招來，而是和顏悅色地給她們出了一個上聯：「三女為姦，二女皆從長女起」。那三個女子見大老爺如此好作對聯，遂投桃報李地對上了一個下聯：「五人張傘，四人全仗大人遮」。結果，大老爺大為高興，決定立馬放人。只是為掩人耳目，不給人留下「人治」而不是「法治」的把柄，將三位女子略略教訓了一頓，相當於今日官場上的申戒。

那麼，這大老爺的上聯有什麼奧妙呢？三位女子的下聯為什麼能有如此神奇的效果呢？

仔細分析一下這副對聯，我們便會發現，其實這副對聯也沒有什麼特別的語言技巧，只是運用「析字」表達法自然而巧妙，這才產生了異乎尋常的表達力。大老爺的上聯「三女為姦，二女皆從長女起」，經由「析字」表達法，將「姦」字拆分為三個「女」字，然後組成一句話，表面好像是在做拆字遊戲，實際上卻是在問案：「你們三位賤人與人通姦，是誰領的頭？」很明顯，這樣的問案方式是亙古未見的，新穎別致，而且表意含蓄深沉，同時既照顧了三個年輕女子的面子，又展露了自己的才學。這樣的表達力，無疑是異乎尋常的。可是，出人意料的是，三位女子中的一位卻在「析字」方面更勝一籌。她的下聯「五人張傘，四人全仗大人遮」，通過相同的「析字」表達法，拆「傘」為五人，通過

「傘」字的字體形象，巧妙地構建了一個文本，既按要求對上了大老爺
所出的上聯，又不著痕跡地向大老爺求了情：「老爺是大人，俺們是小
女子，就請老爺大人不計小人過，放俺們一馬吧」。由於這層語義的表
達是通過「析字」的方式婉轉地表達出來的，因此在接受上就顯得含蓄
蘊藉，達到了包括大老爺在內所有封建文人所極力推崇的「一著一字，
盡得風流」的境界，同時還表現了封建時代女子羞羞答答的嬌羞情態，
這更是討大老爺歡心了。試想，有這樣的才女當前，老爺在情感上如何
能把持得住？所以，早就把王法忘於九霄雲外，一高興就「人治」了：
放人。

　　由此可見，「析字」表達法在中國古代雖是尋常人都會的文字遊戲，
但是若是運用得好，產生奇效，則也不是那麼容易，沒有一定的智慧和
深厚的語言修養，恐怕也是難以用好這一表達法的。

3. 脫去凡心一點，了卻俗身半邊：僧人修行的境界

> 舊時鎮江焦山有僧人名几谷，或贈聯曰：「脫去凡心一點，了
> 卻俗身半邊。」
>
> ——劉葉秋《再談對聯》

　　我們日常生活中，常聽到有人讚揚某人高風亮節，說他「超凡脫
俗」。

　　其實，一個人要真的能做到「超凡脫俗」談何容易？特別是現代社
會，不要說普通人「超凡脫俗」做不到，就是出家人也遠遠做不到。《水
滸傳》的魯智深雖然在五臺山剃度出家，但仍改不了吃肉喝酒的好尚，
結果變成了一個花和尚。古代物質條件相對貧乏，誘惑也沒有那麼多，
出家人尚且還把持不住，不僅喝酒吃肉，還有容留女人在寺中，日夜宣
淫，明清通俗小說中這種描寫多得很。那麼，現代呢？眾所周知，現在
的誘惑真是太多了。做和尚的不想墮落，有「超凡脫俗」之志，也是很
難實現了。在中國大陸，做和尚的還有行政級別，如部級和尚，司局級
和尚或處級和尚；如在佛教協會中擔任什麼理事或會長之類，那級別就

更高了。他們大多都配備專車，儼然就是政府大員待遇。既然上層的出家人都熱衷於這一套世俗的東西，那下面做小和尚的如何能夠「超凡脫俗」呢？中國如此，其實外國也如此。在日本，做和尚是一種世襲制，父子相傳，他人不得染指。因為和尚可以接受信徒捐獻財物，而又不用交稅，還可以自由結婚離婚，這多好啊！有朋友開玩笑說，在日本的一些高級場所，只有兩種人有能力經常光顧，一是醫生，二是和尚。一個管生，一個管死。或者說，兩人是同夥，都主人生死。醫生把人治死，和尚就有機會為之做法事超度了。當然，這只是笑話。不過，這笑話也說出了一個事實，在日本，和尚並不是不食人間煙火的「超凡脫俗」者。

正因為古今中外的出家人都做不到「超凡脫俗」，因此自古以來，做和尚的人或對和尚寄予希望的人，都努力宣揚「超凡脫俗」的理念。上引故事中的那位為几谷和尚題聯語的人，就是對出家人寄予以厚望者。

這副聯語寫得非常高妙，其妙處就在於運用「析字」表達法，利用僧人的法號做文章，從而既讚揚了几谷和尚超凡脫俗的人格，又同時寄予天下所有出家人以厚望：希望所有出家人都能修煉成到「脫去凡心，了卻俗身」的境界。這副對聯的上句「脫去凡心一點」，看上去表意就如謎語的謎面，實際上不是，它是「析字」。它是利用「几」字與「凡」字形體的細微區別，以「脫去一點」相系聯，從而還原了「几」字本相，讚揚了几谷僧人「超凡」的人格魅力。下聯「了卻俗身半邊」，看上去也像是謎語的謎面，實際上也是利用「析字」創造的修辭文本，通過「俗」字與「谷」字形體上的細微差別，婉轉含蓄地傳達了一個言外之意：做和尚要與正常人有所區別。由此，在文字遊戲中既表彰了几谷僧人的脫俗品格，又向天下僧人提出了希望。

4. 父進土，子進土，父子皆進土：吃酸文人的機巧

> 父進士，子進士，父子皆進士。
> 婆夫人，媳夫人，婆媳皆夫人。
>
> ——古代一對父子同中進士後的聯語

父進土，子進土，父子皆進土。

婆失人，媳失人，婆媳皆失人。

——被改後的聯語

在中國古代，讀書人要想飛黃騰達，改變自己的命運，唯一的出路便是參加科考。有些人考了一輩子，都名落孫山。清代曾有一個嘲弄此類情況的笑話，說一個讀書人，從滿頭青絲的少年考到白髮蒼蒼的老翁，也沒有考中，最後回家都不好意思了，乃將鬍鬚剃掉，深夜潛入家中，讓老妻嚇了一跳，簡直認不出了。於是，有人便改唐人賀知章《回鄉偶書》詩而嘲之曰：「老大離鄉少小回，鄉音未改鬢毛無。老妻相見不相識，笑問兒從何處來」。這雖是一個笑話，卻讓人從笑聲中看到落第讀書人無盡的悲哀。如果有幸能夠考中，那就前程無憂了，人生的軌跡從此改變，其中的快樂也是難以言表的。關於這一點，唐代大詩人孟郊《登科後》一詩作了淋漓盡致地描寫：「昔日齷齪不足誇，今朝曠蕩思無涯；春風得意馬蹄疾，一日看盡長安花」。

正因為中進士太榮耀了，社會影響極大，以致於古代有的皇帝也想拋棄皇帝不做而願意去考進士。不過，因為進士名額有限，能夠考中的畢竟是少數，考試時還有偶然因素，因此即使平時滿腹經綸的才子也未必一定能考中。可以說，考進士對於古代讀書人來說，那也是「幾家歡樂幾家愁」的事。上引兩副對聯，說的正是與此相關的故事。

這個故事說的是，有一戶人家，父子二人都參加科考，多年不中。但是，突然有一年時來運轉，父子二人同時考中。這在古代可了不得，父子二人為此激動萬分。手之舞之足之蹈之之餘，欣然命筆，寫了一副對聯：「父進士，子進士，父子皆進士；婆夫人，媳夫人，婆媳皆夫從」，以此抒發那難以名狀的喜悅之情。可是，對聯貼出去之後，就出事了。原來，同鄉有一個落第的讀書人，看了這家父子張揚的行為感到吃酸，遂在月朗風清之夜，提筆在原對聯上動了點手腳，改原聯成：「父進土，子進土，父子皆進土；婆失人，媳失人，婆媳皆失人」。第二天，父子二人一早起來，開門一看，原來的對聯變了味。頓時，情緒一下從

九天之上掉到了九地之下。

那麼，這改過的對聯何以有如此的表達力呢？

原來，這副改聯的獨特效果就在於「析字」法的巧妙運用。

我們都知道，「進士」與「進土」，雖然只是一字之差，「土」與「士」，也只是最後一橫的筆劃在長短上有異，但是含義則有天壤之別，前者是古代讀書人夢寐以求的頭銜，令人羨慕不已，而後者則是罵人之語。「夫人」與「失人」，也只是一字之差，「失」字只比「夫」字在形體上多了一撇，但含義的褒貶更是明顯。前者是對人的尊稱，後者則是說別人死了丈夫，是惡毒的詛咒。雖然我們並不贊成詛咒別人，但對於這位讀書人的修辭技巧則不得不佩服。他表達對他人的不滿，並沒費筆墨，只是利用漢字的特點，巧妙地運用增損筆劃的手段，在相關字詞上略作改動，便將所要表達的語義含蓄婉約地表達出來，可謂罵人不費力，詛人不費辭。

5. 或在園中，拖出老袁還我國：中國人民憤怒的吼聲

> 或在園中，拖出老袁還我國；
> 余臨道上，不堪回首問前途。
> ——民國初期諷嘲袁世凱稱帝的聯語

中國有幾千年的封建專制制度，做皇帝生殺予奪，權力極大。所以，中國歷朝歷代之所以有那麼多人覬覦皇位而不惜天下生靈塗炭，就是做皇帝感覺太好了，想幹什麼都行，不僅是為了有三宮六院享受。而做總統，雖也是 NO1，但因為有制度在，有國會監督，有言論自由，他自由不了，不僅不能有三宮六院，就是在老婆之外多搞一個女人也不行。這多憋屈啊！所以，當中華民國建立起來後，袁世凱雖然不費吹灰之力就竊取了辛亥革命的勝利果實，做上了中華民國大總統，但他總覺得國會礙手礙腳，讓他做起事來不爽。於是，天人交戰之後，最終他還是冒天下之大不韙，恢復了帝制，做起了洪憲皇帝。

但是，畢竟民智已開，老袁要開歷史的倒車，中國人民是不會答應

的。袁世凱稱帝後，舉國上下一致聲討，文人口誅筆伐，武人舉兵起義。結果，老袁在做了八十三天皇帝後就在全國人民的唾罵聲中死去了。上引這副對聯，說的正是這一歷史背景下的小插曲。當時，有文人出了一個上聯：「或在圜中，拖出老袁還我國」，但是想不出合適的下聯，遂登報求取下聯。結果，據說是一個船夫對上了下聯：「余臨道上，不堪回首問前途」。當時被傳為佳話。

　　那麼，這副對聯為什麼會被傳為佳話呢？

　　原來這副對聯是運用了「析字」表達法，表達了全國人民對袁世凱倒行逆施行為的無比憤慨之情，以及對國家前途的深切憂慮。由於聯語是採用「析字」表達法，表意就顯得含蓄而耐人尋味。上聯「或在圜中，拖出老袁還我國」，將「國」析為「或」和「口」，「圜」析為「袁」和「口」，然後再組配成句，婉約地表達出這樣一層意思：「袁世凱稱帝躲進紫禁城，我們要把他拖出來，重新恢復中華民國國體」。這層意思如果就這樣直捷地表達出來，那麼就沒有讓人尋思與回味的餘地了。而採用「析字」表達法表達之，則就使聯語平添了耐人尋味的魅力。接受者在解讀中雖然會費點心力，但一旦解讀成功，便會自然生發出解讀成功的快慰，領略到文本創造者的創意造言智慧。下聯「余臨道上，不堪回首問前途」，意思是說：「中國正處於走回千年封建老路的危險境地，中華民國的前途令人擔憂」。由於這層意思沒有這樣直白地表達，而是通過「析字」的方式，將「途」析為「余」與「辶」，巧妙地將個人（「余」）與國家前途聯繫起來，表現了表達者憂國憂民的主人公態度，因此讀之讓人備加深切感動，並深受鼓舞：有如此的國民，中華民國的前途一定是光明的。

八、假作真來真亦假：倒反的表達力

　　臻至「含不盡之意，見於言外」的境界，有很多表達法可以運用。

除了上述諸法外，還有一種我們經常運用的表達法，這就是「倒反」表達法。

所謂「倒反」表達法，是指語言表達中一種正意而用反語來表現的方式。這種表達法可以分為兩種情況：其一是「因情深難言，或因嫌忌怕說，便將正意用了倒頭的語言來表現，但又別無嘲弄諷刺等意思包含在內」，其二是「不止語意相反，而且含有嘲弄譏刺等意思」。㊲如男女戀愛時女子說男子「你真壞」，家庭中妻子罵丈夫「死鬼」、「殺千刀」等，就是屬於前者，是一種因情深難言的「倒頭語」，其語意要從反面理解。至於諸如政敵之間論戰時所說的「您的高見」、「您的卓見」等等，則是屬於後者，其語義正好與表面語義相反，是一種含有嘲弄譏諷的反語。

不管是哪一種情況，凡是運用「倒反」表達法建構的文本，我們都統稱為「倒反」修辭文本。這種文本的建構，「由於所要表達的意思在其所言說語義的反面，所以表達上顯得特別婉轉含蓄；接受上，儘管表達者在語意表達與接受之間所製造的『距離』給接受者的文本解讀帶來一些困難，但接受者根據特定的語境提示而參透其正意所在後，便會由衷地生發出一種文本解讀成功的心理快慰，從而加深對文本的印象與對文本內涵的深刻理解認識。」㊳

「倒反」表達法的運用，自古及今都是司空見慣的語言現象。口語表達或書面表達中都有很多這樣的文本，不論古人還是今人都有這方面的語言實踐經驗。

1.汝為縣令，獨不知吾天子好獵耶：敬新磨偏袒唐莊宗

莊宗好畋獵，獵於中牟，踐民田。中牟縣令當馬切諫為民請。莊宗怒，叱縣令去，將殺之。伶人敬新磨知其不可，乃率諸伶走追縣令，擒至馬前，責之曰：「汝為縣令，獨不知吾天子好獵耶？奈何縱民稼穡以供稅賦，何不饑汝縣民而空此地，以備吾天子之馳騁？汝罪當死！」因前請亟行刑。諸伶共唱和之。

莊宗大笑，縣令乃得免去。

　　　　　　　　　　　　　　　——《五代史・伶官傳》

　　大凡做帝王的，都有剛愎自用的毛病，特別是那些自以為有文治武功者，更是感覺良好，聽不進別人的建言，遑論批評的意見了。如果不幸遇到這樣的君主，那麼做臣下的，要麼順著他的性子，由他胡來，然後隨他一起倒臺；要麼起而諫勸，讓他回歸理性，使國家機器能夠正常運轉，使江山永固。

　　但是，諫勸帝王卻並不是那麼容易的事，特別是指摘帝王的過失，使之改邪歸正，則更不是容易的事，沒有相當高妙的語言表達力，則不僅不能達到目標，甚至還有性命之虞。那麼，到底如何諫勸帝王才能有效呢？上引這段史傳文字所講述的敬新磨諫莊宗的故事，是有啟發意義的。

　　故事中所提到的莊宗，可不是個好惹的主兒，他不是別人，就是五代後唐的開國皇帝李存勖。「李氏本是沙陀部人，唐末大將李克用之子。唐末黃巢起事，李克用率沙陀兵平剿，克長安有功，官據河東節度使，後封晉王。唐朝滅亡後，朱溫建立了後梁政權。李克用又長期與朱溫交戰。臨死前，李克用交給李存勖三支箭，囑其報梁、燕、契丹之仇。李存勖繼位為晉王后，不斷用兵，最終北卻契丹，東滅燕，再滅後梁，由此建立了後唐政權，史稱唐莊宗。稱帝后，李存勖便驕恣荒政，在位僅四年，伶人郭從謙謀反，死於流矢。」㊟

　　起於行伍，馬背上得天下的李存勖，做了皇帝後，仍然屁股坐不住，常常不坐朝理事，而是縱馬畋獵。一次，李存勖打獵到中牟縣，馬踏民田，毀壞了不少莊稼。所有官員都不敢對此置一言，唯獨中牟縣令挺身而出，為民請命，正言直諫李存勖。結果，讓李存勖大為惱火，這還了得，一個小小縣令竟然直言批評皇帝，豈不反了天？於是，立即讓人把中牟縣令拿下，並準備處決之。對此，許多官員不知如何是好？雖說他們都知道中牟縣令沒錯，但是他們不敢批李存勖之逆鱗，因而只能眼睜睜地看著中牟縣令被押下去。看著朝廷大臣明知皇帝有錯而不作為，沒

有一人出來諫止，伶人敬新磨看在眼裏，急在心裏。他有心諫止皇上，可是他只是一個給皇上說笑娛樂的伶人，不具諫勸皇帝的資格。不過，經過激烈的思想鬥爭，最後敬新磨還是挺身而出，決定起而諫止李存勗。他知道不能直言相諫，便以他伶人的身份出場，以搞笑的形式，化嚴肅為娛樂，把即將被押走的中牟縣令押回來，然後像演戲似的假惺惺地數落了一頓。結果，讓李存勗轉怒為樂，一笑置之，終將中牟縣令釋放。

那麼，敬新磨的一番數落，何以有如此化險為夷、起死回生的效果呢？

仔細分析一下他的話，其實也沒有什麼特別的表達技巧，只不過是「倒反」表達法運用得好而已。他對中牟縣令的一番指責，「表面上好像是在一本正經地數落中牟縣令的不是，指責中牟縣令不該鼓勵百姓勤勞耕作，向朝廷交納賦稅，而應該禁止百姓耕作，空出田地供皇上畋獵馳騁。最後還嚴正地建議李存勗處死中牟縣令。這些話，乍一聽，好像全是幫唐莊宗李存勗說話，實則意思全在反面，是繞著彎子罵唐莊宗李存勗。但是，由於罵得巧妙，不僅沒有激怒唐莊宗，反而使他『大笑』。」[40]結果，談笑間化解了一場人命關天的政治事件，不僅救了中牟縣令一命，也讓李存勗在青史上少了一筆汙點。

於此可見，一個人是否有智慧，特別是語言表達智慧，不在於他的身份，而在於他是否有適應特定情境而隨機應變的語言表達技巧。

2. 跪在床前忙要親，罵了個負心回轉身：情人的流行語

> 雲鬟霧鬢勝堆鴉，淺露金蓮簌絳紗，不比等閒牆外花。罵你個俏冤家，一半兒難當一半兒耍。
>
> 碧紗窗外靜無人，跪在床前忙要親，罵了個負心回轉身。雖是我話兒嗔，一半兒推辭一半兒肯。
>
> 銀臺燈滅篆煙殘，獨入羅帷掩淚眼，乍孤眠好教人情興懶。薄設設被兒單，一半兒溫和一半兒寒。
>
> 多情多緒小冤家，迤逗得人來憔悴煞，說來的話先瞞過咱。怎

知他，一半兒真實一半兒假。

——元・關漢卿《【仙呂】一半兒・題情》

日常生活中，我們常聽到人們有一種說法，叫做：「男人不壞，女人不愛。」

這話乍一聽，有點讓人搞不懂。其實，仔細一想，還真有些道理。眾所周知，日常生活中，我們都會發現這樣一種現象，但凡正經八百的男人，多是嚴謹木訥，不苟言笑，更不會主動討好女人。而女人向來都是喜歡被哄被騙的一族，男人說句言不由衷的恭維話，可以讓她心花怒放，高興大半天。因此，在女人眼裏，正經八百的男人是不可愛的。她們認為，善於討好女人，喜歡插科打諢的男人，都是很有情趣的男人。也許這樣的男人「吃喝嫖賭抽」五毒俱全，但仍然難以讓女人清醒。所以，生活中才有了「男人不壞，女人不愛」的經驗總結。青年男女談情說愛，女的常常有句話罵男的，叫做「你真壞！」其實，這話就是「我愛你」的心靈表白。如果要表白對男人的喜愛，那為什麼不直言「你真好，我愛你」呢？這說明女人潛意識中喜歡壞男人。那麼，為什麼喜歡壞男人呢？因為壞男人大多是要比好男人有本事，又能厚顏無恥地向女人討好獻媚，因此，女人都覺得他們可愛。

其實，這種情況並不是現代社會特有的現象，古代亦然。上引元曲四章，寫一對男女偷情的場景，那個女人也是罵她的情人是壞蛋，但是卻半推半就地跟那個壞蛋纏綿不已，難捨難分。今天我們讀這首元曲，不僅不認為這對男女偷情有什麼不好，也不認為那個偷情的漢子有多壞，那個半推半就的姑娘有多傻，而是很同情他們的處境，理解他們的心情，對他們相聚的綢繆與相離的難耐之情感同身受，覺得這段描寫別有一種「纏綿悱惻、生動逼真」的感染力。

那麼，為什麼會有這種感覺呢？

原來，是與這首元曲中運用「倒反」表達法抒寫男女情感，突顯那對男女「相見時難別亦難」的情感苦痛，有著密切關係。第一曲中的「俏冤家」，第四曲中的「小冤家」，都是情人間情到深處無法言表時的「倒

頭語」，是一種有別於西方「我愛你」式的愛情表白的親昵語，它給人心靈的震撼力更大，也更能讓接受者有咀嚼回味的空間。作為修辭文本來讀，則更能讓人有一種遐思無限的審美情趣。如果作者不讓曲中女主人公用「倒反」表達法稱謂她的「壞男人」，而是改稱「親愛的好人」，那麼讀曲的人一定覺得非常肉麻，而曲中的男主人公也不會覺得親切有味。可見，日常生活中男女間的「倒頭語」還真有調情助興的作用，也有審美的價值。

正因為如此，我們在文學作品中經常會發現「倒反」表達法的運用。如元人白樸《[中呂]陽春曲·題情》六首之二有云：「百忙裏鉸甚鞋兒樣，寂寞羅幃冷篆香。向前摟定可憎娘。止不過趕嫁妝，誤了又何妨？」其中，男人罵她的情人叫「可憎娘」，也是這種「正話反說」的「倒反」表達，遠比說「親愛的姑娘」更親切、更有味，更讓人聽來呼然心動。

3. 調理的水蔥兒似的，怎麼怨得人要：王熙鳳的馬屁

邢夫人將房內人遣出，悄向鳳姐兒道：「叫你來不為別事，有一件為難的事，老爺托我，我不得主意，先和你商議。老爺因看上了老太太的鴛鴦，要他在房裏，叫我和老太太討去。我想這倒平常有的事，只是怕老太太不給，你可有法子？」鳳姐兒聽了，忙道：「依我說，竟別碰這個釘子去。老太太離了鴛鴦，飯也吃不下去的，那裏就捨得了？況且平日說起閒話來，老太太常說，老爺如今上了年紀，作什麼左一個小老婆右一個小老婆放在屋裏，沒的耽誤了人家。放著身子不保養，官兒也不好生作去，成日家和小老婆喝酒。……」……賈母又笑道：「鳳姐兒也不提我。」鳳姐兒笑道：「我倒不派老太太的不是，老太太倒尋上我了？」賈母聽了，與眾人都笑道：「這可奇了！倒要聽聽這不是。」鳳姐兒道：「誰教老太太會調理人，調理的水蔥兒似的，怎麼怨得人要？我幸虧是孫子媳婦，若是孫子，我早要了，還等到這會子呢。」賈母笑道：「這倒是我的不是

了？」鳳姐兒笑道：「自然是老太太的不是了。」賈母笑道：
「這樣，我也不要了，你帶了去罷！」鳳姐兒道：「等著修了
這輩子，來生托生男人，我再要罷。」賈母笑道：「你帶了去，
給璉兒放在屋裏，看你那沒臉的公公還要不要了！」鳳姐兒道：
「璉兒不配，就只配我和平兒這一對燒糊了的卷子和他混罷。」
說的眾人都笑起來了。

——清·曹雪芹《紅樓夢》第四十六回

　　男人好色，乃是天性。只是由於各人的條件不同，表現也就不一樣。
有些男人終身與髮妻相守，除此別無女人，給人的感覺是正派男人，品
行好端正。但是，如果給他一定的條件，比方說讓他處於官位或是富翁
的位置，他未必不是三妻六妾。

　　《紅樓夢》世界中的賈赦，之所以被賈府的最高統治者賈老太太、
大管家王熙鳳以及他的夫人邢夫人，甚至包括婢女等閒雜人等視為好色
之徒或曰色鬼，就是因為他生在富貴人家，做著朝廷命官，有條件搞女
人。如果他生在清貧人家，也許還是個賢良方正之士，被人們稱讚呢。

　　既然已經生在富貴人家，又是個官身，賈赦多討幾個小老婆，他的
髮妻邢夫人也無話可說，因為中國古代就是這個規矩，男人可以多搞女
人，女人卻不准多搞男人。邢夫人是個比較識相的女人，知書達理，明
白這些個封建規矩。因此，當賈赦不再寵愛她時，她也坦然受之。甚至
當賈赦看上老太太房裏婢女鴛鴦，要她去向老太太要時，她竟然能坦然
面對，並且還有雅量找王熙鳳幫忙去說項。但是，王熙鳳卻並不像邢夫
人那樣逆來順受。當邢夫人請她幫忙說項時，她從同是女人的角度，借
老太太的口批評了賈赦，這實際是在為邢夫人抱了不平，多少寬慰了點
邢夫人的心。這是她會做人的地方。待到請求老太太讓出鴛鴦時，她又
實際上站在了賈赦一邊，真的去為賈赦去要人。但結果是，一向反對賈
赦納妾的老太太不僅沒有批評她，反而表揚了她一通。

　　那麼，這是是為什麼呢？她的一番話怎麼那麼有效果？

　　仔細分析一下，原來是她巧妙地運用了「倒反」表達法。

對於賈赦這個兒子，老太太早就有不滿，說他「如今上了年紀，作什麼左一個小老婆右一個小老婆放在屋裏，沒的耽誤了人家。放著身子不保養，官兒也不好生作去，成日家和小老婆喝酒」。王熙鳳對此清楚得很，但是，既受邢夫人之托，她也只好硬著頭皮去找老太太去討要鴛鴦，這叫「受人之托，成人之事」，也是她在賈府上下能樹立威望的原因。明明知道老太太離不開鴛鴦，又不滿賈赦好色的作派，那如何找到一個充足的理由去說服老太太讓出鴛鴦呢？也許別人沒有辦法，但是王熙鳳有辦法。她知道老太太的脾氣，好吃馬屁，好聽奉承話。所以，她通過正話反說的形式，於嗔怪老太太會調教人的同時，不露痕跡地論證了賈赦想討要鴛鴦的合理性，從而完成了邢夫人的請托。至於老太太給不給，那則是另一回事。而老太太雖然心知她的真實用意是在真心幫賈赦討要鴛鴦，但因為吃了王熙鳳的馬屁，卻又怪不得她。只得插科打諢，說要把鴛鴦配給賈璉，反將王熙鳳一軍，最終哄笑收場。

於此可見，「倒反」表達法運用得好，不僅能收「含不盡之意，見於言外」的效果，還有處世為人方面的實用價值。雖然我們並不提倡大家做阿諛奉迎的小人，但是在實際生活中，講究語言表達技巧，在不喪失做人原則的情況人處理好人際關係，還是相當有必要的。

4.「說法雖乖，功效實同」，是好辯解：周樹人調戲林語堂

> 舊笑話云：昔有孝子，遇其父病，聞股肉可療，而自怕痛，執刀出門，執途人臂，悍然割之，途人驚拒，孝子謂曰，割股療父，乃是大孝，汝竟驚拒，豈是人哉！是好比方；林先生云「說法雖乖，功效實同」，是好辯解。
>
> ——魯迅《「題未定」草》

20 世紀二三十年代，中國現代文學史上有很多次文人論戰。其中，與人論戰最多的，也是樹敵最多的，當數魯迅（周樹人）。

說起魯迅與人論戰，大家首先就會想到他與林語堂和梁實秋二位的論戰。其中，跟林語堂先生的論戰尤其讓人印象深刻。魯迅主張「硬

譯」，自己也喜歡翻譯外國文學作品，尤其喜歡介紹蘇聯與東歐文學。林語堂曾寫有一篇文章，題曰《今文八弊》，其中批評道：「今人一味仿效西洋，自稱摩登，甚至不問中國文法，必欲仿效英文，……此類把戲，只是洋場孽少怪相，談文學則不足，當西崽頗有才。此種流風，其弊在奴」，「其在文學，今日紹介波蘭詩人，明日紹介捷克文豪，而對於已經聞名之英、美、法、德文人，反厭為陳腐，不欲深察，求一究竟。此與婦女新裝求入時一樣，總是媚字一字不是，自歎女兒身，事人以顏色，其苦不堪言。此種流風，其弊在浮」。魯迅當時正翻譯俄國作家果戈理的《死魂靈》，又曾介紹過波蘭、捷克等國文學。看了林語堂的文章，魯迅認為林語堂此文是專門批評他的，罵他「奴」、「媚」，是「西崽」。於是寫了一篇《「題未定」草》，對林語堂進行反唇相諷。其中，有反駁文字道：「由前所說，『西崽相』就該和他的職業有關了，但又不全和職業有關，一部分卻來自未有西崽以前的傳統。所以這一種相，有時是連清高的士大夫也不能免的。『事大』，歷史上有過的，『自大』，事實上也常有的；『事大』和『自大』，雖然不相容，但因『事大』而『自大』，卻又為實際上所常見——他足以傲視一切連『事大』也不配的人們。有人佩服得五體投地的《野叟曝言》中，那『居一人之下，在眾人之上』的文素臣，就是這標本。他是崇華，抑夷，其實卻是『滿崽』；古之『滿崽』，正猶今之『西崽』也。」反過來譏諷林語堂是「夜郎自大」、失節媚外的「西崽」。

上引這段文字，就是魯迅反駁林語堂之文中的一部分。他「用了一個孝子自己怕痛而割別人股肉，遭拒後反而責怪他人的故事，實際上是委婉地指斥林語堂的觀點是強辭奪理，是不講道理的詭辯。」[41]雖然這段話的真實用意是在指斥林語堂先生比方不恰當，是一種強辭奪理的詭辯；但是，在字面上卻並沒有直言之，而是正話反說，說林語堂的辯解是「好辯解」。由於運用了「倒反」表達法，因此，在表達上就顯得語意婉轉，論戰的火藥味就有所減少，不失文人溫文爾雅的風度。在接受上，讀者瞭解作者的表達真意雖然要費點心力，但一旦解讀成功，便會有一種解讀成功的快慰，這就無形中提升了文本的審美價值。

5. 中國是世界上最提倡科學的國家：錢鐘書驚人的發現

> 三閭大學校長高松年是位老科學家。……他是二十年前在外國
> 研究昆蟲學的；想來二十年前的昆蟲都進化成大學師生了，所
> 以請他來表率多士。他在大學校長裏還是前途無量的人。大學
> 校長分文科出身和理科出身兩類。文科出身的人輕易做不到這
> 位子，做到了也不以為榮，准是幹政治碰壁下野，仕而不優則
> 學，借詩書之澤、弦誦之聲來休養身心。理科出身的人呢，就
> 全然不同了。中國是世界上最提倡科學的國家，沒有旁的國家
> 肯這樣給科學家大官做的。外國科學進步，中國科學家進爵。
>
> ——錢鐘書《圍城》

中國大學與西方大學在品級上的差別之大，世人皆知。雖然現在大
陸很多大學都制定了二十年或是十五年建成世界一流大學的宏偉計畫，
但恐怕這個計畫是難以實現的。因為辦大學不是建設高速公路與高樓大
廈，靠人海戰術或是不眠不休的蠻幹，恐怕都是難以奏效的。至於靠花
錢從海外挖人才，或是組織團隊突擊攻關，恐怕也不易短期內建成世界
一流大學。因為辦大學不同於搞經濟，制訂三年或五年計劃並不能迅速
見效。科學研究要坐得住冷板凳，要耐得住寂寞。偉大的發明與創造有
時要靠一代又一代科學家不懈地努力才能達成。一個大學即使投資再多
資金，也不可能三五年內產生一大批諾貝爾獎得主，不可能使一所大學
迅速提升為世界一流大學。

眾所周知，辦大學有辦大學的規律。大學的唯一目標就是培養合格
的人才，而一流的大學還要培養一流的學者。而一流的學者絕不是加上
一個行政級別、封一個什麼「校長」之類的頭銜就能達到。在中國大陸，
從事科學研究的學者稍微做出了點成就，就被提拔為大學的行政官員，
甚至抽調到省市乃至中央當大官了。因此，曾有一個日本教授說，在中
國大學有一個現象，叫做「成功乃失敗之母」。意思是說，中國大學裏
的學者在科學研究上稍有成就，就被提拔去做官了，他早先的成功成了

他日後在科學研究上「武功全廢」的根源。在中國大陸，官方對於有成就學者的獎勵不是讓他安心繼續研究，而是給他頭上戴頂烏紗帽。這種制度的實行，其結果是阻抑學者研究學術的興趣，提升其做官的欲望。而在一所大學裏，人人都想著做官，那麼哪里會有人安心做學問，搞學術？而不做學問，不搞研究，科學發明與創造哪里來？除了造假與抄襲，就別無他途了。

　　官本位思想對於中國大學品質的提升是一個很大的障礙，但是這個障礙好像與中國的社會與文化土壤分不開，短期內很難根除。21 世紀的今天是如此，20 世紀的昨天也是如此。上引錢鐘書小說《圍城》中的一段文字，說的正是這種情況。特別是最後兩句：「中國是世界上最提倡科學的國家，沒有旁的國家肯這樣給科學家大官做的。外國科學進步，中國科學家進爵」，今天我們讀一讀，仍然會心有戚戚焉。

　　那麼，為什麼會有這種感覺呢？

　　因為它以「倒反」表達法，正話反說，淋漓盡致地道出了中國科學落後的本質原因，是對中國的教育制度與政治制度的極大諷刺。如果這段話所表達的意思不以「倒反」表達法表達，而是理性直白地說：「外國科學進步是因為外國鼓勵科學家安心做研究，中國科學落後是因為中國鼓勵學者做官」。這樣的表達，雖然表意很清楚，但卻不易引發讀者的思考，對中國的教育制度與政治制度進行反思與批判。因而，其對讀者心靈的震撼力就減少很多。而作為修辭文本來解讀，因其沒有回味的空間，其審美價值也就大打折扣了。

九、醉翁之意不在酒：諷喻的表達力

　　中國人由於特定的文化傳統的影響，說寫表達中都有一種委婉其辭的好尚。從有史可考的先秦時代起，這種好尚就一直沒有消歇過。無論是先秦時代的說客或政治人物的遊說論理，還是今天我們日常生活中的

表情達意，大家都常在使用一種表達法，這便是「諷喻」。

　　所謂「諷喻」，是「一種在特定語境中通過臨時編造一個故事來寄託其諷刺或教導意向」的語言表達方式。⑫一般說來，「諷喻」表達法從形式上可以分為兩種基本型態：一是「敘而不議式」，二是「敘而後議式」。⑬所謂「敘而不議式」，是指表達中「只編造一個故事，表達者不加任何評點或議論，其所表達的意向需要接受者透過故事本身來意會而得之」；所謂「敘而後議式」，是指表達中「既編造故事，又於故事之後綴以一二句畫龍點睛、點明故事寓意的話語以強調表達意圖」。⑭以「諷喻」表達法建構起來的文本，不管是哪種類型，我們一般統稱之為「諷喻」修辭文本。這種文本的建構，一般說來，「在表達上都往往有一種含蓄婉約、深文隱蔚的效果；在接受上，由於文本語義的表達與接受之間有一定的『距離』，接受者通過咀嚼表達者的文本而後知其真意所在，這就易於調動接受者的文本解讀興趣，使其能於文本解讀中獲取一種成功的心理快慰和文本接受的審美情趣。」⑮

　　正因為「諷喻」表達法有上述獨特的表達力，故而我們能在古今文學作品以及今日的日常生活中都能時時見到這種表達法的頻繁運用。下面我們就從古代文獻和現代文學作品中予以舉例，以見其「含不盡之意，見於言外」的表達力。

1.君豈有斗升之水而活我哉：莊子與鮒魚的對話

　　莊周家貧，故往貸粟於監河侯。監河侯曰：「諾，我將得邑金，將貸子三百金，可乎？」莊周忿然作色曰：「周昨來，有中道而呼者，周顧視車轍中，有鮒魚焉。周問之曰：『鮒魚來，子何為者邪？』對曰：『我，東海之波臣也，君豈有斗升之水而活我哉！』周曰：『諾，我且南遊吳越之王，激西江之水而迎子，可乎？』鮒魚忿然作色曰：『吾失我常與，我無所處。吾得斗升之水然活耳，君乃言此，曾不如早索我於枯魚之肆！』」

　　　　　　　　　　　　　　　　　　——《莊子·外物篇》

　　上引這則故事說的是，莊子家貧，無米可炊，硬著頭皮往監河侯（魏文侯）處借糧。監河侯見莊子來訪，表現得非常熱情。當莊子說明了此番是來借糧之意後，監河侯非常爽快，一口應承下來，說是等收了邑金（賦稅）之後，就貸他三百金。莊子一聽，非常生氣，於是就給他講了一個故事，說昨日遇到了一件怪事，走在路上，突然聽見有人喊他，周遭看了看，卻又沒見人。最後，低頭向下看，發現喊叫的竟是一條被困在車轍中的鮒魚。莊子問他何事，他說他是東海波臣，現在被困於此，只要能得斗升之水，便可活命。莊子慷慨應允，說自己準備往吳越國遊說，希望能激西江之水來救它。結果，被鮒魚痛罵了一頓，說他是見死不救的偽君子。

　　很明顯，這整篇故事都是莊子編的，意在批判那些空口說白話的偽君子。其中，他與鮒魚對話的故事，則是故事中的故事，是故事中的莊子在諷刺監河侯時臨時編造出來的故事，屬於「諷喻」表達法中的「敘而不議」式。故事中的莊子，雖然對監河侯不想借糧卻要假裝好人的偽善行徑很憤慨，但卻沒有直言痛斥，而是以編造故事的方法，委婉含蓄地表達了自己的不滿。雖然讀者在解讀文本時要費點心力，但一旦解讀成功，便會有意趣無窮的快感。作為文學文本閱讀，這無疑大大提升了文本的審美價值。《莊子》中的許多篇章之所以有形象生動、引人入勝的韻味，正是與其廣泛運用「諷喻」表達法有關。

　　現代人雖然沒有莊子那樣會編故事，但現代人創造「諷喻」修辭文本的智慧則一點不輸給莊子。謂予不信，請看大陸人民創造的一個手機簡訊段子：

　　市長辦公會議研究是否取締小姐的工作。小姐派代表作如下彙報：1.一不偷，二不搶，三不反對共產黨。（公安局長首先表態：行！）2.不占地，不占房，工作只用一張床。（國土局長高興地說：好！）3.不生女，不生男，不給政府添麻煩。（計生辦主任點頭：不錯。）4.無噪音，無污染，只是偶爾喊一喊。（環保局長說：沒關係，喊吧！）5.不集資，不貸款，自帶設備搞發

展。（發改委主任高興地說：歡迎！）6.下崗妹，別流淚，就業自己找機會。（勞動社保局長不住地說：對對對！）7.不逃稅，不欠費，掙多掙少無所謂。（稅務局長滿意地說：可貴啊可貴！）8.不嫌髒，不怕累，學會英語創外匯。（外經貿局長伸出大拇指：夠意思！）9.不惹禍，不胡扯，堅決不當第三者。（婦聯主任很欣慰：省心啊！）10.不偷懶，保證爽，注重信譽保市場。（工商局長激動地說：難能可貴！）並承諾：領導幹部打五折，公安幹警全免費！會後發出紀要：娼盛才能繁榮。

這則「小姐」向市長辦公會議彙報工作的段子，所要表達的寓意非常明顯。但在表達其寓意時，作者並沒有直言之，而是通過編造一段事實上不存在的小姐彙報工作的故事情節，將寓意寫在了字裏行間，讓人思而得之。也正因為如此，這個手機簡訊段子才顯得特別耐人尋味，迅速在大陸廣泛傳播。

2. 蟬高居悲鳴飲露，不知螳螂在其後也：少孺子設彀說吳王

> 吳王欲伐荊，告其左右曰：「有敢諫者死。」舍人有少孺子者，欲諫不敢，懷彈操丸於後園，露沾其衣，如是者三旦。吳王曰：「子來，何苦沾衣如此？」對曰：「園中有樹，其上有蟬，蟬高居悲鳴飲露，不知螳螂在其後也；螳螂委身曲附欲取蟬，而不知黃雀在其傍也；黃雀延頸欲啄螳螂，而不知彈丸在其後之有患也。」吳王曰：「善哉！」乃罷其兵。
>
> ——漢‧劉向《說苑‧正諫篇》

漢語中有兩個成語，是中國人最熟悉而又常用的。一個是「鷸蚌相爭，漁翁得利」，另一個是「螳螂捕蟬，黃雀在後」。兩個成語都意在說明這樣一個道理：雙方相爭不下，會讓第三方得利。

上引這個故事，正是後一個成語的源頭。它說的是春秋時代吳王意欲起兵滅亡楚國，而被其舍人（一個低級官員，相當於王府中的秘書）

少孺子說服而罷手的故事。吳王決意要起兵滅吳，可是又怕大臣進諫阻止，遂事先擱下一句狠話，誰敢諫止，就砍他的頭。這樣一來，果然嚇住了所有的大臣，沒有一人敢來進諫了。少孺子雖然只是一個舍人，但卻「位卑未敢忘憂國」，看到滿朝文武沒有一人出來諫止吳王的愚蠢行為，看在眼裏，急在心裏。最後，他決意諫勸吳王。但決心雖下，卻苦於找不到諫勸吳王的正當理由，因為他不是大臣，沒有諫勸吳王的資格。思來想去，他想到了一個曲線救國的方法，這便是「故意懷彈操丸，露沾其衣，以怪異的行動來引誘吳王來問他。然後自然而然地給吳王講了一個『螳螂捕蟬，黃雀在後，懷弓操丸者更在其後』的故事」，[46]從而輕而易舉地說服了吳王，取消了不明智的軍事行為，保證了吳國的安全。

那麼，少孺子的故事何以有如此的表達力呢？

仔細分析一下這個故事，我們就會發現，少孺子這是運用了「諷喻」表達法。他所編的故事，繞來繞去，其實只是講了一句話：「如果我們吳國出兵攻打楚國，別國乘虛而入，那麼我們楚國反而危險了」。但是，這層意思少孺子並沒有這樣直說，他也不敢這樣直說，因為吳王已經有言在先，誰敢諫止就要誰的命。大臣尚且不敢，更何況他少孺子是個不具進諫資格的舍人呢？而他以說故事的方式表達這層意思，則就規避了有意諫止吳王的嫌疑。因為他講的這個故事有一定的客觀基礎，他確實是拿著彈弓在吳王的園中樹下穿行多日，因此當他講出「螳螂捕蟬，黃雀在後」的故事時，吳王絲毫不懷疑他是在編故事，因而也就不會認為他是在借說故事而暗中諫止他的軍事行動。這樣，吳王聽得出他故事的寓意，停止滅楚的軍事行動，那最好；如果聽不出寓意，起碼自己也沒有生命之虞。事實上，吳王是個聰明人，他聽出了少孺子故事的寓意，及時停止了伐楚的軍事行動。而少孺子則因諫勸得非常巧妙，為保證吳國的安全立下了赫赫大功，從而青史留名。

古代的帝王不能批評，臣下只好用「諷喻」表達法婉轉地表達意見。現代社會，雖然不像古代那樣言論自由受到鉗制，但是批評領導，也是要付出代價的。因此，現實生活中人們對他們的上司若要提出批評的話，也是會考慮表達方法的。比方說，在大陸有一則流傳甚廣的手機簡訊段

子，就是發洩對領導無能的不滿：

> 瞎子算命，只需來人伸出一個手指。小孩調皮，將小雞伸過去，
> 瞎子大呼：貴人，細皮嫩肉，沒有指甲，彈性很好，一定是個
> 領導！小孩頓悟：領導就是小雞雞。

這個手機簡訊段子，其所表達的寓意非常明顯，也非常耐人尋味。
之所以如此，也是因為它運用了「諷喻」表達法。

3. 我是照你的樣式做耳：辜鴻銘給維新派上課

> 有一西人，身服之衣敝，召裁縫至，問：「汝能制西式衣否？」
> 曰：「有樣式，即可以照做。」
> 西人檢舊衣付之。越數日，裁縫將新制衣送來，剪裁一切無差，
> 惟衣背後剪去一塊，複又補綴一塊。西人駭然問故。
> 答曰：「我是照你的樣式做耳。」
> 今中國銳意圖新，事事效法西人，不求其所以然，而但行其所
> 當然，與此西人所雇之裁縫又何以異歟？噫！
>
> ——《辜鴻銘筆記》

辜鴻銘是清末民初的一個奇人怪人，他雖生於海外，學在西方，但
卻絲毫沒有崇洋媚外的毛病，反而執拗地護守中國傳統文化、推闡中國
傳統文化。對於那些全盤西化的觀點和做法，他是向來持批評態度的。

上引辜鴻銘筆記中的這段「依樣畫葫蘆」的故事，即是他反對全盤
西化思想的最明顯的表露。不過，他在表露其思想觀點時，沒有直捷地
表達，而是運用了「諷喻」表達法。通過編造一個中國裁縫仿製西服的
情節，形象地說明了不能全盤西化的道理，強調了中國學習西方要有所
選擇，即取其精華，去其糟粕，絕不可「拉到籃裏都是菜」。這層意思，
作者一開始並沒有明白地講出來，而是通過裁縫仿製西服的故事暗喻出
來。雖然讀者讀完這則故事也能意會到這層意思，但是作者怕讀者不能
完全意會，所以特別在故事講完後，於文末加了一段說明強調的文字：

「今中國銳意圖新，事事效法西人，不求其所以然，而但行其所當然，與此西人所雇之裁縫又何以異歟？」意思是說：「中國向西方學習不是不可以，但學習要有自主性，要知其所以然，不是盲目學習，更不能將不該學的也學了。」這種故事與議論相結合的表達法，就是前面我們所說的「敘而後議」式的「諷喻」。雖然在表意的婉轉程度上大打了折扣，但相較於不敘而直議的直接表達，它還是有些「含不盡之意，見於言外」的蘊藉感。

這種「敘而後議」式的「諷喻」雖然在現代比較少了，可是在古代卻是「諷喻」表達法的常態。在先秦時代的許多散文作品中，都是採用此法的。如《孟子・離婁下》有這樣一段文字，就是典型的「敘而後議」式「諷喻」修辭文本：

> 齊人有一妻一妾而處室者。其良人出，則必饜酒肉而後反。其妻問所與飲食者，則盡富貴也。
> 其妻告其妾曰：「良人出，則必饜酒肉而後反。問其與飲食者，盡富貴也；而未嘗有顯者來。吾將瞷良人之所之也。」蚤起，施從良人之所之。遍國中無與立談者。卒之東郭墦間之祭者，乞其餘；不足，又顧而之他。此其為饜足之道也。
> 其妻歸，告其妾曰：「良人者，所仰望而終身者也，今若此！」與其妾訕其良人，而相泣於中庭。而良人未之知也，施施從外來，驕其妻妾。
> 由君子觀之，則人之所以求富貴利達者，其妻妾不羞也而不相泣者，幾希矣！

孟子這裏所說的這段話，所要表達的主旨在末段已經明明白白地點了出來：「由君子觀之，則人之所以求富貴利達者，其妻妾不羞也而不相泣者，幾希矣」。意思是說：「從君子的觀點來看，以無恥、不正當的手段求得富貴利達，是連他的妻妾也感到不齒的。」但是，在點出這層主旨之前，作者還是先編了一個故事，其目的就在於使表達顯得婉轉點，讓論點的提出不顯得那麼突兀。

4. 有一位矍鑠老叟，人家恭維他可以活到一百歲：齊如山給胡適講故事

> 人到了遲暮，如石火風燈，命在須臾，但是仍不喜歡別人預言他的大限。邱吉爾八十歲過生日，一位冒失的新聞記者有意討好的說：「邱吉爾先生，我今天非常高興，希望我能再來參加你的九十歲的生日宴。」邱吉爾聳了一下眉毛說：「小夥子，我看你身體滿健康的，沒有理由不能來參加我九十歲的的宴會。」胡適之先生素來善於言詞，有時也不免說溜了嘴，他六十八歲時候來臺灣，在一次歡宴中遇到長他十幾歲的齊如山先生，沒話找話的說：「齊先生，我看你活到九十歲決無問題。」齊先生楞了一下說：「我倒有個故事，有一位矍鑠老叟，人家恭維他可以活到一百歲，忿然作色曰：『我又不吃你的飯，你為什麼限制我的壽數？』」胡先生急忙道歉：「我說錯了話。」
>
> ——梁實秋《年齡》

　　中國人有句俗語，叫做：「好死不如賴活著」。可見，人們對於生的留戀與對於死的恐懼。

　　正因為人們都有怕死的心理，因此在日常生活中，人們對於語言中涉及到「死」的概念也就特別在意。特別是在慶生的時候和老人做壽的時候，尤其不能觸及「死」的概念。因為大凡一個人要舉辦慶生活動，就是為了感激生的快樂；而老人做壽，則是為了延年益壽，晚些時候死。因此，做壽或慶生的時候是絕對不能說「死」，否則會讓當事人情感大為不快。儘管說「死」並一定就死，說長生不老絕對不會千秋萬歲，但是社會習俗如此，人們就形成了一種對「死」嫌忌怕說的定勢心理。說到這裏，想起清人石成金《笑得好》中所講「壽字令」一則笑話：

> 有赴壽筵說壽字酒令，一人曰：「壽高彭祖。」一人曰：「壽比南山。」一人曰：「受福如受罪。」眾客曰：「此話不獨不

吉利，且受字不是壽字，該罰酒三杯，另說好的。」其人飲完，
又率然曰：「壽夭莫非命。」眾嗔怪曰：「生日壽誕，豈可說
此不吉利話？」其人自悔曰：「該死了，該死了。」

這則故事中的那個屢說錯話的人，所說的話並沒有什麼不對。只是
因為犯了社會禁忌，所以要被眾人批評並罰酒。

現代人雖然對生死問題已經比較達觀，但對於生死問題仍然有看不
開的時候。比方說，上引故事中的齊如山先生，就是典型的一例。齊如
山是中國現代著名學者，他做壽時胡適前往祝賀，並恭維他活到九十歲
沒有問題。沒想到，齊如山對胡適的話大為不滿。原來，他對生命有很
大的期望值，活到九十並不是他所期待的目標。因此，他認為胡適這是
在詛咒他。如果胡適說他長生不老，那他就不會不滿了。可見，胡適雖
然很會說話，也很會恭維人，但在祝壽時因觸犯了社會習俗，仍然不討
好。結果，最後只得以道歉討饒告終。

那麼，是什麼力量讓胡適這樣的學術大師要摧眉折腰對齊如山討饒
道歉呢？

無他，是齊如山所講的一個故事。

也許讀者會感到納悶，齊如山所講的故事怎麼就有那麼大的力量呢？

仔細分析，原來他是運用了「諷喻」表達法，借臨時所編故事中的
那位老叟的話（「我又不吃你的飯，你為什麼限制我的壽數」），委婉
含蓄地表達了自己對胡適的不滿，從而讓胡適猛醒，立即討饒道歉。如
果齊如山不以「諷喻」表達法表達，而是實話直說：「你怎麼能肯定我
只活到九十歲，難道不能活得更長嗎？我能活多長，關你什麼事」，那
麼胡適肯定下不了臺，祝壽會的氣氛一定會受到影響。要知道，就學術
與社會聲望來說，胡適的影響要遠遠超過齊如山。齊如山若直言其不滿，
即使胡適有雅量坦然受之，參加宴會的其他人也不能坦然視之。事實上，
齊如山先生是明智的，語言表達的技巧是超一流。他即興所講的故事，
既讓胡適明白其寓意，體面地下臺，又顯得幽默風趣，活躍了祝壽會的
氣氛。

5.單提老子的鬍子幹什麼：沈鈞儒討便宜

有一天，參政員開會休息時，三三兩兩坐著閒談，有人講了些嘲笑鬍子的笑話，說完還對沈老（沈鈞儒）發笑，沈老是有一口不算小的鬍子的。他立即笑著說：「我也有一個鬍子的笑話可以講講。」大家很詫異。沈老接著說：「當關、張遇害之後，劉備決定興兵伐吳，要從關興、張苞二人中選一個當正先鋒，叫他們當場比武，結果不分勝負，又叫他們各自講述他們父親的本領。關興說他父親過五關、斬六將；斬顏良、誅文醜，杯酒斬華雄，講了一大套。張苞也說他父親如何一聲喝斷灞陵橋，『如何』三氣周瑜蘆花蕩等等，說得也有聲有色。關興急了，說：『我父親丹鳳眼，臥蠶眉，一口長鬚，飄到胸口，人稱美髯公，你爸爸比得了麼？』正講到這裏，關羽忽然在空中『顯聖』了，橫刀怒目對關興說：『你老子有這麼多長處你不說，單提老子的鬍子做什麼？』」自然，大家聽完也是哄堂大笑。

——徐鑄成《舊聞雜憶續篇·王瑚的詼諧》

日常生活中，人們相互以對方的面貌開開玩笑，乃是常見現象。如清人褚人獲《堅瓠二集》（一）中就有這樣一個故事：

吳中黃生相掀唇，人呼為「小黃竅嘴」。讀書某寺中，一日，寺僧進面，因熱傷手忒地，黃作歇後語謔之曰：「光頭滑，光頭浪，光頭練，光關勒。」謂「麵湯拱忒」也。僧亦應聲戲曰：「七大八，七青八，七孔八，七張八。」蓋隱「小黃竅嘴」四字。黃亦絕倒。

古代的寺僧與書生互以對方的面貌打趣，現代人也有喜歡以他人面貌開玩笑者。如上引故事中，參政員拿沈鈞儒的大鬍子開玩笑，即是有趣的一例。

沈鈞儒先生有一口大鬍子，非常引人注目。參政會休息間歇，大家

沒事找樂子，沈鈞儒先生的大鬍子自然就成為大家打趣的對象了。我們都知道，同僚同事之間開開玩笑，無傷大雅。既然同僚們能拿沈鈞儒先生的大鬍子來開玩笑，當然他也可以以玩笑回敬之。但是，如何回敬呢？則有講究。如果沈鈞儒先生也拿對方的面貌開玩笑，那樣就顯得沒有雅量了，同時也讓人覺得這個玩笑開得沒有創意。事實上，沈鈞儒先生沒有依樣畫葫蘆，而是別出心裁地講了一個故事，結果既巧妙地討了對方的便宜，又讓人覺得幽默生動。

那麼，沈鈞儒先生的這個故事何以有如此的表達魅力呢？

原來，他是運用了「諷喻」表達法。通過臨時編造一個關興與張苞互誇父親的故事，以及關公顯聖教訓兒子的情節，委婉地表達了這樣一層意思：「你們這幫傢夥真是無聊，沒事兒拿我的鬍子開什麼玩笑」。如果沈鈞儒直白地把這層意思表達出來，那必然會使輕鬆的會間休息氣氛霎時變得緊張，讓開玩笑的同僚覺得尷尬。同時，也會讓人覺得他沒有雅量。而運用「諷喻」表達法來回敬同僚的玩笑，既可活躍氣氛，又可經由故事中的人物語言婉轉地表達自己的不滿，同時還借關羽訓子之口，討了別人的便宜。真可謂是一箭三雕，妙不可言也！

注釋

① 譚永祥《漢語修辭美學》第 45 頁，北京語言學院出版社，1992 年 12 月。

② 吳禮權《修辭心理學》第 250 頁，雲南人民出版社，2002 年 1 月。

③ 吳禮權《修辭心理學》第 250 頁，雲南人民出版社，2002 年 1 月。

④ 吳禮權《修辭心理學》第 250 – 251 頁，雲南人民出版社，2002 年 1 月。

⑤ 李澤厚《中國古代思想史論》第 37 – 38 頁，人民出版社，1986 年 3 月。

⑥ 吳禮權《委婉修辭研究》第 219 頁，山東文藝出版社，2008 年 4 月。

⑦ 吳禮權《委婉修辭研究》第 219 – 220 頁，山東文藝出版社，2008 年 4 月。

⑧ 吳禮權《委婉修辭研究》第 220 – 221 頁，山東文藝出版社，2008 年 4 月。

⑨ 吳禮權《修辭心理學》第 261 頁，雲南人民出版社，2002 年 1 月。

⑩ 吳禮權《修辭心理學》第 261 頁，雲南人民出版社，2002 年 1 月。

⑪ 吳禮權《語言策略秀》第 4 頁，上海文化出版社，2008 年 6 月。

⑫ 吳禮權《語言策略秀》第 108 – 109 頁，上海文化出版社，2008 年 6 月。

⑬ 吳禮權《修辭心理學》第 264 頁，雲南人民出版社，2002 年 1 月。

⑭ 吳禮權《語言策略秀》第 111 頁，上海文化出版社，2008 年 6 月。

⑮ 吳禮權《修辭心理學》第 242 頁，雲南人民出版社，2002 年 1 月。

⑯ 吳禮權《修辭心理學》第 242 – 243 頁，雲南人民出版社，2002 年 1 月。

⑰ 陳望道《修辭學發凡》第 96 頁，上海教育出版社，1997 年 12 月版。

⑱ 吳禮權《語言策略秀》第 96 頁，上海文化出版社，2008 年 6 月。

⑲ 吳禮權《中國言情小說史》第 80 – 81 頁，臺灣商務印書館，1995 年 3 月。

⑳ 吳禮權《語言策略秀》第 7 頁，上海文化出版社，2008 年 6 月。

㉑ 吳禮權《委婉修辭研究》第 207 頁，山東文藝出版社，2008 年 4 月。

㉒ 吳禮權《語言策略秀》第 100 頁，上海文化出版社，2008 年 6 月。

㉓ 吳禮權《語言策略秀》第 107 頁，上海文化出版社，2008 年 6 月。

㉔ 吳禮權《語言策略秀》第 94 – 95 頁，上海文化出版社，2008 年 6 月。

㉕ 陳望道《修辭學發凡》第 137 頁，上海教育出版社，1997 年 12 月版。

㉖ 吳禮權《語言策略秀》第 111 頁，上海文化出版社，2008 年 6 月。

㉗ 吳禮權《修辭心理學》第 235 頁，雲南人民出版社，2002 年 1 月。

㉘ 吳禮權《委婉修辭研究》第 56 頁，山東文藝出版社，2008 年 4 月。

㉙ 吳禮權《語言策略秀》第 57 頁，上海文化出版社，2008 年 6 月。

㉚ 吳禮權《修辭心理學》第 236 頁，雲南人民出版社，2002 年 1 月。

㉛ 吳禮權《修辭心理學》第 237 頁，雲南人民出版社，2002 年 1 月。

㉜ 吳禮權《委婉修辭研究》第 61 頁，山東文藝出版社，2008 年 4 月。

㉝ 吳禮權《語言策略秀》第 124 頁，上海文化出版社，2008 年 6 月。

㉞ 吳禮權《語言策略秀》第 126 頁，上海文化出版社，2008 年 6 月。

㉟ 譚永祥《漢語修辭美學》第 420 頁，北京語言學院出版社，1992 年 12 月。

㊱ 吳禮權《修辭心理學》第 239 頁，雲南人民出版社，2002 年 1 月。

㊲ 陳望道《修辭學發凡》第 132 頁，上海教育出版社，1997 年 12 月版。

㊳ 吳禮權《修辭心理學》第 253 頁，雲南人民出版社，2002 年 1 月。

㊴ 吳禮權《委婉修辭研究》第 92 頁，山東文藝出版社，2008 年 4 月。

㊵ 吳禮權《委婉修辭研究》第 92 頁，山東文藝出版社，2008 年 4 月。

㊶ 吳禮權《委婉修辭研究》第 93 頁，山東文藝出版社，2008 年 4 月。

㊷ 吳禮權《現代漢語修辭學》第 56 頁，復旦大學出版社，2006 年 11 月。

㊸ 沈謙《文心雕龍與現代修辭學》第 111 － 119 頁，臺灣益智慧書局，1990 年 6 月。

㊹ 吳禮權《現代漢語修辭學》第 56 頁，復旦大學出版社，2006 年 11 月。

㊺ 吳禮權《現代漢語修辭學》第 56 頁，復旦大學出版社，2006 年 11 月。

㊻ 吳禮權《委婉修辭研究》第 75 頁，山東文藝出版社，2008 年 4 月。

第五章
給你一個難忘的印象

　　日常生活中，我們都會有這樣的經驗，有些人說出的話讓人毫無印象，而有些人說出的話則讓人終身難忘。比方說一個人小氣，很多人都會這樣表達：「這個人小氣得要命」。但是，上海人可能不這樣說，而是說「這個人一分錢看得比人民廣場還要大」。兩相比較一下，很明顯，後者給人的印象要深刻得多。

　　說話是這樣，寫作也是這樣。比方描寫貪小利者，古今中外文學作品中都不乏妙筆，但是，真正能給我們永世難忘印象的，莫過於元代無名氏的一首散曲《醉太平‧譏貪小利者》：

> 奪泥燕口，削鐵針頭，刮金佛面細搜求，無中覓有。鵪鶉嗉裏
> 尋豌豆，鷺鷥腿上劈精肉。蚊子腹內刳脂油，虧老先生下手。

　　那麼，上舉說寫二例為什麼能夠讓人一聽或一讀而有終身難忘的深刻印象呢？這是因為它們都運用了特定的表達法，因而才能臻至讓人過目或過耳而難忘的境界。

　　下面我們就介紹幾種「給你一個深刻印象」的表達法，希望通過古今相關修辭文本範例的解析，讓大家瞭解如何說寫才能使人有一個深刻印象，從而有效提升說寫的表達力。

一、不盡長江滾滾來：排比的表達力

　　站在大江大河面前，我們常會為其浩浩蕩蕩、一泄千里的氣勢而震撼。而讀《莊子》、《孟子》之文，我們也會有這種震撼。那麼，這是為什麼呢？仔細分析一下，我們便會明白，莊、孟之文之所以讀之會讓人產生汪洋恣肆、縱橫捭闔的浩蕩感與震撼力，原因就在於其常運用「排比」表達法有關。

　　所謂「排比」表達法，是將「同範圍」、「同性質」的事象，用兩個或三個及三個以上的結構相同或相似的句子鋪排表出的一種語言表達方式。以這種表達法建構的文本，我們稱之為「排比」修辭文本。這種文本的建構，從表達上看，「除了表意上充足酣暢的氣勢外，還有視聽覺形象上的齊整、平衡、和諧（兩項的排比在美學上屬於「簡單的平衡」，三項的排比則屬於「代替的平衡」）的顯著效果」；從接受上看，「由於修辭文本中多個相同相似結構形式的句子的並置，不僅易於引發接受者文本接受中的『不隨意注意』和『隨意注意』，而且還會因整齊的文本形式格局引發接受者生理上左右平衡的身心律動，產生一種快感，從而提升了文本接受解讀的興味，加深對表達者所建構的修辭文本用意內涵的理解把握。」①

　　正因為「排比」表達法有「廣文義，壯文勢」的效果與視覺上的均衡整齊美，因此能給人以強烈的印象。下面我們略舉數例，以見其表達力。

1. 政治家的臉皮，外交家的嘴巴，殺人的膽量，釣魚的耐心：善於講價者的本領

　　我買東西很少的時候能不比別人的貴。世界上有一種人，喜歡到人家裏面調查物價，看你你家裏有什麼東西都要打聽一下是用什麼價錢買的，除非你在每一事物上都粘上一個紙簽標明價格，否則將不勝其囉唆。最掃興的是，我已經把真的價格瞞起，

自欺欺人的只說了一半的價錢來搪塞他，他有時還會把頭搖得
像個「波浪鼓」似的，表示你上了彌天的大當！我承認，有些
人是特別的善於講價，他有政治家的臉皮，外交家的嘴巴，殺
人的膽量，釣魚的耐心，堅如鐵石，韌似牛皮，所以他能壓倒
那待價而沽的商人。

——梁實秋《講價》

中國人喜歡討價還價，是不爭的事實。

中國產品在世界上的名聲有些不妙，也是眾所周知的事實。

那麼，這是為什麼呢？

其實，仔細一想，中國人買東西喜歡討價還價，與中國產品「假冒
偽劣」，兩者之間是有必然聯繫的。漢語裏有句俗語：「好貨不便宜，
便宜沒好貨」。說的是商品品質與商品價格是成正比例的。不過，中國
人雖都懂這個道理，但一到購物時便情不自禁地跟人討價還價起來，努
力壓低商品價格，有些人還以此為樂。我們都知道，做生意是將本求利。
價低了，利就薄了。為了迎合消費者喜歡低價位的心理，同時為了保證
自己的獲利不受影響，商品的生產者或商品的行銷者就必然會盡可能地
減少商品生產或商品銷售的成本，以次充好，以假充真，由此便出現了
「假冒偽劣」產品橫行的局面。由此可見，消費者喜歡討價還價是「假
冒偽劣」產品橫行市場的根本原因。

梁實秋先生雖然是個讀書人，不會做生意，但他對於喜歡討價還價
者則帶有一種天然的厭惡感，說明他是懂經濟的人。雖然梁實秋先生不
會做生意，但是卻很瞭解討價還價者的本領。他筆下的討價還價者，會
讓你一輩子忘不了。

那麼，何以有這種效果呢？

我們不妨先看看上引文字中他描寫善於講價者的本事：「他有政治
家的臉皮，外交家的嘴巴，殺人的膽量，釣魚的耐心，堅如鐵石，韌似
牛皮，所以他能壓倒那待價而沽的商人」。這段話，運用了兩次「排比」
表達法。其中，前四句是一個「排比」修辭文本，後二句是另一個「排

比」修辭文本。前一個「排比」修辭本文,「是以四個句法結構相同的偏正短語來寫善於講價的人的能耐:他殺價時的厚顏無恥可如政治家空口許諾、睜著眼睛說瞎話一樣從容,殺價的理由陳述言之鑿鑿可比巧舌如簧的外交家,殺價幅度的狠心可比殺人者下刀時的心腸,殺價時與賣者硬磨軟泡的興致可比釣魚者垂釣的耐心。」②後一個「排比」修辭文本,是由兩個結構相同、性質相同的句子並列構成,從講價的耐心角度強調其堅而不拔的意志。同時,這兩個並列的句子都是由「比喻」構成,因此,表達上不僅有強化語義的效果,還有表意的形象性在。「如此多角度地行文著筆,不僅形式整齊,而且表意充足酣暢,生動地勾勒出善講價人的鮮活形象,讀之如見其人,永世難忘。」③

2. 波斯改國號叫伊朗了、英國鮑爾溫當首相了、墨西哥革命失敗了:動盪非凡的 1935 年

> 1935 年的世界是一個多變的世界。這一年在世界上,波斯改國號叫伊朗了、英國鮑爾溫當首相了、墨西哥革命失敗了、義大利墨索里尼身兼八職並侵略阿比西尼亞了、法國賴伐爾當總理了、挪威在南極發現新大陸了、德國希特勒撕毀凡爾賽條約擴張軍力了、捷克馬薩利克辭掉總統職務了、土耳其凱末爾第三次連任總統了、菲律賓脫離美國獨立了。
>
> ——《李敖回憶錄》

清代詩人趙翼曾寫有一首《題元遺山集》詩:

> 身閱興亡浩劫空,兩朝文獻一衰翁。
> 無官未害餐周粟,有史深愁失楚弓。
> 行殿幽蘭悲夜火,故都喬木泣秋風。
> 國家不幸詩家幸,賦到滄桑句便工。

意思是說,金代詩人元好問的詩之所以真切感人,乃是因為他歷遭國破家亡的劫難,對國家與人民的苦難有深切的體會,因此能寫出有真

情實感的作品，讀之讓人為之深切感動。特別是詩的最後兩句最為有名，深刻地說明了國家苦難與文學創作的關係，因此，常被人援引。今人說「孤獨出詩人」，說的也是這個理。

國家不幸，對於詩人來說，可以使其真切地感受國家與人民的苦難，從而能寫出真切感人的作品，也就是能夠在文學史上出出名而已。而國家不幸，社會動亂，對於有志政治的人物來說，則是大展宏圖之時。所謂「時勢造英雄」、「亂世出英雄」，說的正是這個道理。試想，如果沒有東漢末年的動亂，豈有曹操、劉備、孫權之輩橫空出世？沒有隋末天下大亂，烽煙四起，哪有李世民父子建立大唐，將中華帝國推到鼎盛時期？沒有明末李自成、張獻忠倡亂，哪有清人入關，入主北京，建立清朝，將中華帝國的版圖再次擴大？中國歷史是這樣，世界歷史也是如此。如果沒有第二次世界大戰，沒有全世界幾十億人民的苦難，哪有羅斯福、邱吉爾與鐵血人物史達林的歷史地位？

上引《李敖回憶錄》中的一段文字，說的正是世界範圍內的大動亂與大變局。這一次大動亂與大變局，是人類有史以來最慘烈、付出代價最大的一次劫難，因此給人的記憶也是最深刻的。李敖為了真實地再現這一大動亂時代開始的 1935 年的真實情狀，運用了「排比」表達法，「一連用了十個結構相同相似的主謂句加以鋪排，同時兼在每句末尾加助詞『了』來推波助瀾，不僅形式齊整，氣勢不凡，而且表意充足酣暢，淋漓盡致地渲染強調了他出生的 1935 年確是一個不同一般的多事多變的年頭，極富煽情色彩，讀之讓人久久不能忘懷」。④如果沒有這十個主謂句的鋪排，僅以開頭一句「1935 年的世界是一個多變的世界」來概括，雖然簡則簡矣，符合「語言經濟」的原則，表意也很清楚，但給人的印象絕對沒有隨後十句鋪排給人的印象深刻。可見，語言表達能不能給人「一個難忘的印象」，有時還真離不開「排比」表達法的有效運用。

3. 詩詞小說只當是可以迷死人的豔遇，事後追憶起來總是甜蜜的：人對書的複雜感情

人對書真的會有感情，跟男人和女人的關係有點像。字典之類的參考書是妻子，需在身邊為宜，但是翻了一輩子未必嫻熟。詩詞小說只當是可以迷死人的豔遇，事後追憶起來總是甜蜜的。又長又深的學術著作是半老的女人，非打點十二分精神不足以深解；有的當然還有點風韻，最要命的是後頭還有一大串注文，不肯甘休！至於政治評論、時事雜文等集子，都是現買現賣，不外是青樓上的姑娘，親熱一下也就完了，明天看就不是那麼一回事了。

倒過來說，女人看書也就這些感情上的區分：字典、參考書是丈夫，應該可以陪一輩子；詩詞小說不是婚外關係，就是初戀心情，又緊張又迷惘；學術著作是中年男人，婆婆媽媽，過分周到，臨走還要殷勤半天，怕你說他不夠體貼；政治評論、時事雜文正是外國酒店房間裏的一場春夢，旅行完了也就完了。

——董橋《藏書家的心情》

讀書人都愛書，但是，書有不同種類，人也有不同類別。男人對書是什麼樣的情感，女人又是什麼樣的情感，因性別上的差異，在感覺上也會有區別。而不同種類的書籍，因為內容不同，表現形式不同，自然在閱讀的情趣方面也就有所差異。有些書讓人難以卒讀，有些書則讓人愛不釋手，讀之又讀。人對書的這種種複雜的情感，作家董橋給我們作了詳細描述，讀之讓人心有戚戚焉，既感佩其概括的精當全面，又感佩其文筆的生動，令人回味無窮，久久難以忘懷。

那麼，為什麼會有這等獨到的表達力呢？

原來，作者是巧妙地運用了「排比」表達法，建構了兩個「排比」修辭文本。前一個「排比」文本，是寫男人對不同種類書籍的情感態度，以四個結構上相同或相似的比喻句，將四種「同性質」、「同事項」的內容（即男人對字典、詩詞小說、學術著作、政治評論等四種書籍的情感態度）有意識地並列鋪排在一起，通過對比，既突出強調了各類書給男人閱讀的感受，又形象生動地說明了各類書的特點（字典需在身邊常

翻；詩詞小說會讓人回味無窮；學術著作又長又深，後頭還有一大串注文，讀來讓人感到沉悶乏味；政治評論、時事雜文等集子，都是即興的議論，沒有什麼價值），讀之給人的印象極深。後一個「排比」文本，是寫女人對不同種類書籍的情感態度，也是以四個結構相同或相似的句子，將四種書籍給女人的觀感有意識地鋪排並置在一起，既在對比中突顯了各類書給女人的強烈感受，又強調說明了各類書的特點（字典、參考書有實用價值，要用一輩子；詩詞小說只能偶爾讀之，權當娛樂；學術著作要作出科學結論，論說需詳細周密；政治評論、時事雜文多在不經意間涉獵，讀完即忘），由於每句都以「比喻」手段表現，因此讀來格外生動形象，讓人一讀而難忘。

4. 投身教育英勇無畏，西裝革履貌似尊貴，其實生活極其乏味：教授內心的痛

> 投身教育英勇無畏，西裝革履貌似尊貴；其實生活極其乏味，
> 為了教學吃苦受累。爭取立項終日疲憊，專家評審就差下跪。
> 撰寫論著夜不能寐，領導一叫立即到位。一年到頭吃苦受累，
> 勞動法規統統作廢。身心憔悴暗自垂淚，學科建設反復開會。
> 迎接評估讓人崩潰，工資不高自己納稅。走親訪友還得破費，
> 拋家舍業愧對長輩。身在其中方知其味，教授哪有社會地位？
> 瘋瘋傻傻自我陶醉，過節還得互相安慰。
>
> ——大陸調侃教授生活的手機簡訊段子

近些年來，中國大陸在連續多年經濟持續高速發展之後，後勁不足的弊端逐漸顯現出來。隨著全球化趨勢的迅猛發展，隨著與世界各國經濟、政治、文化交流的不斷加深，大陸當局逐漸認識到了經濟發展的後勁不足的深層次原因乃在科技創造力的不足，而科技創造力的不足則又是源於大學教育的落後。

認識到問題的癥結所在後，教育當局及各大學當局開始考察世界一流大學的辦學經驗。走馬觀花一番，遊山玩水一通，教育當局的各級官

員以及各大學的管理者（校長和黨委書記）開始高調提出口號，有的說
要在十五年創建世界一流大學，有的說要在二十年或三十年趕上哈佛大
學等等。為了實現他們所提出的辦學目標（更確切地說，是為了實現自
己升官的目標）而制定了一系列折騰教師與科研人員的政策，比方說，
規定教師晉升教授或副教授，需要在當局規定的核心期刊上發表多少篇
學術論文，出版幾部學術著作，主持幾項國家或省部級科研專案。至於
要成為各個學科的博士生指導教師（有專門名稱曰「博導」），則又需
要什麼條件。大學當局的行政管理者，就這樣根據他們制定的政策，並
對照他們制定的升等或考核標準，讓教師或科研人員每年填表申報，逐
項打分，然後確定每個教師或科研人員的薪酬等次和行政等級。在這種
情形下，原本應該是治校與治學主體的大學教師和科研人員成了大學裏
的弱勢，而為教學科研人員服務的大學行政人員則成了大學的主宰者。
中國人向來都是非常聰明的，上有政策，下有對策。迫於種種壓力，許
多大學教師或科研人員為了實現升職升等的目標，開始弄虛作假，拉關
係、走門路在規定的核心期刊上發表論文，後來更直接發展到用錢解決
問題。爭取研究專案立項，則更是無所不用其極。至於學術論文造假抄
襲，學術著作粗製濫造等現象，則更是層出不窮，成為世界大學界的一
大奇觀。

上引手機簡訊段子，正是對上述大學怪現象的總結概括，是大陸大
學教授生存狀態的真實寫照，讀之不禁讓人唏噓感歎，感慨萬千。

那麼，這則手機簡訊段子何以有如此的表達力呢？

無他。乃因這則手機簡訊段子以「排比」表達法，全面地概括了大
陸大學教授生活窘迫的方方面面，讓象牙塔內的種種內幕與怪狀淋漓盡
致地抖落在世人面前。這則簡訊段子，其所表達的意思是說：「大學教
授看似優雅清高，是社會的上層階級，實際並不像外界想像的那麼風光，
而是一群非常壓抑無奈的群體，他們內心的痛不足為外人道也。」但是，
這層意思，作者並沒有這樣表達，而是以二十個結構相同或相似的主謂
結構形態的小句，分為十組，一字鋪排開來，以排山倒海之勢，將大陸
教授種種窘迫的生存現狀以及內心的苦痛一古腦兒地表現出來，仿佛要

將他們的苦水一口吐盡。特別是末四句：「身在其中方知其味，教授哪有社會地位？瘋瘋傻傻自我陶醉，過節還得互相安慰」，一把撕掉知識份子清高的面紗，以裸露無掩的心靈獨白方式，道盡了他們的心酸與委屈。讓「身在其中方知其味」的同仁們讀之，更是心有戚戚，黯然神傷。

5. 四十歲的男人已經學壞，抱著下一代唱著遲來的愛：男人有錢就變壞

> 三十歲的男人正在學壞，抱著同一代唱著同樣的愛；四十歲的男人已經學壞，抱著下一代唱著遲來的愛；五十歲的男人最壞，抱著第三代，唱著糊塗的愛。
>
> ——大陸描寫社會現象的手機簡訊段子

「男人有錢就變壞，女人變壞就有錢。」

這是大陸一句傳播甚廣的流行語，非常概括地總結了這樣一種社會現象：隨著大陸經濟發展持續數十年的高速增長，在一切「向錢看」的社會價值觀的主導下，社會風氣卻每況愈下，社會怪像層出不窮。男人有錢就包「二奶」，養「小三」。這種現象，不僅在做生意的商人中是常態，在做官階層也是常態。做官者雖然薪資並不高，但是在缺乏監督的政治體制下，他們手中的權力可以換取無窮無盡的財富。因此，他們包起「二奶」，養起「小三」，那檔次更高，數量更多。大陸有專門形容這種情況的順口溜，說他們是「家中紅旗不倒，外面彩旗飄飄」。意思是說，這些官員為了維護他們正人君子的形象，表面與髮妻恩愛如初，暗中則情人多多。這就是「男人有錢就變壞」的生動注腳。至於「女人變壞就有錢」，那就更容易理解了，也最容易在現實生活中看到鮮活的例子。如女大學生為了金錢而情願被人包養，早已不是新聞。在大學生中流傳著這樣一句話：「幹得好，不如嫁得好。」意思是，能力再強，工作再努力，對於女人都是白搭，還不如出賣自己的身體來錢更直接，享受更多更好。在這種思想指導下，許多女大學生都為了錢而變壞了。

上引手機簡訊段子，說的正是大陸這種社會現象。由於它採用「排

比」表達法，通過三個結構形式相同或相似的句子的並列鋪排，全方位地展示了男人的全面墮落，並在對比中盡顯出男人一代更比一代壞的真實情狀，讀之讓人對大陸社會風氣敗壞的程度留下深刻的印象，並為中國傳統道德的全面瓦解而感歎。

與此相類似，揭露大陸社會怪現象的的手機簡訊段子還有很多。如下面一則，就很耐人尋味：

> 四大絕：焊雷管、鋸燈泡、精修處女膜、火補避孕套。四大閑：
> 大款的媳婦、貪官的錢、和尚的雞巴、調研員。四大黑：人民
> 法院、交警隊、東北娘們、黑社會。四大白：天上雲、地下霜、
> 大姑娘的屁股、白菜幫。四大經得起折騰：伊拉克、南聯盟、
> 坐台小姐、110。四大節省：抽煙頭、喝茶根、蹲在路旁看小
> 妮、躺在床上玩小雞。四大快：閃電、流星、騎馬、射精。四
> 大緊：手銬、腳鐐、奶罩、避孕套。四大硬：牆上磚、門上栓、
> 夜裏雞巴、電線杆。四大窩囊：小蜜被撬、老婆被泡、髒款被
> 盜、偉哥失效。四大惹不起：喝酒不吃菜、光膀子繫領帶、乳
> 房露在衣服外、自行車騎到八十邁。

這則簡訊段子所說的「四大絕」、「四大閑」、「四大黑」、「四大白」「四大經得起」、「四大節省」、「四大快」、「四大緊」、「四大硬」、「四大窩囊」、「四大惹不起」，也是以結構相同或相似的句子並列鋪排，淋漓盡致地揭露大陸諸種社會怪像的「排比」修辭文本，讀之不禁讓人感慨、感歎。

二、發蘊飛滯，披聲駭聾：誇張的表達力

說寫中，最能給人留下深刻印象的，最常用的方法就是「誇張」表達法。

所謂「誇張」表達法，是一種「說寫表達時重在主觀情意的暢發而

故意違背客觀事實和邏輯，對所敘說的內容進行張惶誇大」的語言表達方法。⑤「誇張」表達法，大體上可分「直接誇張」和「間接誇張」兩種類型。所謂「直接誇張」，就是「交際者所欲表達的思想或感情，受交際者經由辭面一覽便知，不必思而得之。」⑥「直接誇張」，可細分為「擴大式」和「縮小式」兩類。所謂「擴大式」誇張，是指「將所說寫的事象往大的、高的等等方面誇說」。⑦所謂「縮小式」誇張，就是「將所要說寫的事象往小的、低的、弱的等等方面描寫」。⑧所謂「間接誇張」，是指「交際者所欲表達的思想或感情，受交際者一般情況下不能從辭面上直接看出，而是必須尋思一番，然後方可知交際者的真意之所在。」⑨若細分，「間接誇張」又可細分為「折繞式」、「比喻式」、「排比式」、「用典式」「超前式」等小類。⑩以「誇張」表達法建構的文本，我們稱之為「誇張」修辭文本。這種文本的建構，「在表達上有突出強調某種情感或意旨的效果；在接受上有強化接受者注意而引發其與表達者的思想或情感的共鳴和溝通的獨特效果。」⑪

正因為如此，古今中外，人們的說寫中總是少不了要運用到「誇張」表達法。但是，運用之妙，存乎一心。下面我們就從古今作家作品中舉例，通過分析，以期讓大家明白「誇張」的表達力究竟如何。

1. 增之一分則太長，減之一分則太短：宋玉的美人

> 東家之子增之一分則太長，減之一分則太短；著粉則太白，施朱則太赤。
>
> ——戰國·宋玉《登徒子好色賦》

美女是男人的最愛，特別是文人騷客，對美人更是夢寐以求。正因為如此，自古及今，在文人筆下都少不了要對美人歌之詠之。《詩經·衛風·碩人》寫衛莊公夫人莊姜之美，有云：「手如柔荑，膚如凝脂，領如蝤蠐，齒如瓠犀。螓首蛾眉，巧笑倩兮，美目盼兮。」漢樂府古辭《陌上桑》寫羅敷之美，有「行者見羅敷，下擔捋髭須；少年見羅敷，脫帽著帩頭；耕者忘其犁，鋤者忘其鋤；來歸相怨怒，但坐觀羅敷」等

句。漢無名氏寫劉蘭芝之美，則有「指如削蔥根，口如含丹朱。纖纖作細步，精妙世無雙」之說（《孔雀東南飛》）。漢人李延年向漢武帝吹噓其妹之美，有「北方有佳人，絕世而獨立。一顧傾人城，再顧傾人國」之辭（《北方有佳人》）。三國魏曹植《美女篇》寫她心目中的美人是：「顧盼遺光彩，長嘯氣若蘭。行徒用息駕，休者以忘餐」。詩聖李白吹拍楊貴妃之美說：「雲想衣裳花想容，春風拂檻露華濃。若非群玉山頭見，會向瑤台月下逢」（《清平樂詞》三首之一）。白居易《長恨歌》寫楊貴妃之美的句子亦不比李白遜色：「玉容寂寞淚闌幹，梨花一枝春帶雨」，連楊貴妃的哭也是那麼美。至於「回眸一笑百媚生，六宮粉黛無顏色」二句，則更是對楊貴妃之美推崇備至矣。其他如唐人杜牧寫她揚州小情人之美，也很有名：「娉娉嫋嫋十三餘，豆蔻梢頭二月初。春風十里揚州路，卷上珠簾總不如」（《贈別》二首之一）。白居易寫妓女之美，亦令人回味無窮，遐思無涯：「千呼萬喚始出來，猶抱琵琶半遮面。轉軸撥弦三兩聲，未成曲調先有情」。讀之讓人如見其人，如聞其聲。

雖然上述諸家所寫的美女都很讓人動心，但相比而言，統統蓋不過宋玉的美人。

那麼，宋玉所寫的美人何以那麼美呢？

原來，他是運用了「誇張」表達法。但是，他運用的不是「誇張」表達法中的「直接誇張」，把對「東鄰之子」的美寫在辭面上，說她「其美無比」、「天下無雙」；而是用「間接誇張」中的「折繞」式，從她的身材與膚色著筆，說她身材的長短不可增減一分，說她的膚色不可作任何的更改，由此曲裏拐彎地誇說了「東鄰之子」無與倫比的美。由於是以「折繞」的方式迂迴表意，這就給人以更多想像的空間，讀者可以經由自己的生活經驗與自己的想像力展開豐富的聯想，想有多美就有多美。這一點，就是宋玉誇美人的獨到之處，也是他運用「誇張」表達法的獨到之處。

2. 力拔山兮氣蓋世：項羽的不平

……項王軍壁垓下，兵少食盡。漢軍及諸侯兵圍之數重。夜聞漢軍皆楚歌，項羽乃大驚，曰：「漢皆已得楚乎？是何楚人之多也！」項王則夜起，飲帳中。有美人名虞，常幸從；駿馬名騅，常騎之。於是項王乃悲歌慷慨，自為詩曰：「力拔山兮氣蓋世，時不利兮騅不逝。騅不逝兮可奈何，虞兮虞兮奈若何！」歌數闋，美人和之。項王泣數行下，左右皆泣，莫能仰視。

——漢·司馬遷《史記·項羽本記》

上引這段文字，說的是中國歷史上婦孺皆知的「霸王別姬」的故事。

楚霸王項羽，是楚國名將之後。論武功，論膽略，在中國歷史上沒有一位將領能出其右的。滅秦之後，天下本來已在他的手裏。但是，「沐猴而冠」的楚霸王，還都徐州後，因錯失良機，形勢就直轉而下了。加上他性格上的弱點，「自恃其勇，剛愎自用，逐漸由強變弱，最終到了垓下被圍、徒喚奈何的悲慘境地。應該說，這種結果是項羽自己造成的。然而項羽自己沒有認識到，卻怨天尤人，認為上天不公，使他不該有此下場。由此，他發出了『力拔山兮氣蓋世，時不利兮騅不逝』的慨歎。雖然從歷史的角度看，項羽的這種慨歎是沒有道理的，是他自己的錯誤造成了他的徹底失敗，怨不得天，怨不得地，更怨不得人！」[12]但是，從表達的角度看，項羽的這首《垓下歌》卻是非常成功的。古往今來，無數讀過《史記·項羽本記》者，都會記住這首詩，並為之深切感動，情不自禁地為項羽掬一把同情的淚。

那麼，這首《垓下歌》何以有如此獨特的表達力呢？

無他，端賴「力拔山兮氣蓋世」一句，運用「誇張」表達法，產生了撼動人心的力量。

關於這一點，筆者曾作過詳盡的解析：「世界上的任何人都不可能有『力拔山』、『氣蓋世』的力量。項羽這樣誇說自己的本事，明顯是有悖邏輯和事理的『無理之辭』。但是，作為一個修辭文本，這一『無理之辭』卻是很有表現力和藝術感染力的修辭範本。從表達的角度看，這一『言過其實』的『無理之辭』強烈地凸現了表達者項羽那種有曠世

奇才而終不得伸展其曠世大志，有曠世之勇而終落得曠世慘境的曠世憤激之情，滿足了表達者項羽在極端的懷才不遇而極端憤激的激情狀態下釋放影響其心理平衡的能量以獲得心理平衡和情感紓解的需要；從接受的角度看，由於表達者在表達其情感時，用了『力拔山』、『氣蓋世』的誇大失實之辭，就自然而然地會引發接受者的『不隨意注意』，從而對表達者之所以在表情達意時要『言過其實』、違悖事理與邏輯的原因進行深究。而當接受者在洞悉了表達者建構這一誇張修辭文本的深層原因——即表達者項羽極端的懷才不遇和深感天公對他不公的怨情難以抑制而不得不借言語的違悖事理和邏輯來宣洩以求心理能量的釋放、獲取暫時的心理平衡和情感紓解——時，接受者就不能不在表達者所建構的誇張修辭文本的感動下與表達者發生情感的共鳴，為表達者的悲而悲，為表達者的苦而苦，為表達者的不平而不平，為表達者項羽這位曠世奇才的曠世悲情結局而痛灑一掬掬同情的淚水。」⑬明白到這一層，我們則不得不對這位失敗者另看一眼，畢竟博得天下那麼多人同情的眼淚，也是一種本事。人說「女人的武器是眼淚」，而項羽作為一個男人，竟然也能以眼淚擊倒古往今來那麼多的人，這何嘗不是一個奇跡。

3. 白髮三千丈：李白的憂愁

> <u>白髮三千丈</u>，緣愁似箇長。不知明鏡裏，何處得秋霜。
>
> ——唐・李白《秋浦歌》第十五首

李白做詩好用「誇張」之法，在唐代詩人中是出了名的。比方說，他寫蜀道之道有「蜀道之難，難於上青天」、「爾來四萬八千歲，不與秦塞通人煙。西當太白有鳥道，可以橫絕峨眉巔。地崩山摧壯士死，然後天梯石棧相鉤連。上有六龍回日之高標，下有沖波逆折之回川。黃鶴之飛尚不得過，猿猱欲度愁攀援」之句（《蜀道難》），讀來讓人有一種驚心動魄之感。又如他寫廬山瀑布有云：「日照香爐生紫煙，遙看瀑布掛前川。飛流直下三千尺，疑是銀河落九天。」（《望廬山瀑布》）寫黃河源遠流長，有「君不見黃河之水天上來，奔流到海不復回」（《將

進酒》）。除了寫山川等自然界的景象好用「誇張」表達法，寫情感也有很多「誇張」之筆。如「君不見高堂明鏡悲白髮，朝如青絲暮成雪」、「五花馬，千金裘，呼兒將出換美酒，與爾同銷萬古愁」（《將進酒》），都是寫悲傷與哀愁之深。「桃花潭水深千尺，不及汪倫送我情」（《贈汪倫》），是寫朋友之誼。甚至寫喝酒，也好用「誇張」表達法。如《將進酒》篇有云：「烹羊宰牛且為樂，會須一飲三百杯。」

在眾多用「誇張」表達法所寫的詩句中，特別是寫懷才不遇之情的尤其多。如「吟詩作賦北窗裏，萬言不直一杯水」（《答王十二寒夜獨酌有懷》），就是自寫曠世才情不得發揮的無限怨情。上引一首《秋浦歌》，其中「白髮三千丈，緣愁似箇長」二句，雖是表面寫憂愁，實際也是寫懷才不遇之情的。古往今來，凡是說到李白憂愁者，無不首先想到他這兩句詩，並為其所深深打動，為他一生不得志的遭際而不平。

那麼，這兩句何以有如此的表達力呢？

無他，「誇張」表達法用得極好極到位。

我們都知道，李白非常自信，認為自己有治國安邦、經天緯地之才，因此一心想進入官場，希望一展拳腳，實現自己的政治理想。可是，始終沒有得到機會，抱負沒有實現。所以，他就開始怨天尤人，整天發懷才不遇的牢騷。其實，平心而論，他只是一個書生，並非經天緯地之才。如果他真有曠世奇才，他足可以在平定「安史之亂」的混亂局面中讓永王勝出。只要永王登基坐殿，他自然就能位居宰執，實現治國安邦的理想矣。可惜，事實證明，他沒有這個能力，結果還搞得自己差點殺頭，最後僥倖改為流放夜郎。雖然後人從歷史的角度冷靜的觀察是這樣，但李白自己並沒有這樣認為，他始終認為他是經天緯地之才，即使是在助永王失敗而流放夜郎之後，終其一生，他還是認為自己是壯志未酬的大英雄。正因為如此，他的牢騷也發了一輩子。上引「白髮三千丈，緣愁似箇長」二句，正是最大的牢騷，是其懷才不遇心境的最好寫照。我們都知道，憂愁可能使人早生華髮，甚至可能一夜之間滿頭白雪。但是，無論怎樣憂愁，也愁不出「三千丈」的白髮。很明顯，這是語言表達上的「誇張」法，不能坐實。詩人這樣寫，並非他不懂生活的邏輯，而是

有意為之。從心理學的角度看，他是有意以「無理之辭」引發接受者的注意，讓他們由此「無理之辭」進行逆向反思，從而瞭解他如此表達的真意：「我雖有曠世之才，卻不為世用，時不我待，這如何讓我不憂愁？」因為詩人沒有將這層真意以直捷的方式表達出來，而是用了「誇張」表達法予以表現，這就易於引發接受者的注意，給人以極深的印象，從而讓人對他的遭遇油然而生同情之心。這便是這二句詩「無理而妙」的關鍵所在。

4. 有一個人半年沒有吃雞，看見雞毛帚就垂涎三尺：男人的饞相

> 幾天不吃肉，他就喊「嘴裏要淡出鳥兒來！」若真個三月不知肉味，怕不要淡出毒蛇猛獸來！有一個人半年沒有吃雞，看見雞毛帚就垂涎三尺。
>
> ——梁實秋《男人》

中國古代有句話，叫做「民以食為天」。

這說明，中國自古以來就沒有解決好老百姓的吃飯問題，以致於老百姓將吃飯當作頭等大事來看待。事實上，中國自古以來就是一個物質匱乏的國家，歷朝歷代因為饑荒而餓死的人遠比戰爭中死去的人數要多得多。

正因為在中國要吃飽飯不容易，所以至今在中國社會還盛行請客吃飯的習慣。談生意要吃飯，和約在飯桌上往往更容易達成；求托他人辦事，或是拉關係、走後門，更需要請客吃飯。因為飯一吃，酒一喝，感情就來了，什麼話就好說了。中國人有句俗語，叫做「吃人的嘴軟，拿人的手短」。正因為中國人辦什麼事都需要在飯桌上解決，所以在中國到處都能看到飯店，而且也是各種營生中生意最好的。

中國人之所以那麼看重吃飯的事，那是因為中國人吃不飽的歷史太悠久了，從而形成了一種「吃飯文化」。也因為吃不飽，所以看見吃的就會饞。特別是那些窮人，看見難得一嘗的雞鴨魚肉之類，不免就要流口水了。漢語中有個成語，叫做「垂涎欲滴」，說的正是這種饞相。

上引梁實秋《男人》一文所寫男人的饞相，恐怕說的正是那些平時吃不飽的窮人。如果是那些每天山珍海味，公帑消費的達官貴人，恐怕很難看到他們再露饞相了。近些年來，在中國大陸有一則流傳甚廣的手機簡訊段子，其中有這樣一句話：「過去有人請吃飯是有面子，現在能請得到人吃飯是有面子。」這說明，現在在中國吃飯問題不再是民生的最主要問題了。因此，要想經常看到梁實秋筆下的那種饞相男人，機會恐怕要少一點了。

雖然現在難得親見梁實秋先生筆下的那種男人，但讀梁先生上述文字，則還是讓我們有如見其人的親切感，印象極深。

那麼，為什麼有這種效果呢？

上引文字中所說的饞嘴男人，他所喊的「嘴裏要淡出鳥兒來」的話，是「誇張「表達。梁先生的評論：「若真個三月不知肉味，怕不要淡出毒蛇猛獸來！有一個人半年沒有吃雞，看見雞毛帚就垂涎三尺」，同樣也是「誇張」表達。這樣的表達，雖然違背生活的邏輯，但卻易於引發接受者的注意，促使接受者思考，從而真正理解作者表達的本意。即意在強調男人的饞，讓人對男人的饞有一個深刻的印象。如果不用「誇張」表達法，而是直言「嘴裏一點味也沒有」、「若真的三個月不吃肉，不知他要怎麼喊嘴裏沒味了」、「有一個人半年沒吃雞，見到雞毛帚都有饞意」，雖然意思也表達得非常清楚，但恐怕沒有梁實秋先生的寫法生動鮮活，給人的印象也一定不會深刻。

5. 一個公園兩隻猴，一條馬路兩個樓，一個警察看兩頭：銀川城的簡陋

> 銀川變得美麗多了，平添了好多現代建築，習習晚風中徜徉於新擴建的「步行街」，有種身在高原的抬升之感，如踩高蹺一般。前些年我曾第一次匆匆到銀川，只記得灰濛濛的天底下，矮平房密麻麻擠成一簇，只有赫寶塔和承天寺塔一西一北高聳雲中，遂顯得塔愈高而房愈矮。不知那天是我心情不好，還是

天陰得重，竟覺得銀川老城如一座蕭瑟的大村寨。我聽人說，
昔日銀川民謠曰：「一個公園兩隻猴，一條馬路兩個樓，一個
警察看兩頭。」極言其小而寒傖，現在自然不可同日而語了。

——雷達《走寧夏》

上引一段文字，是寫寧夏首府銀川的城市變遷情形。

眾所周知，銀川自古便有「塞上明珠」之稱。據相關史料顯示，早
在西漢時期，在現今銀川東郊就建有北典農城。北周武帝（宇文邕）建
德三年（西元 574 年）置懷遠郡、懷遠縣，今銀川所在地乃為縣治所在
地。唐高宗（李治）儀鳳三年（即西元 678 年），在被黃河水沖毀的舊
懷遠縣城之西（即今銀川城區）築懷遠新城。到宋代，則改懷遠縣為懷
遠鎮，是當時著名的「河外五鎮」之一，已經是相當繁華的西北大鎮了。
宋真宗（趙恒）咸平四年，懷遠鎮被黨項人所攻佔，並先後改置為興州、
興慶府。宋仁宗（趙禎）寶元元年（西元 1038 年）黨項人李元昊在興慶
稱帝，建立政權，國號大夏。並在宋懷遠鎮的基礎上擴建城市，以之為
西夏都城，歷時 189 年。可以想像，在西夏時，今銀川所在地應該是一
個非常繁華的大都市。元朝時，在此置中興路，後改為寧夏府路，府治
仍在此。明代設寧夏府，清沿明制，仍為寧夏府，府治仍在今銀川所在
地。民國 8 年（西元 1929 年）成立寧夏省，銀川為省會，時稱寧夏省
城，民國 31 年（西元 1944 年）4 月寧夏省城乃定名為銀川，沿襲至今。
城區內有很多穆斯林風格的建築物，以鼓樓為中心，城南有大型的清真
寺和承天寺塔等著名古跡，城西則有著名的西夏王陵。

雖然與中國東部其他省會相比，寧夏顯得比較偏僻，不夠繁華，但
畢竟也算西部重鎮，決不至於像作家雷達所引民謠所說的那樣，是「一
個公園兩隻猴，一條馬路兩個樓，一個警察看兩頭。」既如此，那麼作
家雷達為什麼要引這個民謠呢？

原來，這個民謠是運用了「誇張」表達法，屬於「縮小式誇張」。
它通過極言公園之小（兩隻猴）、城區之陋（一條馬路、兩幢樓）、街
道之短（一個員警看兩頭），從而以偏概全，生動形象地再現銀川城區

的狹小與簡陋。由此,讓人留下極深刻的影響。

與此相類的還有徐孝魚《盜墓者的足跡》一文所記的民謠:「小小大同縣,三爿豆腐店,城裏打屁股,城外聽得見」,也是運用了「縮小式誇張」,以此極言大同縣城之狹小。

三、人面桃花相映紅:映襯的表達力

我們常常聽人說這樣一句話,叫做:「有比較才有鑒別」。意思是說,通過對比或比較,相對兩方的特點或高下優劣等,才能顯現得很清楚。

語言表達也是這樣,通過「映襯」表達法,往往就有這種效果,能給人留下深刻的印象。

所謂「映襯」表達法,是指一種「說寫中將相反、相對的兩種事象組合於一處,從而互相映照、互相襯托」的語言表達方式。⑭以「映襯」表達法建構的文本,我們稱之為「映襯」修辭文本。這種文本的建構,「一般多是基於對比聯想的心理機制的。修辭者(表達者)在表情達意或敘事寫景時之所以會將相反、相對的兩種事象組合到一處,是因為修辭者在經驗中和觀念上把握了以往經驗過的事物和當前事物的差異性、對立性而產生了聯想的緣故。」⑮一般說來,這種文本「在表達上都有形象性、鮮明性、深邃性的特點和效果;在接受上都能使接受者有更多的回味、思索的空間」⑯,因此能給人以較深刻的印象。

下面我們就來看看幾例運用「映襯」表達法的文本,分析一下其表達力源自何處。

1. 舉秀才,不知書;舉孝廉,父別居:選舉制度的不公

舉秀才,不知書;舉孝廉,父別居。

——《後漢書》逸文所記西漢末年民謠

　　中國大陸前些年一直有人鼓吹要廢除高考（臺灣稱之為「聯考」），其理由是說這種考試制度只能產生「高分低能」的人才，不利於有創造性的人才產生。只是因為事涉億萬老百姓的切身利益，不易輕易更動。於是，就有一些所謂的「局部改革」，如優秀高中生免試直升名牌大學，體育運動員免試直升名牌大學。結果，事實證明這全是為特權階層所開的方便之門，是一種公開的利益分臟。因為得到免試直升的學生都是有政治背景的高幹子弟或是與推薦者有利益交換的特殊人士子女。後來，大家終於明白，原來鼓吹廢除高考制度的所謂「教育家」，都是特權利益集團的代言人。真相大白後，高中生免試升入名牌大學的制度終於在強大的社會輿論壓力下被取消了。但是，體育運動員免試升入大學的制度還存在。這等於給特權階層留下了一個另類的方便之門。因為事實證明，直升大學的所謂運動員不少是各地造假的結果。高幹子女不肯讀書，就送到體校，然而采「曲線救國」方式，免試升入名牌大學。而在大學裏，則又為這些體育生提供方便，讓他們能夠突破規定順利畢業。最後，這些升學前沒資格，大學裏不能正常畢業的特權階層子女堂而皇之地從各名牌大學大門走出去，然後堂而皇之地佔據好職位。

　　眾所周知，中國自古以來就是一個缺乏法律制度約束的國度。如果我們的古人不發明「科舉取士」的制度，那麼中國數千年的封建統治就不可能得以維繫。今天若不是還有高考制度，那麼必然會出現類似於魏晉時代的「士族」階層天下通吃的局面，清寒人家的子弟永無出頭之日。這種局面之所以沒有完全出現，乃是因為有考試制度在。如果這種制度被廢除，採用所謂的舉薦制度，那必是漢代「舉孝廉」、「舉秀才」制度的翻版，結果必然是社會正義蕩然無存。

　　上引漢末民謠，說的正是漢代舉薦制度的弊端。「舉秀才、孝廉是漢武帝時代開始實行的一種選拔官吏的制度，州舉秀才，郡舉孝廉。所舉秀才，當然要才學好；所舉孝廉，當然要善孝父母、清正廉潔。《漢書‧武帝紀》顏師古注云：『孝謂善事父母者，廉謂清潔有廉隅者。』」由於舉秀才與孝廉是漢代求仕者主要的晉身之路，後來多被世族大家所操縱，成為他們互相吹捧、弄虛作假而自利的途徑，貧寒之士無有仕進

之途。所以，西漢後期老百姓就造出了這樣具有諷刺意味的民謠。」⑰讀之讓人不禁為之義憤填膺，扼腕歎息。

那麼，這首民謠何以有這等獨特的表達力呢？

這是因為它運用了「映襯」表達法，通過「舉秀才」與「不知書」、「舉孝廉」與「父別居」的兩兩對比映照，讓人一望而知漢代這種舉薦制度的荒唐可笑。雖然民謠本身對這種制度未置一字評論，但其貶斥之意則盡在其中，可謂綿裏藏針，給人的印象極深。

類似於此的，還有《後漢書·五行志》（一）所記漢順帝末年的一首童謠：「直如弦，死道邊，曲如鉤，反封侯。」說的也是舉人與用人制度的不公，運用的同樣也是「映襯」表達法，因此給人的印象同樣非常深刻。

2. 陶盡門前土，屋上無片瓦：社會正義的缺失

> 陶盡門前土，屋上無片瓦。十指不沾泥，鱗鱗住大廈。
>
> ——宋·梅堯臣《陶者》

為人在世，其實只有四件事：衣、食、住、行。

這四件事，對任何一個人來說，都是非常重要的。就現代而言，衣、食、行，對於一般老百姓還不是頂頭痛的問題。最頭痛而又最讓他們鬧心的，就是「住」的問題。即如當今海峽兩岸三地（大陸、臺灣、香港）的現狀而言，就是最好的見證。在北京，在上海，在廣州，在深圳，在香港，在臺北，凡是大都市，都是寸土寸金。之所以如此，乃是達官貴人、大商巨賈從中推波助瀾的結果。他們或是通過權力運作積累財富，或是靠金融操作累積資金，一套又一套地購進豪宅，並不斷買進賣出，由此將房價不斷往上抬升。結果，升斗小民只能望房興歎，乃至小白領也只能徒喚奈何。一直飆漲的房價已經逼得升斗小民無法過活了，所以才有兩岸三地政府不約而同地出手打壓房價的現象出現。其意是想以此抑制房價，讓社會底層人民也能買得起房，實現「居得有其屋」的基本目標。其實，這一目標的實現又談何容易呢？自古以來，事實上就沒有

實現過。正因為如此，唐代大詩人杜甫才有「安得廣廈千萬間，大庇天下寒士俱歡顏」的深切呼喚。

　　上引宋人所描寫的「居者無其屋」的情景，與現今我們所處的社會現實是何等的相似乃爾？都是社會不公的典型表現。在表現對這種社會不公現象的批判時，詩人並不沒有直言批評說：「社會不公，勞者無其獲，不勞而有獲」，而是通過「陶盡門前土，屋上無片瓦」與「十指不沾泥，鱗鱗住大廈」兩組情景的對比映襯，讓人經由兩種截然不同的境遇的比較，從而深刻體會詩人的用意，從而讓接受者與詩人達成情感與思想的共鳴──對社會不公的強烈譴責、對勞而無獲的弱勢族群的同情。

　　類似於此批判社會不公的作品，在中國古代其實很多，所採用的表達法也是一樣，多是以「映襯」形式呈現。如唐代詩人李紳的《憫農》詩：「春種一粒粟，秋收萬顆子。四海無閒田，農夫猶餓死」，也是採用「映襯」表達法批判「耕者無其食」的社會不公現象。又如《水滸傳》中白日鼠白勝在上黃泥岡時所唱的歌：「赤日炎炎似火燒，野田禾稻半枯焦。農夫內心如湯煮，公子王孫把扇搖」，運用的也是「映襯」表達法，批判的也是社會不公現象。

　　用「映襯」表達法表達對社會制度不公的憤怒之情，古代文學作品與民歌民謠中很多。現代社會，除了繼續運用這一表達法對社會不公予以批判外，還運用此法揭示當今社會的種種怪現狀。如近些年在中國大陸流行甚廣的一則手機簡訊段子，就是如此：

> 當今社會：窮吃肉，富吃蝦，官人吃王八；男想高，女想瘦，狗穿衣服人露肉；過去把第一次留給夫君，現在把第一胎留給夫君；鄉下早晨雞叫人，城裏晚上人叫雞；舊社會戲子賣藝不賣身，新社會演員賣身不賣藝。工資真的要漲了，心裏更加愛黨了，能給孩子獎賞了，見了老婆敢嚷了，敢嘗海鮮鵝掌了，閒時能逛商場了，遇見美女心癢了，結果物價又漲了，一切都是白想了。

　　這則手機簡訊段子，雖然沒有直言批評誰，但通過其所臚列的社會

現狀，人們自然會在映襯對比中明白其真實含義。由於表意含蓄而幽默，因此更是耐人尋味，給人的印象遠比直白的表達要深刻得多。

3. 外國用火藥製造子彈禦敵，中國卻用它做爆竹敬神：近代中國落伍的原因

> 外國用火藥製造子彈禦敵，中國卻用它做爆竹敬神；外國用羅盤針航海，中國卻用它看風水；外國用鴉片醫病，中國卻拿來當飯吃。
>
> ——魯迅《電的利弊》

眾所周知，中國人是聰明的，中國人也是勤奮的。不然，中國古代就沒有走在世界科技前列的「四大發明」了。但是，中國的科技發明沒有被統治者好好利用，比方說，利用火藥大力發展槍炮等熱兵器對付入侵者，或是進攻敵國；利用羅盤針航海，為中國開拓海外領地，尋求資源等等。相反，倒是對內鎮壓人民卻有一手，甚至利用最新科技手段瘋狂迫害人民。

上引一段文字，說的便是此事。此段文字「是魯迅發表於 1923 年的一篇文章中的一段，旨在批判當時的北洋軍閥政府用現代科學技術製造新式武器，發明比外國和古代更殘酷的刑法來迫害進步人士。」⑱讀來令人既憤慨又感慨，為中國近代的落伍而痛心，為中國人民的命運而悲哀。

那麼，這段文字何以有如此的表達力呢？

無他。作者在表達其對北洋軍閥政府的批判和揭示中國近代以來之所以落後挨打的原因時，沒有直言其事，而是運用「映襯」表達法，將中國對火藥、羅盤針、鴉片等三物的運用與西方國家進行對比，讓接受者經由這三組事項的對比，深刻瞭解中國與西方在利用科技成果方面的態度，並由兩者的差異性、對立性喚起接受者的對比聯想。雖然這一文本在字面上「沒有對所兩相對照的三組事物作出任何的評價，但卻因三組事物具象本身而形象、鮮明地凸顯出了文本所要表達的內涵——愚昧、迷信、封建專制是中國近代之所以政治黑暗、國家一直處於落後、貧弱

狀態的根本原因，中國要想政治進步和國力趕上世界先進國家，不被列強欺凌，就要向西方學習，要致力於發展科學，且要將科學用於正途。由於這一文本內涵是深蘊於文本所兩兩對照的三組具象之中，這就使修辭文本在語言表達上不僅具有形象性、鮮明性，而且還別添了一種深邃性。從接受上看，由於上述修辭文本所提供的三組互相映襯的具象還比較抽象、含糊，究竟外國人用火藥製造出的子彈如何在戰場上大顯神威、使敵方如何潰不成軍、聞風喪膽；究竟中國人用火藥制做爆竹如何跪拜求神，卑恭虔誠得令人可笑；究竟外國人如何用羅盤針揚帆遠航、經商貿易、開拓殖民地等；究竟中國人如何用羅盤針在建房、造墳中看風水，煞費苦心；究竟外國人如何用鴉片制藥給病人麻醉，起死回生，造福蒼生；究竟中國人如何吸鴉片，醉生夢死，賣兒典妻，家破人亡。這些具體的情形，接受者都不能從表達者所給定的文本中見出，但是接受者卻可以根據自己已有的經驗進行更多的再造性想像或創造性想像，豐富文本所展示的內容，深刻體認文本所蘊含的深意」。[19]如果作者不是採用「映襯」表達法，而是直捷、理性地說：「外國的強大就在於崇尚科學，中國之所以落後就在於愚昧、迷信、封建專制；中國要想富強，就應該向西方學習，學習他們的政治民主，學習他們走科學發展之路」，雖然表意非常清楚，但給人回味咀嚼的空間沒有了，作為文學作品來閱讀，能給接受者留多少印象，恐怕就非常有限了。兩相比較，很明顯，作者採用「映襯」表達法是成功的，其效果明顯勝了一籌。

　　魯迅運用「映襯」表達法批評北洋軍閥政府，當然是一種高明的手段，效果也很好。但是，要是魯迅還健在，看到現在大陸民眾利用「映襯」表達法所創造的手機簡訊段子，恐怕是要有自歎弗如的愧疚感了。謂予不信，請看如下一則手機簡訊段子：

> 沒錢的時候養豬，有錢的時候養狗；沒錢的時候在家裏吃野菜，有錢的時候在酒店吃野菜；沒錢的時候在馬路上騎自行車，有錢的時候在健身房騎自行車；沒錢的時候想結婚；有錢的時候想離婚；沒錢的時候老婆兼秘書，有錢的時候秘書兼老婆；沒

錢的時候假裝有錢，有錢的時候假裝沒錢。人啊，都不說實話，說股票是毒品，都在玩；說金錢是惡源，都在撈；說美女是禍水，都想要；說高處不勝寒，都在爬；說煙酒傷身體，就不戒；說天堂最美好，都不去！

這則感歎當今大陸社會怪狀的簡訊段子，全部採用「映襯」表達法，讀之讓人浮想聯翩，更是感慨萬千，相信留下的印象也是深刻難忘的。

4. 這兩天的會議，蒙各位踴躍發言：官僚的心聲

這兩天的會議，蒙各位踴躍發言（煩死人了，從來沒看過發表欲那麼強的人），提出了許多寶貴的意見（還不是那些陳腔爛調，說了又說，也不嫌煩）。至於趙愛說先生的寶貴意見（這種不切實用的書生之見有個屁用），錢亂講先生的卓識（這人牙都老掉了，怎麼舌頭還如此靈活），孫貪話先生的十項原則（這人年紀輕輕就大放厥詞，三五年後還得了？）李胡說女士的書面報告（唉！女人！你嘮叨你丈夫一人也就罷了，跑到這裏來煩我們幹什麼？）將來會印成專冊，以便各單位保留（那也是各位的意見壽終正寢的時辰啦！）

　　　　　　　　　　　　　　　——張曉風《答詞表裏》

早些年，在大陸流傳一句話，叫做：「國民黨稅多，共產黨會多。」意思是說，國民黨在大陸執政時，治國靠收稅；共產黨執政，治國靠開會。其實，現在海岸兩岸都一樣了，兩黨執政的法寶都是一樣：既收稅，也開會。

開會，在大陸已然成為日常生活的一部分。而對於政府官員乃至學校之類的事業單位的領導，開會幾乎就是他們日常工作的全部。有些人一天要趕場子很多處，而且逢會必講話。結果造就了大陸官場的一種普遍現象：講假話，講套話，講廢話。會講這「三話」，就能做官了。從上引張曉風《答詞表裏》所述官員講話，我們約略知道，在臺灣官場，

官員也是講「三話」的。張曉風所描述的臺灣官員的講話，講的既是假話，也是套話。當然，這個講話是張曉風虛擬的。只是由於張曉風虛擬得好，表述得也生動，因此讀來覺得這個講話的官僚形象非常逼真，讓人有如見其人、如聞其聲的親歷感，諷刺力極強，因此給人留下的印象也極其深刻。

那麼，張曉風所擬的這個領導致辭何以有如此的表達魅力呢？

無他，乃因作者是以「映襯」表達法來表現。主持人所講的七句話都是表面文章，是言不由衷的官話、套話。而每句話後面括弧內的注解，則是主持人的心裏話。在括弧內外，形成主持人表裏兩種聲音，這便是一種特殊的「映襯」表達形式。因此，上述主持人的一段話也是典型的「映襯」修辭文本。這一文本得以建構，乃因作者張曉風「在虛擬會議主持人的講話時，由於在經驗中和觀念上把握了以往經驗過的事物——會議主持者口是心非的講話慣例甚或自己主持會議時難免的同樣經驗——的緣故，遂由兩者的差異性、對立性喚起了對比心理聯想，從而建構起上述的映襯修辭文本。」⑳這一文本的建構，「從表達上看，雖然字面上沒有一個字批評會議主持人的口是心非，但卻因正文與括弧內兩組文字所呈現的主持人嘴上與內心截然相反的情感語意，形象、鮮明地再現了一個官僚政客的形象，這就使修辭文本在語言表達上不僅具有形象性、鮮明性，而且還別添了一種深邃性。從接受上看，由於修辭文本是以兩兩對立的表裏兩種語意並列組合在一起，未清楚地點明表達的用意，這就給接受者自己留下了更多回味咀嚼的空間，讓接受者可以根據自己已有的經驗進行更多的再造性想像或創造性想像，豐富文本所展示的內容，深刻體認文本所蘊含的深意」。㉑因此，它比直言批評官僚主持會議說假話、說套話、說廢話，給人留下的印象要深刻得多，而且也顯得幽默得多。

5. 老婆是電視，情人是手機：現代男人的愛情觀

老婆是電視，情人是手機。在家看電視，出門帶手機。破產賣

電視，發財換手機。偶爾看電視，整天玩手機。電視終身不收費，手機欠費就停機。

——大陸手機簡訊段子

上引一段文字，不是文學作品，而是大陸一則關於男女關係的手機簡訊段子。大陸在經過幾十年經濟高速發展之後，社會風氣也隨之大變。在一切「向錢看」的時代氛圍下，有錢就能解決一切。「男人有錢就變壞，女人變壞就有錢」，已經成為大家熟知的社會定律。正因為如此，現今大陸人的夫妻關係已經不是那麼穩定了。有錢或有地位的男人在妻子之外都會有一個或幾個情人，出席朋友聚會或同學會時，往往大家都是帶年輕情人與會，絕不會帶家裏的黃臉婆的。大家不僅帶情人，還要攀比誰的多，誰的漂亮。而女人呢？也不是什麼好東西了。在女人中都流行一句話，叫「幹得好，不如嫁得好」。既如此，那還在職場辛苦打拚幹什麼，有點色相的，乾脆就直接做了老闆或領導的情人（雅點叫「小秘」，俗點叫「二奶」）。

上引一則手機簡訊段子，說的正是這種社會風氣下的社會現象。讀來讓人既感慨又感歎。感慨的是，現在社會真是變了，社會風氣是每況愈下矣；感歎的是，寫簡訊段子的作者真是聰明，概括得如此精當，表達得如此生動，讀之讓人歷久難忘。

那麼，為什麼這則手機簡訊段子有如此的表達力呢？

仔細分析一下，原來也是因為「映襯」表達法巧妙運用的結果。不過，與一般「映襯」表達法不同的是，構成映襯的各個句子都是以「暗喻」形式出現。如「老婆是電視」，說的是「老婆就像電視機，是放在家裏的，固定不動的」。「情人是手機」，說的是「情人是出外攜帶的，相處機密，行事方便」。以「暗喻」形式構句後，再讓各句在語意上構成對比映襯，從而讓讀者通過兩種意象的對比，深刻領會作者表達的意蘊。這樣，表達上既具有「不著一字，盡得風流」的韻味，在文本解讀接受上也讓讀者有回味的空間，從而調動其積極性，使其有解讀成功的快慰，進而得到更深刻的印象。上述文本的高妙之處，就在於各句以暗

喻的形式構句，然後再兩兩在語意上形成映襯對照，從而將老婆與情人在男人心中的地位（「老婆是電視，情人是手機」）、老婆與情人在生活中的使用價值（「在家看電視，出門帶手機。偶爾看電視，整天玩手機」），以及男人對老婆、情人的情感態度（「破產賣電視，發財換手機」），男人與老婆、情人之間的關係（「電視終身不收費，手機欠費就停機」）等，作了全面的對照比較，讓人在比較中更瞭解男人的本質，也更明白女人可悲的地位。很明顯，這樣的表達是促人深思的，也是震撼人心的，因此給人留下的印象必然是深刻的。

　　與此相似的，還有一則關於男女關係的手機簡訊段子，也是運用「映襯」表達法，讀來也別有趣味：

女人感歎男人：有才華的長的醜，長的帥的掙錢少；掙錢多的不顧家，顧家的沒出息；有出息的不浪漫，會浪漫的靠不住；靠得住的又窩囊。

男人感歎女人：漂亮的不下廚房，下廚房的不溫柔；溫柔的沒主見，有主見的沒女人味；有女人味的亂花錢，不亂花錢的不時尚；時尚的不放心，放心的沒法看。

　　讀此一則簡訊段子，大家就明白了如今夫妻關係之所以不穩定的原因了：男女彼此都對對方提出了過多的要求，而不反省自己的欲望太多。

　　除了講男女關係的笑話，大陸手機簡訊段子講其他社會現象的也不少，而且也喜歡運用「映襯」表達法。如：

過去有人請吃飯是有面子，現在能請得到人吃飯是有面子。過去有人送禮是有面子，現在能送得進禮才是有面子。過去當眾受領導表揚有面子，現在當眾挨領導臭罵才是有面子。過去陪領導加班是有面子，現在陪領導休閒才是有面子。過去能找個好配偶是有面子，現在能找個好情人是有面子。過去有人給你寫信是有面子，現在有人發短信給你才最有面子。

　　這則手機簡訊段子，通過「映襯」表達法，將大陸社會 30 年來的變

化作了全面而精當的概括，讀之也讓人留下深刻的印象。

四、山外青山樓外樓：層遞的表達力

　　在說寫表達上，要想給接受者留下深刻印象，除了運用「排比」、「誇張」、「映襯」等表達法外，還可以運用「層遞」表達法，也能達到強化接受者印象的效果。

　　所謂「層遞」表達法，是指「一種說寫中將兩個或兩個以上的語言單位依某種意義或邏輯上的順序進行排列」，[22]以期突出強調某種語義的語言表達方式。「層遞」作為一種特定的語言表達方式，一般說來，可以區分為「遞升式」和「遞降式」兩類。「遞升式」，或稱「順層遞」或「階升」，是「指根據一定的邏輯將兩個或兩個以上的語句依照由小到大或由低到高、由少到多、由輕到重、由淺到深等順序進行排列的層遞」。[23]「遞降式」，又稱「倒層遞」或「趨下」，是「指根據一定的邏輯將兩個或兩個以上的語句依照由大到小、由高到低、由多到少、由重到輕、由深到淺等順序進行排列的層遞」。[24]但是，不管是「遞升式」或「遞降式」，都是語義上的逐層推進。因此，以「層遞」表達法建構的修辭文本，一般說來，「在表達上有步步深入、層次分明、強化語勢的效果；在接受上易於牢牢抓住接受者的注意力，引發其思索並深入把握表達者所建構的修辭文本內涵意旨。」[25]

　　正因為「層遞」表達法有逐層推進語義、強化接受者印象的效果，因此在推闡某種思想理念，或是說理、辯論時，常常受到表達者青睞。

1. 天下之佳人，莫若楚國：天下女人誰最美

　　天下之佳人，莫若楚國；楚國之麗者，莫若臣里；臣里之美者，莫若臣東家之子。

——戰國·宋玉《登徒子好色賦》

　　上引這段文字，是宋玉向楚襄王誇說其東鄰之女美貌無雙的話。

　　宋玉之所以要向楚襄王這樣誇說其東鄰之女，乃是事出有因。當時，與宋玉同朝為官的登徒子向楚襄王進讒言，說宋玉為人英俊優雅，能說會道，又生性好色，希望襄王不要讓他出入楚王后宮。襄王覺得登徒子的話也有些道理，於是就拿登徒子的話來問宋玉。宋玉一聽，便知這是登徒子故意在讒害自己，遂辯解說，自己英俊的體貌乃是天生的，能說會道，乃是學之於師。這些都是事實，但好色之事，卻是完全沒有的事。楚襄王說，你不好色，有什麼證明？你有說法就留在宮裏，沒有說法就離開王宮。宋玉明白襄王之意，遂從容說道：「天下之佳人莫若楚國，楚國之麗者莫若臣里，臣里之美者莫若臣東家之子。東家之子，增之一分則太長，減之一分則太短；著粉則太白，施朱則太赤。眉如翠羽，肌如白雪。腰如束素，齒如含貝；嫣然一笑，惑陽城，迷下蔡。然此女登牆窺臣三年，至今未許也」。誇完東鄰女之美和自己意志堅定後，宋玉話鋒一轉，說道：「登徒子則不然：其妻蓬頭攣耳，齞唇曆齒，旁行踽僂，又疥且痔。登徒子悅之，使有五子。王孰察之，誰為好色者矣。」說完，在楚襄王之側的秦華大夫也陳說了自己對於女色的態度，認為自己在「守德」方面不及宋玉。最終，楚襄王被宋玉說服，不僅沒有聽信登徒子之讒言，而且對宋玉大為讚賞。而宋玉也因之而繼續在朝為官，得以在楚王宮中行走。

　　那麼，宋玉的一番話何以有那麼大的力量呢？

　　仔細分析一下，其中最重要的是他誇說東鄰之女美貌的那段文字最具魅力，最能讓楚王相信他並非好色之徒，而是一個守志不移的君子。為了強調東鄰之女的美貌，他沒有直言「東鄰之子美若天仙」或「東鄰之女美貌無比」，而是運用「層遞」表達法，依地域範圍的大小，採取從大到小的次序排列，層層推進，逐漸逼出天下最美的女人——東鄰之子。由此，通過證實東鄰之女是天下至美無比的女人，不著痕跡地突顯出自己是天下意志最為堅強、守德不移的完美君子，從而讓登徒子的讒言不攻自破。如果宋玉直接說「我家東鄰之子可謂天下最美的女人了，她誘惑我多年，我都不為所動，怎麼能說我是好色之徒呢？」雖然表意

非常直捷，也簡潔明瞭，但東鄰之女的美給楚襄王的印象不深，自己守德不移的意志之堅也不能強烈突顯出來，那麼辯白也就顯得蒼白無力，要想讓楚襄王相信自己不是好色之徒恐怕很難，要想還自己一個清白恐怕也很難。

2. 少年聽雨歌樓上，紅燭昏羅帳：文人的生存狀態與心境

> 少年聽雨歌樓上，紅燭昏羅帳。壯年聽雨客舟中，江闊雲低，斷雁叫西風。
>
> 而今聽雨僧廬下，鬢已星星也。悲歡離合總無情，一任階前點滴到天明。
>
> ——宋·蔣捷《虞美人》

上引這首詞，是作者蔣捷寫於宋亡元初之時，表現的是其人生三個階段的際遇，感慨生逢亂世、飽經憂患的無奈之情。

詞分上下二闋，上闋所寫是詞人的少年時代與壯年時期，下闋寫的是暮年時期。「少年聽雨歌樓上，紅燭昏羅帳」二句，通過「聽雨歌樓」與「紅燭羅帳」兩個特定的場景，生動地再現了詞人少年時代放浪形骸、悠優浪漫的快樂經歷，特定的意象讓人遐思無盡，情不自禁地生出無限的豔羨之情。「壯年聽雨客舟中，江闊雲低，斷雁叫西風」三句，所寫乃是壯年時代的往事。通過「客舟聽雨」、「江闊雲低」、「斷雁西風」三種特定的意象，有聲、有色、有象，生動地再現了詞人壯年時代顛沛流離、飽經憂患的生活狀態，讀之讓人感慨不已。下闋四句則全寫暮年境遇。其中，前二句「而今聽雨僧廬下，鬢已星星也」，是意象呈現。通過「僧廬聽雨」、「鬢已星星」兩種景象，既形象地再現了詞人飽經滄桑、老態龍鍾的形象，又真切地表現了詞人天涯飄零、孤苦無依的境況。後二句「悲歡離合總無情，一任階前點滴到天明」，則是緊接前二句而作的議論。雖然從詩詞的角度看，如此直白地抒情沖淡了詩詞「不著一字，盡得風流」的韻味，但讀來卻有直抒胸臆、情真意切的感動力，仿佛讓人聽到一個仰天俯地的老人孤苦無助的蒼涼悲歎之聲。雖然這兩

句與唐人溫庭筠《更漏子》下闋「梧桐樹，三更雨，不道離情正苦。一葉葉，一聲聲，空階滴到明」所寫的境界相似，也與北宋末、南宋初詞人萬俟詠《長相思》「一聲聲，一更更。窗外芭蕉窗裏燈，此時無限情」、「夢難成，恨難平。不道愁人不喜聽，空階滴到明」的鏡象有異曲同工之處，但是相比而言，「溫詞和萬俟詞的辭意比較淺露，詞中人也只是為離情所苦而已；蔣捷的這首詞，則內容包涵較廣，感情蘊藏較深。這首詞寫他一生的遭遇，最後寫到寄居僧廬、鬢髮星星，已經寫到了痛苦的頂點，而結尾兩句更越過這一頂點，展現了一個新的感情境界。溫詞和萬俟詞的『空階滴到明』句，只作了客觀的敘述，而蔣捷在這五個字前加上『一任』兩個字，就表達了聽雨人的心情。這種心情，看似冷漠，近乎決絕，但並不是痛苦的解脫，卻是痛苦的深化。這兩個字，在感情上有千斤分量，而其中蘊含的味外之味是在終篇處留待讀者仔細咀嚼的。」㉖

以上是分開分析，如果我們將整首詞作為一個整體看，則會發現，這首詞其實就是一個「層遞」修辭文本。「時間上是三層：少年、壯年、晚年，循序漸進。心境上也是三層：浪漫、飄泊、淒涼。層層遞進。」㉗通過「年齡由少年到壯年再到老年的遞升，與心境由浪漫到飄泊再到淒涼的遞降相形對比，凸顯出這樣一種語意重點：聽雨的感覺與年齡、情境密切相關，不同情境和不同年齡感覺大不一樣」，㉘從而突出表現了詞人由少年到壯年再到暮年生存狀態的不斷惡化，以及心境每況愈下的淒涼感。讀之不禁讓人為之唏噓再三，心情久久難以平靜。

3. 一朝登了金鑾殿，卻慕神仙下象棋：人心不足蛇吞象

> 秦中舊有民歌《十不足》唱道：「終日奔忙為了饑，才得飽食又思衣；冬穿綾羅夏穿紗，堂前缺少美貌妻；娶下三妻並四妾，又怕無官受人欺；四品三品嫌官小，又想面南做皇帝；一朝登了金鑾殿，卻慕神仙下象棋；洞賓與他把棋下，更問哪有上天梯？若非此人大限到，上到九天還嫌低！」
>
> ——任喜民《說牢騷》

　　記得少年時代，曾聽韓寶儀唱過一首歌，歌名曰《你瀟灑我漂亮》。
雖然事過幾十年，但還依稀記得歌詞：

　　女人愛瀟灑，男人愛漂亮。
　　不知地不覺地就迷上你。
　　我說你瀟灑，你說我漂亮，
　　談戀愛說情話的甜言蜜語。
　　現代人條件好，
　　愛情更能抓得牢，
　　談到終身大事就有煩惱。
　　有愛情還要麵包，
　　有房子還要珠寶，
　　瀟灑漂亮怎能吃得飽？
　　女人愛瀟灑，男人愛漂亮，
　　瀟灑漂亮怎能吃得飽？

　　女人愛瀟灑，男人愛漂亮。
　　不注意糊塗地就迷上你，
　　我說你瀟灑，你說我漂亮，
　　結了婚就從來不再提起。
　　現代人不知道為什麼這麼多煩惱，
　　深情深意不容易看到。
　　有老婆還要風騷，
　　有魅力還要怕老，
　　瀟灑漂亮又是怎能可靠？
　　女人愛瀟灑，男人愛漂亮，
　　瀟灑漂亮怎能可靠？

　　現代人不知道為什麼這麼多煩惱，

深情深意不容易看到。

有老婆還要風騷，

有魅力還要怕老，

瀟灑漂亮又是怎能可靠？

女人愛瀟灑，男人愛漂亮，

瀟灑漂亮怎能可靠？

這首歌在當時之所以能夠廣泛流播，大概就是因為它深刻地揭示了人類在情感與物質兩個層面都有貪心不足的毛病，根究了現代人婚姻關係之所以不穩定的本質原因。

其實，人類欲壑難填，並不僅限於情感與物質兩個方面，還有其他方面。上引秦中民歌《十不足》，則是對人類欲壑難填的方方面面進行了全面揭示。讀之不僅讓人印象非常深刻，而且會情不自禁地反思人類為什麼欲壑難填的深層次原因。

那麼，為什麼這首民歌有如此的表達力呢？

原來，這首民歌在表達其中心主旨時，沒有直捷地說：「人的欲望是無盡的，有了這樣想那樣」，而是運用「層遞」表達法，依人類生存需求由低到高逐級提升的邏輯順序（食——衣——性——位——壽），依次展示，一步步將「人類欲壑難填」的主旨漸次逼出，由此讓人經由這一「層遞」文本而反躬自省，從而深刻認識人類自身的劣根性，瞭解人類社會之所以會有自相殘殺的慘劇一幕幕上演，為什麼有那麼多人不能掙脫名韁利鎖而陷入痛苦深淵甚至萬劫不復，為什麼紅男綠女「有老婆還要風騷，有美麗還要怕老」等等現象之所以出現的深層原因。如果不是以「層遞」表達法表而出之，而是用直白的語言說理，那麼肯定不能臻至上述表達效果，也很難讓人留下深刻的印象。

4. 一個女人上了男人的當，就該死：女人如何跟男人相處

流蘇勾搭上了范柳原，無非是圖他的錢。真弄到了錢，也不會無聲無息的回家來了，顯然是沒有得到他什麼好處。本來，一

個女人上了男人的當，就該死；女人給當給男人上，那更是淫婦；如果一個女人想給當給男人上而失敗了，反而上了人家的當，那是雙料的淫惡，殺了她也還汙了刀。平日白公館裏，誰有了一點芝麻大的過失，大家便炸了起來。逢到了真正聳人聽聞的大逆不道，爺奶奶們興奮過度，反而吃吃艾艾，一時發不出話來。

——張愛玲《傾城之戀》

中國自古以來就有「男尊女卑」的文化傳統，因此社會對男人的道德要求與對女人的道德要求是不一樣的。男人可以三妻四妾，女人則只能從一而終。近人辜鴻銘的「茶壺論」，可以典型地反映中國人這種根深蒂固的思想觀念。據說，有一位西方女士問晚清名士辜鴻銘，為什麼中國的男人能娶幾個女子，而女子則不能嫁幾個男人呢？辜鴻銘這位中國封建社會與傳統文化的衛道士不僅不為中國人的這種陋習而感到羞愧，反而振振有詞地回答說：「男人好比茶壺，女人好比茶杯。一個茶壺可以配四個茶杯，但沒有一個茶杯配四個茶壺。」結果，在中國士林中還傳為佳話。也就是說，中國的男人都贊成辜鴻銘的說法，認為男人三妻四妾是合理的，女人就應該從一而終。中國一般的男人都有這樣的特權，那麼中國男人中的傑出代表人物——歷朝歷代的皇帝們，那特權就更不必說了。一般的說法是，皇帝的女人是有定制的，即「三宮六院」。至於具體數量多少，各朝各代有所不同，各個皇帝的愛好不同也有變化。如唐人杜牧《阿房宮賦》說，秦始皇的女人多到「有三十六年而不得見者」。清朝末期，廣西落第書生洪秀全起事造反，美其名曰「革命」。但是，這位革命者在攻佔金陵（今江蘇南京）後，卻大做特做起皇帝來，號稱「天王」。據說，一次他問一個幕僚清朝的皇帝有多少女人，回答說有「三宮六院」。革命者洪天王不假思索地說，那俺就來個「四宮八院」吧。可見，革命者對於搞女人也是窮兇極惡的態度，甚至比被革命者還要過分。但是，奇怪的是，中國歷史上難得一見地出個女皇帝如武則天，卻因思想開放，多搞了幾個男人（號為「面首」），千古以降大

家都一致指責她，說她是十惡不赦的淫婦，而且歷朝歷代還編出了不少有關她淫蕩故事的小說（如《如意君傳》之類）。

可見，在中國這個古老的土地上，在中華文化的土壤中，道德規範是為女人制訂的，男人是可以超越其外的。正因為如此，一旦某一個女人逾越了傳統的道德規範，比方說在外面與人偷情之類，就會被社會指責，甚至家人也不能原諒她。上引張愛玲小說《傾城之戀》中的流蘇，就因為她是個女人，主動追求愛情卻又在情場上屢次失敗，結果就被人看不起，甚至家人也認為她下賤。但是，作者在表達世人與流蘇家人對流蘇的看法時，沒有直言「流蘇是個不知珍重的下賤女人」，也沒有用理性的語言講道理：「女人應該懂得珍重，表露感情要含蓄，與男方交往要矜持，切不可被男人的花言巧語所迷惑；如果頭腦不清醒，被男人所騙，上了壞男人的當，那麼她就是個該死的下賤女人；女人應該端莊持重，如果不知羞恥地去勾引男人，那她就是個淫婦了。如果一個女人色誘男人不成，反而被男人耍了，那她就是個下賤無比的女人了。」而是運用「層遞」表達法，根據中國傳統觀念，將女人的下賤行為依次排比，從而強調說明了流蘇不該主動追求范柳原，結果「黃鼠狼沒打到，反惹一身騷」，既沒得到愛情，也沒得到錢財，枉被世人笑話一場。很明顯，這樣的表達給人留下的印象要遠比直白本意要深刻，比講道理則更令人易於接受。

5. 教育系學生沒有誰可以給他們瞧不起了，只能瞧不起本系的先生：大學裏什麼科系最牛

> 蘇小姐說不出話，唐小姐低下頭，曹元朗料想方鴻漸認識的德文跟自己差不多，並且是中國文學系學生，更不會高明——因為在大學裏，理科學生瞧不起文科學生，外國語文系學生瞧不起中國文學系學生，中國文學系學生瞧不起哲學系學生，哲學系學生瞧不起社會學系學生，社會學系學生瞧不起教育系學生，教育系學生沒有誰可以給他們瞧不起了，只能瞧不起本系的先

生。曹元朗頓時膽大說：「我也知道這詩有來歷，我不是早說古代民歌的作風麼？可是方先生那種態度，完全違反文藝欣賞的精神。你們弄中國文學的，全有這個『考據癖』的壞習氣。詩有出典，給識貨人看了，愈覺得滋味濃厚，讀著一首詩就聯想到無數詩來烘雲托月。方先生，你該念念愛利惡德的詩，你就知道現代西洋詩人的東西，也是句句有來歷的，可是我們並不說他們抄襲。蘇小姐，是不是？」

——錢鐘書《圍城》

上引這段文字，說的是這樣一個情節：「方鴻漸聽說蘇文紈病了，去蘇家探望。接著，唐曉芙、曹元朗二人先後也來蘇家。曹元朗是個詩人，帶來了他寫的十四行詩《拼盤姘伴》之類的詩請蘇小姐指教。蘇小姐沒有馬上看，方鴻漸先看了，並虛意恭維了他幾句，蘇小姐便接口也誇獎了幾句，曹元朗甚是得意。後來，蘇小姐自己也忍不住，拿出一把雕花沉香骨的女用摺扇，上有一首詩云：『難道我監禁你？／還是你霸佔我？／你闖進我的心，／關上門又扭上鎖。／丟了鎖上的鑰匙，／是我，也許你自己。／從此無法開門，／永遠，你關在我心裏。』請大家欣賞。方鴻漸見詩後有『民國二十六年秋，為文紈小姐錄舊作。王爾愷。』的落款，以為是王爾愷錄自己的舊作贈蘇小姐，所以方鴻漸就直言說出了自己的看法，說此詩是偷來的，是抄襲自德國十五六世紀的民歌。蘇小姐聽了很不高興，因為此詩是蘇小姐自己作的。於是便有上述曹元朗為蘇小姐護盤的一席大道理。」㉙

上述情節讀來雖然有趣，但更有趣而又給人留下深刻印象的，恐怕還是其中這幾句作者的議論文字：「因為在大學裏，理科學生瞧不起文科學生，外國語文系學生瞧不起中國文學系學生，中國文學系學生瞧不起哲學系學生，哲學系學生瞧不起社會學系學生，社會學系學生瞧不起教育系學生，教育系學生沒有誰可以給他們瞧不起了，只能瞧不起本系的先生。」

那麼，這段議論文字為什麼會比上述兩個男人鬥嘴的故事情節更生

動，給人留下的印象更深刻呢？

原來，皆源於作者運用的「層遞」表達法從中起了很大作用。這段文字的主要意思是說詩人曹元朗對方鴻漸這種畢業於中國文學系的人很是看不起，理由是中國文學系畢業的都是可有可無的人，對社會沒什麼用處，不像搞科學的理科生可以科學救國、實業興國，也不像學外文的外語生可以放眼世界、學習西方先進理念，用以改造中國社會。中文系的學生如果說在中國社會有什麼優勢，那僅比更沒用的哲學系、教育系學生要好點。但是，這層意思，作者並沒有這樣表述，而是運用了「層遞」表達法，依據大學各系科在當時社會及學生心目中的地位，「逐一對比，逐層遞降，強烈地凸顯了曹元朗打心眼裏瞧不起出身中文學科背景的方鴻漸之真切心理，且表現出深刻的諷刺意味，讓讀者真切地見出20世紀三四十年代中國社會以系科論人的偏見之深之普遍，從而深刻瞭解到那個時代中國社會的世俗人心的真實情形。」⑳讀之不僅耐人尋味，促人反思，而且幽默詼諧，讓人久久難以忘懷。如果作者不運用「層遞」表達法，而是用簡潔的語言直陳本意，說成「一個人的素質取決於他所學的專業，中文系在大學不是什麼好科系，因此畢業於中文系的人見識見解不會高明到哪里去」，那麼小說的文字讀來就了無生氣了，要想給讀者留下深刻的印象，恐怕不容易。

五、嘈嘈切切錯雜彈，大珠小珠落玉盤：疊字的表達力

在語言表達中，強化接受印象，讓接受者留下深刻印象，除了上述諸種表達法外，還有「疊字」表達法，其功效也是非常明顯的。

． 所謂「疊字」表達法，是指「一種『將形、音、義完全相同的兩個字緊密相連地用在一起』以企及某種特定語言效果」的語言表達方式。㉛以「疊字」表達法建構的文本，我們稱之為「疊字」修辭文本。這種文

本的建構，「在表達上多顯勻稱和諧或形象鮮明的效果；接受上則有使接受者加強印象、引發某種美感愉悅的效果。」③②

正因為「疊字」表達法有較好的強化語義印象的效果，因此在許多需要強化語義印象或聽覺印象的文本中都時有運用。

1. 青青河畔草，鬱鬱園中柳：蕩子婦的寂寞孤獨

> 青青河畔草，鬱鬱園中柳。
> 盈盈樓上女，皎皎當窗牖。
> 娥娥紅粉妝，纖纖出素手。
> 昔為娼家女，今為蕩子婦。
> 蕩子行不歸，空床難獨守。

　　　　　　——漢・無名氏《古詩十九首・青青河畔草》

上引這首詩，相信讀過中國古典詩歌的人都非常熟悉。它是描寫一個風塵女子好不容易脫離歡場，從良過上了正常人的生活，但婚後又面臨與夫君分離的痛苦。詩句通過女子從良前後的身份對比與今昔生活狀態的對比，以及人與物（草、柳）的對比，將一個少婦獨守空房的內心苦痛展露無遺。

之所以會有這樣的表達效果，除了上面我們所說的對比烘托法的運用，還有一個重要而明顯的表達法運用，這便是「疊字」。著名學者馬茂元先生曾就此詩運用「疊字」的特點有過詳細分析，認為此詩的語言「並不經奇，只是用了民歌中常用的疊詞，而且一連用了六個，但是貼切而又生動。青青與鬱鬱，同是形容植物的生機暢茂，但青青重在色調，鬱鬱兼重意態，且二者互易不得。柳絲堆煙，方有鬱鬱之感，河邊草色，伸展而去，是難成鬱鬱之態的，而如僅以青青狀柳，亦不足盡其意態。盈盈、皎皎，都是寫美人的風姿，而盈盈重在體態，皎皎重在風采，由盈盈而皎皎，才有如同明月從雲層中步出那般由隱綽到光鮮的感覺，試先後互易一下，必會感到輕重失當。娥娥與纖纖同是寫其容色，而娥娥是大體的讚美，纖纖是細部的刻劃，如互易，又必扞格不順。六個疊字

無一不切，由週邊而中心，由總體而局部，由朦朧而清晰，烘托刻畫了樓上女盡善盡美的形象，這裏當然有一定的提煉選擇，然而又全是依詩人遠望或者懸想的過程逐次映現的。也許正是因為順想像的層次自然展開，才更幫助了當時尚屬草創的五言詩人辭彙用得如此貼切，不見雕琢之痕，如憑空營構來位置詞藻，效果未必會如此好。這就是所謂『秀才說家常話』」。㉝又指出：「六個疊字的音調也富於自然美，變化美。青青是平聲，鬱鬱是仄聲，盈盈又是平聲，濁音，皎皎則又是仄聲，清音；娥娥，纖纖同為平聲，而一濁一清，平仄與清濁之映襯錯綜，形成一片宮商，諧和動聽。當時聲律說尚未發現，詩人只是依直覺發出了天籟之音，無怪乎鐘嶸《詩品》要說『蜂腰鶴膝，閭裏已具』了。這種出於自然的調聲，使全詩音節在流利起伏中仍有一種古樸的韻味，細辨之，自可見與後來律調的區別。」「六個疊詞聲、形兩方面的結合，在疊詞的單調中賦予了一種豐富的錯落變化。這單調中的變化，正入神地傳達出女主人公孤獨而耀目的形象，寂寞而煩擾的心聲。」㉞

　　這種分析確實是說到了此詩的關鍵點上，可謂搔到了癢處。因為從修辭學的角度看，這種「疊字」的大量運用，不僅能在聽覺上造就一種反復刺激的效果，強化接受者對詩歌所著力表達的語義的印象，而且還有聽覺上「大珠小珠落玉盤」的美感效果，從而讓讀者對文本的印象更深。

2. 舟搖搖以輕颺，風飄飄而吹衣：陶淵明的快樂心情

> 歸去來兮，田園將蕪胡不歸！既自以心為形役，奚惆悵而獨悲？
> 悟已往之不諫，知來者之可追。實迷途其未遠，覺今是而昨非。
> <u>舟搖搖以輕颺，風飄飄而吹衣。</u>問征夫以前路，恨晨光之熹微。
> ——晉‧陶淵明《歸去來兮辭》

　　近人李宗吾研究中國歷史，發現一個重要的秘密：做官或曰搞政治，要具備兩種特質，一是臉皮厚，二是心腸黑。只要二者有一，便可做得帝王。他認為三國時代的劉備具備臉皮厚的特點，遇事以哭開道，諸葛

亮等英才為其眼淚所感動，遂願意為之馳驅，結果他也打下了一片江山，坐上了蜀漢的皇帝；曹操則是心腸黑的代表，他那「寧可我負天下人，不使天下人負我」的人生格言，直言不諱地道出了他「無毒不丈夫」的為人特點，結果他也成功了。雖生前沒稱帝，但實際就是皇帝。至於孫權，則是二者兼具，因此能夠在亂世中搶得江東，也坐上了皇帝。認為中國歷史上最成功的要算劉邦，他是既黑又厚。因此，他能建立更大的基業，開創有漢幾百年的基業。李氏認為，如果不具備「厚黑」特質，最好就不要搞政治，否則必然以失敗而告終，如果一味硬撐，那會死得很慘，敗得很難看。楚霸王項羽，就是這方面的典型例證。

其實，憑楚霸王的本事，那是天下無敵的。只是因為他有「婦人之仁」，當初沒在鴻門宴上把劉邦給殺了，這是他心腸不夠黑的表現；兵敗垓下不肯過江東，以便徐圖捲土重來，這是他臉皮不夠厚的表現。既沒黑心腸，又沒厚臉皮，這就是楚霸王之所以最終敗於劉邦的根本原因。但是，楚霸王至死都沒認識到這一點。

晉人陶淵明雖然是個書生，沒有楚霸王叱吒風雲的本事，但是他瞭解自己的弱點，有自知之明。他知道自己臉皮不厚，不能「為五斗米折腰」；也做不到黑心腸，昧著良心欺上瞞下幹壞事，魚肉人民。所以，他選擇退出官場，不與權貴們同流合污。回家種地雖然生活比較清苦，但卻保全了人格，在歷史上留下了清高瀟灑的令名，遠比楚霸王身死而為天下笑的結局強多了。特別是他辭官歸隱時所寫的明志之作《歸去來兮辭》，更是讓他千古留名，成為千百年來千千萬萬讀書人歌之詠之的經典。

那麼，這篇《歸去來兮辭》何以有如此的魅力呢？

我們不必讀它全文，只要讀一讀上引開首一段，便知它的魅力所在了。這段文字，如果用白話對譯，就是這樣的意思：「回去吧，田園都要荒蕪了，為什麼不回去呢？既然本心不想做官混跡官場，卻要為生活所迫不得奔走其間，那麼為何還要惆悵感傷呢？現在體認到了已往的過錯和糊塗，雖然已無法挽回，但只要知錯，來日方長，自然可以補救的。實在還算是誤入迷途不遠，還能認識到過去的錯誤和今天選擇的正確性。

小船駛得飛快而搖搖晃晃，風兒飄飄吹起我的衣裳。問船夫前邊還有多少路程，恨天色怎麼才微明。」㉟雖然文字不多，卻將作者掙脫名韁利鎖、回歸田園生活的無比愉悅之情表現得淋漓盡致。「特別是『舟搖搖以輕颺，風飄飄而吹衣』兩句最為傳神，尤足以表達出作者的這種喜悅之情。」㊱

那麼，這兩句何以有如此的表達力呢？

仔細分析一下，我們便會發現，這是得力於「疊字」表達法的運用。「兩個單音節詞『搖』、『飄』的重疊使用構成『搖搖』、『飄飄』，突出強調了船行之快，有力地凸顯了作者遠離官場、企盼早日歸鄉的急切心情和回鄉途中那種『無官一身輕』、歸隱做農夫的喜悅之情。不需長篇累牘表白，只是兩句中各用一個疊字即已寫出了作者此時此刻的真實心理世界」㊲可謂達到了中國傳統詩歌所推崇的「不著一字，盡得風流」的境界，讀之讓人有味之不盡的韻味，印象特別深刻。

3. 尋尋覓覓，冷冷清清，淒淒慘慘戚戚：李清照的悲愁心境

> 尋尋覓覓，冷冷清清，淒淒慘慘戚戚。乍暖還寒時候，最難將息。三杯兩盞淡酒，怎敵他、晚來風急！雁過也，正傷心，卻是舊時相識。
> 滿地黃花堆積，憔悴損，如今有誰堪摘！守著窗兒，獨自怎生得黑！梧桐更兼細雨，到黃昏、點點滴滴。這次第，怎一個愁字了得！
>
> ——宋・李清照《聲聲慢》

上引這首詞是南宋著名女詞人李清照晚年之作，也是中國文學史千古傳誦的名篇之一。寫作此詞時，作者的丈夫趙明誠已經離世。詞人作為一個女人，「流寓江南，就更倍感孤寂哀傷了，加之殘秋時節，多愁善感的女詞人，更是情何以堪？全詞『通過寫殘秋的景色作為襯托，傾訴出夫亡家破、飽經憂患和亂離生活的哀愁』，讀之令人悲不自勝，唏噓感傷不已。」㊳

　　那麼，這首詞何以有如此的表達力呢？

　　仔細尋究起來，除了詞作所寫悲秋孤獨的內容本身具有淒切感人的力量外，還有作者一改原來《聲聲慢》詞調押平聲韻的慣例，大膽使用入聲韻相押，由此給全詞在聲音形式上定下了淒婉悲涼的調子。至於詞作一開篇便連下十四個疊音字，則更是此詞哀婉動人的魅力得以彰顯的關鍵所在。縱覽歷代詞論家對此詞的評論，讚賞有加的焦點也全聚於此。「尋」、「覓」、「冷」、「清」、「淒」、「慘」、「戚」等七個字，在古代漢語裏都是可以獨立成詞的語言單位，可以單獨使用於句中而明確表義。但是，詞人卻將它們每一個都重疊起來，並且連續鋪排，一氣貫下，這不僅在中國詩詞史上是絕無僅有的，在整個中國文學史上也是前無古人，後無來者的。在漢語中，「尋」與「覓」是同義詞，從「語言經濟」的原則看，同義詞不必疊用。但是，詞人不僅將「尋」、「覓」二詞疊用到一起，而且讓「尋」、「覓」二字各自複疊起來，進而構成雙重的複疊形式：「尋尋覓覓」。這雙重複疊形式的「疊字」，放在全詞的起首，有一種凌空起勢的作用，寫出了詞人一整天愁苦的根源。因為「尋尋覓覓」置於篇首，「可見她從一起床便百無聊賴，如有所失，於是東張西望，仿佛漂流在海洋中的人要抓到點什麼才能得救似的，希望找到點什麼來寄託自己的空虛寂寞。下文『冷冷清清』，是『尋尋覓覓』的結果，不但無所獲，反被一種孤寂清冷的氣氛襲來，使自己感到淒慘憂戚。」[39]可見，詞人將「尋」、「覓」二字進行複疊鋪排，以及複疊重構後置於篇首的做法，不僅鮮明地突顯了詞人失去丈夫後情感世界空虛、精神生活匱乏的實況，而且逗引出「淒」、「慘」、「戚」三種更深一層的情感痛苦。「由『冷』、『清』二詞複疊而成的『冷冷清清』，形象地凸顯出詞人失去丈夫後家庭生活的極度冷清境況；由『淒』、『慘』、『戚』三個單音節詞複疊而成的『淒淒慘慘戚戚』，強烈地凸顯出詞人『獨在異鄉為異客』、秋風蕭殺形影單的孤寂淒涼的晚景生活。」[40]加之全詞入聲韻相押所營構的韻律氛圍，遂使一股蕭殺、悲涼、哀婉的情調從字裏行間自然滲透出來，讓人讀之悲不自勝，唏噓不已。

4. 重重疊疊山，曲曲環環路：俞樾看九溪十八澗

重重疊疊山，曲曲環環路，丁丁東東泉，高高下下樹。

——清・俞樾贊杭州九溪十八澗句

到杭州，導遊都會向遊客推薦杭州的九溪十八澗。互聯網上也有不少介紹杭州這一景點的文字。如杭州的一家網站，在推介杭州新景點「九溪煙樹」時就有這樣的介紹文字：「九溪煙樹，西湖新十景之一，泛指九溪十八澗一帶。位於西湖西邊群山的雞冠壟下，一端連接煙霞嶺南，一端貫連錢塘江。九溪的主景是『水』。九溪的水發源翁家山楊梅嶺下，沿途匯合了青灣、宏法、唐家、小康、佛石、百丈、雲棲、清頭、方家等九條溪水，曲曲折折，忽隱忽現地流入錢塘江，稱為九溪。『十八澗』並非實指，倍於『九』表示細流之多。清代著名學者俞樾稱『九溪十八澗乃西湖最勝處』，並以『重重疊疊山，曲曲環環路，丁丁東東泉，高高下下樹』來讚美九溪景色。九溪十八澗流泉淙淙，山色蔥蘢。當水氣蒸騰、雲霧迷蒙時，這裏山嵐繚繞，青黛似煙，所以新西湖十景稱為『九溪煙樹』。1986 年新辟建人工瀑布，碧流瀉玉，滿谷迷蒙，『煙樹』之趣益發油然而生。」

這段介紹文字，雖然極盡誇說鋪排之能事，但所描寫的「九溪十八澗」之美給人的感覺仍然很模糊，不能給人留下深刻的印象。倒是其中引到的晚清學者俞樾對「九溪十八澗」所作概括的四句詩，給人留下的印象更深，一讀便讓人油然生出一睹煙溪之景、一聞泉水之聲的情感衝動。

那麼，俞樾這二十字的詩句何以有如此的表達力呢？

這端賴「疊字」表達法的巧妙運用。我們知道，在古代漢語中，「重」和「疊」都是可以獨立表義的單音節詞。在現代漢語中，由於雙音節化的發展趨勢，一般將「重」和「疊」複疊起來成為一個雙音節詞「重疊」。但是，「重」和「疊」若用在句中特別是詩詞中，仍然是可獨立表義的單音節詞。因此，詩人這裏將「重重疊疊」複疊到一起，仍

是典型的「疊字」表達。這種表達由於將本是同義的「重」和「疊」各自都進行了複疊，並將各自複疊後的疊字形式進行了二度複疊，這樣就使語義作了四次重複，從而強烈地渲染了九溪十八澗周圍山峰之多的主旨。詩的第二句「曲曲環環路」，用的也是「疊字」表達法。「曲」與「環」，都是表示「彎曲」之義，在古代漢語中都是各自獨立表義的單音節詞。這裏詩人將這兩個同義的單音節詞各自重疊並堆砌一起，也是為了強化語義印象，意在突出九溪十八澗周邊道路之崎嶇的情狀。詩的第三句「丁丁東東泉」，則是運用了「摹聲」與「疊字」雙重表達法。「丁東」本是摹擬泉水從高處滴下發出的聲音，是擬聲詞（或稱「象聲詞」）。這裏詩人將「丁東」拆開，讓「丁」與「東」二字各自複疊後再進行重組，這也是「疊字」的一種形式。這種摹聲式的疊字，意在強化所渲染的泉水滴而不斷的聲音效果，因此讀來別有一種如聞其聲的接受效果。詩的第四句「高高下下樹」，仍是「疊字」表達法。「高」與「下」在古代漢語與現代漢語中都是獨立成詞、獨立表義的單音節詞。詩人將「高」與「下」二詞進行了各自複疊，客觀上起到了強調「高」與「下」的表義效果。而將各自複疊後的兩個詞再進行複疊重組，產生了新的複疊形式「高高下下」，以此強化突出了九溪十八澗周圍樹木茂盛、高下錯落的層次感。這是從表達上看。如果從接受上看，這種高密度的「疊字」表達，從心理學上看，四組八對疊字的運用，仿佛多重相似刺激物，讓接受者不斷受到感官和聽覺刺激，從而自然加深對詩人所建構文本的印象，「對九溪十八澗周圍之山、之路、之樹、之泉水聲有如臨其境、如聞其聲之感，從而於文本解讀接受中獲取到一種獨特的審美享受。」[41]

5. 時而淋淋漓漓，時而淅淅瀝瀝：余光中夢中的季雨

> 驚蟄一過，春寒加劇。先是料料峭峭，繼而雨季開始，時而<u>淋淋漓漓</u>，時而<u>淅淅瀝瀝</u>，天潮潮地濕濕，即使在夢裏，也似乎把傘撐著。
>
> ——余光中《聽聽那冷雨》

　　下雨乃是自然現象，但是，人對雨卻有不同的情感態度。「好雨知時節，當春乃發生」（杜甫《春夜喜雨》），會讓人有一種喜悅之情。若是「久旱逢甘霖」，則就更要大喜過望了。至於「寒雨連江夜入吳，平明送客楚山孤」（王昌齡《芙蓉樓送辛漸》）、「夜來風雨聲，花落知多少」（孟浩然《春曉》）、「清明時節雨紛紛，路上行人欲斷魂」（杜牧《清明》）、「夜闌臥聽風吹雨，鐵馬冰河入夢來」（陸遊《十一月四日風雨大作》）、「山河破碎風飄絮，身世浮沉雨打萍」（文天祥《過伶仃洋》）等等情境下的雨，則就會讓人頓起感傷之情了。當然，這些都是從實用主義角度看雨的情感態度。若是詩人視之，雨恐怕就沒有好壞之分而只有詩意不詩意的問題了。如「青箬笠，綠蓑衣，斜風細雨不須歸」（張志和《漁歌子》）、「沾衣欲濕杏花雨，吹面不寒楊柳風」（志南和尚《絕句》）、「渭城朝雨浥輕塵，客舍青青柳色新」（王維《送元二使安西》）、「空山新雨後，天氣晚來秋」（王維《山居秋暝》）、「南朝四百八十寺，多少樓臺煙雨中」（杜牧《江南春絕句》）、「七八個星天外，兩三點雨山前」（辛棄疾《西江月》）、「水光瀲豔晴方好，山色空濛雨亦奇」（蘇軾《飲湖上初晴後雨》），諸如此類的雨，就下得非常富有詩意。因此，在歷代詩人筆下都是反復吟詠的，在千古讀者口中都是反復流播的。

　　中國古代詩人善於寫雨，留下不少寫雨的絕妙好辭。現代詩人雖然寫雨的詩句少了，但寫雨的散文則不少。其中，寫雨寫得令人難忘者亦有之。如上引余光中先生的散文，就是寫雨的名篇。眾所周知，余光中先生是著名的詩人。但是，《聽聽那冷雨》卻不是寫雨的詩，而是寫雨的散文。雖是散文，但卻寫出了詩的味道。因此，在他筆下的臺灣季雨是那樣富有魅力。僅我們上引的一段文字看，一讀便讓人難忘。

　　那麼，這段文字何來如此獨特的表達力呢？

　　仔細分析，我們不難發現，這段文字最顯眼的特點便是高密度的運用「疊字」，短短五十餘字的篇幅，就用了八個疊字。但是，作者所用的「疊字」表達法則不同於一般，而是有所創新。我們知道，「疊字」表達法一般都是將可以獨立的單音節詞通過複疊的形式來表現。但是，

作者這裏的八個疊字，除了「潮」、「濕」二字是可以獨立表義的單音節詞外，其餘都是不能獨立表義的聯綿詞。「先是料料峭峭」一句中的「料料峭峭」，是通過疊韻聯綿詞「料峭」的分拆重疊而實現的；「時而淋淋漓漓，時而淅淅瀝瀝」二句中的「淋淋漓漓」、「淅淅瀝瀝」，是通過雙聲聯綿詞「淋漓」和疊韻聯綿詞「淅瀝」的分拆重疊而實現的。這種「疊字」表達模式，在形式上新穎有創意，在表意上則有強化語義的效果。前句通過「料料峭峭」的複疊形式「強調突出了臺灣驚蟄過後一段時間內春寒加劇的情形，讀之令人印象深刻，情不自禁地瑟瑟顫粟起來」，後句通過「淋淋漓漓」、「淅淅瀝瀝」的複疊形式，「生動形象地再現了臺灣春季季雨時而大時而小，下個不停，下得沒完沒了的雨季圖景，讓人讀之如臨其境，如沐其雨，感同身受。」而末一句「天潮潮地濕濕」，則是通過兩個單音節詞「潮」、「濕」的分別重疊使用，「強烈凸顯了臺灣季雨時間之長、空氣之潮濕的程度，讀之令人深刻體認到作者對臺灣季雨的無奈難耐之情。」㊷由此可見，「疊字」表達超常規的運用，確是余光中先生寫臺灣季雨而使人難忘的一種重要因素。

六、聚焦主旨，先聲奪人：倒裝的表達力

　　我們從小讀書學習，老師都會反復強調，說話寫作要遵循漢語語法規則，什麼語法成分應該放在句子的前面，什麼語法成分只能放在句子的後面。什麼詞可以當主語，什麼詞可以當謂語，什麼詞當賓語。如果違反了，老師會為我們改過來。但是，隨著年齡漸長，我們常常會發現，大人們並不是這樣說話。比方說，有時大人情急了，會說「怎麼了，你？」而不說「你怎麼了」。那麼，這是不是說錯了呢？

　　回答是：沒有。這是一種語言表達法的運用，它可以強化語言表達的某種語意。在修辭學上，它有一個名稱，叫做「倒裝」。

　　所謂「倒裝」表達法，是一種「說寫中有意突破語法或邏輯表達的

常式結構模式以企及某種特定效果」的語言表達方式。㊸根據古今漢語的
語言事實,「倒裝」從形式上可以分為「『單句的倒裝』和『複句的倒
裝』(主要指偏正複句)兩大類。其中『單句的倒裝』又可分出『主語
與謂語倒裝』、『定語與中心語倒裝』、『狀語與中心語倒裝』三個次
類」。㊹以「倒裝」表達法建構的文本,我們稱之為「倒裝」修辭文本。
這種文本的建構,「從表達上看,可以強調表達者所要表達的重點,突
出表達者的某種較為強烈的感情,滿足表達者某種心理能量的釋放和情
感紓解的需要;從接受上看,由於表達者所建構的修辭文本突破了正常
句法邏輯結構順序,極易引發接受者文本接受的注意集中,從而加深對
表達者所建構的修辭文本的印象和意旨的理解」。㊺因此,古往今來。凡
是需要強化某種語意時,表達者都會選擇運用「倒裝」表達法。事實證
明,這種表達法確實有較好的表達力。

　　下面我們就從古今文學作品中予以舉例,以見其表達力的真實情形。

1. 明月幾時有?把酒問青天:蘇東坡兄弟情深

> <u>明月幾時有?把酒問青天</u>。不知天上宮闕,今夕是何年。我欲
> 乘風歸去,惟恐瓊樓玉宇,高處不勝寒。起舞弄清影,何似在
> 人間。
> 轉朱閣,低綺戶,照無眠。不應有恨,何事長向別時圓?人有
> 悲歡離合,月有陰晴圓缺,此事古難全。但願人長久,千里共
> 嬋娟。

——宋‧蘇東坡《水調歌頭》

　　上引這首詞,是蘇東坡最為著名的詞作之一,寫於宋神宗熙寧九年
(1607),當時他被貶在密州(今山東諸城)為知州。其時,他政治上
處於逆境,大志難伸;精神上也很壓抑,與其心心相印的胞弟蘇轍亦有
七年未團聚。因此,其思想的苦悶、心情的抑鬱,是可想而知的。正是
在此情境下,作者創作了這首詞。「詞中抒幻想而留戀人世,傷離別而
處以達觀,反映了作者由超脫塵世的思想轉化為喜愛人間生活的過程。

筆調奇逸，風格健朗，成為文學史上的名篇。」㊻宋人胡仔《苕溪漁隱叢話・後集》卷三十九評此詞曰：「中秋詞，自東坡《水調歌頭》一出，餘詞盡廢。」清人先著、程洪《詞潔》則評價說：「此詞前半，自是天仙化人之筆。」可見，此詞在中國歷代文人心目中的地位，其獨特的魅力可知。

那麼，此詞何以有如此獨到的藝術魅力呢？其前半何以被譽為「天仙化人之筆」呢？

關於這一點，中國歷代評論家多所闡說，筆者在此不復一一矣。不過，筆者這裏倒要強調一點，「此詞開首兩句凌空起勢，突兀而來，可謂先聲奪人，對全詞藝術上的成功助益不小」。㊼那麼為什麼這麼說呢？這實際是與作者有效地運用「倒裝」表達法有關。

「明月幾時有？把酒問青天」二句，置於全詞之首，乍一讀，讓人大有橫空出世、從天而降的突兀感，甚至會由此生出不知所云的困惑。而從邏輯與語法上看，這兩句也讓人有不解之處：「明月幾時有」，為什麼突然問這樣的問題？明月在天氣好的時候自然看得見，天氣不好自然不見，這是生活常識，何須要問？「把酒問青天」，誰把酒？為什麼把酒？為什麼要問青天？其實，這些疑問正是詞人所刻意製造的。其目的就在於一開篇就牢牢地抓住讀者的心，讓讀者的注意力為之驟然收攏，以便在詞作漸次展開中緊緊把握其表意的重點。這種表達效果，正是我們所常說的「先聲奪人」。這是就寫作的普通視角來觀察。如果從修辭學的角度看，這兩句如此配置，則更容易理解了。「明月幾時有？把酒問青天」，乃是一個「倒裝」句，正常的語序應該是：「把酒問青天，明月幾時有？」但是，詞人卻沒有這樣寫。可見，「明月幾時有？把酒問青天」是詞人有意突破漢語正常語法規則和邏輯結構模式而建構的「倒裝」修辭文本。這一文本的建構，「從表達上看，由於『明月幾時有』成為全句乃至全篇敘述的起點和焦點，這就強烈『凸顯了表達者極端寂寞和盼望與弟弟子由團聚暢敘兄弟親情的急切之情，滿足了表達者激情狀態下心理能量的釋放和情感紓解的需要」；「從接受上看，由於文本的超越正常句法規範所創造的文本新異性，很易引發接受者文本接受中

的『不隨意注意』，從而加深對表達者所建構的修辭文本的印象和理解，達成與表達者之間的情感思想的共鳴，體會到表達者的那種孤寂之情的況味。」⑱理解到這一層，那麼我們就能明白古人為什麼如此讚賞這全詞的開篇兩句的原因了。

2. 可以說是一個字沒有寫，這半年：老舍的教書生涯

> 可是，我只能拿粉筆！特別是這半年，因這半年特別忙。可以說是一個字沒有寫，這半年！毛病是在哪里呢？鋼筆有一個缺點，一個很大的缺點。它——不——能——生錢！我只瞪著眼看它生銹，它既救不了我，我也救不了它。
>
> ——老舍《鋼筆與粉筆》

作家，在一般人眼裏好像很神聖。其實，自古以來，很少有人會把當作家作為一種終身職業選擇。先秦時代的孔子，他也著書立說，也算是作家。但是，他終其一生，也不是靠修《春秋》、刪《詩經》的版稅過活的（那時也沒這玩意），而是靠杏壇授徒，收點束修過活的。至於後來的唐宋八大家，那應該算是中國歷史上有名的一群作家了，可是他們也不是靠當作家寫詩文過日子的，而是靠做官吃俸祿生活的。因為有一份穩定的俸祿，他們才能悠哉優哉，寫些詩文，或發發懷才不遇的牢騷，或寫寫山水之樂的心得，或抒抒心中的鬱悶。然後，自費刻些集子，送給朋友或同道，以此相互吹捧（那時叫「唱和」）。如果真的沒有正當職業，而是靠寫作為生，恐怕就要像寫《紅樓夢》的清人曹雪芹那樣三餐不濟了。

所以，縱覽我們的古代聖賢，凡是明白人，都是不把寫作當職業的，而是業餘為之。至於現代人，則更明白不能把寫作當職業的道理了。在臺灣，大凡號稱作家者，都是在大學任職的，或是兼課。為什麼？「著書都為稻粱謀」，那是吃不飽，遲早會餓死的。大學的薪酬雖然菲薄，但足以糊口。不然，提筆發牢騷的力氣也沒有了。在大陸，原來作家的地位非常高，當局拿錢供著，以為御用工具。但是，現在也不靈了。因

為他們的御用工具職能失靈了，沒人再看他們的文章，聽他們的所謂理論，有空大家都上互聯網上玩兒去了。曾幾何時紅極一時的作家，現在早已淪落為一群為人不齒的弱勢群體了。德國漢學家顧彬曾對一個中國記者說過，中國大陸的幾百萬上千萬所謂作家都是騙子或是什麼。現在大陸能靠當專業作家過日子的人已經少見了，偶爾還有三兩個因為書比較暢銷而榮登富人榜。但絕大多數早已淪為赤貧一族了。即使有些作家想淪落為寫黃色小說的寫手，恐怕也難以憑此維持生計了。因為網路上非專業的寫手寫起色情小說，有的比蘭陵笑笑生的《金瓶梅》精彩多了。正因為走投無路，現在大陸稍有點名氣的作家，都想方設法鑽進了大學，謀得一個或半個教席，拿些錢，補貼家用，好將艱難的寫作維持下去。甚至有個別連小學都沒畢業但卻有官方背景的作家，也憑種種人情關係鑽進了大學，當起了所謂的教授。好像當教授是上公共廁所，人人都是上得的。

其實，作家在大學或中小學兼課乃是正常的，也是面對現實的務實做法。比方說老舍，在中國現代文學史上算是非常有名的作家了，但早期仍然不能靠寫作維生，所以大部分時間都是在大學教課的。上引一段文字，就是老舍自道其為什麼要在大學兼課的原因，說得非常坦誠。雖然話說得不是那麼直白，但也沒有傳統知識份子那種忸怩作態的腔調。因此，讀來給人的印象格外深刻。

那麼，為什麼會有這種效果呢？

原來，他是運用了「倒裝」表達法。根據文章上下文，我們知道，老舍的意思是，他本來非常喜歡寫作，但是寫作不能掙錢，所以他只得放下鋼筆，拿起粉筆，做起了教師，以便掙些錢維持生計。雖然做了教師，掙了錢，維持了生計，但他又似乎心有不甘。所以，才特別強調「這半年可以說是一個字沒寫」。但是，在表達這層意思時，他沒有這樣寫，而是寫成了「可以說是一個字沒有寫，這半年！」這是為什麼呢？按理說，他是作家，應該知道漢語表達的規則，「這半年」按照漢語句法，應該放在「可以說是一個字沒有寫」之前，充當句子的主語（即「話題主語」）。然而，老舍卻將它置於句子的謂語之後，而且有意用逗號將

它與句子的主體隔離開來。很明顯，這是老舍有意將句子的主語與謂語的位置進行了顛倒，屬於一種修辭行為，意在建構一個「倒裝」修辭文本。這個文本的建構，由於將主語「這半年」置後，謂語提前，這就無形中讓本來應該首先出場的主語「這半年」隱退到次要位置，將本該最後出場的謂語「可以說是一個字沒有寫」提前出場，讓它成為全句的焦點。由此，提升了謂語「可以說是一個字沒有寫」的重要性，強化了謂語表達的語意「沒寫一個字」。從而將作者被迫放棄心愛的寫作而深感痛心的心情淋漓盡致地表現出來，使讀者能夠深切體會其迫於生計而無可奈何的心情。

3. 等你，在雨中，在造虹的雨中：余光中的雨中等待

等你，在雨中，在造虹的雨中
蟬聲沉落，蛙聲升起
一池的紅蓮如火焰，在雨中
你來不來都一樣，竟感覺
每朵蓮都像你
尤其隔著黃昏，隔著這樣的細雨

永恆，剎那，剎那，永恆
等你，在時間之外
在時間之內，等你，在剎那，在永恆

如果你的手在我手裏，此刻
如果你的清芬
在我的鼻孔，我會說，小情人

諾，這只手應該採蓮，在吳宮
這只手應該

搖一柄桂槳，在木蘭舟中

一顆星懸在科學館的飛簷
耳墜子一般地懸著
瑞士表說都七點了。忽然你走來

步雨後的紅蓮，翩翩，你走來
像一首小令
從一則愛情的典故裏，你走來

從姜白石的詞裏，有韻地，你走來
　　　　　　　　　——余光中《等你，在雨中》

　　上引這首詩，是寫一個雨後的黃昏，一位男子正焦急地等待著情人到來的情景。男子的癡情與女子的優雅，都鮮活地呈現在讀者眼前，仿佛一對戀人就從我們的雨傘前飄然而過，讀之讓人陶醉不已。

　　那麼，這首新詩何以有如此獨到的魅力呢？

　　其實，我們不必仔細分析，就能看出其中的奧妙，一切端賴「倒裝」表達法的運用。全詩從詩題到全部詩句，差不多都是「倒裝」表達。詩題「等你，在雨中」，將本該置於介詞短語「在雨中」之後的動賓短語「等你」提到前面，讓「等你」這一動作行為首先映現於讀者眼前，以此突顯出男子的癡情，「為全詩所描寫的男主人公（『我』）盼望情人（『她』）到來的急切之情奠定了基調，凸顯了『我』對『她』深切的情感。」[49] 而在正文中，詩人則十二次用到了「倒裝」表達法。「『等你，在雨中，在造虹的雨中』，通過狀語『在雨中，在造虹的雨中』與謂語『等你』語序的倒置，既突出強調了『我』想見『她』的急切之情，因為謂語『等你』的前置助成了這一效果的產生；又凸顯了『我』對『她』誠摯的深情，因為狀語『在雨中，在造虹的雨中』從謂語的附著地位獨立出來，強調了『我』等待『她』的環境是雨天而非風和日麗的

晴日。『你來不來都一樣，竟感覺』，通過謂語動詞『感覺』與賓語『你來不來都一樣』的語序倒置，強調了動詞『感覺』的賓語部分，突出了『我』想『她』出神而把『蓮』當成了『她』的幻覺心理狀態，從而凸顯出『我』對『她』的深切思念之情。『等你，在時間之外，在時間之內』、『等你，在剎那，在永恆』兩句，都是通過時間狀語與謂語位置的倒裝，既突出了『我』的行為『等你』，強調了行為時間的周遍性，從而凸顯出『我』對『她』永恆的愛。『如果你的手在我的手裏，此刻』，通過時間狀語的倒置，既突出了『我』想與『她』牽手訴衷情的心理狀態，又強調了『我』想與『她』相見牽手的急切性，就在『此刻』，再也等不及了，一種急切、真切的強烈情感躍紙而出，讀之讓人情不自禁為之動情！『這只手應該採蓮，在吳宮』、『這只手應該搖一柄桂槳，在木蘭舟中』兩句，都是通過謂語與地點狀語位置的倒裝，強調了狀語所在的地點，從而突出了『她』的美麗、高貴、典雅，讓人想起了中國古典詩詞中所寫的江南採蓮女的美妙浪漫的意境，提升了詩的審美價值。『一顆星懸在科學館的飛簷，耳墜子一樣懸著』一句，正常語序應是『一顆星耳墜子一般懸著，懸在科學館的飛簷』，詩人通過比喻性描寫狀語與謂語的倒裝，突出了狀語，強調了『她』的矜持和高貴不易接近，同時由『耳墜子』自然引出『她』的出現。『步雨後的紅蓮，翩翩，你走來』，通過兩個狀語『步雨後的紅蓮』、『翩翩』與主語『你』位置的倒裝，突出強調了『她』儀態萬方的行走姿態，表現了『她』的古典而浪漫的美，令人怦然心動。『從一則愛情的典故裏，你走來』，通過狀語前置於主語『你』之前，突出了狀語的內容，使『她』的身世身份蒙上一層神秘的絲紗，讓『我』和『她』的愛情更富古典而浪漫的情調，令人聯想回味，餘韻深長。『從姜白石的詞裏，有韻地，你走來』，也是讓兩個狀語前置於主語『你』之前，突出了狀語，導引接受者自然聯想到宋人姜白石清空峭拔、格調高遠、意味雋永、韻律和諧的詞風，從而強調了『她』的步態的優雅和古典色彩，一個深具古典美韻致的絕妙佳人形象便栩栩如生地呈現在接受者面前，令人情不自禁地心搖神蕩，陶醉深深而不可自拔。」⑩很明顯，這首詩的成功，很大程

度上是得益於「倒裝」表達法的大規模、大密度地運用。如果不用「倒裝」表達法，而是按照正常的漢語語序進行創意造言，那麼就形同大白話分行書寫，毫無詩意可言。如此這般，必然不能讓接受者在文本解讀中獲得任何審美情趣。

4. 我決心要到山裏去一趟，一個人：張曉風的重大決定

> 十一月，天氣晴朗，薄涼。天氣太好的時候我總是不安，看好風好日這樣日復一日地好下去，<u>我決心要到山裏去一趟，一個人</u>。一個活得很興頭的女人，既不逃避什麼，也不為了出來「散心」──恐怕反而是出來「收心」，收她散在四方的心。
>
> ──張曉風《常常，我想起那座山》

大陸有一句笑話，說「旅遊就是一個人從自己呆膩了的地方到別人呆膩了的地方走一走」。

事實上，確實如此。很多人特別是都市人，由於工作或學習的壓力，整天疲於奔命，身心俱疲。為了身心的健康，暫時離開熟悉的都市而到陌生的都市特別是山水秀美之處放鬆一下，確實是一個不錯的主意。但是，主意雖好，但很多人發現，旅遊回來更累，怨氣更多。這是為什麼呢？原來，這些本來是希望身心得到放鬆的都市人，為了出門省事省心，都將旅行計畫交給了旅行社辦理。結果，旅遊便成了團體出行。大陸曾有打油詩諷刺團體旅遊說：「上車睡覺，下車撒尿。到了風景點拍照，回家一問什麼也不知道。」之所以出現這種情況，不能怪旅行社，只能怪遊客自己心不靜，不肯用心做功課，沒有真正出遊或寄情山水的雅趣。結果，必然是一無收穫。整天按照旅行社的計畫趕行程，猶如行軍打仗，連駐足好好看一眼好山好水的機會都沒有，豈能不累？被旅行社強拉購物，豈能不惹出滿腔怨氣？

其實，真正懂得旅遊真諦者，都是熱衷於自由行的。試想，一個人行走於山水之間，或是市井街坊，停下腳步看看山，坐下來觀觀水，逛逛老街道，探探舊房子。或行走於曠野之中，自由地呼吸新鮮空氣，或

跋涉於山林小徑，耳聽小鳥啾啾之聲，這是何等的享受！可惜，很多人都體驗不到這種快樂。

　　自認為灑脫的男人尚難以達到上述境界，則遑論現代都市女人了。如果真有女人起念作此想，恐怕也是要下很大決心的。上引張曉風自述心境的一段文字，說的正是這種情況。相信不論是男是女，是老是少，讀之都會心有戚戚焉。而對於她「我決心要到山裏去一趟，一個人」的決心，相信大家更是敬佩與感動。

　　那麼，這段文字、這句話何以有如此的表達力呢？

　　無他。因為這段文字真切地寫出了現代都市人共同的生活困境與情感折磨。而「我決心要到山裏去一趟，一個人」這句話，則表達了一個醒悟了都市女人決意打破這種生活困境與情感折磨的決心，讓人深受鼓舞，精神為之一振。從句法上看，「我決心要到山裏去一趟，一個人」，「是一個狀語與中心語倒置的倒裝修辭文本模式。句子的狀語『一個人』從中心語『到山裏去一趟』的附著地位獨立出來，置於整個句子之後，這就提升了狀語『一個人』的表達地位。這一倒裝修辭文本的建構，從表達上看，凸顯了作者『久在樊籠裏』，不得獨自飛的艾怨之情以及猶豫之後最終下定決心後的快感，滿足了作者因過度激動而心理失衡的心理能量的釋放和激情狀態下的情感紓解的需要；從接受上看，由於表達者所建構的上述修辭文本都將句子的狀語以顯眼的位置予以突出出來，成為全句的一個閱讀焦點，突破了常規句式結構模式，易於引發接受者文本接受中的注意集中，從而觸發其追尋表達者如此建構文本的深層根由的欲望，進而加深了對文本的印象和對文本意旨的理解，在表達者的激情感染下達成與表達者之間的情感共鳴，為現代都市人困於俗世萬丈紅塵，忙於瑣務細事，身心疲憊也不能自由地與自然親近，白白放過大好時光的情感苦痛而感傷。」[51]可見，作者這裏將方式狀語「一個人」的位置略作倒置，確是很有效果的。它在語意表達中起到了「四兩撥千斤」的效果，對強化作者所要傳達的語意印象起到了很大作用。

5. 我站在巴黎街頭的燈火中迷惘：田中禾夜雪紅磨坊

在巴黎，冒著寒風和在一個語言不通的陌生城市夜晚迷路的危險，我在一個雪夜找到蒙馬特高地。走過熱鬧紛繁的紅磨坊，望著那些閃閃爍爍的霓虹燈和黑乎乎的坡路，<u>我站在巴黎街頭的燈火中迷惘。為失落了的巴爾紮克筆下的風光，為喬伊思、海明威、莫迪裏阿尼和許許多多曾在這裏流落的作家、藝術家們。</u>

——田中禾《田中禾薦畫》

做學問、搞研究，需要較充裕的物質條件與從容的生活空間，這樣才能基礎紮實，做出真學問，或研究出新成果，有突破前人的發明創造。

當作家或藝術家，優越的物質條件或生活條件，也許對創作並無大的助益，相反有時還會成為扼殺天才的誘因。試想，如果屈原得到楚懷王、頃襄王的信任而為一代權臣，豈有《離騷》為千百年來的中國讀書人所傳誦？如果李白大志得伸，高官得做，駿馬任騎，豈有他那些牢騷滿腹、怨氣沖天的詩篇？如果他身在官場，豈能創造「李白斗酒詩百篇」的奇跡？如果曹雪芹不是貧困潦倒，而仍是公子哥兒，豈能寫出煌煌巨著《紅樓夢》？如果蒲松齡不是科場失意，豈能有《聊齋志異》這等奇異的文學作品傳世？漢人司馬遷《報任安書》有云：「古者富貴而名摩滅，不可勝記，唯倜儻非常之人稱焉。蓋西伯拘而演《周易》；仲尼厄而作《春秋》；屈原放逐，乃賦《離騷》；左丘失明，厥有《國語》；孫子臏腳，《兵法》修列；不韋遷蜀，世傳《呂覽》；韓非囚秦，《說難》、《孤憤》。《詩》三百篇，大氐賢聖發憤之所為作也」。其意與我們上面所說的大致相同，孤獨、苦難往往會成為磨礪一個人意志，助其成才的重要因素。

中國文學史上的事實證明是如此，世界文學史上的事實證明也是如此。上引一段文字中所說到的巴爾紮克（Honoré de Balzac，1799～1850，法家作家）、喬伊思（James Joyce，1882-1941，愛爾蘭作家）、海明威（Ernest Hemingway，1899—1961，美國作家）、莫迪裏阿尼（Amedeo Modigliani，1884-1920，義大利畫家）等世界著名作家與藝

術家的生活經驗，則給上面我們所提出的觀點作了一個生動的注腳。作家田中禾在敘述這些世界級的文學或藝術大師的生活經歷時特意提到了他們早年在法國巴黎蒙馬特高地和紅磨坊流浪的經歷。但是，在表達站在蒙馬特高地，看著紅磨坊燈紅酒綠的夜景，想到這些文學或藝術大師早年的磨難而生發的感慨時，作家用了這樣一個長句子：「我站在巴黎街頭的燈火中迷惘。為失落了的巴爾紮克筆下的風光，為喬伊思、海明威、莫迪裏阿尼和許許多多曾在這裏流落的作家、藝術家們」。從句法上分析，這個句子之所以顯得非常冗長，主要是因為它有一個很長的狀語：「為失落了的巴爾紮克筆下的風光，為喬伊思、海明威、莫迪裏阿尼和許許多多曾在這裏流落的作家、藝術家們」，而謂語則只有兩個字「迷惘」。如果按照現代漢語句法規則構句，應該寫成：「我站在巴黎街頭的燈火中為失落了的巴爾紮克筆下的風光，為喬伊思、海明威、莫迪裏阿尼和許許多多曾在這裏流落的作家、藝術家們迷惘」。雖然在句法上完全符合漢語語法規則，但是讀者讀起來就很費勁了。除了要憋足勁一口氣讀下來，還得對它進行句法分析，找出此句的謂語及謂語動詞。很明顯，這樣的句子對於閱讀接受是非常不利的，有礙於讀者的閱讀興趣，更不能讓讀者讀完而留下深刻印象。而作者運用「倒裝」表達法，將原本需要放在謂語動詞「迷惘」之前的超長狀語剝離開來，置於謂語之後，並用逗號隔開，這既使句子結構更加清晰，句子成分配置在結構形式上顯得勻稱平衡，又能突出作者所要表達的語意重點。在閱讀的層面上，也有利於調動讀者的積極性，從而加深接受印象。

注釋

① 吳禮權《現代漢語修辭學》第 117 頁，復旦大學出版社，2006 年 11 月。
② 吳禮權《語言策略秀》第 58 － 59 頁，上海文化出版社，2008 年 6 月。
③ 吳禮權《語言策略秀》第 59 頁，上海文化出版社，2008 年 6 月。
④ 吳禮權《語言策略秀》第 59 頁，上海文化出版社，2008 年 6 月。
⑤ 吳禮權《現代漢語修辭學》第 137 頁，復旦大學出版社，2006 年 11 月。
⑥ 童山東、吳禮權《闡釋修辭論》第 169 頁，首都師範大學出版社，1998 年 7 月。
⑦ 吳禮權《現代漢語修辭學》第 137 頁，復旦大學出版社，2006 年 11 月。
⑧ 吳禮權《現代漢語修辭學》第 138 頁，復旦大學出版社，2006 年 11 月。
⑨ 童山東、吳禮權《闡釋修辭論》第 170 頁，首都師範大學出版社，1998 年 7 月。
⑩ 吳禮權《現代漢語修辭學》第 138 頁，復旦大學出版社，2006 年 11 月。
⑪ 吳禮權《現代漢語修辭學》第 142 頁，復旦大學出版社，2006 年 11 月。
⑫ 吳禮權《修辭心理學》第 109 － 110 頁，雲南人民出版社，2002 年 1 月。
⑬ 吳禮權《修辭心理學》第 110 頁，雲南人民出版社，2002 年 1 月。
⑭ 吳禮權《現代漢語修辭學》第 208 頁，復旦大學出版社，2006 年 11 月。
⑮ 吳禮權《現代漢語修辭學》第 208 頁，復旦大學出版社，2006 年 11 月。
⑯ 吳禮權《現代漢語修辭學》第 208 頁，復旦大學出版社，2006 年 11 月。
⑰ 吳禮權《委婉修辭研究》第 144 頁，山東文藝出版社，2008 年 4 月。
⑱ 吳禮權《現代漢語修辭學》第 208 頁，復旦大學出版社，2006 年 11 月。
⑲ 吳禮權《現代漢語修辭學》第 209 頁，復旦大學出版社，2006 年 11 月。
⑳ 吳禮權《現代漢語修辭學》第 210 頁，復旦大學出版社，2006 年 11 月。
㉑ 吳禮權《現代漢語修辭學》第 210 － 211 頁，復旦大學出版社，2006 年 11 月。
㉒ 吳禮權《現代漢語修辭學》第 159 頁，復旦大學出版社，2006 年 11 月。
㉓ 吳禮權《現代漢語修辭學》第 159 頁，復旦大學出版社，2006 年 11 月。
㉔ 吳禮權《現代漢語修辭學》第 159 頁，復旦大學出版社，2006 年 11 月。
㉕ 吳禮權《現代漢語修辭學》第 161 頁，復旦大學出版社，2006 年 11 月。
㉖ 《唐宋詞鑒賞辭典》第 2280 頁，上海辭書出版社，1988 年 8 月。
㉗ 沈謙《修辭學》第 511 頁，臺灣空中大學印行，1995 年 1 月。

㉘ 吳禮權《語言策略秀》第 161 頁，上海文化出版社，2008 年 6 月。
㉙ 吳禮權《語言策略秀》第 163 頁，上海文化出版社，2008 年 6 月。
㉚ 吳禮權《語言策略秀》第 164 頁，上海文化出版社，2008 年 6 月。
㉛ 吳禮權《現代漢語修辭學》第 213 頁，復旦大學出版社，2006 年 11 月。
㉜ 吳禮權《現代漢語修辭學》第 214 頁，復旦大學出版社，2006 年 11 月。
㉝《漢魏六朝詩鑒賞辭典》第 134 － 135 頁，上海辭書出版社，1992 年 9 月。
㉞《漢魏六朝詩鑒賞辭典》第 135 頁，上海辭書出版社，1992 年 9 月。
㉟ 吳禮權《語言策略秀》第 156 頁，上海文化出版社，2008 年 6 月。
㊱ 吳禮權《語言策略秀》第 156 頁，上海文化出版社，2008 年 6 月。
㊲ 吳禮權《語言策略秀》第 156 頁，上海文化出版社，2008 年 6 月。
㊳ 吳禮權《語言策略秀》第 155 頁，上海文化出版社，2008 年 6 月。
㊴《唐宋詞鑒賞辭典》第 1213 頁，上海辭書出版社，1988 年 8 月。
㊵ 吳禮權《語言策略秀》第 155 頁，上海文化出版社，2008 年 6 月。
㊶ 吳禮權《修辭的策略》第 88 頁，吉林教育出版社，200 年 1 月。
㊷ 吳禮權《語言策略秀》第 157 頁，上海文化出版社，2008 年 6 月。
㊸ 吳禮權《現代漢語修辭學》第 154 頁，復旦大學出版社，2006 年 11 月。
㊹ 吳禮權《現代漢語修辭學》第 154 頁，復旦大學出版社，2006 年 11 月。
㊺ 吳禮權《現代漢語修辭學》第 157 頁，復旦大學出版社，2006 年 11 月。
㊻ 朱東潤主編《中國歷代文學作品選》中編第二冊第 27 頁，上海古籍出版社，1980 年 1 月。
㊼ 吳禮權《語言策略秀》第 149 頁，上海文化出版社，2008 年 6 月。
㊽ 吳禮權《語言策略秀》第 150 頁，上海文化出版社，2008 年 6 月。
㊾ 吳禮權《語言策略秀》第 151 頁，上海文化出版社，2008 年 6 月。
㊿ 吳禮權《語言策略秀》第 151 － 153 頁，上海文化出版社，2008 年 6 月。
(51) 吳禮權《現代漢語修辭學》第 158 － 159 頁，復旦大學出版社，2006 年 11 月。

第六章
嬉笑怒罵，皆成文章

　　我們都知道，語言是人類最重要的交際工具，是用以傳遞資訊、交流思想、表達感情的媒介。其實，語言除了上述這些功能外，還有其他功能。比方說，紓解心理壓力，緩解人際緊張關係等。日常生活中，人們因種種原因而發生爭執，導致人際關係緊張，這是常有的事。這時，如果有人有足夠的語言智慧從中予以疏解，則可能化解雙方的矛盾，使爭執雙方「相視一笑泯恩恨」。至於語言紓解心理壓力，促進身心健康的功效，則更是明顯。據說，古時候有一位將軍得了一種病，任何醫生都治不好。後來有位書生求見，說可以治好他的病。見面切脈後，書生表情嚴肅地說：「將軍，您這是月經不調呀！」一句話，說得將軍大笑起來。慢慢地，將軍的病就好了。原來將軍得的是一種抑鬱症，書生的幽默解開了將軍的心結，因而收到了奇效。西諺有云：「一個小丑進城，勝過一打醫生」，說的正是這個道理。

　　除了上述兩個方面的特殊功能外，恰當的語言表達還能表現一個人的修養與風度，從而確立其在社會成員心目中的地位。在日常生活中，我們常常會發現有些人罵人之語粗俗不堪，為人不齒。而另一些人罵人雖然也很刻薄，但卻不帶髒字，而且聽來還很優雅，讓人不得不佩服其語言表達的藝術。

　　那麼，如何提升我們的語言表達藝術，讓我們「嬉笑怒罵，皆成文章」呢？

　　請看我們的先賢與時哲在這方面所積累的豐富經驗。

一、奪他人之酒杯，澆心中之塊壘：仿諷的表達力

日常生活中，我們常常會看到有些人說話非常風趣，即使是罵人，也是機趣橫生，真可謂是「嬉笑怒罵，皆成文章」。雖說能說會道也是一種天賦，但並不是說不能後天通過學習而達到。事實上，有一種表達法，如果掌握了，也能達到「嬉笑怒罵，皆成文章」的境界。這種表達法，就是「仿諷」。

所謂「仿諷」表達法，是一種「故意仿擬前人名句名言（甚或全篇）的結構形式而更換以與原作內涵語義大相逕庭的內容，使原作與仿作在內容意趣上形成高下迴異的強烈反差，從而獲致一種幽默詼諧、機趣橫生效果」的語言表達方式（與前文我們所說的「仿擬」不同）。[①]作為一種語言表達方式，「仿諷」一般可以從形式上分為「仿詞」、「仿語」、「仿句」、「仿篇」等四類。[②]以「仿諷」表達法建構的文本，我們稱之為「仿諷」修辭文本。一般說來，「仿諷」修辭文本，不論是以「仿詞」、「仿語」的形式出現，還是以「仿句」或「仿篇」的規模呈現，「都是基於一種以舊形式與新內容的結合來構成同一形式下的兩種迴異其趣的語義意境內涵的反差，從而出人意表，別具幽默風趣或諷刺嘲弄的意趣之心理預期」。[③]因此，這種修辭文本的建構，「在表達上，由於表達者以『舊瓶裝新酒』的手法來表情達意，情意表達形式的『熟悉化』與情意表達內容的『陌生化』，使修辭文本別添了顯著的新異性特質，表達的新穎性、生動性便自然凸顯出來；在接受上，由於表達者所建構的修辭文本是取既存的舊形式而注以完全不同的新內容，新舊兩種文本之間在格調意趣上出現了強烈反差，幽默詼諧或諷嘲的效果便不期而至。」[④]

正因為「仿諷」表達法有如此獨到的表達與接受效果，所以自古以來許多文人學士乃至普通大眾都喜歡運用。

1. 大風起兮眉飛颺：蘇東坡的酒話

貢父晚苦風疾，鬢眉皆落，鼻樑且斷。一日與子瞻數人小酌，
各引古人語相戲。子瞻戲貢父云：「大風起兮眉飛颺，安得壯
士兮守鼻樑」。座中大噱，貢父恨悵不已。

——宋·王辟之《澠水燕談錄》（十）

上引這段文字，講的是北宋兩位文學大家相互戲謔的故事。

這兩位文學大家，一位是中國人婦孺皆知、大名鼎鼎的蘇軾蘇東坡。
另一位則是劉攽劉貢父。劉攽雖沒有蘇軾那麼有名氣，但在中國歷史上，
他問政、治史、創作等方面的成就都不容小覷。史載，劉攽（1023 －
1089），字貢夫，一作貢父、贛父，號公非。臨江新喻（今江西新餘或
曰江西樟樹）人。出身世代官宦之家。其祖父劉式，乃南唐時進士。入
宋，官至刑部郎中。其父劉立之與叔伯四人，亦為進士。而劉攽與其兄
劉敞，則為宋仁宗慶曆六年（1046）同科進士。劉敞既是北宋時代著名
的學者，亦是政壇顯赫之士，官至集賢殿學士。劉攽仕途雖不像其兄劉
敞那樣順利，但在政治上頗有建樹。中進士後，歷仕州縣二十年，始為
國子監直講。宋神宗熙寧年間，判尚書考功，同知太常禮院。因貽書王
安石論新法之不便，被貶而出知曹州。時曹州盜風甚盛，重法不能止。
劉攽一改歷任問政風格，寬平治之，民風遂為之一變。後累官至中書舍
人。在學術上，劉攽堪稱北宋史學大家，治史考據卓然有成。一生所著
甚豐，除了與其兄劉敞及敞子劉世奉合著《漢書標注》（世人稱之為「墨
莊三劉」），與司馬光同修《資治通鑒》以外，獨立完成的著作就有 100
卷。其中，最有代表性的史學著作有《東漢刊誤》4 卷、《漢宮儀》3
卷、《經史新義》7 卷、《五代春秋》15 卷、《內傳國語》20 卷等多種。
在文學上，劉攽也有不俗的表現，是北宋文壇上著名的詩人和文章大家。
其詩風格生動，與歐陽修有相似之處。其文章則為有宋一代文章大家（如
曾鞏、朱熹等人）的高度評價與極力推崇。詩文由後人結集彙編成《彭
城集》40 卷。除此，尚有《文獻通考》及《文選類林》、《中山詩話》
等其他著述行世。另外，《公非集》60 卷，亦為世人所熟知。

在政治上、史學上、文學上，劉攽都卓然有成，為世人所推重；但

其為人則疏雋不羈，既不修威儀，又性喜諧謔，以致數招怨悔。上引故事，記載他被蘇軾取笑的情節，說的正是此類情事。劉攽晚年苦於風疾（大致相當於今天所說的「麻瘋病」），鬚眉皆落，鼻樑且斷，但仍不改達觀喜謔的性格。一日召好友蘇軾等小聚，幾杯小酒下肚，又與人說笑起來。並自定酒規，引古人語以相謔。結果，反被蘇軾取笑，引得滿座大噱。雖恨悵不已，卻又無可奈何。

那麼，蘇軾的這兩句話何以有如此的效果，既讓「滿座大噱」，又讓劉攽「恨悵不已」呢？

其實，蘇軾取笑劉攽的這兩句話，之所以會引得「滿座大噱」，原因很簡單，它是運用「仿諷」表達法的結果。眾所周知，漢高祖劉邦有一首著名的《大風歌》，歌云：「大風起兮雲飛颺，威加海風兮歸故鄉，安得猛士兮守四方」。蘇軾取笑劉攽的兩句「大風起兮眉飛颺，安得壯士兮守鼻樑」，乃是仿劉邦原詩的首尾兩句而來。「貢父與漢高祖都姓劉，二人是本家（中國人說同姓五百年前是一家）；而且二人名字（劉邦與劉攽）聲音相同，這就更有意思了。劉邦的《大風歌》是他平定天下後回到故鄉與父老鄉親一起喝酒，酒酣意暢時，即興唱出的。它充分表達了劉邦一統天下後的那種志得意滿的萬丈豪情，同時也表露了對於尋求猛將守護江山的深切思慮。這首歌的主題意趣充分展現了一代開國帝王的風流，讀之令人不禁頓起『大丈夫當如此也』的萬丈豪情。而蘇軾改《大風歌》調侃貢父的『大風起兮眉飛颺，安得壯士兮守鼻樑』兩句，則在內容與格調意趣上與劉邦原作形成強烈的反差，高下之別不可以道里計。」⑤因此，聽來讓人始料不及，不禁為之啞然失笑。這便是此二句之所以引得滿座「大噱」的原因之所在。

2. 我的所愛在山腰：詩人的風雅

> 我的所愛在山腰；
> 想去尋她山太高，
> 低頭無語淚沾袍。
> 愛人贈我百蝶巾；

回她什麼：貓頭鷹。
從此翻臉不理我，
不知何故兮使我心驚。

我的所愛在鬧市；
想去尋她人擁擠，
仰頭無法淚沾耳。

愛人贈我雙燕圖；
回她什麼：冰糖壺盧。
從此翻臉不理我，
不知何故兮使我糊塗。

我的所愛在河濱；
想去尋她河水深，
歪頭無法淚沾襟。
愛人贈我金表索，
回她什麼：發汗藥。
從此翻臉不理我，
不知何故兮使我神經衰弱。

我的所愛在豪家；
想去尋她兮沒有汽車，
搖頭無法淚如麻。
愛人贈我玫瑰花；
回她什麼：赤練蛇。
從此翻臉不理我，
不知何故兮——由她去罷。

——魯迅《我的失戀》

　　讀到上引魯迅這首詩,立即會讓人想到東漢文學家張衡的《四愁詩》:

　　我所思兮在太山,欲往從之梁父艱,側身東望涕沾翰。美人贈我金錯刀,何以報之,英瓊瑤。路遠莫致倚逍遙,何為懷憂,心煩勞。
　　我所思兮在桂林,欲往從之湘水深,側身南望涕沾襟。美人贈我金琅玕,何以報之,雙玉盤。路遠莫致倚惆悵,何為懷憂,心煩傷。
　　我所思兮在漢陽,欲往從之隴阪長,側身西望涕沾裳。美人贈我貂襜褕,何以報之,明月珠,路遠莫致倚踟躕,何為懷憂,心煩紆。
　　我所思兮在雁門,欲往從之雪氛氛,側身北望涕沾巾,美人贈我錦繡段,何以報之,青玉案。路遠莫致倚增歎。何為懷憂,心煩惋。

　　眾所周知,張衡的這四首詩,「是寫古代女子因為交通不便、路途遙遠而久離情人的情感痛苦,表現了女子對其情人的深切的思念之情(從『東望涕沾翰』、『南望涕沾襟』、『西望涕沾裳』、『北望涕沾巾』等懸望情人歸來的行為情景中可以清楚地看出),凸顯出女子對其情人的深情厚意與二人相愛的真心真意(從女子贈男子『金錯刀』、『金琅玕』、『貂襜褕』、『錦繡段』和男子回贈女子『英瓊瑤』、『雙玉盤』、『明月珠』、『青玉案』等信物可以見出)。」⑥而上引魯迅的這首詩《我的失戀》,則是「擬古的新打油詩,是諷刺嘲弄當時『阿育阿育,我要死了』之類腐朽頹廢的失戀詩的。」⑦其對當時文壇那些無病呻吟、「為賦新詞強說愁」的無聊愛情詩的嘲弄諷刺,不僅顯得辛辣深刻,而且別具幽默詼諧之趣,讀之不禁令人忍俊不禁,啞然失笑。

　　那麼,這首新打油詩何以有如此的表達魅力呢?

　　無他,乃得力於「仿諷」表達法的運用。

　　這首新打油詩的寓意是要諷刺「當時無聊失戀詩寫作者唯利是圖的

愛情觀（從男子看上的是女子的『百蝶巾』、『金表索』之類，追攀的是豪家女子），虛情假意、玩世不恭的戀愛心理（如尋她怕『山高』、『水深』，去見她怕城市人多擁擠，沒有汽車為工具等等；回贈女子以『貓頭鷹』、『冰糖壺盧』、『發汗藥』、『赤練蛇』之類無價值、不嚴肅的物品）」，⑧但作者並沒有直白本意，而是採用「舊瓶裝新酒」的手法，借眾所周知的《四愁詩》的舊有形式，仿其句法形式與腔調，讓讀者由此及彼，將原作與仿作相聯繫，將現代勢利男人與古代癡情女子進行對比，從而讓讀者深刻認識到其表達的真正用意：對真摯愛情的頌揚，對玩世不恭、虛情假意的戀愛遊戲態度的批評否定。很明顯，這種表達在效果上要遠比直白本意的敘寫給人的印象要深刻得多。除此，「仿諷」表達法的運用，在這裏還有另一種效果，這便是通過原作與仿作在結構形式上的相似與兩者在格調意趣上的高下對比，使讀者在文本解讀接受時產生巨大的心理落差，由此獲取一種諷嘲的快感與幽默詼諧的機趣。

3. 今天下三分，情敵虎視眈眈：情書《出師表》

> 臣四郎言：
> 歲月如矢，倏乎三年。七月轉眼將至，而臣辭朝歌去陛下遠行之日亦近矣。今天下三分，情敵虎視眈眈，臣又當離此他往，此誠危急存亡之秋也！故有不得不進諫於陛下者。願陛下垂聽，則臣幸甚。
> 臣本學生，躬讀於台大。苟全性命於考試，不求聞達於教授。三年不改其道。
> 臣生性淡泊，無意功名。晝夜苦讀，心如止水。遁入空學院既已有年，修成正果日當在不遠。孰料一時定力不堅，因空見色，由色生情，走火入魔，重墜凡塵。雖云臣六根未淨，陛下實為臣造業之因。年前臣於某擔心會中，始初識陛下。一見而驚為天人，再見而拜倒石榴裙下。乃蒙陛下重用，不次擢升為護花

大臣。由是感激,遂許陛下以驅馳。受命以來,夙夜憂歎。恐託付不效,以傷陛下之明。故展開快攻,深入敵後,殺退情敵半打。今天下粗定,兵甲已足。昔日強敵,化作飛灰煙滅。然臣猶未能高枕無憂也。蓋臣於于陛下,固未嘗有貳心。陛下之於臣,態度殊為遊移。況陛下朝中,臣子何止數十,寵臣亦有三人,鼎足而三。故臣猶戰戰兢兢,畢恭畢敬,唯恐一朝失寵也。今者,臣接軍書三卷,卷卷有臣名。……顧臣此去,數月不能歸,實有未能釋懷於陛下者。「居廟堂之高,則憂其民。處江湖之遠,則憂其君。」嗚呼,微斯人,吾誰與歸?臣未行已刻刻以陛下為念矣。陛下雖賢,然不免常為群小包圍。故臣常戮力於「清君側」之舉。陛下亦宜自課,凡有花言巧語,自命為護花大臣者,宜付太后裁決,一律逐出宮中,以昭陛下平明之治。小李老陳兩人,口蜜腹劍,絕非善類,陛下切勿親近!陛下之御弟及御犬阿花,此皆良實,志慮忠純,願陛下親之信之。御弟為最佳電燈泡,臣曾領教其威力。愚以為凡有看電影、球賽之事,悉以攜之。必能裨補闕漏,有所廣益。御犬阿花,戰鬥力極強,護主之心尤切。臣在它口中報銷西裝褲兩條。愚以為晚間出遊,悉與之俱,必能使宵小無所乘。親賢臣,遠小人,此臣之所以與陛下情好日蜜也。親小人,遠賢臣,此臣之所以與前任女友告吹也。願陛下咨諏善道,察納雅言,以待臣班師回朝。則臣不勝受恩感激也。……今當遠離,臨表涕泣,不知所云。

——諸葛四郎《出師表》

上引文字,乃臺灣作家諸葛四郎所作遊戲之作。一看標題及行文腔調,就讓人馬上想到諸葛亮那傳誦千古的《出師表》。

眾所周知,諸葛亮的《出師表》,是蜀漢後主建興五年(227)諸葛亮率軍北駐漢中,準備出師北伐時寫給後主劉禪的奏章。「表中反復勸勉劉禪繼承劉備遺志,親近賢人,遠離小人,陳述自己對蜀漢的忠誠和

北取中原的堅定意志。語言懇切周詳，被歷代知識份子所推重。」⑨宋人陸遊詩句：「出師一表真名世，千載誰堪伯仲間」（《書憤》），可謂代表了中國歷代知識份子對《出師表》以及對諸葛亮的高度讚頌之情。

　　凡是讀過諸葛亮《出師表》的，大概都有一種共同的情感體驗：為諸葛亮的忠義而深切感動，為北伐事業的神聖而熱血沸騰。但是，讀上引諸葛四郎的《出師表》，我們絲毫沒有一絲的莊重感與神聖感，而只覺得滑稽好笑。

　　那麼，這是為什麼呢？

　　無他，乃是作者運用「仿諷」表達法對原作的神聖感、莊重感予以消解的緣故。

　　諸葛亮寫《出師表》，是懷著一顆虔誠之心，字裏行間滿溢著對後主怒其不爭的憂慮，對北伐統一大業未成的焦慮，充分展現了作者為國鞠躬盡瘁、死而後已的奉獻精神，對國家前途深謀遠慮的政治家胸懷。特別是其中的許多句子，讀之讓人感動莫名、終身難忘。如「今天下三分，益州疲弊，此誠危急存亡之秋也」，其所表現出的憂國愛國情懷，是那樣的真切，仿佛能讓人從中看到他那雙深謀遠慮而又深切憂慮的眼神；「誠宜開張聖聽，以光先帝遺德，恢弘志士之氣；不宜妄自菲薄，引喻失義，以塞忠諫之路也」，其對後主的諄諄教誨，是那樣語重心長，仿佛一個忠厚長者正在耳提面命地教導一個孩童。「親賢臣，遠小人，此先漢所以興隆也；親小人，遠賢臣，此後漢所以傾頹也」，其對後主的批評與忠告，是那樣言辭懇切，仿佛讓人看到一個飽經滄桑的老人在深情地述說歷史的經驗與教訓。「臣本布衣，躬耕於南陽，苟全性命於亂世，不求聞達於諸侯」，其淡薄名利的情操，讓人肅然起敬。「受命以來，夙夜憂歎，恐託付不效，以傷先帝之明」，其忠義之情，真可謂感天動地。

　　正因為如此，凡讀過《出師表》者，沒有人不為諸葛亮忠君彰義的君子形象而肅然起敬，沒有人不為諸葛亮鞠躬盡瘁的獻身精神而深切感動。但是，讀諸葛四郎所作的《出師表》，看到諸如「今天下三分，情敵虎視眈眈，臣又當離此他往，此誠危急存亡之秋也」、「親賢臣，遠

小人，此臣之所以與陛下情好日蜜也。親小人，遠賢臣，此臣之所以與前任女友告吹也」之類與諸葛亮《出師表》句式非常相似的句子時，我們絲毫不為主人公當兵前怕失去女友的焦慮而感動。反而因仿作在結構形式、風格腔調上非常近似諸葛亮原作，而使原存於胸際的神聖感、崇高感頓時蕩然無存，代之而起的是一種無聊好笑的低俗感、滑稽感。如果打個比方，讀諸葛亮的《出師表》，就仿佛看授勳儀式上將軍戎裝上場；而讀諸葛四郎的《出師表》，則就像看一個小孩穿著大人的衣服假裝老成。因為原作與仿作在外表上的相似與內涵上的差異，讀之更易使人於兩相對比中，見出兩者之間在格調與意趣上的巨大落差。由此讓人不禁啞然失笑，幽默滑稽之感油然而生。這便是我們讀諸葛四郎《出師表》嚴肅不起來而要笑出來的原因所在，也是「仿諷」表達法在製造幽默效果上的明顯作用。

4. 留得屎楜在，不怕沒得拉：台南阿伯的人生哲學

> 我讀高一的時候，鄉裏舉辦中北部春節旅行，我也參加。第一天晚上，住在台中火車站附近的一家旅館，這才第一次看見了抽水馬桶，以前只看過圖片。住進旅館以後，大家都往廁所裏跑。鄉長站在一邊維持秩序，一面叫著慢慢來，他說留得屎楜在，不怕沒得拉？等輪到我，我一頭沖進去，看見抽水馬桶，心裏有點害怕，還好我知道是用坐的，坐了上去，也不知怎麼搞的幾乎用了兩百公斤的力量，仍然拉不出來，外頭敲門敲得很急，我在裏邊更急，好一陣子，看看是不會有「結果」了，只好出來，身上直冒汗，鄉長問：好啦，我說好了。那天晚上，好不容易熬到廁所空了，我才放心地走進去，蹲在馬桶上，以後的兩天，我都是一樣。
>
> ——阿盛《廁所的故事》

上引文字，是臺灣作家阿盛《廁所的故事》一文中的一個段落。講述臺灣嘉南平原一幫鄉下孩子，春節期間在鄉長帶領下前往北部城市旅

行，上廁所時因不知如何使用抽水馬桶而鬧出種種笑話的故事。這個故事本身，讀來就非常有趣。其中，鄉長所說的一句話：「留得屎橛在，不怕沒得拉」，讀之更是令人忍俊不禁。

那麼，這位台南阿伯的話何以有如此的效果呢？

無他，乃是「仿諷」表達法運用得巧妙之故也。

我們都知道，漢語中有一句自古就流傳很廣泛的俗語：「留得青山在，不怕沒柴燒」。據說，這裏面還有一個故事。說是古代有個老人，膝下育有二子。因家住山裏，靠山吃山，遂名長子曰青山，次子曰紅山。老人臨終前，將二子叫到跟前，交待了後事，同時也將家產作了分割。其實，家中無長物，也沒什麼好分的，只有兩座山是全家賴以過活的寄託。老人將東崗分給了長子青山，將西崗分給了次子紅山。東崗樹木稀疏，幾乎等於是一座荒山。而西崗則林木茂盛。老人大概是偏愛老么，這才把西崗分給了他。老人死去後，紅山靠著西崗的林木，伐木燒炭，日子過得還可以。可是，幾年之後，西崗的林木就幾近枯竭了，紅山無木可伐，燒炭不成，生活也成了問題。無奈之下，紅山只得投奔哥哥青山。看著哥哥原本荒涼的東崗現在山青水秀，山上林木蔥蔥，山間牛羊成群，山下良田連片，就不解地問哥哥其中的緣故。哥哥語重心長地告訴他：「吃山不養山，終會山窮水盡。先養山再吃山，才能山青水秀，取之不盡，用之不竭啊！」由此，知道此事的人都稱讚說：「留得青山在，不怕沒柴燒」。後來，這句話一傳十，十傳百，遂成了一句廣泛引用的俗語和人生格言，語義上也有演變。現在大凡人們引用此語，多是說明這樣一個人生哲理：「一個人處於絕境時，不妨先暫退一步，保存實力，以圖日後可以東山再起。」

可見，「留得青山在，不怕沒柴燒」，雖是一句俗語，卻語俗理不俗，富含非常深刻的人生哲理。正因為如此，我們在日常生活中，經常能聽到人們用這句話勸人。然而，這麼富有哲理的人生格言，卻被那位鄉長套仿，從而創出「留得屎橛在，不怕沒得拉」這樣的新語來，真是讓人始料不及，做夢也不能想見。然而，正是這種出人意料的套仿，卻讓原句「留得青山在，不怕沒柴燒」與仿句「留得屎橛在，不怕沒得拉」

形成了強烈的對比效應，原句與仿句結構形式的相似性和內容意趣上的相異性，形成了強烈的反差，給人以強烈的接受感知衝擊。而原句內容上的嚴肅性與仿句意趣上的滑稽性，在對比中逾顯鮮明，遂使仿句文本頓添一種幽默詼諧的情趣，讀之不禁令人啞然失笑，心中油然而生對這位鄉下阿伯語言智慧的敬佩之情。

5. 看著信息傻笑的基本已達到信高潮：現代人的「信」生活

> 以短信消磨時間的稱為信生活，只收不發為信冷淡，狂發一氣為信亢奮，發錯對像是信騷擾，發不出去是有信功能障礙，看著信息傻笑的基本已達到信高潮。
>
> ——2003 年 5 月新浪網所載一則大陸手機簡訊段子

上引一段文字，是 2003 年 5 月在大陸新浪網上流傳的一則手機簡訊段子，描寫大陸年輕一族「手機生活」的真實情狀，讀之不禁讓人為之絕倒。忍俊不禁之餘，又讓人情不自禁地想起大陸早年的一句流行語：「人民的智慧是無窮的」！

那麼，這一則手機簡訊段子何以有如此的表達力呢？

仔細分析一下，我們立即會發現其中的奧秘。原來，它是大規模地運用「仿諷」表達法的結果。我們都知道，在醫學上有「性生活」、「性冷淡」、「性亢奮」、「性功能障礙」、「性高潮」等專門術語。當醫生給病人診斷時說到這些術語時，都是一臉嚴肅，病人聽了也是一本正經，絲毫不覺得有什麼別的感覺。當醫學教授在課堂上談到這些概念時，教授與學生誰也不會有什麼不自在的感覺，因為這是在用學術術語。在法律上，我們都知道有「性騷擾」一說，是現代社會使用頻率很高的辭彙。法官或律師說到這個辭彙時，往往都是慷慨激昂，一臉的嚴肅，而受害人一說到此詞則馬上變得情緒激動，怒不可遏。那麼，為什麼我們讀了上面的手機簡訊段子，讀到「信生活」、「信冷淡」、「信亢奮」、「信功能障礙」、「信高潮」以及「信騷擾」這樣的術語就忍俊不禁呢？這是因為接受者在讀到這些新術語之前，腦海裏已經先有了「性生活」、

「性冷淡」、「性亢奮」、「性功能障礙」、「性高潮」、「性騷擾」等專業術語及其特定含義，因此，當「信生活」、「信冷淡」、「信亢奮」、「信功能障礙」、「信高潮」、「信騷擾」等新術語以相同的語音形式（南方人前鼻音與後鼻音不分，「性」與「信」讀音相同）出現時，就讓接受者情不自禁地將新造術語與原術語進行對比。在對比中，接受者突然發現，原術語與仿術語兩者在書寫形式與語音形式上雖然高度相同相似，但在內涵與意趣上卻存在著極大的反差，於是原術語的嚴肅性與仿術語的輕佻性就形成了格調上的極大落差，讓接受者始料不及，不禁啞然失笑，幽默不期而至。

　　類似於此的手機簡訊，在大陸還有很多。如「光棍節」搞笑的手機簡訊有云：「又是一年光棍日，每逢佳節想相親。兄弟登高遙望處，守著空床少一人」，說的是原住一起的光棍哥們，因為有人相親成功而結婚，到了第二年光棍節時，光棍兄弟中便少了一人。它是仿自唐代詩人王維《九月九日憶山東兄弟》詩：「獨在異鄉為異客，每逢佳節倍思親。遙知兄弟登高處，遍插茱萸少一人」。原詩表達鄉思的深刻性與仿詩表意的調侃性，兩相對比之下，便見格調意趣上的反差，因此讀來也有令人為之莞爾一笑的效果。又如又一則手機簡訊說：「光棍時節雨紛紛，路上單身欲斷魂。借問老婆何處有？曾哥遙指李宇春」，說的是光棍找不到如意老婆（李宇春是大陸娛樂界選秀選出來的「超級女聲」，長得像男孩子。這裏指代女性特徵不明顯的「中性人」），生活孤單的寂寞情狀。它是仿自唐代詩人杜牧《清明》詩：「清明時節雨紛紛，路上行人欲斷魂。借問酒家何處有，牧童遙指杏花村」。原詩表達的是遊子清明時節獨在異鄉的孤寂之情，仿詩則是表達男兒討不到老婆的苦衷。前者表意嚴肅，後者創意詼諧，兩相對比，自有一種幽默感油然而生。

二、夫人變身如夫人：降用的表達力

在語言表達中，有時候一個詞語用得巧妙，便能妙語生花。「嬉笑怒罵，皆成文章」的表達境界，也能於一詞一語的經營中自然達成。如運用「降用」表達法，就能達到這種效果。

所謂「降用」表達法，是指一種在表達中故意「把一些分量『重』的、『大』的詞語降作一般詞語用，也就是詞語的『降級使用』」，[⑩]從而「使其原級使用的嚴肅性與降級使用的調侃性相形對比，形成格調意趣的巨大反差，出人意料，令人發噱」的語言表達方式。[⑪]

正因為「降用」表達法在特定的情境下有很好的調節氣氛的作用和諷嘲詼諧、製造幽默的效果，因此，在許多著名作家筆下都有這種表達法的運用。

1. 阿Q看見自己的勳業得了賞識，便愈加興高采烈起來：阿Q與小尼姑

> 小尼姑全不睬，低了頭只是走，阿Q走近伊身旁，突然伸出手去摩著伊新剃的頭皮，呆笑著，說：
> 「禿兒！快回去，和尚等著你……」
> 「你怎麼動手動腳……」尼姑滿臉通紅的說，一面趕緊走。
> 酒店裏的人大笑了。<u>阿Q看見自己的勳業得了賞識</u>，便愈加興高采烈起來：
> 「和尚動得，我動不得？」他扭住伊的面頰。
>
> ——魯迅《阿Q正傳》

和尚與尼姑都是社會的弱勢，是天底下最苦的人之一。如果不是被迫無奈，一個男人絕對不會想到剃光頭髮去做和尚；如果不是迫不得已，一個女人決不會絞盡萬縷青絲去做尼姑。因為男人做了和尚，便不能吃肉。而一個普通男人「三天不吃肉，便喊嘴裏要淡出鳥來」，更何況是終身禁葷食素？《水滸傳》中的花和尚魯智深之所以要大鬧五臺山，就

是為了要吃肉喝酒的緣故。聖人有言：「食、色，性也」。所以，男人除了要吃肉喝酒，還有性的要求。有一首流行歌曲唱道：「來啊來喝酒，東邊那個美人，西邊黃河流」。你看，吃肉喝酒時，還想著美人，這就是男人！所以，男人做和尚，那是天底下最苦的事，也是他本人最不情願的事。而女人出家做尼姑，自然也是情非得已。在中國古典詩詞中，描寫女子獨守空房的閨怨之作不知凡幾。丈夫或情人出門幾天就受不了生理與情感的煎熬，那麼出家當尼姑一輩子不與男人接觸，那種痛苦又是如何呢？要知道，女人是需要男人疼愛的一族。不如意時要男人哄，寂寞時要男人陪。在尼姑庵裏，何來噓寒問暖的男人，何來「芙蓉帳暖度春宵」？長年經月要早晚誦經，何來「雲鬢半偏新睡覺」、「春宵苦短日高起」的福分？正因為做和尚苦，當尼姑更苦，「同是天下淪落人」，有時相憐相惜，或是情感上把持不住，和尚與尼姑也會鬧出點緋聞。從人性的角度來理解，也是人之常情，我們不應過多的責備。但是，事實上，我們所有「在家人」卻往往不能原諒這些苦命的「出家人」。明清通俗小說中，就有很多寫和尚尼姑通姦，最後不得好終的篇什，都是以道學家的眼光、以正人君子的口吻對他們予以指責，好像做了這等事就是十惡不赦，應該千刀萬剮似的。從這一點看，做和尚與尼姑，不僅是生理上苦，精神上更苦。

　　達官貴人、大人老爺，為了維護所謂的封建倫常批評和尚、尼姑不守戒律，這也可以理解。因為他們總是要求老百姓清心寡欲，堅守他們制定的道德倫常，以維護他們的統治。一般老百姓，特別是社會最底層的民眾，按道理應該同情和尚與尼姑偶爾有之的「紅杏出牆」。可是，奇怪的是，事實上這些處於社會最底層的民眾往往對於比他們更苦的和尚、尼姑抱持更嚴苛的要求，甚至謾罵之、痛打之，無所不用其極。比方說，上引《阿Q正傳》中的阿Q就是這等人。他本是不名一文、三餐不濟的流浪漢，住在土穀寺裏度日。應該說，他已是處於社會最低層了，只因為他曾參加過「革命」，便覺得自己了不得。所以，見到小尼姑，他便產生了優越感，不僅對她動手動腳，進行性騷擾，還要製造緋聞謠言毀壞小尼姑的清白。對於阿Q這等不道德的行為，酒店裏的人不僅不

指責，反而以看熱鬧的心態旁觀，而且「大笑」。由此，更一步助長了阿 Q 的惡行，開始動手打小尼姑。寫到這個情節時，作者有一句描寫：「阿 Q 看見自己的勳業得了賞識，便愈加興高采烈起來」，讀之不禁讓人為之啞然失笑。不過，這笑不是輕鬆的笑，而是一種讓人心靈滴血的笑，是怒其不爭的帶淚之笑，是苦惱人無奈的笑，更是對阿 Q 及酒店裏「大笑」的人冷血、愚蠢的無情嘲笑。

那麼，這句話何以有如此強烈的表達力呢？

無他，乃因這句話中有一個詞用得有一字千鈞之力。這個詞就是「勳業」，是典型的「降用」表達法的運用。我們都知道，「勳業」一詞，其意是「功業」，是個帶有尊崇褒揚色彩很濃的大詞，多用於莊重的場合或語境中，表達的是一種推崇之意。如唐人李頎《贈別張兵曹》詩有云：「勳業河山重，丹青錫命優。」宋孝宗《和史浩曲宴澄碧殿》詩有「使我勳業起」之句，現代學者阿英《戎行兼言藝文事》有贊人句云：「將軍只手定蘇北，勳業爭傳大江南。」所用「勳業」一詞，都是指稱「功業」之義。而魯迅小說中說阿 Q 打小尼姑的行為是「勳業」，則明顯是大詞小用，屬於「降用」表達，讀之讓人經由「勳業」一詞原本的內涵與阿 Q 打小尼姑的行為的對比，不禁生出不屑的一笑。同時，這種大詞小用，還帶有「倒反」的性質，內中諷嘲的意味極濃。如果作者不用「勳業」而客觀地選擇「行為」一詞表達，那麼這些表達效果都無從取得，不僅不能讓人讀後留下什麼印象，更見不出作者的態度。可見，這段文字的精彩之處，全在「勳業」一詞的運用，是「降用」表達法獨特表達力的生動展現。

2. 打了一回，打它不死，只得改變方針：魯迅打蒼蠅

> 六月二十九日
>
> 晴。
>
> 早晨被一個小蠅子在臉上爬來爬去爬醒，趕開，又來；趕開，又來；而且一定要在臉上的一定的地方爬。打了一回，打它不

死，只得改變方針：自己起來。

——魯迅《馬上支日記》1926 年 6 月 29 日

幾年前，陪兒子讀童話，讀到這樣一則故事，說有一個大獅子稱雄一方，所有動物都被它趕得無處棲身。最後，大家都對它俯首稱臣。只有一隻小蚊子不肯屈服，敢於藐視那個不可一世的大獅子。獅子覺得小蚊子太不自量力，於是就提出要跟蚊子比武，企圖徹底征服所有敵對勢力。沒想到，蚊子欣然應戰。開戰後第一回合，獅子就失敗了。因為獅子用尾巴甩，用牙齒咬，用爪子抓，全都無濟於事。第二回合開始後，獅子仍是老三招。蚊子等獅子折騰夠了，趁其不備，猛地在他那沒毛的鼻子上咬了一口。立時，獅子的鼻子就隆起了一個大包。接著，蚊子又咬了幾次。獅子鼻子又痛又癢，拚命地找樹磨蹭，但仍然不能止癢。最後，只得跑到河邊，把頭埋到水裏。

看了這個童話，讓人既感慨又感歎。世界上的一切人與物，都是既強大又弱小。再強大的人或物，也有它致命的弱點，可能最終敗在最微不足道的人或物手裏。中國歷史上曾有天下之尊的皇帝被卑微的宮女勒死的情事，也有諸如《三國演義》中叱吒風雲的大將張飛被手下小兵殺死的變故。上述故事中的百獸之王獅子敗在了蚊子手裏，雖是一個童話，但卻說明了一個道理：小者不小，弱者不弱，強弱大小都是相對的。上引文字寫魯迅被蒼蠅騷擾而無可奈何的情節，也生動的說明了這個道理。

魯迅的這段文字，雖是不公開的個人日記，但敘事表意卻相當有可讀性。特別是其中「打了一回，打它不死，只得改變方針：自己起來」這一句，讀來不僅生動有味，而且別有機趣橫生的幽默感，讀之不禁讓人為之莞爾。

那麼，這句話何以有如此特殊的表達力呢？

原來全賴其中的一個詞用得巧妙，這個詞便是「方針」。它是作者有意大詞小用的「降用」表達，屬於「降用」修辭文本。我們都知道，「方針」一詞，原寫作「方鍼」，是專指「羅盤針」。近人周起予編纂的《新名詞訓纂‧物之屬》（1918 年出版）解釋說：「按羅盤指南針原

出中國，惟中國皆指南，外國有指北者。方針之不同如此。」清人劉鶚小說《老殘遊記》第一回有一段老殘與章伯在海上的對話：「老殘道：『依我看來，駕駛的人並未曾錯，只因兩個緣故，所以把這船就弄的狼狽不堪了。怎麼兩個緣故呢？一則他們是走太平洋的，只會過太平日子，若遇風平浪靜的時候，他駕駛的情狀亦有操縱自如之妙，不意今日遇見這大的風浪，所以都毛了手腳。二則他們來曾預備方針。平常晴天的時候，照著老法子去走，又有日月星辰可看，所以南北東西尚還不大很錯。這就叫做靠天吃飯。那知遇了這陰天，日月星辰都被雲氣遮了，所以他們就沒了依傍。』」這裏老殘所說的「方針」，便是指「羅盤針」。後來，「方針」一詞語義經過比喻引申，涵義發生了變化，詞典釋義是：「指導工作或事業前進的方向和目標」。如近人梁啟超 《論支那獨立之實力與日本東方政策》一文中有這樣一句話：「認定方針，一貫以行之，必有能達其目的之時。」這裏的「方針」一詞，用的就是現在通行的涵義。很明顯，這個詞帶有莊重的政治色彩。因此，一般用到「方針」多與國家政策等問題相關。可是，魯迅在日記中寫自己對付蒼蠅的辦法時，不說「辦法」、「思路」，而說「方針」。這是作者有意將「方針」一詞「大材小用」，意在調侃自嘲。作為修辭文本看，這句話由於「方針」一詞的降格使用，遂使「方針」一詞原本內涵的嚴肅性與降用後的戲謔性形成了強烈的對比反差，令人大跌眼鏡，讀之不禁啞然失笑。

3. 密斯高是很少來的客人，有點難於執行花生政策：周樹人待客之道

七月八日

上午，往伊東醫士寓去補牙，等在客廳裏，有些無聊。四壁只掛著一幅織出的畫和兩幅對，一副是江朝宗的，一副是王芝祥的。署名之下，各有兩顆印，一顆是姓名，一顆是頭銜；江的是「迪威將軍」，王的是「佛門弟子」。

午後，密斯高來，適值毫無點心，只得將寶藏著的搽嘴角生瘡有效的柿霜糖裝在碟子裏拿出去。我時常有點心，有客來便請

他吃點心；最初是「密斯」和「密斯得」一視同仁，但密斯得
有時委實利害，往往吃得很徹底，一個不留，我自己倒反有「向
隅」之感。如果想吃，又須出去買來。於是很有戒心了，只得
改變方針，有萬不得已時，則以落花生代之。這一著很有效，
總是吃得不多，既然吃不多，我便開始敦勸了，有時竟勸得怕
吃落花生如織芳之流，至於因此逡巡逃走。從去年夏天發明了
這一種花生政策以後，至今還在厲行。但密斯們卻不在此限，
她們的胃似乎比他們要小五分之四，或者消化力要弱到十分之
八，很小的一個點心，也大抵要留下一半，倘是一片糖，就剩
下一角。拿出來陳列片時，吃去一點，於我的損失是極微的，
「何必改作」？
密斯高是很少來的客人，有點難於執行花生政策。恰巧又沒有
別的點心，只好獻出柿霜糖去了。這是遠道攜來的名糖，當然
可以見得鄭重。

　　　　　　　——魯迅《馬上支日記之二》1926 年 7 月 8 日

　　上引這段文字，是魯迅日記中的一個片斷。其內容是說，他本來對
於來訪的客人都是一視同仁的，不論來者是「密斯得」（先生，英文 mis-
ter 的音譯），還是「密斯」（小姐，英文 miss 的音譯），都待之以點
心。後來，由於「密斯得」們「委實利害」，將他家中預備的點心都吃
完，所以他只得另尋待客的長久之計，由此發明了「花生待客」之新法。

　　這段述說用花生待客方法之由來的文字，所寫之事雖是微不足道的
個人瑣事，但信筆寫來，卻搖曳生姿，讀來別有生動活潑、幽默風趣的
韻味，讓人有過目難忘的深刻印象。

　　那麼，這段文字何以有如此獨特的表達魅力呢？

　　這與上面我們所引到的魯迅的另一則日記一樣，也是因為運用了「降
用」表達法的緣故。因為「改變方針」與「執行花生政策」、「至今還
在厲行」，都是通過「大詞小用」來實現幽默效果的。前文我們說過，
「方針」多用在與國家政策等方面的大事情上，詞義上帶有莊重嚴肅的

風格色彩。而魯迅說到「改變待客之道」，不直說「改變待客方法」，而說「改變（待客）方針」。以「方針」替代「方法」，意在通過「小事化大」、「大詞小用」，使事與義形成格調意趣上的反差，令人有意想不到的效果，由此使人不禁啞然失笑。「政策」一詞，一般是指一個國家或一個政黨為了實現一定歷史時期的路線與任務而規定的行為準則。詞義上具有較濃厚的政治色彩，帶有莊重嚴肅的意味。這樣的大詞用在待客之道上，讓人有一種意想不到的突兀感，讓讀者在特定語境下窮究原委，情不自禁地將原詞語義與用詞語義進行對比，在極大的語義落差中形成一種心理落差，從而為之啞然失笑。「厲行」，也是一個政治色彩比較強烈的詞語，一般多用在貫徹國家政策、改變官場作風、淨化社會風氣等方面。然而，魯迅卻將「厲行」這樣的一個大詞，用在了「堅持不用點心而用花生」這樣的待客信念上，讓人有一種小孩子穿上大人禮服的滑稽感，讀之不禁讓人為之啞然失笑。由此可見，魯迅用「政策」、「方針」、「厲行」等政治性很強的術語來寫待客之道的生活瑣事，是一種有意而為之的修辭行為。其意是為了讓「政策」、「方針」、「厲行」等詞在正常使用中的「原級內涵」與在特定語境下臨時改用的「修辭內涵」之間形成一種強烈的格調意趣上的反差，從而讓讀者有一種始料不及的突兀感，並由此而會心地為之一笑。

4. 親愛的，在我們家裏，你想當總理還是副總理：新郎與新娘分權

> 新郎：「親愛的，讓我們商量一下婚後的生活吧！在我們家裏，你想當總理還是副總理？」
>
> 新娘：「噢，親愛的，我不敢當。不過我想我還是能夠勝任一個較小的角色。」
>
> 新郎：「什麼角色？」
>
> 新娘：「當財政部長。」
>
> ——雅頌《愛情幽默》

　　我們都知道，家庭是社會的細胞。雖然家庭也是一個小社會，但它畢竟是社會成員有限，而且成員都是具有親屬關係的，這與家庭之外的大社會是不同的。在中國，由於自古以來就是宗法思想占統治地位，因此在中國人的家庭中，只有家長與子女之分，而沒有諸如西方社會那種比較平等的夫妻關係、父子關係等等。既如此，那麼家庭中自然沒有通過選舉而產生的家庭角色分工，而只有天然的家長與子女角色定位。

　　上引這則故事，之所以是讀了讓人忍俊不禁的笑話，原因就在於這對夫妻將自己的家庭等同於社會，將自己的家庭角色比附於社會政治角色。也就是說，他們將自己的家庭角色與社會角色進行了錯位思考，違背了社會習俗與語言表達規約。從語言表達的角度看，這則故事之所以能成為笑話，讀之讓人不禁為之啞然失笑，乃因它運用了一種語言表達法：「降用」。

　　眾所周知，「總理」、「副總理」、「財政部長」等稱謂，都是有特定含義與特定指稱對象的。「總理」，是指一國的最高行政長官。中國有「總理」的稱呼，乃是源於日本。日本明治維新後學習西方民主政體，實行君主立憲制度。在參議院與眾議院中選舉出來的國家領導人，稱之為「首相」。而這個選舉出來的「首相」，在日本天皇面前則是稱為「總理大臣」。中國在清末也設立總理衙門，有「總理大臣」一職。袁世凱就做過這個職務。辛亥舉義成功，民國初建，學習西方，實行雙首長制度，以總統與行政院長二人分掌職權治理國家。這是大家皆知的。所謂「副總理」，就是西方所說的「副首相」，臺灣所說的「行政院副院長」。至於「財政部長」，大家都知道這是政府中管錢的一級主管，位置相當顯赫。大家都知道，在民主社會，總統或總理（或稱首相）是通過全體國民投票選舉出來的，財政部長等政府首長則是由總統或首相任命的。他們的任務是密切配合，貫徹競選時的政治承諾，治國安邦，造福社會。雖然家庭是社會的細胞，也算是一個小社會，但它畢竟不是尋常的社會。家庭中的事務不必通過選舉產生一個官職來進行管理，特別是在中國社會，這更是不可能。上引故事之所以讀來令人發噱，就是因為故事中的男女主人公將家庭錯位為社會，將自己的家庭角色錯位為

社會角色，這就有悖於社會習俗，使人覺得不倫不類，不禁為之啞然失笑。而「總理」、「副總理」、「財政部長」的稱謂，則又有違於社會成員語言使用的規約，既讓人覺得說話者有過乾癮的「官本位」思想，又似乎有一種消解政治的意味在，因此讀來特別耐人尋味。由此可見，這則故事之所以有耐人尋味的幽默效果，關鍵因素是它運用了「降用」表達法，通過「政治辭彙尋常化」、「社會辭彙家庭化」的手法，借助特定的上下文語境，深刻而形象地揭示了現代社會男女「看淡政治，看重經濟」的價值觀。

　　類似上述通過「降用」表達製造幽默詼諧的效果，並非是今人的發明。我們的古人早就會運用這種表達法了，明清笑話集中就有很多運用「降用」表達法建構的笑話。如明人馮夢龍《笑府》中有一則《僭稱呼》的笑話說：

> 　　一家父子僮僕專說大話，每每以朝廷名色自呼。一日，友人來望，其父外出，遇其長子，曰：「父王駕出了。」問及令堂，次子又曰：「娘娘在後花園飲宴。」友見說話僭分，含怒而去。途遇其父，乃以其子之言告之。父曰：「是誰說的？」僕在後曰：「這是太子與庶子說的。」其友愈怒，扭僕便打。其父忙勸曰：「卿家不惱，看寡人面上。」

　　這則故事之所以讀來讓人忍俊不禁，原因就在於笑話的創造者運用了「降用」表達法，即故意讓故事中的父子僮僕「鄉下人說朝廷話」，將朝廷語言平民化，讓人聽來有一種境界層級錯位的感覺，因而不禁為之啞然失笑。

5. 那是你爸爸競選我時的誓言：媽媽幸福的回憶

　　格林的妻子在女兒的幫助下整理自己的百寶箱，她不斷地向女兒炫耀年輕時的結婚禮、青春玉照以及男友們送的紀念品等。當女兒看到那一紮疊放整齊的信件時問媽媽：「那都是些什麼信？」

媽媽回答：「那是你爸爸競選我時的誓言。」

——藍關、盧之慎《家庭幽默》

我們都看過保利公司與嘉士德公司的藝術品競拍情景，知道一件藝術品是否具有傳世價值，就看有沒有人願意出高價競拍。

女人特別是年輕女子，情形也是一樣。如果她被許多男士追求，說明她有魅力，她一定為此而感到自豪，甚至洋洋自得。這便是女人好虛榮的弱點所在。正因為有愛虛榮的弱點，不少女子往往會為此吃虧，中了那些善於揣摸女子心理的男人圈套。中國古代有很多描寫棄婦怨恨的詩篇，說的正是那些婚前或婚初被男子花言巧語欺騙，婚後而被拋棄的傻女人故事。在中國文學史上，這類詩篇最早最著名的莫過於《詩經‧衛風‧氓》。其詩云：

氓之蚩蚩，抱布貿絲。匪來貿絲，來即我謀。送子涉淇，至於頓丘。匪我愆期，子無良媒。將子無怒，秋以為期。

乘彼垝垣，以望復關。不見復關，泣涕漣漣。既見復關，載笑載言。爾卜爾筮，體無咎言。以爾車來，以我賄遷。

桑之未落，其葉沃若。於嗟鳩兮，無食桑葚；於嗟女兮，無與士耽。士之耽兮，猶可說也；女之耽兮，不可說也。

桑之落矣，其黃而隕。自我徂爾，三歲食貧。淇水湯湯，漸車帷裳。女也不爽，士貳其行。士也罔極，二三其德。

三歲為婦，靡室勞矣；夙興夜寐，靡有朝矣。言既遂矣，至於暴矣。兄弟不知，咥其笑矣。靜言思之，躬自悼矣。

及爾偕老，老使我怨。淇則有岸，隰則有泮。總角之宴，言笑晏晏。信誓旦旦，不思其反。反是不思，亦已焉哉！

詩中所寫的男主人公氓，就是一個典型的背信男人。婚前他與所愛的女子是那樣情意綿綿，信誓旦旦，婚後則是二三其德，甚至對他的女人施以家庭暴力（「言既遂矣，至於暴矣」）。

遠古的先秦時代男人如此，中古的唐人，仍是這個德行。敦煌卷子

中有一首唐代無名氏所作的《菩薩蠻》詞，其詞有云：

枕前發盡千般願，要休且待青山爛。水面上秤錘浮，直待黃河
徹底枯。

白日參辰現，北斗回南面。休即未能休，且待三更見日頭。

看這詞的口氣，我們便知是個花言巧語的男人所寫。雖然我們不知
道他最後是如何處理他與所愛女人的關係，但從邏輯上推理，相信他不
會那樣矢志不渝地對他的女人。因為現實生活的經驗告訴我們，大凡喜
歡信誓旦旦的男人，多半都會見異思遷，二三其德的。這樣的男人，大
家在日常生活中都能時時看得到的。中國有句俗語，叫做「會叫的狗不
咬人」。我們也可以說，正經八百的君子是不會那麼急於表白自己什麼
的。事實上，現實生活中那些白頭偕老的夫妻一般都是些「愛在心裏口
難開」的，絕不會信誓旦旦地表白你愛我、我愛你的。

雖說花言巧語、信誓旦旦的男人大多不可靠，可是絕大多數女人卻
偏偏喜歡這樣的男人。這一點，相信大家也是有切身體會的。因為女人
大多喜歡虛榮，喜歡別人特別是男人說她如何美麗、如何有魅力（能夠
如此肉麻吹拍的，大多不會是正人君子，而是奸巧獻媚之徒）。正因為
如此，懂得女人心理的男人都會迎合其心理的，寫情書時更是不惜極盡
肉麻之能事。上引故事中的那位女子收藏丈夫婚前所寫的情書並向女兒
炫耀，正是女人好虛榮的表現。前面我們說過，好虛榮本是女人的本性，
不足為怪，也沒有什麼好笑的。但是，我們讀到上則故事時則不禁莞爾。
那麼，這是為什麼呢？

無他。這是因為作者在創作這則故事時運用了一個有效的表達法：
降用。

我們都知道，在男女戀愛過程中，男人給女人寫情書表達愛慕之情，
這是正常的。一般說來，我們把這個過程叫做「追求」。但是，故事中
的女人不說丈夫追求她，而是說丈夫寫給她的情書是競選她的誓言。這
種將政治術語生活化的「降用」表達（「競選」是政治色彩很濃的術
語），通過突顯說者有意抬高身價（說「競選」意味著追求她的不是一

個男人，而是很多）的顯擺心理，讓讀者在閱讀接受中情不自禁地將說者超常規的「降用」表達與經驗中的常規表達進行對比，從而產生極大的心理落差，幽默詼諧的情趣由此油然而生。這就是這則故事之所以讓人讀之不禁莞爾的原因所在。

三、穿越時光隧道：移時的表達力

語言是一種公共資源，在表情達意時是否運用得好，能否達到運用效益最大化的效果，那全靠使用者的語言修養與語言技巧。

在日常生活中，我們需要與人交流思想情感，或是傳遞資訊，這就有「言語合作」的問題。但是，有時候也會有思想或情感的對立而與人發生「言語博弈」的情況。我們的成語中有「唇槍舌劍」一詞，說的正是人際交往中「言語博弈」的情形。

「言語博弈」是難免的，「唇槍舌劍」也並不可怕，關鍵是我們在進行「言語博弈」時如何表現出應有的君子風度，顯現出一種高雅的語言風範。說白了，也就是如何達到「嬉笑怒罵，皆成文章」的境界，才是問題的實質所在。

臻至「嬉笑怒罵，皆成文章」的表達境界，雖然並不易，但也並不是不可能達到的目標。只要我們掌握一些有效的表達法，取法前人文本創造的有益經驗，經過努力，也是可以基本做到的。

除了上述所講諸法，下面我們再介紹一種，效果也很好。這種表達法，叫做「移時」。

所謂「移時」，是一種有意打亂古今分際、讓時空錯位的一種語言表達法。具體說來，就是「把現代的事物用於古代，把古代的事物加以現代化，有意造成事物的時空錯位」。[12]運用這種表達法建構的修辭文本，我們稱之為「移時」修辭文本。這種文本的建構，一般說來，「多是基於一種以反邏輯悖情違理的戲謔之辭與深含於文本內層深刻嚴肅意

旨的對比所形成的格調意趣反差造就接受者接受心理的落差，以期企及
寓莊於諧的修辭目標的心理預期。因此，這種修辭文本的建構，在表達
上多具生動性、新穎性特點，因為它是以反邏輯悖『情』悖『理』的形
式出現，與合『情』合『理』的常規表達形式大異其趣；在接受上則多
具幽默詼諧風趣的效果，因為修辭文本表達上所顯現出的悖理違情的邏
輯錯誤太過明顯、太顯幼稚笨拙，大出接受者意表，不禁為之啞然失笑。
而當笑後尋思出其笨拙幼稚錯誤後所隱含的深刻用意後，則又為之稱歎
叫妙，為之會心一笑。」⑬

　　正因為「移時」表達法的運用不失幽默詼諧之趣，能臻至「嬉笑怒
罵，皆成文章」的獨特效果，因而不少作家都有意運用這種表達法。下
面我們不妨分析其中幾例，看看其情況究竟如何？

1.夜趕洋車路上飛：上海灘上的景觀

　　上海的摩登少爺要勾搭摩登小姐，首先第一步，是追隨不捨，
術語謂之「釘梢」。「釘」者，堅附而不可拔也，「梢」者，
末也，後也，譯成文言，大約可以說是「追躡」。據釘梢專家
說，那第二步便是「扳談」；即使罵，也就大有希望，因為一
罵便可有言語往來，所以也就是「扳談」的開頭。我一向以為
這是現在的洋場上才有的，今看《花間集》，乃知道唐朝就已
經有了這樣的事，那裏面有張泌的《浣溪紗》調十首，其九云：

晚逐香車入鳳城，東風斜揭繡簾輕，慢回嬌眼笑盈盈。
消息未通何計是，便須佯醉且隨行，依稀聞道「太狂生」。

這分明和現代的釘梢法是一致的。倘要譯成白話詩，大概可以
是這樣：

夜趕洋車路上飛，

東風吹起印度綢衫子，顯出腿兒肥，

亂丟俏眼笑迷迷。

難以扳談有什麼法子呢？

只能帶著油腔滑調且釘梢，

好像聽得罵道「殺千刀！」

但恐怕在古書上，更早的也還能夠發見，我極希望博學者見教，
因為這是對於研究「釘梢史」的人，極有用處的。（魯迅《二
心集・唐朝的釘梢》）

這段文字是魯迅諷刺舊時上海灘上無聊少爺追蹤富家小姐之事。其
實，男人追求女人不擇手段，甚至死纏爛打的事，在任何時代都有，並
非舊時上海灘上的獨特景觀。那麼，為什麼魯迅上面所寫舊時上海灘上
少爺追蹤小姐的文字會讓人讀之興味盎然而又忍俊不禁呢？

仔細分析一下，我們就會發現原來端賴作者運用了「移時」表達法。

作者文中說到「釘梢」女人在中國歷史上由來已久的事實時，引用
了唐代詩人張泌的《浣溪紗》調十首其九。這首詩寫得非常通俗，現代
人沒有讀不懂的。可是，作者卻偏偏要對這首詩歌進行現代漢語的白話
對譯。這是為什麼呢？難道這是魯迅有意灌水，湊字數騙稿酬？讀者肯
定不會這樣想，因為魯迅的境界還不至於這樣低。既如此，那麼就只有
一種解釋了：是為了表達的需要。事實上，確實如此。魯迅這裏之所以
要對譯張泌的詩，其意就是要將唐詩中所寫的「古事」與現代上海灘上
的「今事」進行比附，讓人在時空錯位中看到「釘梢」者在中國歷史上
「一以貫之」的沿革史。同時，借由古物現代化與今事古典化，讓人在
對比中發現其荒誕性，從而不禁為作者的語言機智與表達技巧而會心一
笑。

我們都知道，在中國古代包括唐代，女子出行都是坐馬車，不可能
有洋車。所謂「洋車」，就是一種人力拉動的兩輪或三輪車，又叫「東
洋車」。筆者無由親睹舊上海的洋車景象，但在日本卻真切地看到過。

筆者曾在日本京都生活多年，就任客座教授的大學離嵐山非常近。那裏是京都著名寺廟最集中的所在，也是遊人最多的地方。為了方便遊客，也為了賺錢做生意，當地就有一些青年拉洋車載客，在周圍的幾個寺廟之間招搖過市，儼然成了古都一道亮麗的風景。不過，不管洋車多好，也不管洋車是日本什麼時候發明的，但總不會早到唐朝那個時代。因為日本京都的皇城建築還是學自中國唐朝，因此從邏輯上推論，相信「東洋車」也不會早到哪里去，一定是近代之物，而非古物。可見，魯迅以洋車對譯唐詩中的香車，是典型的將古物現代化的修辭行為。稍微瞭解一點中國歷史者都知道，中國古代女子是非常保守的，包括思想觀念與舉止行為。在服飾上多是長袍大袖，手腳都是不讓人看見的，自然不會穿諸如現代西洋女子所穿的那種「迷你裙」（minskirt），露出玉腿兒來。唐代雖然風氣比較開放，但還不至於有「顯出腿兒肥」的「印度綢衫子」。因此，魯迅這裏所說的「顯出腿兒肥」的「印度綢衫子」，一定不是唐朝所有，而是將古代服飾現代化，同樣是一種修辭行為。至於說唐代女子罵人「殺千刀」，那肯定也是不符合歷史事實的。因為「殺千刀」是現代北方方言中女子對男子一種比較親昵的打情罵俏語，相信唐代還沒有這種說法。至於「扳談」，則是現代上海方言詞，唐代不會有。很明顯，魯迅將「太狂生」對譯為「殺千刀」，將上海方言「扳談」插入詩中，都是一種有意而為之的修辭行為。這種修辭行為的結果，便造就了上面我們所看到的「移時」修辭文本（即魯迅所譯白話詩）。

　　這一修辭文本，由於將唐朝的古事、古物與現代的今事、今物進行了不合邏輯的比附，將唐朝與現代、中國與外國、長安與上海等時空地域等界限統統打通，「讀來令人好生新奇怪誕，邏輯錯誤犯得如此低級、幼稚、笨拙，使接受者大出意表，不禁啞然失笑。然而笑後尋思出表達者於調笑中譏諷洋場無聊少年之用意後，則又不禁為表達者高妙的表達稱歎叫好，於文本解讀接受中獲取了一種幽默風趣的審美享受。」⑭

2. 瑞青天以辭職的辦法要脅給他工作：海瑞與嘉靖的較量

海瑞沒有習鑾這兩下子，有本事拿貪汙來的錢，上下打點，鋪平道路。他雖然平反了，昭雪了，有了令人景仰的清官聲名，但朝廷裏的主政者，包括皇帝，都對他敬而遠之。作為門面點綴可以，要想委以重任則不行，怕海老人家較真，以免弄得大家都不愉快。可在「士」這個階層中，卓爾不群之輩，經不起眾星捧月，更經不住高山仰止，都會情不自禁地生出「天將降大任於斯人也」的聖人感，當這種強烈的「立德立言立功」的補天願望，不能得到滿足時，便會仰天長嘯，椎心泣血。瑞青天以辭職的辦法要脅給他工作，寫了一封公開信，「滿朝之士，悉皆婦人」，把主政者罵了個臭夠。

——李國文《從嚴嵩到海瑞》

上面這段文字，是作家李國文談明代清官海瑞與貪官嚴嵩之事，其意是想通過二人的對比，突顯海瑞道德情操的高尚。應該說，這段文字的立意是嚴肅的。可是，當我們讀了這段文字的實際感受，則又覺得滑稽可笑。這是為什麼呢？

無他。這是因為作者在末尾一句運用了「移時」表達法。

眾所周知，在中國古代，那是皇權至上的，誰也不敢藐視皇帝的權威，除非那是個「兒皇帝」或是被挾持的無能皇帝。因此，海瑞在明代雖然以清廉著稱，且聲名在外，讓嘉靖皇帝迫於社會輿論而有所顧忌，但也決不會被他挾持了。海瑞雖然進京時抬了棺材以示決絕之意，但也絕沒有要脅嘉靖皇帝的膽量。嘉靖皇帝不殺他，但也不給他安排實職，他自然也是無可奈何的，而決不敢寫辭職信要脅嘉靖皇帝給他工作。所謂「辭職」，那是現代民主社會的一種說法，其前提是雇主與雇員、上司與屬員在人格人權上都是平等的，行動行為都有自由。可以合則留，不合則去。但在中國古代，讀書人一旦科舉及第而入朝做了官，那就等於是把自己賣給了皇帝，去留不能自己作主了。如果年老想回老家清閒清閒，那得皇帝同意。大臣向皇帝呈奏章表達此意時，要說是「乞骸骨」，意思是說，請皇上開恩，把我這把老骨頭賜給我，讓我帶回家鄉。

要說得可憐兮兮，皇上才會應允。因此，作者所說海瑞「寫辭職信」的事，那是不可能的。至於「公開信」，那就更無可能了。中國自古以來就沒有什麼言論自由可言，明代當然更不例外。即使明代的嘉靖爺非常開明，海瑞發表自己的言論，也沒有媒體可以憑藉。因為那時沒有報紙雜誌，海瑞上哪兒去公開發表公開信？可見，作者說海瑞給皇帝寫辭職信、發表公開信，那只是作者運用「移時」表達法，有意將古代事物現代化，以此突破時空界限，以太過明顯而笨拙的邏輯錯誤，突破讀者的心理預期，使其不禁為之啞然失笑，從而製造一種幽默的表達效果。然而，這笑不是廉價的，而是要讀者在啞然一笑之後幡然省悟出這樣一個深刻用意：「在中國封建社會要做清官實在不易，『舉世皆濁我獨清』是行不通的，中國封建時代不具備清官生存的社會土壤。」⑮

3. 太者更進一層也，囉嗦見前注：何為繁瑣注疏

> 有一天，朱熹去拜見孔夫子，適夫子外出，便留下名片一張，並寫道：「門人朱熹百拜。」這本不足為奇。可不知怎的，朱熹竟在名片上注釋一通：「朱者姓也，熹者名也，門人者學生也，百拜者百次頓首也。」孔夫子回家一看，大為不滿，便在名片上批了兩個字：「囉嗦！」不料朱熹知道後，卻又再加注：「囉嗦者麻煩也。」孔夫子又批：「太囉嗦！」但朱熹沒有甘休，續予加注：「太者更進一層也，囉嗦見前注。」
>
> ——梁西廷《「太囉嗦」》

眾所周知，在現代社會，人際交往與應酬離不開一樣必備之攜身物品，這便是名片。猶記得在大陸 20 世紀 80 年代初，經濟改革開放伊始，大家都以印名片為時尚。不過，當時能印名片的，大多是官員、社會名流與有點經濟規模的商人。而一般人是沒資格印名片的，也沒必要印，因為沒有值得向人炫耀的頭銜。但是，30 年後的今天，在大陸，印名片似乎已經普及。上至政要、達官貴人，中至社會精英、鉅商大賈以及白領階層，下至販夫走卒，人人都會印一盒名片揣在懷裏，一有機會就向

人散發。大學裏的窮學生沒有什麼身價吧，他們也有名片；小菜場賣米賣肉的，也會時不時地掏出名片，說：「老闆，給您名片，下次您再要，照這個名片打個電話，俺給您送過來。」瞧，多熱情，多陽光，他們印名片也是名正言順、冠冕堂皇的，誰說「尼姑的頭，和尚摸得，阿 Q 摸不得」，勞動人民就沒印名片的資格？呸！都什麼年代了，現在是講民主的時代，是人人平等的時代。

　　雖然名片在現今社會已經普及，但在很多人的印象中，仍然覺得名片這玩意是個舶來品，是從西方人那裏學來的。其實，非也。雖然我們現在不能明確地考證出名片到底是起源於何時，但是，我們可以說在中國古代就已經有了。在日語裏，名片寫作「名刺」。讀過幾本中國古書的人都知道，這是日本完完全全照搬中國古代名詞的結果。日本人向來善於「拿來主義」，先是從中國古代借這借那，後又從西洋引這引那。這個大家都知道，不必多說了。

　　雖說名片在中國有著悠久的歷史，是中國人的發明也說不定，但話又說回來，名片在中國古代的歷史再久，也不會早到孔子生活的時代。因為從目前所能見到的史料看，孔子生活的時代還沒有持名片求見的記載。據相關材料顯示，類似於名片的東西，最早可以追溯到戰國時代。那時，「諸侯王為了拉近與朝廷當權者的關係，經常地聯絡感情在所難免，於是開始出現了最早的名片——『謁』。所謂『謁』就是拜訪者把名字和其他介紹文字寫在竹片或木片上。進入東漢末期，『謁』又被改稱為『刺』。唐宋時期，出現了『門狀』。到了明代，則出現了『名帖』。直至清代晚期才正式有『名片』稱呼。在目前的拍賣市場上，可以看到『名帖』、『名刺』等稱呼，其實它們指的都是名片。」（《中國商報・收藏拍賣導報》2008 年 7 月 3 日，肖飛《古代名片花頭不少》）漢人司馬遷作《史記・孔子世家》，也未見記載孔子周遊列國時拿「謁」或「名刺」求見列國君主的事。可見，孔子生活的春秋時代，還沒有發明類似於名片的「名刺」或「謁」。至於宋人朱熹拿名片求見他人，那倒是具有現實可能性。不過，應該指出的是，南宋時代的朱熹拿著名片去拜見早於他一千多年的春秋時代聖人孔子，則就是笑話。所以，我

們讀了上述朱熹拜見孔子這則故事會不禁啞然失笑，情不自禁地想到了傳統相聲所說的「關公戰秦瓊」的經典段子。

這則朱熹拜見孔子的故事，之所以讀之有讓人忍俊不禁的效果，其實是與作者運用了一種表達法有關。這個表達法，就是上面我們已經說到的「移時」。

將春秋時代的孔子與南宋時代的朱熹拉到一起，這是作者有意打破時空界限。而將近現代才用到的名片，用到兩千多年前，這是有意將古事現代化。作者這種通過「移時」表達法編造故事的言語行為，表面看來是為了製造幽默，博人一笑。深層則是通過朱熹在名片上反復批註的文字與情節，暗諷時下那些故弄玄虛、迂腐冬烘的學究，從而讓人在這種誇張的表達中對學術界存在的「繁瑣注疏」留下深刻的印象。

4. 只有文化山上，還聚集著許多學者：關於大禹其人的考辨

遠地裏的消息，是從木排上傳過來的。大家終於知道鯀大人因為治了九年的水，什麼效驗也沒有，上頭龍心震怒，把他充軍到羽山去了，接任的好像就是他的兒子文命少爺，乳名叫作阿禹。

災荒得久了，大學早已解散，連幼稚園也沒有地方開，所以老百姓們都有些混混沌沌。只有文化山上，還聚集著許多學者，他們的食糧，是都從奇肱國用飛車運來的，因此不怕缺乏，因此也能夠研究學問。然而他們裏面，大抵是反對禹的，或者簡直不相信世界上真有這個禹。

每月一次，照例的半空中要籟籟的發響，愈響愈厲害，飛車看得清楚了，車上插一張旗，畫著一個黃圓圈在發毫光。離地五尺，就掛下幾隻籃子來，別人可不知道裏面裝的是什麼，只聽得上下在講話：

「古貌林！」

「好杜有圖！」

……

大員坐在石屋的中央，<u>吃過麵包，就開始考察</u>。

……

「況且」，別一位研究《神農本草》的學者搶著說，「<u>榆樹葉子裏面含有維他命 W 的；海苔裏有碘質，可醫療瘰癘病，兩樣都極合於衛生。</u>」

「<u>O.K！</u>」又一個學者說。大員們瞪了他一眼。

……

——魯迅《故事新編·理水》

　　禹是中國遠古時代的人物，是夏朝的開國帝君。他以治水有功而永鑴青史，這在中國是婦孺皆知的。但是，疑古派史學家顧頡剛認為大禹其人並不存在。在《古史辨》中，他據漢人許慎《說文解字》對「鯀」與「禹」字的形體釋義，認為禹的父親鯀是條魚，禹則是一條蟲。魯迅不認可顧頡剛的考據結論，加上在廈門大學任教時的個人恩怨，遂著《故事新編·理水》一文，影射諷刺顧頡剛，將其稱為「鳥頭先生」（因為《說文解字》釋「顧」字是從頁雇字，雇是鳥名，頁為頭義）。又因 1932 年江瀚、馬衡等三十余位北平文教界人士曾上書國民政府明定北平為「文化城」，故魯迅又將他們稱之為「文化山上的學者」。至於文中特別提及的「一個拿拄杖的學者」，則是諷刺當時著名的優生學家潘光旦先生。

　　瞭解到魯迅寫《理水》這篇小說的背景，那麼我們對於上引這段文字的含義就易於理解了。很多人都認為，魯迅通過寫小說來影射諷刺與他觀點不同或有個人恩怨的學者，這是氣度不夠恢宏、失去君子風範的行為。但是，作為修辭文本來看，魯迅諷刺人的藝術水準則又是不可抹煞的。讀了上引一段文字，不論是贊成還是反對魯迅觀點和做法的人，都應該不會否認這段文字的表達是獨一無二的。

　　那麼，魯迅的這段文字何以有如此的表達力呢？

　　稍加玩味，我們便會發現，原來全是得力於「移時」表達法的運用。

　　我們都知道，在大禹生活的遠古時代，不可能有什麼「大學」與「幼

稚園」的，而魯迅卻說那時「大學早已解散，連幼稚園也沒有地方開」。這明顯是有意打亂時空界限，將遠古的人事現代化。至於「只有文化山上，還聚集著許多學者」的說法，那更與遠古時代的實際情形不相符，也是作者有意將現代人事比附於古代的結果。而讓遠古時代的人說「古貌林」（good morning）、「好杜有圖」（how do you do），則更是讓人有時空錯亂的感覺。很明顯，這也是將古代人事現代化的表達。「大員坐在石屋的中央，吃過麵包，就開始考察」的說法，一看便是現代政治生活的再現。「別一位研究《神農本草》的學者搶著說，『榆樹葉子裏面含有維他命W的；海苔裏有碘質，可醫療瘰疬病，兩樣都極合於衛生』。」這話全是現代西方醫學術語表達，根本不是中國遠古時代的人所能夠說出的，明顯也是以今律古的「移時」手法。由於文本表達中將遠古人事與現代人事相混同，今昔時空界限不分，讀之讓人覺得邏輯錯誤低級得令人驚奇，情不自禁地為之啞然失笑。但是，笑過之後，仔細回味，其中的諷刺意味則讓人心有戚戚焉。雖然我們都不贊成刻薄為文，也不贊成用小說的方式影射或諷刺他人，但對於魯迅的諷刺藝術，對於他文字的表達力，我們又不能不十分感佩。

5. 還是國營好，不搞這一套：開飯店的訣竅

> 卓文君：（俺）當爐開酒鋪。
>
> 林老闆：和氣最重要。
>
> 阿慶嫂：相逢開口笑。
>
> 阿信：請您多關照！
>
> ×號服務員：還是國營好，不搞這一套！
>
> ——大光《荒誕戲劇》

上引這則文字見載於 1986 年 11 月 20 日《諷刺與幽默》上，並配有漫畫。諷刺的是中國大陸公營企業服務意識差、「衙門朝南開」的官僚習氣。

說起大陸公營企業的服務態度與作風，很多人都有一肚子氣。特別

是 20 世紀 80 年代大陸經濟改革開放伊始時，表現尤其明顯。其中，又以北京的商業服務意識最缺乏，表現尤其差。曾記得筆者 20 世紀 90 年代初到北京開會，離開北京時到商店去買一點北京特產，準備回來送朋友。那時還沒有超市，沒法自選商品。顧客購物都要站在櫃檯外面，指著裏面貨架上的商品請服務員（即銷售人員）拿貨，然後計價付錢。現在，我們到商場或商店，看到服務生都是站在櫃檯後面笑臉迎客的。但是，在當時的北京商店，服務員是坐在櫃檯後面的，就像我們在電視裏看到的古代縣太爺審案時坐在案台之後的架勢一樣。當時，我讓服務員拿了幾樣北京特產，她收了錢後，將東西放在櫃檯上，就開始吃瓜子與旁邊的服務員聊天了。我等了好久，也沒見她有給我打包裝袋的意思，只好跟她說：「服務員，請幫我打包裝袋啊！」她對我翻了翻白眼，沒好氣地拿了一個塑膠袋放在櫃檯上，然後又去聊天了。我說：「你給我裝好啊！」她又了翻了我一個白眼，趾高氣揚地說：「自己裝。」那口氣，就像首長對下屬下命令。這一下，我算徹底領教了「北京大爺」的作風。在上海，顧客到商店購物，服務員不但在顧客進門時笑臉相迎，軟語問候，而且購物後一定會主動給你打包裝袋，臨走時一定表示感謝，歡迎再來。我想，所有那個時候到過北京並且有過購物經歷的人，大概都會對比北京與上海的商業服務作風而大為感慨。因為這次經歷，讓我從此對北京印象相當不好。直到 20 年後，我才因開學術會議而再到北京。後來，我聽人說到這樣幾句流行語：「北京人看全國人民都是他的下級，上海人看全國人民都是鄉下人，廣東人看全國人民都是北方人」。這才恍然大悟，原來北京的營業員這麼牛，那是身處「天子腳下」的「皇民」優越心態的表現。不過，20 年後我再到北京時，北京的商業服務與上海等沿海城市一般無二了。我心裏暗自慶倖，還是市場經濟能夠改造人。後來問人，不是這回事，是因為北京的所有商業服務幾乎都被會做生意的江浙人壟斷了，所以服務態度好了。真正的「北京大爺」現在都退縮到胡同裏「侃大山」（聊天）了，夏天則是在馬路邊光著膀子喝茶吃西瓜去了。

　　讀了筆者親身經歷，我們再回頭看看上引《荒誕戲劇》，就明白了

在 20 世紀 80 年代為什麼有這樣的諷刺小品出現。仔細玩味這則小品，不僅能讓我們從中真切地看到公營事業單位效率不彰、人浮於事的真實情狀，更能從這則令人啼笑皆非的「荒誕戲劇」中看清公營事業單位的弊病所在，從而在笑聲中加深對公營事業單位亟需改革的急迫性的認識。

那麼，這則小品何以有如上這種獨到的表達效果呢？

無他。乃是因為它獨到的「移時」表達法的運用。

我們都知道，卓文君是漢代女子，因跟司馬相如私奔而當爐賣酒。林老闆是茅盾小說《林家鋪子》中所寫的男主角，為人和善，是中國 20 世紀 30 年代崇尚「和氣生財」理念的小老闆典型。阿慶嫂則是大陸「文化大革命」期間的京劇「樣榜戲」《沙家浜》中的女主角，她開茶館有句經典口號：「來的都是客，全憑嘴一張。相逢開口笑，過後不思量」。至於阿信，則是描寫一個女子奮鬥傳奇的日本電影經典之作《望鄉》中的女主角，由日本著名女演員田中裕子飾演。至於「×號服務員」，則是 20 世紀 80 年代的中國大陸女服務員。從邏輯上說，卓文君、林老闆、阿慶嫂、阿信與「×號服務員」，既然不是同一個時代的人，也不是同一個地域的人，那麼他們無論如何都是不能湊到一起，並演出一幕戲的。然後，小品的作者則打破了時空限制，將上述古今中外的各色人物拉配到一起，讓他們共同演出了一場戲，比比誰的經營服務最輕鬆。很明顯，這是作者有意突破時空界限，將古代人事現代化，將現代人事古代化，是「偷天換日」、「乾坤顛倒」的「移時」手法的運用。其目的是通過邏輯上的荒誕不經，讓人在啞然失笑的同時，清楚地看到公營事業單位與私營企業在經營效率與人事制度上存在的天然差距，從而深刻認識到公營事業單位在經營模式與人事制度方面需要改革的急迫性。

四、聲東擊西：歧疑的表達力

我們都知道，說寫表達的能力固然與一個人的語言天賦有關，但也

不儘然。有些天生不擅言辭的人，經過系統的語言技巧訓練，有時也能成為伶牙利齒、口若懸河的演說家或辯論家。這在中外歷史上都有先例，無庸贅述。

前面我們也曾說過，語言表達除了傳遞資訊、溝通情感等功能之外，還有博弈娛樂的功能。事實上，我們的日常生活中少不了人際摩擦，這就必然有言語博弈；作為有七情六欲的人，我們在日常生活中也少不了有鬱悶苦惱的時候。這些情況下，就少不了需要通過語言來化解。那麼，如何達到「嬉笑怒罵，皆成文章」的語言表達效果，化解上述矛盾，就需要我們有創意造言的智慧了。

從先賢的語言實踐中，我們似乎可以有所借鑒。諸如上述「仿諷」、「降用」、「移時」等表達法的運用，事實上都能臻至「嬉笑怒罵，皆成文章」的境界。除此，「歧疑」表達法的運用，也有這種表達效果。

所謂「歧疑」，是指一種在說寫中故意「把其中關鍵性的部分暫時保留一下，不一口氣說出來，有意地使信息接受者產生錯覺或誤會，然後才把那關鍵性的部分說出來」，⑯從而使接受者的心理預期落空，不禁啞然失笑，從而達到一種幽默風趣效果的表達方式。

正因為「歧疑」表達法有幽默風趣的效果，所以古往今來很多人都愛在日常交談的言語博弈中或是寫作中予以運用。下面我們來看幾個成功的例證。

1. 別穿一梁山泊，則足以貯此水矣：劉貢父為國生財

> 集賢校理好滑稽，嘗造介甫，值一客在座，獻策曰：「梁山泊決而涸之，可得良田萬餘頃，但未擇得便利之地貯其水耳。」介甫傾首沉思：「然安得處所貯許水乎？」貢父抗聲曰：「此不甚難。」介甫欣然，以為有策，遽問之。貢父曰：「別穿一梁山泊，則足以貯此水矣。」介甫大笑遂止。
>
> ——宋・司馬光《涑水紀聞》卷十五

眾所周知，宋神宗為了改變北宋開國以來國家長期積貧積弱的局面，

力排眾議，任用王安石進行變法革新。結果，遭到包括蘇軾、司馬光等異議人士的極力反對。為此，王安石與蘇軾、司馬光等人都因政見不同而鬧得水火不容。冷靜客觀地看歷史，我們都應該承認，王安石作為宋神宗倚重的朝廷重臣，為了實現國家的富強而銳意進取，積極推行新法，為國家理財，在立意上是好的。只是因為在新法執行過程中，可能操之過急，因此出現了不少弊病，結果遭到很多反對派人士的批評與詬病。

　　上引司馬光筆記所記載的一則故事，其用意就是諷刺王安石變法新政的。這個故事的真實性如何，我們很難判定，但明顯是在批評王安石為國開源理財走火入魔。故事中的貢父，就是跟蘇軾關係很好的宋代著名文學家與史學家劉攽，他也是反對王安石新法的幹將。當有客人向一心想著開闢財源的王安石建議抽幹梁山泊湖水而墾萬頃良田時，他明知這種想法荒誕不經，卻故意表示贊同。當王安石執迷不悟而問策於他：抽幹的湖水引到何處時，他不直言本意，而是先說「此不甚難」，讓王安石信以為真。而當王安石繼續追問答案時，他才最終道出了真意：這種做法不可能。所謂「別穿一梁山泊，則足以貯此水矣」，弦外之音就是別吃飽了撐的，瞎折騰。事實上，貢父沒有這樣實話直說，而是運用了「歧疑」表達法，先肯定「梁山泊決而涸之，可得良田萬餘頃」這一提議的合理性。當被進一步追問具體解決之道時，他則明確答覆說「此不甚難」。正當王安石聽了為之歡欣鼓舞之時，他突然亮出謎底：「別穿一梁山泊，則足以貯此水矣」。荒誕的解決之策，讓王安石始料不及，原來的心理預期突然落空，遂不禁啞然失笑。不過，這笑是無奈的笑，也是解嘲的笑。司馬光之所以要記載這則故事，恐怕也是意在嘲笑王安石變法已到了黔驢技窮的窘境吧。

2. 此只也是二兩四錢：性緩人說靴價

性緩人買新靴一雙，性急人問之曰：「吾兄這靴子多少銀子買的？」性緩人伸一隻腳示之曰：「<u>二兩四錢</u>。」性急人扭家人便打，說：「好大膽奴才，你買靴子因何四兩八錢？賺錢欺主，

可惡已極。」

性緩者勸之曰：「吾兄慢慢說，何必動氣？」又徐伸了一隻腳
示之曰：<u>「此只也是二兩四錢。」</u>

——清‧程世爵《笑林廣記》

　　現實生活中，我們每天都要與各種各樣的人打交道。有的人行動風
風火火，遇事會急燥慌張，處事會雷厲風行，這便是急性子人（「性急
人」）。而有的人則不一樣，說話做事都慢條斯理，不慌不忙。處事則
拖拖拉拉，再急的事到他那裏都不會讓他有急迫感。有笑話說「老虎追
來了，還要看看是雄的還是雌的」，說的就是這種慢性子人（「性緩
人」）。急性子與慢性子，都是先天的，是與生俱來的性格。至於生活
中那些遇急事、大事而冷靜，辦常規事則從不拖拉，做事說話不疾不徐，
恰到好處的人，則是後天經過努力而修養修煉出來的。這種人是比較可
靠的，因此在現實生活中，他們都是能成功的。而急性子與慢性子的人，
都會在處事時鬧出麻煩。因此，現實生活中我們會常常聽人說到急性子
與慢性子人的笑話。

　　上引這則故事，講的就是急性子與慢性子人的笑話。那個「性急人」
之所以生氣，「性急人」的家人之所以被打，原因都是「性緩人」惹的
禍。不過，「性緩人」惹的禍不是什麼大不了的禍，而是一種生活中的
惡作劇，是戲謔「性急人」的文字遊戲。這個文字遊戲之所以讀來令人
發噱，乃因「性緩人」運用了「歧疑」表達法的結果。

　　我們都知道，在現實生活中，我們問人鞋子（古代稱之為「靴」，
現在日本語中鞋子還是寫作「靴」，即是中國古代說法的遺留）的價錢
總是問一雙之價。這是生活常識，也是約定俗成的社會規約。但是，「這
個故事中的慢性子人（性緩人）回答急性子人（性急人）的問題，卻故
意突破這一社會規約，不說一雙靴的價格，而是先說一隻靴價，讓性急
人誤會而扭打其家人之後，才把關鍵的後半句說出。而當他把這後半句
說出時，不僅讓性急人大出意料，大呼上當，而且也讓讀這則故事的讀
者大跌眼鏡，驚歎這性緩人竟然會對靴價作如此奇特的回答，在感歎性

急人上當和性急者家人白白挨打的同時，情不自禁地啞然失笑，從而獲取到了一種幽默詼諧的文本解讀的審美快慰」。⑰由此可見，「歧疑」表達法確是製造幽默的一種有效手段。

3. 有一樁事，男人站著做，女人坐著做，狗翹起一條腿兒做：梁實秋賣雙子

> 「有一樁事，男人站著做，女人坐著做，狗翹起一條腿兒做。」
> 這樁事是──是握手。和狗行握手禮，我尚無經驗，不知狗爪是肥是瘦，亦不知狗爪是松是緊，姑置不論。男女握手之法不同。女人握手無需起身，亦無需脫手套，殊失平等之旨，尚未聞婦女運動者倡議糾正。在外國，女人伸過手來，男人照例只握手尖，約一英寸至兩英寸，稍握即罷，這一點在我們中國好像禁忌少些，時間空間的限制都不甚嚴。
>
> ──梁實秋《握手》

眾所周知，中國是文明古國，歷來講究行為禮儀。與人交往，見面如何寒暄，行什麼禮，在中國古代都是有一整套既定的規矩的。說遠古的禮儀，我們大家可能都比較陌生。但說到晚清以來的禮儀，也許大家都有印象。其中，最為大家熟悉的就是抱拳禮，也叫拱手禮。直到現在，在中國北方或是一些老人中間還殘留這種禮儀。

而握手禮，則是源自西洋的「舶來品」。自鴉片戰爭以後特別是晚清與民國初年，由於國人崇洋習氣日深，行拱手禮者越來越少，而行握手禮的人則越來越多，特別是年輕人則幾乎不知拱手禮為何物了。如果現實生活中真有年輕人對人行拱手禮，恐怕要被人視為「外星人」。年輕人不僅習慣了行西洋的握手禮，而且還懂得握手的種種規矩，如上下級之間、長輩與晚輩之間、男人與女人之間，誰應該先伸手，握手的鬆緊，手指接觸的方式，等等，都能通曉。

上引梁實秋的這段文字，講的就是西洋握手禮的門法。本來，這種介紹握手禮的文字也沒什麼稀奇，一般人對於握手禮的規矩大致都瞭解

一二。因此，一看《握手》這個題目，恐怕就不會有太大興趣讀下去了。但是，梁實秋先生卻在全文開頭一句便緊緊地抓住了讀者的心，讓人不得不帶著極大的好奇心讀下去。

那麼，梁實秋先生何以有如此的能耐呢？

無他。乃因他在行文中巧妙地運用了「歧疑」表達法，遂使平淡的敘事頓添無限的情趣。

按照一般人的行文思路，這篇文章的開頭似乎應該這樣措詞：「行握手禮，有種種規矩，西洋人的習慣，男人之間握手，大家都要起身站著；如果是男女之間握手，則女人可以坐著；如果人與狗行握手禮，狗翹起一條腿兒」。如果真是這樣四平八穩地開頭，恐怕這篇文章真的沒人有興趣讀下去。事實上，梁實秋先生沒有這樣寫，而是凌空起勢，突兀起語：「『有一樁事，男人站著做，女人坐著做，狗翹起一條腿兒做。』這樁事是——是握手」，讀之令人始料不及，大跌眼鏡。但仔細尋味，則忍俊不禁，為其新穎的表達而感佩不已。從結構上分析，這開頭的一句，可以分為兩個部分，前一部分「『有一樁事，男人站著做，女人坐著做，狗狗翹起一條腿兒做』」，屬於「歧疑」表達法中的「造疑」，讓讀者經由「男人站著做，女人坐著做」二句，自然而然地根據自己的生活經驗推理出「狗翹起一條腿兒做」，指的是「小便」。然而，當讀者往下讀時，卻突然發現作者給出的答案與自己的邏輯推理大相徑庭：「這件事是——是握手」（「釋疑」），便不禁感到十分意外，原先的心理預期頓然落空。但仔細尋味，則不禁為之捧腹大笑，連呼妙妙！梁實秋的許多小品文，之所以篇幅短小，題材尋常，但卻篇篇精彩，這與他善於運用特定的表達法是有密切關係的。

4. 編詞典的工作不是人幹的：陳原討好同行

> 我沒有編過詞典，但是這些年同詞典打交道打得很多，因此，我做夢也是在叫，一個字一個字地在那兒叫。可見，編詞典的人多麼苦。我說編詞典的工作不是人幹的，但它是聖人幹的。

（眾大笑）白馬非馬，聖人不是人。詞典是聖人幹的！這是真正的人幹的！他犧牲自己，為了當代，為了後代，他甘作犧牲。

——陳原《編寫辭書的精神和態度》

著名史學家范文瀾對於做學問，曾有一句名言：「板凳要坐十年冷，文章不寫一句空」。事實上，能夠達到這種境界的學者是很少的。因為學者也是人，也要受到現實塵世名利等的誘惑或幹擾，要想耐住寂寞，「兩耳不聞窗外事，一心只讀聖賢書」，真的是難為他們。正因為一般人難以做到，所以學術界真正能稱得上大師的人也就鳳毛麟角了。

做學問要耐得住寂寞，不容易。編詞典，要耐得住寂寞，同樣也是不容易的。雖說編詞典不像做學問那樣有艱難的考據或是百思不得其解的思辨痛苦，而只是搜集資料、排比資料的簡單工作，但由於比較單調枯燥，因此一般人很難堅持下去。如果沒有耐心，而且沒有對後學負責的責任心，那麼編出來的詞典必然錯誤百出，誤人子弟，殆患無窮。

上引一段文字，便是講編詞典者艱辛工作況味的。作者陳原是大陸著名的詞彙學研究的專家。他知道編詞典者在學術界的處境，他們長年累月做著搜集資料、撰寫詞目的艱辛工作，但並無什麼名利可圖。從學者的眼光看，他們只是將別人的研究成果彙編成詞目，沒有自己的創見，因此被認為是沒有學術成就者，在學術界也就沒有什麼地位。而從世俗者的眼光來看，除了大型詞典的主編尚能博得一點虛名外，其他參與工作的幾十人乃至成百上千人都是默默無聞的。至於利益回報，則也是非常有限的。正是基於這種情況，所以作者陳原在講話中才說「編詞典的工作不是人幹的」。這話雖意在為大家抱不平，但聽起來卻讓台下聽講的廣大詞典編寫者心有不悅，以為在罵他們都是傻子。可是，正當大家作如此推想之時，作者卻突然說「但它是聖人幹的」，給出了一個與大家心理預期不一樣的答案。可見，這裏作者運用的是「歧疑」表達法。前句「編詞典的工作不是人幹的」，是「造疑」；後句「但它是聖人幹的」，是「釋疑」。前句的「造疑」，引起了聽者錯誤的邏輯推理；後句的「釋疑」，則讓聽者大出意料。前後對照中，便讓聽者在心理產生

了極大的落差。由此，不禁啞然失笑，幽默機趣油然而生。如果作者不運用「歧疑」表達法，而是實話直說，這種學術性的講話恐怕很難讓聽眾開顏一笑。

5. 老婆跟了別人好：記者的苦惱

不用說評論部的主任有多榮耀，看看管轄的 4 個節目，《焦點訪談》、《東方時空》、《新聞調查》、《實話實說》，……管這四個節目，得應付多少人說情啊！

評論部的領導不難接近，編輯們還覺得不夠味。每年春節前後，都要開個年會，名義上是總結工作、聯歡，實際上是涮一把領導，爭取把一年槍斃節目的不愉快都忘掉。

這成了評論部的民俗，這一天，玩笑再過火，領導也不計較。

狂歡密切了幹群關係。

大家看看我創作的三句半，體會一下我們年會的火爆。

評論部裏大聯歡

男女老少盡開顏

主任親自來參加

添亂

先吃飯來後喝酒

領導群眾是朋友

誰要在這兒批評人

瘋狗

三位主任很和氣

又像哥哥又像弟

審完節目拍肩膀

「槍斃！」

......

　　東邊奔來西邊跑
　　自己小家顧不了
　　老婆跟了別人好
　　再找

——崔永元《不過如此》

　　在現代傳媒發達的今天，電視臺特別著名電視臺的主播、編輯、記者，都是社會知名度非常高的，他們／她們的職業讓無數男女心生無限的豔羨之情。然而，正如《紅樓夢》裏王熙鳳所說的那樣：「大有大難，小有小難」。日常生活中，老百姓嘴裏所說的「家家有本難念的經」，說的也是這個意思。雖說在著名電視臺當編播或記者人前風光，但背後也有自己的辛酸與苦悶。特別是在大陸中央電視臺評論部，因為涉及敏感的意識形態問題，記者或編輯辛苦幾個月做好的節目，往往被領導一句話就否定了。正因為如此，所以在電視臺做記者或編輯有時也是非常鬱悶的。上引這段文字，就是大陸一位著名電視節目編輯和主持人心中苦悶的傾訴。

　　這段文字雖然是傾訴做電視臺編播的鬱悶苦惱之情，但讀起來卻令人有忍俊不禁的幽默機趣。那麼，這是為什麼呢？

　　仔細分析一下，原來是因為作者巧妙地運用了「歧疑」表達法。

　　上引這段文字中，有三個運用了「歧疑」表達法的修辭文本。第一個「歧疑」修辭文本是：「評論部裏大聯歡，男女老少盡開顏，主任親自來參加，添亂」。前三句是陳述事實，說的都是年會（臺灣所說的年終「尾牙」）上的喜慶之事。依據這三句所陳述的事實，第四句從邏輯上推論，應該是表示正面評論的議論：「真好」。可是，作者給出的答案卻是「添亂」，大出接受者的意料。第二個「歧疑」修辭文本是：「三位主任很和氣，又像哥哥又像弟，審完節目拍肩膀，槍斃！」。前三句

也是正面的敘事，含有褒義。按照這三句的事實依正常邏輯推理，第四句應該說「不錯」。可是，結果又出人意料，答案卻是「槍斃」（意即節目不能播出）。第三個「歧疑」修辭文本是：「東邊奔來西邊跑，自己小家顧不了，老婆跟了別人好，再找」。前三句是陳述當電視臺記者的辛苦與辛酸，第四句依正常邏輯推理，應該是感歎句：「真倒楣」。但是，作者再次給出了一個出人意料的答案：「再找」。很明顯，上述三個「歧疑」修辭文本，「因為故意以前三句襯第四句，前揚後抑，前後語意出現巨大反差，使接受者的心理預期每每落空。但落空之後仔細尋思，不禁為之稱妙，會心而笑。由此可見，作者所建構的上述三個歧疑修辭文本，不僅在表達上具有出人意表的新異性特點，而且在接受上有十分顯著的幽默風趣的效果。」⑱可見，在諸如「尾牙」聯歡會上運用「歧疑」表達法製造幽默，不失為一種有效的方法。

五、一行白鷺上青天：旁逸的表達力

　　說寫表達中，除了上述「仿諷」、「降用」、「移時」、「歧疑」等表達法能夠臻至「嬉笑怒罵，皆成文章」的境界，「旁逸」表達法的運用也能達到這種表達效果。

　　所謂「旁逸」表達法，是指一種在說寫表達中「有意地離開主旨而旁枝逸出，加以風趣的插說或注釋」，⑲通過「『在軌』敘寫內容的嚴肅性與『脫軌』敘寫內容『插科打諢』的非嚴肅性所形成的格調意趣上的巨大反差」，⑳從而造就接受者心理上的落差，使之在回味思索中啞然失笑，在不期然間獲得一種輕鬆愉快的審美享受的語言表達方式。

　　「旁逸」表達法既有如此獨到的表達效果，所以古往今來很多人喜歡運用這種表達法也就可以理解了。下面我們就看幾個古人與今人如何運用這種表達法的實例。

1. 但究竟何晏搽粉不搽粉呢？我也不知道：魯迅演說講廢話

> 何晏的名聲很大，位置也很高，他喜歡研究《老子》和《易經》。至於他是怎樣的一個人呢？那真相現在可很難知道，很難調查。因為他是曹氏一派的人，司馬氏很討厭他，所以他們的記載對何晏大不滿。因此產生很多傳說，有人說何晏的臉上是搽粉的，又有人說他本來生得白，不是搽粉的。<u>但究竟何晏搽粉不搽粉呢？我也不知道。</u>
>
> ——魯迅《魏晉風度及文章與藥及酒之關係》

上引這段文字，是魯迅的一篇學術講演稿中的一部分，談到了三國時代著名的人物何晏。據史載，何晏，字平叔，南陽宛人，漢末大將軍何進之孫。《魏略》記其生平事蹟曰：「太祖為司空時，納晏母並收養晏，其時秦宜祿兒阿蘇亦隨母在公家，並見寵如公子。蘇即朗也。蘇性謹慎，而晏無所顧憚，服飾擬於太子，故文帝特憎之，每不呼其姓字，嘗謂之為『假子』。晏尚主，又好色，故黃初時無所事任。及明帝立，頗為冗官。至正始初，曲合於曹爽，亦以才能，故爽用為散騎侍郎，遷侍中尚書。晏前以尚主，得賜爵為列侯，又其母在內。晏性自喜，動靜粉白不去手，行步顧影。晏為尚書，主選舉，其宿與之有舊者，多被拔擢。魏末傳曰：晏婦金鄉公主，即晏同母妹。公主賢，謂其母沛王太妃曰：『晏為惡日甚，將何保身？』母笑曰：『汝得無妒晏邪！』俄而晏死。有一男，年五六歲，宣王遣人錄之。晏母歸藏其子王宮中，向使者搏頰，乞白活之，使者具以白宣王。宣王亦聞晏婦有先見之言，心常嘉之；且為沛王故，特原不殺」。從政治上看，何晏是個悲劇人物。早年官場不得意，後來雖依附曹爽而得勢，累官至侍中和吏部尚書，爵在列侯，可謂風光無限，但最終卻為司馬氏所殺，且被夷三族。從學術上看，何晏在中國思想史上則是一個繞不過去的重要人物。他與王弼等人倡導玄學，開魏晉時期「清談為經濟」的一代風氣，成為魏晉玄學的創始者之一，在當時或後代都不可不謂有深遠影響。生平所著有《論語集解》

十卷、《道德論》二卷以及文集十一卷。

以上是正史所說到的何晏。至於野史上所載的何晏，則有美男子之稱。《世說新語・容止》第二則就有記載何晏面白，讓曹明帝深感興趣的故事。其文曰：「何平叔美姿儀，面至白。魏明帝疑其傅粉，正夏月，與熱湯餅。既啖，大汗出，以朱衣自拭，色轉皎。然。」

魯迅在上引文字中說到何晏面白，恐怕正是源自於《世說新語》的這則記載。我們都知道，魯迅這篇名曰《魏晉風度及文章與藥及酒之關係》的演講，是面對大學生的學術講演，所談的人物都是大家比較熟悉的魏晉人物，那麼怎樣才能讓大家打起精神聽完這種比較沉悶冗長的學術講演呢？這需要表達的藝術與智慧。看上引一段文字，我們就知道魯迅是有表達藝術與表達智慧的。讀過上引這段文字者，相信大家都會為其生動的敘事而叫好。特別是末一句「但究竟何晏搽粉不搽粉呢？我也不知道」，這突乎其然的插說，猶如飛來峰迎面飛來，讓人猝不及防，驚愕不已。但驚愕之後，仔細尋味，則又情不自禁地會心一笑，為其獨到的表達力所折服。

那麼，魯迅的這句插說何以有如此的表達力呢？

無他。原來是運用了「旁逸」表達法的結果。

眾所周知，我們說話也好，寫文章也好，都要圍繞主旨，按照一定的邏輯順序依次表達，不能節外生枝，沖淡主旨。做學術演講，是向聽者傳達演講者學術觀點的，當然更要圍繞主旨，不枝不蔓。但是，有個問題也是現實的，這就是聽講者的注意力問題。從心理學的角度來說，一個人對某件事的關注，其注意力的保持是有一定限度的。時間一長，注意力就會自然渙散。如果是做教師的，我們常會見到學生上到上午第三節課時就比較容易走神，原因正在此。學術演講本來就比較枯燥沉悶，聽起來更要打起十二分的精神不可。但即使是這樣，注意力也有渙散的時候。那麼，演講者怎樣牢牢抓住聽眾的注意力而不讓其渙散呢？這是需要表達智慧的。魯迅的智慧就是在演講中根據聽眾注意力的情況適時予以調整，在敘述完何晏面白的歷史事實後，突然插入「但究竟何晏搽粉不搽粉呢？我也不知道」這句題外話，其意是要「插科打諢」，調節

氣氛，讓聽眾的注意力不要渙散，以此保證他們繼續聽完下面所要講述的學術內容。這是從心理學上來說。從修辭學上來說，這是運用「旁逸」的表達法。「但究竟何晏搽粉不搽粉呢？我也不知道」這句題外話是「脫軌」敘寫，這句話之外的其他文字則是「在軌」敘事。由於「脫軌」敘寫的部分與「在軌」敘事的部分在格調意趣上形成巨大反差，讓聽眾有始料不及的突兀感，在心理上產生極大的落差。仔細尋味，則不禁為之啞然失笑，為魯迅的表達藝術而感佩。

2. 一無所有，從而一無所懼，運氣好成了皇上：季羨林懷疑歷史

> 我可真正是萬萬也沒有想到，我能活到89歲，迎接一個新世紀和新千年的來臨。
>
> 我經常說到，我是幼無大志的人。其實我老也無大志，那種「大丈夫當如是也」的豪言壯語，我覺得，只有不世出的英雄才能說出。但是，歷史的記載是否可靠，我也懷疑。劉邦和朱元璋等人，一無所有，從而一無所懼，運氣好成了皇上。一批幫閒的書生極盡拍馬之能事，連這一批人的並不漂亮的長相也成了神奇的東西，在這些書生筆下猛吹不已。他們年輕時未必有這樣的豪言壯語，書生也臆造出來，以達到吹拍的目的。
>
> ——季羨林《過年的感覺》

中國歷代的讀書人都在不同程度上鄙視漢高祖劉邦與明太祖朱元璋，原因就在於他們並不是名門之後，也沒有什麼文化。其實，這是中國讀書人的偏見。中國歷來的讀書人大多都是社會弱勢人群，原因是他們有與生俱來的弱點：「患得患失」，想得多，做得少，沒有行動力，做事沒有執行力。所以，中國古代便有一句話：「秀才造反，十年不成」。劉邦與朱元璋造反都成功了，都做了開國之君，而且在歷史上還頗有成就，就是因為他們雖沒多少文化，但卻有敢作敢為的膽略，少了很多讀書人患得患失的毛病。

當然，中國歷代讀書人看不起劉邦、朱元璋的很多，但劉邦、朱元

璋成功之後，曲意逢迎、獻媚阿諛者也大有人在。上引季羨林的一段文字：「歷史的記載是否可靠，我也懷疑。劉邦和朱元璋等人，一無所有，從而一無所懼，運氣好成了皇上。一批幫閒的書生極盡拍馬之能事，連這一批人的並不漂亮的長相也成了神奇的東西，在這些書生筆下猛吹不已。他們年輕時未必有這樣的豪言壯語，書生也臆造出來，以達到吹拍的目的」，批判的正是這種情況。

這段文字雖然讀來令人有酣暢淋漓的感覺，但從全文所要表達的主旨來看，卻並非是切題之議論，因為這篇文章是談《過年的感覺》，與評論歷史人物無關。那麼，作者為什麼要在文中插入這些無關主旨的話呢？

仔細分析，我們就會發現，這些無關主旨的文字並非廢話，而是「有所為而為」的修辭行為，是「旁逸」表達法的運用。也就是說，「歷史的記載是否可靠，我也懷疑。劉邦和朱元璋等人，一無所有，從而一無所懼，運氣好成了皇上。一批幫閒的書生極盡拍馬之能事，連這一批人的並不漂亮的長相也成了神奇的東西，在這些書生筆下猛吹不已。他們年輕時未必有這樣的豪言壯語，書生也臆造出來，以達到吹拍的目的」這一大段文字，是作者有意創造的一個「旁逸」修辭文本。因為這段「旁枝逸出」的文字，在邏輯上與文章主旨並無關聯，在表意上也並非必不可少。儘管如此，但它卻有著不可抹煞的獨特效果。因為「從表達上看，這一修辭文本的建構突破了整個段落乃至整篇文章正常平實敘述的冗長沉悶而別添了敘寫的活力，使文本生動而富情味，談笑間對那些幫閒書生的無聊無恥行徑進行了無情的嘲弄；從接受上看，由於整個段落乃至整篇文章『在軌』敘寫內容的嚴肅性（談老年與人生問題，隨意中別含深意深沉）與這一修辭文本『脫軌』敘寫的非嚴肅性所形成的格調意趣上的巨大反差，自然使接受者心理產生巨大的落差，於文本思味中不禁啞然失笑，由此便在文本解讀接受中獲取到一種幽默風趣的審美享受」。[21]讀季羨林的散文，很多人都覺得有一種散漫的感覺。其實，這是一種錯覺。季羨林的散文，仔細品味，還是蠻有味道的，文字技巧上也是頗為講究的，只是不刻意追求，有一種「采菊東籬下，悠然見南山」的自然美。

3. 要是生在今天，在文協擔當一個什麼理事之類，不會有人撇嘴：李國文借古諷今

> 歷史的對比效應，有時很有意思，嘉靖這兩位臣下，一個貪贓納賄，藏鏹億兆；一個家無長物，死無殮資。儘管如此水火不容，但這也能找到共同點，他倆都是進《四庫全書》的文人。一為錚錚風骨的文章高手，一為貪贓枉法的詞賦名家，舍開人格不論，在文品上，兩人倒也旗鼓相當，不分伯仲。<u>要是生在今天，在文協擔當一個什麼理事之類，不會有人撇嘴，說他們尸位素餐。至少，他們真有著作，這是一；他們有真著作，這是二；比那些空心大老、附庸風雅、小人得志、自我爆炒者，強上百倍。</u>

> ——李國文《從嚴嵩到海瑞》

　　中國是一個文化積澱深厚的文明古國，中國古典文學所取得的輝煌成就舉世矚目，這些都是眾所周知的。但是，中國的現代文學，特別是當代文學，真正能進入世界文學之林並屹立其中的作品，則寥若晨星。這也是客觀存在的事實，是無人能夠否認的。據說，當代德國漢學家、波恩大學中文系教授沃爾夫岡‧顧彬（Wolfgang Kubin）曾經頗為偏激地說過「中國當代文學都是垃圾」。雖然後來有媒體報導說，顧彬明確表示沒有這樣說過，只是說某些中國作家的作品是垃圾。但是，在後來一次顧彬接受大陸《環球時報》記者採訪時，卻明明白白地說，中國有幾百萬作家，但大多是騙子或者什麼。這又分明是在說「中國當代文學都是垃圾」，因為大多數作家都是騙子，那作品不是垃圾是什麼？

　　對中國大陸文壇有所瞭解者，對於顧彬的話說得到底對不對，其實心中都有數。上引一段文字中，大陸著名作家李國文筆觸所及，已經對此問題作了回答。

　　上引李國文的一段文字，其主旨是說海瑞和嚴嵩二人，一是彪炳青史的清官，一是千古唾棄的貪官。從人品上看，二人的高下優劣不可同

日而語；但是，從文品和文學成就上看，二人則是旗鼓相當，各有其獨到的文學成就。這篇文章的題目是《從嚴嵩到海瑞》，主要是評論嚴嵩和海瑞二人的。按照寫文章的正常思路，文章主要是寫二人的生平行事，在對比中予以評判。上引文字中有云：「歷史的對比效應，有時很有意思，嘉靖這兩位臣下，一個貪贓納賄，藏鏹億兆；一個家無長物，死無殮資。儘管如此水火不容，但這也能找到共同點，他倆都是進《四庫全書》的文人。一為錚錚風骨的文章高手，一為貪贓枉法的詞賦名家，舍開人格不論，在文品上，兩人倒也旗鼓相當，不分伯仲」，這就是敘事後的評判。行文至此，可謂文到意足矣，作者應該就此打住，繼續往下敘寫。然而，出人意料的是，作者突然毫無預兆地在此就事論事的評論文字後加出了這樣一大段文字：「要是生在今天，在文協擔當一個什麼理事之類，不會有人撇嘴，說他們尸位素餐。至少，他們真有著作，這是一；他們有真著作，這是二；比那些空心大老、附庸風雅、小人得志、自我爆炒者，強上百倍」。任何讀者都能看出，這一大段文字從邏輯上看，根本就與上述評論的主旨無關，是莫名其妙的議論，明顯脫離了全文所欲表達的主旨，似乎是廢話。但是，仔細體味一下，似乎並不盡然，而是別有微言大義在其中。因為從修辭上看，這段脫離文章主旨的議論，是作者運用了「旁逸」表達法的修辭文本。「在表達上，它突破了全文平實直敘的冗長與沉悶，增添了敘寫的活力，生動地再現了而今文壇風氣大壞，無學問而有手段的小人附庸風雅，得意非凡地跳竄於文壇之上，搞得文壇烏煙瘴氣的社會現實情狀；在接受上，前文『在軌』敘寫的一本正經與後文『出軌』敘寫的『插科打諢』所形成的格調意趣上的巨大反差，導致了接受者接受心理的巨大落差，在文本思味中不禁啞然失笑，其對當今文壇的無情揭露與嘲弄，調侃之中見深沉，幽默之中有苦痛，令人感慨，更發人深省，使接受者由此獲取了文本解讀接受中的幽默風趣和諷嘲快感的審美享受」。[22]理解到這一層，我們就會恍然大悟，原來這是作者順手牽羊、嘲諷世情的妙筆。

4. 我的這點研究心得，原是不想發表的：不該洩露的天機

這幾年，我留心研究各地的官情，發現最容易升官進班子的，是略顯一點才幹而又幹得不多，略有一點原則而又不大堅持，略聞名於上下而又不入矛盾漩渦，略接近領導而又不靠得太緊的有心人。倘能掌握這個分寸，則深得「市隱」與「朝隱」之三昧，離終南捷徑不遠矣！我的這點研究心得，原是不想發表的，原因是說不定將來用得著，如今終於憋不住說出來了，如何是好呢？

——羅榮典《升官的「捷徑」》

中國民間自古以來就有一句話，叫做「升官發財」。我們都知道，人活世上，無非為了「名」、「利」二字。但是，「名」、「利」二者兼得，恐怕很多人都難達到。所以，看重利的做生意，看重名的著書立說或從事藝術創作（如繪畫等）。但有一種營生，則可以「名」、「利」兼得，這就是做官。中國自古以來就是「官本位」的國家，得個一官半職，便能光宗耀祖，整個家族都覺得是無上光榮。可見，做官是得「名」之終南捷徑。做官就是掌權，有權就有人願意跟你進行權錢交易。因此，做官是最大的買賣，獲利最容易。在中國大陸，常常聽西部或內陸省區的朋友說，他們那裏的民風都是喜歡做官，不管是誰，都想撈個一官半職。因此，為了求官，賄賂公行，貪汙成風。開始我們沿海城市的人都不理解，覺得做官不自由，掙錢也未必比做生意的多。在沿海城市，老百姓的概念中只有錢，而無什麼省長、市長等等。在上海，很多市民都知道世界上有哪些富翁，中國富翁的前幾名是誰，每天的股市指數是多少，就是不知道中央領導是誰，上海市長是誰。而在西部地區或內陸省份，因為經濟不發達，無生意可做，因此要想發財，也只有一條路：做官。做上官，然後貪汙收賄，終至發家致富。

不過，話又說回來，做官好處雖多，但並非是想做就能做到。也就是說，做官也是一種本事，一種水準極高的人生藝術。在中國歷史上，在當今的現實生活中，我們都能看到這樣一種現象：做長官的往往並不是工作能力最強的，往往是水準低的領導水準高的。比方說，韓信很會

帶兵，戰功卓著。劉邦根本不知道怎麼打仗，人品素質又差。但是，劉邦領導韓信，做了大漢開國之君後，就殺了韓信。而與劉邦相對的楚霸王項羽，家庭出身好，人品素質好，「力拔山兮氣蓋世」，戰場上勇冠三軍，又有謀略。可是，這麼一個才華橫溢的大英雄，最後卻被無賴劉邦給打敗了，結果自刎於烏江邊，令千古以降無數正直之士扼腕長歎，為其大抱不平。在現實生活中，情況亦然。公司裏銷售成績好的，一定不是領導；在大學裏，學術水準高的，人品好的，一定當不了校長或是院長。所以，在大陸有一句笑話，每當有小孩子不好好讀書時，父母就會恫嚇孩子說：「你現在不好好學習，長大了什麼也做不了，只好送你當官去了」。

　　歷史與現實都一再證明，當官者未必都是才能與人品高於常人的，相反卻是低能與無恥者居多。儘管如此，但我們必須承認一個事實：做官者也是有本事的。他的本事就是玩人，玩人於股掌之上，不可謂沒本事。在這個世界上，會做事的人算是能人，會玩人的人則更是能人。要想當官，就要有會玩人的本事，否則就進不了衙門，做不了面南坐北的官爺。那麼，如何才能當官呢？在上引一段文字中，作者所總結的規律：「最容易升官進班子的，是略顯一點才幹而又幹得不多，略有一點原則而又不大堅持，略聞名於上下而又不入矛盾漩渦，略接近領導而又不靠得太緊的有心人。倘能掌握這個分寸，則深得『市隱』與『朝隱』之三昧，離終南捷徑不遠矣」，可謂為有志做官或想升官者提供了一個很好的範本，稱之為做官升官指南或手冊，亦不為過也。事實上，揆之於現實，現今混跡於官場且混得步步高升者，往往並不是專業能力最強、人品最好的、知名度最高的，而是能力一般，但卻很會溜鬚拍馬，見風使舵，沒有原則，沒有擔戴，專會說套話、假話、大話的人。所以，在中國大陸有一句諷刺做官者的話：「做官一張嘴，升官一雙眼」。意思是說，有一張會說假話、大話、空話的嘴，一雙會見風使舵的眼，在官場上就無往而不利了。上引羅榮興《升官的「捷徑」》，說的正是這種情況。作者總結這些現象，其意並不是為了給人們如何升官提供指導，而是諷刺官場現狀，其立意與主旨傾向是嚴肅的。因此，讀之不禁令人為

中國的前途擔憂，為官場黑幕而切齒痛恨。如果文章就此結束，那麼我們憂慮一陣、痛恨一陣之後，也就忘了。可是，作者創作這則小品卻是要讓讀者永遠記住作品的寓意。為此，他在文章結束時綴上了一條欲蓋彌彰的「小尾巴」：「我的這點研究心得，原是不想發表的，原因是說不定將來用得著，如今終於憋不住說出來了，如何是好呢」。這個「小尾巴」看似畫蛇添足，實則正是這則小品令人難忘的關鍵所在。它是運用「旁逸」表達法建構的修辭文本，通過「插科打諢」的表達，以格調意趣的諧謔性與前文表達內容的嚴肅性形成強烈的反差，讓讀者有一種猝不及防的突兀感。等到他們從驚愕中醒悟過來時，再細細體味，則不禁發出會心的一笑，為作者那充滿睿智的諷刺藝術而折服。

5. 當紅太陽從東方冉冉升起的時候：國文老師的噱頭

> 一個小學語文老師，上課時給學生讀一篇文章，當他讀到「當紅太陽從東方冉冉升起的時候」忽然停了下來，問學生：「什麼叫冉冉升起？」還未等學生回答，他又說，「好比一個學生剃了個光頭，躲在講臺後面，當我讀到『紅太陽從東方冉冉升起的時候』，他便慢慢地把和尚頭從講臺底下冒出來，這就叫『冉冉升起』」。學生聽了，哄堂大笑。
>
> ——高勝林《幽默技巧大觀》

只要不是從未進過學堂的文盲，相信他都會對小學國文教學的往事，特別是那些與課文相關的人與事，以及教師如何教課文的種種，留下深刻印象。

眾所周知，小學國文課的重要目標是漢字教學與課文誦讀。漢字教學，一點一撇，一橫一豎，一鉤一捺，沒有什麼技巧可以講究，需要學生死記硬背，一個字一個字地記住。而課文誦讀，目的是培養小學生對於漢語字詞句的理解，熟悉漢語語法與修辭的基本規律。為此，如何教讀課文，就成了小學國文教師的一項重要內容。

教讀小學國文課文，大多數老師的做法是，自己先朗讀一遍，然後

再一句一句的讀，讓學生跟讀。最後，則讓學生自己誦讀。這種教學方式，自晚清西方新式教育引進以來，直到如今，似乎是一種既定的課文教讀規範。不過，大家也都知道，這種方式雖成規範，卻並不受小學生們的歡迎，這也是事實。上引一段文字，講的正是小學老師教讀課文的事。雖然這位老師的教讀很不符合既有的教學規範，在給學生朗讀課文時，他並不「照本宣科」，而是邊讀邊解釋，更兼「插科打諢」。可是，結果卻很讓學生們開心，教學效果非常好。

那麼，這是什麼原因呢？

仔細分析一下，我們就會發現，這位小學老師教讀課文效果很好，實際上是與他成功運用「旁逸」表達法有關，是一種將「旁逸」表達法活用到教學活動中的創舉。

我們都知道，人的注意力是容易分散的，特別是小學生意志力不夠堅定，很難長久維持注意力的集中。因此，小學生在課堂上走神的事乃是「司空見慣尋常事」。國小老師對此深感頭痛，卻也毫無辦法，因為這是人的生理與心理現象，無法改變。不過，正如中國有句老話所說：「事在人為」。如果是懂心理學且有豐富教學經驗的小學老師，對此還是有辦法的。上引故事中的那位小學國文老師，就是個很懂教學規律的老師。他知道，如果他照本宣科，從頭到尾將課文讀完，即使是字正腔圓，聲情並茂，恐怕並不是所有學生都有興趣聽下去，因為這種朗讀技巧太尋常了，學生聽多了，也就產生了「審美疲勞」。可喜的是，這位老師很懂學生的心，所以在讀到「當紅太陽從東方冉冉升起」的時候，有意「旁枝逸出」，岔開正題，中止正常朗讀，猝不及防地向學生提了一個問題，並創造了一個「比喻」修辭文本：「好比一個學生剃了個光頭，躲在講臺後面，當我讀到『紅太陽從東方冉冉升起的時候』，他便慢慢地把和尚頭從講臺底下冒出來，這就叫『冉冉升起』」。通過這個比喻文本的詮釋，生動形象地講清了「冉冉升起」的含義。由於這種教學方法突破了學生尋常的思維定勢，讓學生始料不及，加上這插說文本本身諧謔有趣，與所朗讀的課文在格調意趣上的嚴肅性形成了強烈的反差，讓所有學生都大感意外，遂便有了「哄堂大笑」的教學效果。

注釋

① 吳禮權《語言策略秀》第 171 頁，上海文化出版社，2008 年 6 月。

② 吳禮權《修辭的策略》第 215 頁，吉林教育出版社，2004 年 1 月。

③ 吳禮權《修辭的策略》第 215 頁，吉林教育出版社，2004 年 1 月。

④ 吳禮權《修辭的策略》第 215 頁，吉林教育出版社，2004 年 1 月。

⑤ 吳禮權《語言策略秀》第 172 頁，上海文化出版社，2008 年 6 月。

⑥ 吳禮權《語言策略秀》第 175 頁，上海文化出版社，2008 年 6 月。

⑦ 陳望道《修辭學發凡》第 112 頁，上海教育出版社，1997 年 12 月版。

⑧ 吳禮權《語言策略秀》第 175－176 頁，上海文化出版社，2008 年 6 月。

⑨ 朱東潤主編《中國歷代文學作品選》上編第二冊第 399 頁，上海古籍出版社，1979 年 10 月。

⑩ 倪寶元《修辭》第 99 頁，浙江人民出版社，1980 年 6 月。

⑪ 吳禮權《語言策略秀》第 191 頁，上海文化出版社，2008 年 6 月。

⑫ 譚永祥《漢語修辭美學》第 216 頁，北京語言學院出版社，1992 年 12 月。

⑬ 吳禮權《現代漢語修辭學》第 184 頁，復旦大學出版社，2006 年 11 月。

⑭ 吳禮權《語言策略秀》第 187 頁，上海文化出版社，2008 年 6 月。

⑮ 吳禮權《現代漢語修辭學》第 186－187 頁，復旦大學出版社，2006 年 11 月。

⑯ 譚永祥《漢語修辭美學》第 200 頁，北京語言學院出版社，1992 年 12 月。

⑰ 吳禮權《語言策略秀》第 185－186 頁，上海文化出版社，2008 年 6 月。

⑱ 吳禮權《現代漢語修辭學》第 183－184 頁，復旦大學出版社，2006 年 11 月。

⑲ 譚永祥《漢語修辭美學》第 132 頁，北京語言學院出版社，1992 年 12 月。

⑳ 吳禮權《現代漢語修辭學》第 179 頁，復旦大學出版社，2006 年 11 月。

㉑ 吳禮權《現代漢語修辭學》第 179－180 頁，復旦大學出版社，2006 年 11 月。

㉒ 吳禮權《現代漢語修辭學》第 180－181 頁，復旦大學出版社，2006 年 11 月。

表達力

作者◆吳禮權

發行人◆施嘉明

總編輯◆方鵬程

主編◆李俊男

責任編輯◆林欣頤

美術設計◆吳郁婷

出版發行：臺灣商務印書館股份有限公司

台北市重慶南路一段三十七號

電話：(02)2371-3712

讀者服務專線：0800056196

郵撥：0000165-1

網路書店：www.cptw.com.tw

E-mail：ecptw@cptw.com.tw

網址：www.cptw.com.tw

局版北市業字第 993 號

初版一刷：2011 年 8 月

初版二刷：2012 年 1 月

定價：新台幣 680 元

ISBN 978-957-05-2631-8

表達力／吳禮權著 ‧ --初版‧--

臺北市：臺灣商務，2011. 08

面： 公分.

ISBN 978-957-05-2631-8(平裝)

192.32   100011027

100台北市重慶南路一段37號

臺灣商務印書館 收

對摺寄回，謝謝！

傳統現代　並翼而翔

Flying with the wings of tradtion and modernity.

讀者回函卡

感謝您對本館的支持，為加強對您的服務，請填妥此卡，免付郵資寄回，可隨時收到本館最新出版訊息，及享受各種優惠。

■ 姓名：＿＿＿＿＿＿＿＿＿＿＿＿＿＿　　性別：□ 男　□ 女

■ 出生日期：＿＿＿＿＿年＿＿＿＿月＿＿＿＿日

■ 職業：□學生　□公務(含軍警)　□家管　□服務　□金融　□製造
　　　　□資訊　□大眾傳播　□自由業　□農漁牧　□退休　□其他

■ 學歷：□高中以下（含高中）□大專　□研究所（含以上）

■ 地址：＿＿＿＿＿＿＿＿＿＿＿＿＿＿＿＿＿＿＿＿＿＿＿＿＿＿
　　　　＿＿＿＿＿＿＿＿＿＿＿＿＿＿＿＿＿＿＿＿＿＿＿＿＿＿

■ 電話：(H)＿＿＿＿＿＿＿＿＿＿＿(O)＿＿＿＿＿＿＿＿＿＿＿

■ E-mail：＿＿＿＿＿＿＿＿＿＿＿＿＿＿＿＿＿＿＿＿＿＿＿＿

■ 購買書名：＿＿＿＿＿＿＿＿＿＿＿＿＿＿＿＿＿＿＿＿＿＿＿＿

■ 您從何處得知本書？

　　□網路　　□DM廣告　　□報紙廣告　　□報紙專欄　　□傳單
　　□書店　　□親友介紹　　□電視廣播　　□雜誌廣告　　□其他

■ 您喜歡閱讀哪一類別的書籍？

　　□哲學・宗教　　□藝術・心靈　　□人文・科普　　□商業・投資
　　□社會・文化　　□親子・學習　　□生活・休閒　　□醫學・養生
　　□文學・小說　　□歷史・傳記

■ 您對本書的意見？（A/滿意　B/尚可　C/須改進）

　　內容＿＿＿＿＿＿編輯＿＿＿＿＿校對＿＿＿＿＿翻譯＿＿＿＿
　　封面設計＿＿＿＿價格＿＿＿＿＿其他＿＿＿＿＿＿＿＿＿＿＿

■ 您的建議：＿＿＿＿＿＿＿＿＿＿＿＿＿＿＿＿＿＿＿＿＿＿＿＿

※ 歡迎您隨時至本館網路書店發表書評及留下任何意見

臺灣商務印書館　The Commercial Press, Ltd.

台北市100重慶南路一段三十七號　電話：(02)23115538
讀者服務專線：0800056196　傳真：(02)23710274
郵撥：0000165-1號　E-mail：ecptw@cptw.com.tw
網路書店網址：www.cptw.com.tw　部落格：http://blog.yam.com/ecptw